Que el pueblo decida

Que el pueblo decida

La democracia según la Cuarta Transformación

ERNESTO NÚÑEZ ALBARRÁN

Grijalbo

El papel utilizado para la impresión de este libro ha sido fabricado a partir de madera procedente de bosques y plantaciones gestionadas con los más altos estándares ambientales, garantizando una explotación de los recursos sostenible con el medio ambiente y beneficiosa para las personas.

Que el pueblo decida
La democracia según la Cuarta Transformación

Primera edición: marzo, 2026

penguinlibros.com

ISBN: 978-607-387-181-5

Impreso en México – *Printed in Mexico*

Índice

En memoria de Male Albarrán Figueroa (1937-2025)

A Ximena, Nicolás y Alejandro, con el amor de siempre

Después de todo, la historia no es el estudio del pasado, sino el estudio del cambio.

YUVAL NOAH HARARI

La crónica es una manera de decir que el mundo también puede ser otro; la crónica es política.

MARTÍN CAPARRÓS

Advertencia

Todos los personajes de este relato son reales; cualquier parecido con una ficción es mera coincidencia.

Introducción

Este libro aborda una gran paradoja: cómo un presidente electo democráticamente terminó derribando la idea que teníamos de democracia.

Desde mucho antes de su arribo al poder, Andrés Manuel López Obrador criticó el sistema electoral, las leyes vigentes y los organismos autónomos constitucionales. Víctima de complots y fraudes —como el de 1994 en Tabasco o el de las polémicas elecciones presidenciales de 2006—, López Obrador denostó al Instituto Federal Electoral (IFE), luego al Instituto Nacional Electoral (INE), al Tribunal Electoral del Poder Judicial de la Federación (TEPJF) y a los institutos electorales de los estados. En un arrebato, mandó al diablo a esas instituciones durante el conflicto postelectoral de 2006, las criticó y las redujo a meros instrumentos de la mafia en el poder. Pero 12 años después ganó la presidencia con esas reglas y esas instituciones, que no sólo hicieron viable su victoria, sino los consecuentes triunfos de su partido, Morena, que a la larga se convirtió en el partido mayoritario.

Frente a la visión de una democracia electoral, eficaz desde el punto de vista procedimental, el líder del movimiento popular que derribó a los partidos tradicionales en 2018, y que gobernó hasta 2024, propuso una nueva idea de democracia basada en una elemental lectura etimológica: *demos* (pueblo) y *kratos* (poder). Y comenzó su mandato afirmando que México nunca había tenido una auténtica democracia.

Para él y su movimiento, las elecciones del 1 de julio de 2018 fueron un momento excepcional en el que "los corruptos" no pudieron —aunque intentaron— frenar la rebelión del pueblo. La Cuarta Transformación emergía, en el relato del nuevo presidente, como un momento histórico comparable con la guerra de Independencia de 1810, la Reforma de 1857 o la Revolución de 1910; un gran movimiento fundacional que, a diferencia de los tres episodios previos, había logrado la transformación de manera pacífica. Un parteaguas en el que debía nacer una nueva forma de democracia.

Esta versión más popular de la democracia chocó muy pronto con las sofisticadas reglas de un sistema electoral complejo, nacido de la desconfianza entre los actores políticos, híper regulado y, por ende, muy costoso. Una democracia electoral que se fue perfeccionando durante la transición y permitió el arribo de la izquierda al poder por la vía institucional y pacífica, pero que no había resuelto los graves problemas nacionales, ni atendido las demandas de los menos favorecidos en un país cada vez más desigual. En resumen, los gobiernos democráticos no resolvieron los problemas de la democracia y, lo que es peor, la alternancia entre el PRI y el PAN no implicó cambios de fondo, no mejoró la vida de las personas, encumbró a una élite gobernante frívola y corrupta, implementó una política económica que privilegió a los más ricos, generó desigualdad y pobreza, y reprodujo funcionarios que gobernaron a espaldas del pueblo.

En ese contexto, los relatos fundacionales de la Cuarta Transformación encontraron tierra fértil para extenderse y arraigarse entre los excluidos del neoliberalismo y su democracia instrumental. El pueblo sabio y bueno, la austeridad republicana, el pasado neoliberal origen de todos los males, el bloque conservador y otras narrativas encontraron en la democracia electoral a una de sus némesis; en el INE, un punto de referencia para apuntalar la épica del sexenio y en los consejeros electorales, a los enemigos identificados que, al resistirse a la transformación, justificaban las acciones y estrategias que el régimen puso en marcha para reformar —y tomar— las instituciones de la democracia.

"Los que deberían promover la democracia se encargan de boicotearla", fue la frase que el presidente utilizó, una y otra vez, para referirse a la autoridad electoral.

Al discurso anti-INE, alentado desde las conferencias mañaneras, se sumó muy pronto una estrategia con diversas formas de asedio: desde la asfixia presupuestal, hasta la estigmatización, las campañas de desinformación y odio en redes sociales, la infiltración, el uso político de las auditorías en contra de sus funcionarios, las denuncias administrativas y penales, la amenaza directa, la toma simbólica de instalaciones y, finalmente, la captura del Consejo General.

Todo con una gran paradoja como telón de fondo: el asalto al INE ocurrió en los mismos años en los que Morena avanzó hasta convertirse en la fuerza dominante. Así, mientras el oficialismo descalificaba al INE, el INE organizaba las elecciones en las que el lopezobradorismo ganaba la presidencia, escaños y curules en el Congreso de la Unión, al igual que gubernaturas, presidencias municipales y congresos locales. Todo hasta convertir a Morena en el nuevo partido hegemónico y al régimen político en una versión posmoderna del presidencialismo mexicano del siglo XX.

Este libro es un intento por entender esa paradoja, y una radiografía de la situación de la democracia mexicana en 2026, luego de siete años de la Cuarta Transformación y de cara a una probable reforma electoral que, de aprobarse, nuevamente cambiará las reglas del juego democrático para la gran cita electoral de 2027 y las presidenciales de 2030.

Las siete crónicas que componen el libro narran los procesos electorales ocurridos durante el sexenio de López Obrador: la consulta de Texcoco, con la que se tiró el proyecto del Nuevo Aeropuerto Internacional de México (NAIM); las elecciones celebradas durante la pandemia (2020-2021); la consulta popular del "juicio a expresidentes"; la de revocación de mandato de 2022, y las elecciones presidenciales de 2024. Además, se incluye un relato de la elección judicial de 2025 y un capítulo que analiza los tres intentos fallidos de la reforma político-electoral que impulsó AMLO: el plan A, el plan B y el plan C. A contrarreloj, como nos suele ocurrir a los periodistas, he decidido incluir un epílogo con una breve descripción sobre el proceso de reforma electoral iniciado por la presidenta Claudia Sheinbaum Pardo, quien tomó la estafeta de López Obrador y ha decidido promover cambios para lograr esa "auténtica democracia" que pregona su movimiento, y bajar el costo de las elecciones, del sistema de partidos y del Poder Legislativo. En ese empeño ha encontrado resistencias en su propio partido, entre sus aliados (PVEM y PT), en las actuales autoridades electorales, en la oposición y en la opinión pública. Todo eso ha vuelto incierto el futuro de su reforma y ha colocado a Sheinbaum en la misma paradoja en la que estuvo López Obrador: la dificultad de acompañar el cambio de régimen con una reforma política de gran calado.

Éste es un libro de crónica periodística y no de análisis político. Recoge y expone mis vivencias e investigaciones como reportero, observador de los procesos electorales y como trabajador del INE en un periodo de tres años. Compila datos fundamentales y documentos de los procesos narrados, y los testimonios de los principales actores políticos involucrados.

Es, al mismo tiempo, una crónica política del sexenio de Andrés Manuel López Obrador, que sigue la línea de reporteo y análisis de dos libros anteriores publicados por Grijalbo: *Crónica de un sexenio fallido. La tragedia del calderonismo* (2012) y *La democracia no se construyó en un día* (2021).

Este libro no es un manifiesto a favor o en contra de la reforma electoral; sólo pretende hacer un relato histórico y una aportación al debate público sobre el pasado, presente y futuro de la democracia mexicana.

Ciudad de México, enero de 2026

1
Todo comenzó en Texcoco

Democracia plebiscitaria

Andrés Manuel López Obrador está sentado al lado de la puerta de emergencia de un avión de Interjet con destino a Guadalajara. Es martes 23 de octubre de 2018, son las 11 de la mañana, y, antes de que el avión despegue, el presidente electo graba un mensaje para invitar a sus próximos gobernados a participar en la consulta sobre el destino del aeropuerto de la Ciudad de México.

Mientras el piloto espera a que le asignen pista para despegar, López Obrador habla frente a un teléfono celular durante cuatro minutos y tres segundos, y luego sube a Facebook el video en el que asegura que no hay nada que temer por la consulta pública que se llevará a cabo en un par de días y por el posible resultado de ésta.

López Obrador explica que en la consulta la gente podrá votar por una de dos opciones: seguir construyendo el Nuevo Aeropuerto Internacional de México (NAIM) en terrenos del lago de Texcoco o hacer dos pistas en la base aérea de Santa Lucía.

Llama a todos a informarse y votar libremente, sin manipulación de ningún tipo, pero él parece inclinarse por la segunda opción, la cual anunció desde que era candidato a la presidencia.

Han pasado tres meses desde su triunfo arrollador en los comicios del 1 de julio y faltan dos para su toma de protesta, pero la primera gran decisión de su administración —quizás la más importante en todo el sexenio— ya ha sido tomada: detener la obra emblemática del gobierno del aún presidente, Enrique Peña Nieto.

Si alguien tenía duda de que López Obrador se atrevería a cumplir su promesa de detener las obras del NAIM, el video que el presidente electo graba desde un asiento en el que luce incómodo y a media luz comienza a dejar las cosas muy claras.

"Para meter miedo, se habla de que puede haber desequilibrios macroeconómicos, problemas en la bolsa, devaluación… ¡Nada de eso! ¿Por qué? Porque nos vamos a entender con las empresas contratistas; además, no son muchas las que están trabajando en el lago de Texcoco, son como cinco grandes empresas… Voy a hablar con los empresarios para garantizarles que van a seguir vigentes sus contratos; que, si se decide, por ejemplo, Santa Lucía, pues la misma obra que tienen ahora asignada en Texcoco la van a hacer, nada más que en Santa Lucía. Eso si así lo decide la gente", proclama López Obrador, en una justificación que anticipa lo que va a ocurrir en los próximos días.

Una obra faraónica

López Obrador abordó ese avión para participar en una cumbre de negocios con empresarios jaliscienses, en la que sería cuestionado sobre la decisión que las cámaras industriales, los inversionistas, amplios sectores financieros y miembros del gobierno saliente ya veían venir, algunos con temor y otros con cierta resignación.

Desde que el presidente Enrique Peña Nieto anunció la construcción de un nuevo aeropuerto para la capital del país en terrenos del municipio de Texcoco —en el marco de su segundo informe de gobierno del 3 de septiembre de 2014—, López Obrador se convirtió en uno de los principales críticos de la obra.

La administración Peña Nieto gastó 102 millones de pesos entre 2015 y 2018 sólo para promover el NAIM en los medios de comunicación. Pero el líder de Morena arremetió constantemente contra el proyecto.

Peña y su gobierno apostaron fuerte por el aeropuerto de Texcoco: llevaron a cabo 167 licitaciones públicas internacionales e involucraron a más de 300 empresas en los trabajos, entre ellas la constructora de Carlos Slim, uno de los hombres más ricos del mundo.

El diseño de la obra fue adjudicado al despacho del prestigiado arquitecto británico Norman Foster, en colaboración con Fernando Romero, yerno de Slim. Sólo el contrato para el desarrollo del proyecto ejecutivo arquitectónico rebasaba los mil 800 millones de pesos.

Según la propaganda oficial, el Nuevo Aeropuerto Internacional de México sería el más grande de Latinoamérica y el tercero más importante del mundo; tendría capacidad para mover a 120 millones de pasajeros cada año, gracias a sus seis pistas desplegadas en 4 mil hectáreas de terreno, y sería el principal polo generador de empleos del país, con 160 mil trabajadores durante su construcción.

En un principio se dijo que la obra tendría un costo de 169 mil millones de pesos, pero en 2018 la Secretaría de Comunicaciones y Transportes (SCT) elevó la cifra a 285 mil millones de pesos.

El alto costo fue una de las principales razones por las que López Obrador anunció que, en caso de llegar a la presidencia, detendría las obras.

En 2017, durante la campaña de la entonces candidata de Morena a la gubernatura del Estado de México, Delfina Gómez, el líder morenista anticipó en varias ocasiones sus planes para la obra emblemática del peñismo.

"Faltan 17 meses, los llevo bien contados. Cuando triunfe nuestro movimiento, se cancela esa obra faraónica y vamos a echar a andar un proyecto alternativo", dijo el 25 de enero en un mitin en Zumpango.

"Se va a detener esa obra, vamos a construir dos pistas en el aeropuerto militar de Santa Lucía, y no se va a construir el aeropuerto en el lago de Texcoco, porque son 180 mil millones de pesos que se quieren robar, porque ni siquiera va a servir esa obra, se va a hundir", advirtió desde Acolman el 29 de abril.

En el libro que publicó como arranque de su larga campaña hacia la presidencia (*2018: la salida. Decadencia y renacimiento de México*, Planeta, 2017), López Obrador propuso no gastar 180 mil millones de pesos en el nuevo aeropuerto, sino invertir 65 mil millones de pesos en la construcción de dos pistas en la base aérea de Santa Lucía. En el libro se especifica que Santa Lucía se dedicaría a vuelos internacionales y de carga, mientras que el actual Aeropuerto Internacional Benito Juárez se usaría para vuelos nacionales, para lo cual se construiría una vía de comunicación confinada y rápida de 38 kilómetros que uniría ambas terminales.[1]

Ése fue su discurso durante todo 2017 y 2018.

En ese lapso, el tabasqueño se opuso constantemente a la "obra faraónica", mientras que los funcionarios del gobierno, el propio Peña Nieto, los candidatos del PRI y del PAN, los empresarios y el Grupo Aeroportuario —creado para desarrollar el proyecto— la defendieron y advirtieron de los enormes costos que tendría para el país cancelarla, no sólo por las pérdidas económicas, sino por la pésima señal que se estaría mandando a inversionistas extranjeros con los que se tenían comprometidos contratos multimillonarios.

La primera vez que López Obrador habló sobre llevar a consulta el futuro del NAIM fue en la recta final de su campaña proselitista. El domingo 17 de junio de 2018, en un mitin en Texcoco, anunció que, una vez electo, promovería la organización de este ejercicio, y agregó que éste podría ser organizado por el Instituto Nacional Electoral.

El candidato se sacudió así las preguntas que le hacían con frecuencia sobre el futuro de la megaobra del peñismo, así como las críticas y preocupaciones que comenzaban a generarse en circuitos empresariales y financieros por la idea de cancelar un proyecto que ya había absorbido 60 mil millones de pesos y que era promocionado como "el despegue de México hacia un nuevo destino".

Después del 1 de julio, con el triunfo de López Obrador y Morena, el destino del NAIM se convirtió en uno de los principales temas de debate público, lo que puso en los reflectores al futuro secretario de Comunicaciones y Transportes, Javier Jiménez Espriú, un veterano ingeniero que inició su carrera profesional y política en los años setenta, quien gozaba de todas las confianzas del presidente electo.

A Jiménez Espriú se le encomendó analizar los posibles escenarios y coordinar los estudios técnicos que podrían justificar la cancelación del proyecto.

Veintidós días después de las elecciones, el futuro presidente ofreció una conferencia de prensa para anunciar que entre agosto y octubre se abriría un debate público sobre los impactos, costos, ventajas e inconvenientes de la obra iniciada por el gobierno de Peña Nieto; esto, para generar la información suficiente que permitiera poner la obra a consideración de la gente, mediante una consulta popular que tendría tres posibles resultados:

1. Seguir la construcción en Texcoco.
2. Frenar la obra y construir dos pistas en la base aérea de Santa Lucía.
3. Concesionar el NAIM para continuar su construcción sin recursos públicos.

El lunes 23 de julio de 2018, López Obrador reiteró que la consulta podría ser organizada por el INE, el organismo público autónomo encargado de las elecciones y los procesos de democracia participativa contemplados en la Constitución desde 2012.

Pero, en las semanas siguientes, el equipo del presidente electo comenzó con la organización de la consulta al margen del INE, y se abstuvo de involucrar al órgano electoral o de pedirle información sobre los requisitos legales para llevar a cabo una consulta popular en los términos del artículo 35 de la Constitución.

Lo cierto es que, en ese momento, la Constitución ya contemplaba la consulta popular como mecanismo de participación ciudadana, pero restringía su realización al establecer que ésta sólo podía ser solicitada cada tres años, en concurrencia con elecciones federales.

Y López Obrador tenía prisa.

Entre agosto y septiembre, Jiménez Espriú dotó al presidente electo de elementos técnicos para defender la decisión de poner la obra a consideración del pueblo, y, en octubre, el equipo de transición inició una serie de foros para preparar la consulta que se celebraría a finales del mismo mes.

Esos foros dejaron ver que incluso dentro del equipo de López Obrador existían posiciones encontradas sobre el nuevo aeropuerto.

El 3 de octubre, en el Club de Periodistas de México, en el Centro Histórico de la capital, se celebró un diálogo público entre organizaciones opositoras al proyecto y el equipo de transición.

Machete en mano, los líderes de las comunidades afectadas por las obras advirtieron que no permitirían que se concluyera el NAIM y aseguraron que la consulta convocada por el presidente electo era innecesaria, pues él ya había prometido detener las obras.

Los comuneros enumeraron los daños ya sufridos y los que estarían por sufrir en sus comunidades; blandieron machetes adornados con una estampa de un avión cruzado por la señal vial de "prohibido" pintada en color rojo, y, durante tres horas, se hicieron escuchar por siete altos funcionarios de la futura administración: Javier Jiménez Espriú (SCT), Josefa González Blanco (Medio Ambiente), María Luisa Albores (Bienestar), Román Meyer (Desarrollo Agrario Territorial y Urbano), Alejandro Encinas (futuro subsecretario de Derechos Humanos de la Secretaría de Gobernación), Adelfo Regino (futuro director del Instituto Nacional de Pueblos Indígenas) y Jesús Ramírez Cuevas (futuro vocero presidencial).

"No nos preguntaron si queríamos un proyecto de muerte; hoy quieren consultarnos fuera de tiempo, fuera de la ley. Quisiéramos creer que de veras se va a hacer justicia, que de veras el licenciado Andrés Manuel López Obrador va a cumplir su palabra de suspender este proyecto aeroportuario, que para nosotros solamente nos trae problemas, asesinatos, arrebato de nuestras tierras. No puede ser que ustedes le estén dando la atención más al ramo empresarial que a los pueblos que eligieron a este nuevo gobierno, que ustedes permitan que ellos tengan todo mientras nosotros nos quedamos con nada. Si no hace lo que prometió en su campaña, estamos creyendo que sólo fue una mentira; si no hace justicia a los pueblos, vamos a creer que es más de lo mismo", advirtió Felipe Álvarez, veterano luchador del Frente de los Pueblos en Defensa de la Tierra de San Salvador Atenco, un colectivo creado en 2001, cuando Vicente Fox pretendía construir una obra semejante en la zona de Texcoco.

Emocionados, conmovidos o contagiados por los activistas y sus tres horas de argumentos sobre extractivismo, deforestación, desecación, engaños y presiones a los comuneros, los colaboradores del presidente electo terminaron poniéndose de su lado y, uno a uno, sumaron argumentos para no concluir la obra, desde su próximo ámbito de responsabilidad.

Jiménez Espriú defendió hasta el final la realización de la consulta, pero el veredicto popular ya era unánime: "Lago sí, proyecto no".

Mientras tanto, en el salón de un hotel en Polanco, un grupo de inversionistas mantenía una reunión con el empresario Alfonso Romo, un conocido hombre de negocios, miembro del Grupo Monterrey y futuro jefe de la Oficina de la Presidencia.

Según trascendió en versiones periodísticas, en dicho encuentro Romo se comprometió a que su jefe no daría marcha atrás en el NAIM.

Romo mostró a sus interlocutores un documento entregado por el Grupo Aeroportuario al equipo de transición, en el que se aseguraba que cancelar el NAIM implicaría perder 60 mil millones de pesos ya invertidos, más otros 35 mil millones de pesos en costos no recuperables. Sin contar las demandas que pudieran ser interpuestas por las empresas participantes, por daños y perjuicios.

"El aeropuerto va porque va", les aseguró Romo, en un intento por tranquilizar los ánimos, a escasos dos meses de la toma de protesta de López Obrador. Pero el 8 de octubre el propio presidente electo volvió a sembrar la incertidumbre al difundir un video en el que dijo que la única posibilidad de que continuara el proyecto sería con inversión privada, como había planteado el empresario Carlos Slim algunos meses antes.

La consulta "patito"

El lunes 15 de octubre, el vocero del equipo de transición y futuro coordinador general de Comunicación Social de la Presidencia de la República, Jesús Ramírez Cuevas, compareció ante los medios para dar a conocer todos los detalles de la consulta.

Ésta se llevaría a cabo durante cuatro días (25, 26, 27 y 28 de octubre), en mil 73 mesas receptoras de opinión instaladas en 538 municipios del país, con el siguiente planteamiento:

> Dada la saturación del Aeropuerto Internacional de la Ciudad de México, ¿cuál piensa usted que sea mejor opción para el país? 1) Reacondicionar el actual aeropuerto de la Ciudad de México y el de Toluca y construir dos pistas en la base aérea de Santa Lucía. 2) Continuar con la construcción del nuevo aeropuerto en Texcoco y dejar de usar el actual Aeropuerto Internacional de la Ciudad de México.

En la parte de atrás de la boleta, se imprimirían seis ventajas y cinco desventajas si se continuaba con el NAIM, y cinco ventajas y cuatro desventajas en caso de construir las dos pistas en Santa Lucía.

En la misma conferencia, Jesús Ramírez presentó un consejo asesor de la consulta, integrado por 12 "expertos", ninguno de ellos en ingeniería, comunicaciones o aeronáutica: el historiador Enrique Semo, el sociólogo Luis Arizmendi, la doctora en Estudios Latinoamericanos Consuelo Sánchez, el doctor en Ciencias Ambientales Gian Carlo Delgado, el doctor en Ecología Fernando Córdova Tapia, el sociólogo Rodrigo Medellín Erdmann, el etnólogo Eckart Boege, la economista Yolanda Massieu Trigo, el etnólogo Mauricio González González, el filósofo Armando Bartra, el doctor en Ciencias Víctor Manuel Toledo y la socióloga Elvira Concheiro Bórquez.

También anunció un consejo académico integrado por nueve investigadores de diversas disciplinas: Jorge Arévalo (Economía), León Enrique Ávila (Ciencias), Octavio Klimek (Ciencias Forestales), Ana Luz Quintanilla-Montoya (Ciencias), María Teresa Munguía (Estudios Regionales), Germán Méndez (Desarrollo Rural), Antonio Turrent (Ciencias), Emiliano Thibaut (Fotografía) y Carlos Rea (Sociología).

Además, el vocero expuso una lista de 15 organizaciones sociales que respaldarían la organización de la consulta, entre las que figuraban el Barzón Nacional, la Unión Campesina Democrática, la Unión Popular Revolucionaria Emiliano Zapata y la Central Campesina Cardenista.

Para hacer el cómputo y difusión de los resultados, fue contratada la Fundación Arturo Rosenblueth, una organización académica creada en 1978, dedicada a la formación de profesionistas en computación aplicada, sistemas de información y tecnología informática.

Según su currículum público, la fundación participó en procesos de observación electoral y fortalecimiento de la democracia entre 1988 y 1994, como el primer conteo rápido electoral (1991), la administración y cómputo del plebiscito del Distrito Federal (1993) y un conteo rápido con la organización Alianza Cívica (1994). De 1995 a 2002, la fundación habría participado en más de 30 elecciones estatales y federales; sin embargo, en 2018 no quedaba rastro alguno de su experiencia electoral, ni era posible encontrar vínculos como proveedor o asesor del Instituto Nacional Electoral.

La Fundación Arturo Rosenblueth era dirigida en ese momento por el doctor Enrique Calderón Alzati (1938-2022), un ingeniero especializado en computación, articulista del diario *La Jornada* y autor de dos libros: *Computadoras en la educación* (Trillas, 1988) y *Escenarios rumbo a las elecciones de 2018* (publicado de forma independiente en 2017).

Calderón Alzati apoyó a López Obrador en sus tres campañas presidenciales. En artículos y entrevistas, hizo público su respaldo a la cancelación del NAIM y su repudio al gobierno de Enrique Peña Nieto, a quien en junio de 2017 le dirigió una carta en la que lo acusó de haber llegado al poder en 2012 tras "un gran fraude electoral basado en la compra millonaria de votos".

En el último párrafo de la carta, que aún puede consultarse en el Portal Político del Ciudadano del Instituto Nacional de Estudios Políticos, A. C,. Calderón Alzati hizo una dura advertencia a Peña Nieto, un año antes de los comicios de 2018:

> En este entorno de violencia, pero también de malestar y de enojo generalizado en el que vive actualmente nuestro país, cualquier daño físico del que pueda ser objeto el licenciado López Obrador lo convertirá a usted en el único responsable, con altos riesgos de un incendio social y del desconocimiento de su gobierno, no sólo a lo largo del territorio nacional, sino a escala mundial, cosa que también podría ocurrir en el caso de que usted pretendiese instrumentar o avalar un nuevo fraude electoral como los cometidos en elecciones anteriores, en virtud de las condiciones que desafortunadamente su gobierno ha propiciado hasta ahora. Lo invito a reflexionar en torno a todo esto.[2]

Meses después, en su libro escribió: "Las elecciones de 2018 constituyen una oportunidad para lograr un cambio real del país, ante la conformación de Morena y su triunfo en las elecciones de 2018".

Con ese perfil, a Calderón Alzati le correspondía dar certeza y garantizar la imparcialidad en el cómputo de los votos en una consulta de la que dependía una obra que, hasta ese momento, reportaba un 31 % de avance.

El financiamiento de la consulta correspondió a legisladores de Morena, quienes habían asumido el cargo desde el 1 de septiembre de 2018, al arranque de la LXIV Legislatura del Congreso de la Unión. En un primer momento, el equipo de López Obrador dijo que ésta tendría un costo de entre un millón y un millón y medio de pesos.

La mañana del jueves 25 de octubre, los medios de comunicación reportaron algunas de las deficiencias de la consulta y la poca confiabilidad de ésta si se comparaba con los procesos organizados por el INE. Algunos opinadores no dudaron en calificar el ejercicio como una consulta "patito".

Las principales fallas reportadas fueron las siguientes:

- La instalación de casillas en únicamente 538 municipios, que no son ni la cuarta parte de los más de 2 mil 400 municipios del país.
- El uso de papeletas sin folio y sin medidas de seguridad, fácilmente falsificables.
- La inexistencia de observadores imparciales, representantes de partidos políticos o funcionarios de casilla como los que capacita el INE en un proceso electoral, lo que hacía que las casillas estuvieran a cargo de simpatizantes de Morena exclusivamente.
- La ausencia de una lista nominal confiable y de controles que impidieran que un solo ciudadano votara más de una vez. Aunque se pidió la credencial del INE para participar y se empleó un sistema para registrar la clave de elector e impedir más de un sufragio por persona, durante la jornada se reportó que se podía votar más de una vez, presentando una copia fotostática de la credencial del INE y sin registrar la clave de elector en la aplicación.
- El cómputo de votos que realizó la Fundación Arturo Rosenblueth ocurrió sin transparencia ni certeza.

Andrés Manuel López Obrador acudió temprano a una casilla ubicada en la explanada de la alcaldía Tlalpan, y, en declaraciones a la prensa, dijo que la consulta sería confiable porque la ciudadanía la vigilaría.

Minimizó las advertencias de poca confiabilidad y los comparativos publicados en los medios que dejaban ver la poca seriedad de un ejercicio cuyas consecuencias serían graves para el país. Y defendió su propia idea de democracia.

"Hay que poner por delante el interés del pueblo, no se puede apostar así a asustar a la gente, y a crear un ambiente de inestabilidad sólo porque no les gusta la consulta. La verdad es que ésta es la mejor manera de resolver los problemas, preguntándole a la gente. Ésta es la democracia, no hay que tenerle miedo a la gente. Lo que se señala es parte de la campaña en contra de la consulta. Cree el león que todos son de su condición; nosotros nunca hemos hecho un fraude electoral, y la gente está a favor de la democracia, en contra del fraude. Son los que tienen intereses creados los que no quieren la democracia", dijo el presidente electo ante una cascada de preguntas que le hacían reporteras y reporteros arrebatándose la palabra.

Aquel primer día, Jesús Ramírez reportó la instalación de mil 19 casillas (95% de las mil 73 programadas) y reconoció que se habían presentado fallas que propiciaron que una persona pudiera votar más de una vez en la consulta, pero las calificó como hechos aislados que no afectaban la certeza y la imparcialidad del ejercicio. En el primero de cuatro días habían votado 239 mil 109 personas.

El segundo día se reportó la participación de 208 mil 185 ciudadanos. El tercer día, 265 mil 687, y el cuarto, 354 mil 878.

La noche del domingo 28 de octubre, Jesús Ramírez aseguró que la participación había rebasado cualquier cálculo previo. Calderón Alzati, por su parte, dio a conocer las cifras con corte del 98.18% de las casillas contabilizadas.

En total, la Fundación Arturo Rosenblueth reportó una participación de un millón 67 mil 850 personas. De éstas, 310 mil 463 (29%) se inclinaron por continuar con la construcción del NAIM en Texcoco, mientras que 747 mil (69.95%) votaron por cancelar ese proyecto y habilitar la base de Santa Lucía. Unos 2 mil 722 votos fueron anulados.

Como era de esperarse, el consejo consultivo avaló la consulta y, a través de un pronunciamiento leído esa misma noche por la investigadora Karen Levy Gálvez, aseguró que la validez de ésta se basaba constitucionalmente en el artículo 6, "en torno a la manifestación de ideas", y no en el 35, que consagra el derecho ciudadano a la consulta popular, o en la ley federal en la materia vigente desde 2014.

En defensa del ejercicio, el consejo consultivo afirmó: "No atenta contra ninguna normativa; antes bien fortalece la vida democrática, al sustentarse en la legitimidad que le otorga una consulta popular que emana de la autoorganización ciudadana".

Pasaron dos días hasta que la Fundación Arturo Rosenblueth dio a conocer los resultados definitivos: un millón 96 mil 990 participantes, un millón 86 mil 339 votos válidos y 10 mil 651 votos nulos. El 69.87% votó por Santa Lucía y el 29.16% optó por Texcoco.

El equipo de transición habilitó una página de internet en el dominio resultados.mexicodecide.com.mx, en la que se podían consultar los resultados, casilla por casilla, a nivel municipal y estatal, pero años después fue inhabilitada y, hoy en día, es imposible consultar la base de datos.

La mañana del lunes 29 de octubre, el presidente electo compareció ante los medios de comunicación, junto con Javier Jiménez Espriú y Alfonso Romo, para confirmar que los resultados de la consulta lo llevarían a tomar la primera gran decisión de su gobierno: la cancelación del aeropuerto en Texcoco.

Además, explicó las acciones que se emprenderían para mitigar el impacto económico de la cancelación del NAIM y echar a andar el proyecto de Santa Lucía. Una y otra vez dijo que quedaban a salvo los intereses de los empresarios e inversionistas. Aseguró que en tres años estaría resuelto el problema de saturación del aeropuerto de la Ciudad de México, pues estarían en operación el aeropuerto de Santa Lucía, el carril confinado entre el AICM y la base aérea, y el tren México-Toluca, que permitiría darle un mejor uso al aeropuerto de la capital mexiquense.

"Estarán en operaciones tres aeropuertos", se congratuló Andrés Manuel López Obrador.

Pero, sobre todo, el presidente electo destacó el método para tomar esta decisión, y dio por inaugurada una nueva época para la democracia, en la que "el que manda es el pueblo" y no los intereses del sector privado.

"La decisión que tomaron los ciudadanos el día de ayer es democrática, racional y eficaz. Estamos contentos porque se aplicó un ejercicio democrático y fue la gente la que decidió, y tenemos que ir creando el hábito democrático. Cuando hay democracia, no existe la corrupción. Eso es lo más importante", afirmó el presidente electo.

Jiménez Espriú tampoco se ahorró elogios a la consulta:

"Hoy ha concluido un gran ejercicio de democracia participativa. Esta consulta ha sido un ejercicio inédito de derecho a expresarse que, consagrado en la Constitución, tiene todo mexicano. Ha constituido una oportunidad extraordinaria para conocer la opinión de la ciudadanía acerca de una obra de infraestructura muy importante y escuchar los diferentes puntos de vista, preocupaciones y expectativas de todos los sectores de la sociedad mexicana en todo el territorio nacional. La preparación de la consulta, los procedimientos para la valoración de las propuestas y la decisión que ahora ha anunciado el presidente electo constituyen una muestra clara de la vocación democrática del gobierno electo y un paso fundamental en el involucramiento de la población en la toma de decisiones trascendentales, en un clima de igualdad y de respeto", dijo el ingeniero y próximo titular de la SCT.

Durante la conferencia de prensa, de 49 minutos y 38 segundos, Alfonso Romo permaneció en silencio, con el gesto adusto, visiblemente incómodo. Sentado a la derecha del presidente electo, el empresario regiomontano se revolvía en su silla, metía y sacaba sus anteojos del saco, destapaba una minúscula botella de Bonafont despojada de su etiqueta y tomaba breves sorbos de agua, veía momentáneamente su teléfono celular, arqueaba las cejas, se llevaba ambas manos al mentón, las ponía entrecruzadas sobre la mesa y acariciaba un fólder amarillo que tenía frente a él sin abrirlo ni leer las hojas que llevaba dentro.

Romo había sido derrotado al interior del equipo de transición, evidenciado ante los empresarios que confiaban en él para persuadir a López Obrador de no cometer lo que consideraban una locura. Pero, aun así, el 1 de diciembre de 2018, asumió el cargo de jefe de la Oficina de la Presidencia de la República, al que renunciaría dos años después sin dar mayores explicaciones.

López Obrador remató aquella conferencia diciendo: "Fue la mejor decisión, un motivo de alegría... Ganó la democracia y ganó el pueblo de México. ¡Viva México!".

Una semana después, en un restaurante de Polanco, el presidente se sentó a la mesa con 15 representantes de las empresas afectadas con la cancelación del NAIM; entre ellos el ingeniero Carlos Slim. Lo acompañaban Alfonso Romo, Javier Jiménez Espriú y Carlos Urzúa, quien en un mes asumiría el cargo de secretario de Hacienda en el nuevo gobierno. En lo que Jiménez Espriú ha llamado "el Pacto de la Alcachofa" (por el nombre del restaurante donde se reunieron), el presidente electo invitó a los empresarios que ostentaban el 90% de los contratos del proyecto aeroportuario a desarrollarlos en la nueva base aérea de Santa Lucía y les pidió participar en otros proyectos de infraestructura de su futuro gobierno con honestidad, eficacia y obteniendo utilidades razonables.

Los comensales se resignaron, pero no invirtieron un peso en el aeropuerto alterno de López Obrador.

A la larga, el proyecto de Santa Lucía fue construido por el Ejército, y fue bautizado como Aeropuerto Internacional Felipe Ángeles, en honor al militar revolucionario que le fue leal a Francisco I. Madero durante el golpe de Victoriano Huerta y la Decena Trágica.

Javier Jiménez Espriú renunció a la Secretaría de Comunicaciones y Transportes en julio de 2020 (un año y ocho meses antes de la inauguración del Aeropuerto Felipe Ángeles), por diferencias en la decisión de entregar a las Fuerzas Armadas el control de las aduanas. Dos años después publicó un libro en el que relata detalladamente el episodio del aeropuerto de Texcoco, con múltiples anécdotas, documentos y datos sobre la decisión que ejecutó López Obrador durante la etapa de transición, aún sin ser presidente.

Titulado *La cancelación. El pecado original de AMLO* (Grijalbo, 2022), el libro desmenuza pormenores de la decisión que marcó el punto de partida del sexenio. En su relato, Jiménez Espriú explica que la consulta del NAIM se llevó a cabo después de múltiples foros, reuniones con especialistas y tras el acopio de información técnica suficiente para justificar la decisión de abortar el proyecto. Es decir, la consulta ciudadana no sustituyó el dictamen técnico que justificaba la cancelación; según Jiménez Espriú, la consulta fue la culminación de un proceso de cuatro meses de análisis, debates e información pública sobre los costos y beneficios de seguir con el proyecto de Peña Nieto o cancelarlo y optar por la propuesta de López Obrador.[3]

El exsecretario reconoce que la consulta no se desarrolló de acuerdo a lo establecido en las leyes electorales, y afirma erróneamente que "la ley no existía en aquel momento". En realidad, la figura de la consulta popular fue incorporada a la Constitución mexicana desde 2012. Dos años después fue promulgada la Ley Federal de Consulta Popular (publicada en el *Diario Oficial de la Federación* el 14 de marzo de 2014), la cual estaba vigente en el momento en el que se llevó a cabo la consulta del NAIM.

Sin entrar en detalles sobre las insuficiencias del proceso de consulta, Jiménez Espriú descalifica a los críticos que cuestionaron su nulo rigor metodológico y falta de sustento legal, y defiende que la consulta ocurrió "como consecuencia de la decisión del presidente electo, de su convicción democrática de consultar a la población, de conocer los sentimientos del pueblo…".

Jiménez Espriú asegura que con esta consulta se inauguró una nueva forma de hacer política en México, y hace una ponderación interesante sobre el valor que tenía este ejercicio de democracia participativa para el nuevo gobierno.

> La consulta ciudadana fue otro de los puntos de mayor debate, ya que los críticos de la misma señalaban como incongruente, aberrante y "populista" el hecho de consultar sobre un tema técnico especializado —la construcción de un aeropuerto— a "gente que no tenía el menor conocimiento al respecto" y que incluso —agregaban algunos, con falta de sensibilidad— "nunca se habían subido a un avión". No se trataba de que opinaran sobre si era correcta la técnica constructiva del aeropuerto, o si consideraban acertados

y completos los estudios geológicos que se habían realizado, o si pensaban que en el espacio aéreo no habría colisiones entre los aviones que lo surcaran. Se trataba de que dieran su opinión sobre una megaobra que se había decidido sin consultar a quienes eran dueños de los recursos que se emplearían para construirla y sobre sus impactos de toda índole en la nación. En otras palabras, respetar el derecho de la ciudadanía a participar en las grandes decisiones nacionales.

"Váyanse acostumbrando"

Uno de los anuncios que hizo López Obrador durante el episodio de la cancelación fue el de normalizar la consulta popular como mecanismo para tomar decisiones en torno a obras públicas y otras trascendentales para su gobierno.

El líder político que hizo de la asamblea y la consulta a mano alzada un mecanismo de decisión en su partido-movimiento ahora se proponía "gobernar obedeciendo" o, lo que es lo mismo, inaugurar una polémica etapa de democracia participativa, a la que sus críticos llamaban "democracia plebiscitaria".

En uno de los mensajes que subió a redes sociales para promover la participación en la consulta sobre el aeropuerto, López Obrador anticipó que impulsaría una reforma constitucional para facilitar la organización de consultas populares en temas de interés público.

"Qué bueno que estamos inaugurando esta etapa de consultas, y a mis adversarios les digo que se vayan acostumbrando, porque, cada vez que sea necesario, cuando se amerite, va la consulta", expresó en un video difundido el 26 de octubre.

Para ese entonces, la iniciativa de reforma al artículo 35 constitucional ya había sido presentada por legisladores de Morena en la Cámara de Diputados. El 4 de octubre, el diputado Javier Hidalgo presentó una iniciativa para derogar el lineamiento que determinaba que las consultas populares sólo se podían llevar a cabo el mismo día de las jornadas electorales federales; es decir, cada tres años.

Junto con una decena de iniciativas presentadas por legisladores de Morena, Movimiento Ciudadano (MC) y PRI, en las que también se establecía el derecho ciudadano a solicitar la revocación de mandato del titular del Ejecutivo y participar en dicho ejercicio, la propuesta de Javier Hidalgo fue procesada en tiempo récord, y el 27 de noviembre de 2018 ya existía un primer dictamen aprobado en las comisiones de la Cámara de Diputados.

Para entonces el presidente electo ya había llevado a cabo una segunda consulta nacional, ésta con la finalidad de someter a la opinión ciudadana los 10 programas prioritarios de su administración.

Esa consulta, celebrada el 24 y 25 de noviembre, también fue organizada por la Fundación Arturo Rosenblueth, y para ella fueron impresos 2 millones de boletas con un diseño mucho más complejo que el anterior.

Con un sí o un no, los participantes debían opinar sobre 10 obras y proyectos anunciados en campaña por López Obrador, los cuales formarían parte de sus primeras acciones como presidente.

El 26 de noviembre, Enrique Calderón Alzati y Jesús Ramírez Cuevas anunciaron que participaron más de 946 mil personas en las mil 102 casillas distribuidas en todo el país, principalmente en aquellos estados donde se desarrollarían las obras en cuestión.

Como se esperaba, todos los programas y proyectos fueron aprobados abrumadoramente, con los siguientes porcentajes de respaldo de quienes participaron (las propuestas se presentan tal y como se redactaron en la papeleta):

1. Construir el Tren Maya que conectará los estados de Chiapas, Tabasco, Campeche, Yucatán y Quintana Roo, lo que fomentará la economía y el turismo: 88.9 por ciento.
2. Conectar por medio de un tren los océanos Pacífico y Atlántico, para desarrollar el istmo de Tehuantepec, Oaxaca, y reactivar la economía de la región: 90.3 por ciento.
3. Construir una refinería en Dos Bocas, Tabasco, para producir gasolina con el petróleo extraído por Pemex: 91.6 por ciento.
4. Plantar árboles frutales y maderables en un millón de hectáreas, creando 400 mil empleos permanentes (programa que después se bautizó como "Sembrando Vida"): 94.7 por ciento.
5. Aumentar al doble la pensión a todos los adultos mayores de 68 años; desde los 65 años en regiones indígenas: 93.3 por ciento.
6. Otorgar becas y capacitación laboral a 2.6 millones de jóvenes que hoy no tienen oportunidades de estudiar ni de trabajar ("Jóvenes Construyendo el Futuro"): 91 por ciento.
7. Becar a todos los estudiantes de las escuelas públicas de nivel medio superior del país: 90.1 por ciento.

8. Pensionar a un millón de personas que viven con alguna discapacidad: 92.9 por ciento.
9. Garantizar atención médica y medicinas a toda la población que no cuenta con servicios de salud: 95.1 por ciento.
10. Proveer cobertura gratuita de internet en carreteras, plazas públicas, centros de salud y escuelas en todo el país: 91.6 por ciento.

A una semana de su toma de protesta como presidente de la República, López Obrador celebró el éxito de su segunda consulta nacional como un avance en la implantación de una "auténtica democracia" en México.

Para su equipo, fue un triunfo que se hubieran podido llevar a cabo dos consultas nacionales durante la transición, independientemente de las críticas que abundaron por la falta de rigor metodológico y el hecho de que se hubiesen llevado a cabo al margen de la ley.

Al equipo de transición nunca le importó demasiado transparentar el financiamiento de las consultas; siempre dijo que costaron un millón y medio de pesos cada una y que el dinero salió de aportaciones voluntarias de diputados y senadores de Morena.

"Se van a hacer públicos los depósitos, los váucheres de las aportaciones de los diputados", ofreció el vocero Jesús Ramírez Cuevas, pero nunca se transparentó quién aportó recursos y en qué cantidad.

Mientras los consejeros del Instituto Nacional Electoral declaraban que para llevar a cabo una consulta popular conforme a la Constitución se requerirían reformas legales, recursos presupuestales y tiempo suficiente para prepararla, el equipo de transición y la Fundación Arturo Rosenblueth se jactaban de haber llevado a cabo consultas ciudadanas a nivel nacional simples, baratas y en un breve tiempo.

Ramírez Cuevas también dijo que no se usarían los 150 millones de pesos del fondo para la transición en estos ejercicios. De hecho, nunca se informó a detalle cómo se ejerció esta partida, que, según López Obrador, sólo se destinaría al financiamiento de estudios sobre los proyectos estratégicos.

Sin embargo, en la revisión hecha por la Auditoría Superior de la Federación (ASF) al fideicomiso del fondo para la transición de 2018, administrado por Banjército, se puede consultar el destino final de esa partida.[4]

El fideicomiso se integró con 150 millones de pesos aportados por la Secretaría de Hacienda y Crédito Público (SHCP) en junio de 2018 y generó rendimientos por 4 millones 646 mil pesos. El informe de la ASF indica que López Obrador y su equipo erogaron 136 millones 514 mil pesos, y reintegraron a la Tesorería de la Federación 13 millones 486 mil pesos no ejercidos, más los 4.6 millones de pesos generados como rendimientos.

En total, se ejercieron 135 millones 214 mil pesos para el pago de honorarios a 18 mil 19 personas, y poco más de un millón en gastos de operación.

El documento detalla que el equipo de transición pagó 2 millones 237 mil pesos netos a un total de 33 asesores del presidente electo (30 contratados del 23 de octubre al 30 de noviembre, y tres contratados del 1 al 30 de noviembre), que tuvieron a su cargo la elaboración del Plan Nacional de Desarrollo y la propuesta de paquete económico para 2019.

El grueso del fondo, 122 millones 304 mil pesos, se destinó al pago de 17 mil 986 encuestadores contratados a partir del 1 de noviembre para levantar el Censo del Bienestar, una estrategia para identificar a los beneficiarios de programas sociales y su grado de satisfacción con éstos. Aunque siempre se dijo que los "servidores de la nación" que levantarían este censo eran voluntarios, en realidad cada uno recibió un pago promedio de 7 mil pesos por un mes de trabajo.

El equipo de transición retuvo el ISR a los 33 asesores y los casi 18 mil servidores de la nación, por un monto de 10 millones 672 mil pesos, que también reintegró a la Tesorería.

Consulta popular: la primera reforma de AMLO

Por aquellos días, López Obrador le dio una larga entrevista a la periodista Carmen Aristegui, en la que anunció que durante su gobierno se promoverían consultas, plebiscitos y referéndums para decidir sobre todo tipo de temas de interés general. Se quejó de las restricciones a la consulta popular contenidas en el artículo 35 constitucional; adelantó que daría prioridad a las reformas para facilitar estos mecanismos de participación ciudadana; y recordó que en 2014 la Suprema Corte de Justicia de la Nación frenó la consulta que él mismo estaba promoviendo como dirigente de Morena para revertir la reforma energética, pues en aquel momento los ministros argumentaron que esto afectaría los ingresos públicos, uno de los cuatro temas que la Constitución prohibía llevar a consulta popular (los otros eran la seguridad nacional, la organización y el funcionamiento de las Fuerzas Armadas y la restricción de los derechos humanos).

En la entrevista de más de dos horas y 10 minutos, Carmen Aristegui cuestionó al presidente electo sobre un tema en particular: la posibilidad de investigar, esclarecer y castigar casos de corrupción y violaciones graves a los derechos humanos ocurridos durante los sexenios anteriores, y le preguntó directamente si promovería que sus antecesores fueran juzgados.

López Obrador respondió primero con evasivas, pero terminó reconociendo que a él no le gustaba la idea de juzgar a los expresidentes; arguyó que esto le haría más daño al país al perder tiempo en una cacería de brujas bajo pretexto de revisar el pasado.

Aristegui apretó con una metralla de razones para promover un esclarecimiento del pasado y un proceso de justicia transicional como los que se han llevado a cabo en otros países latinoamericanos. De paso, lo cuestionó duramente sobre su decisión de crear un consejo asesor de la Presidencia de la República en el que figuraban, entre otros, los dueños y ejecutivos de las principales televisoras del país: Televisa, TV Azteca y Grupo Imagen.

Acorralado, el presidente electo terminó respondiendo que sometería el tema a una consulta que se llevaría a cabo en el mes de marzo de 2019.

—Voy a acatar el mandato de los ciudadanos, la opinión de los ciudadanos —ofreció López Obrador.

—¿Te comprometes a esa consulta? —insistió Aristegui.

—Sí, me comprometo —reviró López Obrador.

—¿Por qué no redactamos de una vez las preguntas? —sugirió la periodista.

El tabasqueño accedió, y se terminó dictando al aire tres preguntas para una tercera consulta nacional.

1. ¿Crees que Andrés Manuel López Obrador, presidente de la República, deba tener un grupo asesor para consultarlos sobre proyectos productivos y pedirles sus puntos de vista? ¿Sí o no?
2. ¿Crees que el presidente debe promover que se juzgue, para que haya justicia y no sólo se persiga a chivos expiatorios, y se revisen las responsabilidades en delitos de corrupción [de] Carlos Salinas, Ernesto Zedillo, Vicente Fox, Felipe Calderón y Enrique Peña Nieto? ¿Sí o no?
3. ¿Crees que el presidente de la República debe promover o no una Guardia Nacional para México?

—Quiero que se informe bien, abrimos un debate y luego vamos a la consulta. ¿Y sabes por qué acepto? No sólo porque soy demócrata, sino porque estoy ante una periodista a la que le tengo respeto —añadió el presidente electo.

López Obrador anticipó que estas consultas se llevarían a cabo en el marco de la ley; es decir, luego de las reformas constitucionales para facilitar la consulta popular y dotar de legalidad a estos ejercicios. Incluso asintió cuando la periodista le dijo que una consulta de esas características debería ser organizada por el Instituto Nacional Electoral.[5]

Menos de un año después, gracias a la alianza legislativa entre Morena, el Partido del Trabajo (PT) y el Partido Verde Ecologista de México (PVEM), la Cámara de Diputados y el Senado de la República aprobaron las reformas al artículo 35 constitucional, y el 28 de noviembre de 2019, cumplidos todos los trámites legislativos, se emitió la declaratoria de reforma constitucional, que López Obrador promulgó y publicó el 20 de diciembre en el *Diario Oficial de la Federación*.[6]

Con esta reforma, se estableció que, además de la consulta popular, la ciudadanía podría promover la revocación de mandato del titular del Poder Ejecutivo federal, otra de las promesas que López Obrador había hecho en campaña bajo el lema "el pueblo pone y el pueblo quita".

En cuanto a las consultas populares, la reforma propició que éstas puedan celebrarse para temas de interés nacional o regional, y que puedan ser promovidas por las cámaras del Congreso, por el titular del Poder Ejecutivo o por un número de ciudadanos equivalente al 2% de las personas inscritas en la lista nominal de electores.

La reforma mantuvo los temas restringidos anteriormente para la consulta popular y añadió que no pueden ser objeto de consulta los asuntos electorales, la permanencia o continuidad de los servidores públicos en cargos de elección y las obras públicas en ejecución (es decir, la consulta sobre el aeropuerto hubiese sido ilegal). Además, se mantuvo la facultad de la Suprema Corte de Justicia de la Nación de determinar la constitucionalidad de la materia de consulta previo a su convocatoria.

El Instituto Nacional Electoral quedó como el órgano encargado de verificar el cumplimiento de las firmas de apoyo ciudadano para convocar a consulta popular y a consulta de revocación de mandato, así como la única instancia encargada de su organización, desarrollo, difusión, cómputo y declaración de resultados.

Además, los legisladores de Morena incorporaron en la Constitución las restricciones del modelo de comunicación política vigente desde 2008 en cuanto a la difusión de propaganda gubernamental durante el periodo de consulta popular o revocación de mandato, y el principio de imparcialidad al que están obligados todas y todos los funcionarios públicos de los tres órdenes de gobierno.

Morena y sus aliados lograron flexibilizar la consulta popular, que ahora podría ser convocada todos los años. Pero, en la negociación con los demás partidos —necesaria en el Senado de la República, donde Morena no contaba con dos terceras partes de los votos—, los morenistas cedieron en un asunto muy importante: la fecha de la consulta popular tendría que ser el primer domingo de agosto del año en que ésta fuera convocada.

Esto lo demandaron el PAN y el PRI para evitar que la primera consulta popular del sexenio, prevista para el año 2021 con el tema del juicio a los expresidentes, se celebrase el 6 de junio y coincidiera con las elecciones federales.

A la larga, ese pequeño cambio en la minuta originalmente aprobada en la Cámara de Diputados terminaría provocando una agria disputa entre el gobierno de López Obrador y el Instituto Nacional Electoral.

La del artículo 35 constitucional fue la primera gran reforma iniciada por López Obrador, y obedeció a su intención de facilitar la democracia participativa para usarla como instrumento de legitimación de decisiones públicas a lo largo de su sexenio. La reforma encarna una visión de democracia que muy pronto chocaría con la complejidad y el costo de los procedimientos instrumentados por el INE. La consulta fue el primero de muchos diferendos, pero se ubicó en el centro de todos los que se irían acumulando en los años por venir.

Una república austera

El sábado 1 de diciembre de 2018, en el Palacio Legislativo de San Lázaro, Andrés Manuel López Obrador tomó protesta como presidente de la República en una ceremonia que restituía la normalidad democrática, rota durante el sexenio de Vicente Fox, quien había sido el último presidente en pronunciar un discurso de toma de protesta ante el Congreso de la Unión.

A diferencia de Felipe Calderón, quien en 2006 se puso la banda presidencial entre empujones, gritos y chiflidos, y de Enrique Peña Nieto, que en 2012 permaneció apenas 20 minutos en el recinto para jurar guardar y hacer guardar la Constitución, Andrés Manuel López Obrador estuvo casi dos horas en la sesión solemne de Congreso General, leyó un discurso de una hora y 18 minutos y siguió todo el protocolo republicano.

En las primeras líneas de su primer discurso como presidente, López Obrador agradeció a Enrique Peña Nieto no haber intervenido en las elecciones del 1 de julio.

"Licenciado Enrique Peña Nieto, le agradezco sus atenciones. Pero, sobre todo, le reconozco el hecho de no haber intervenido, como lo hicieron otros presidentes, en las pasadas elecciones presidenciales. Hemos padecido ya ese atropello antidemocrático y valoramos que el presidente en funciones respete la voluntad del pueblo. Por eso, ¡muchas gracias, licenciado Peña Nieto!", dijo López Obrador mirando al priista, quien sonreía y tomaba aire antes de escuchar un largo discurso cargado de críticas y reproches a su administración.

Ante legisladores, funcionarios del nuevo gobierno, gobernadores, media docena de jefes de Estado, embajadores, periodistas y una insólita lista de invitados especiales que iba desde el cantautor Silvio Rodríguez hasta la hija del presidente Donald Trump, AMLO hizo un resumen apretado de las principales acciones que ya estaban en marcha y que contrastaban notoriamente con las políticas seguidas por Peña Nieto y el resto de los expresidentes:

La residencia oficial de Los Pinos se había abierto al público desde esa mañana; el avión presidencial se pondría a la venta el siguiente lunes; se disolverían el Estado Mayor Presidencial y el Centro de Investigación y Seguridad Nacional (Cisen); se crearía la Guardia Nacional en sustitución de la Policía Federal Preventiva; se reduciría en más del 50% el gasto en publicidad gubernamental; se acabarían los seguros médicos privados y las cajas de ahorro en el sector público; no se comprarían vehículos para altos funcionarios públicos; él ganaría el 40% del sueldo que percibía Peña Nieto, y ningún servidor público podría ganar más que el presidente.

Había llegado la austeridad republicana.

López Obrador leyó 6 mil 110 palabras y mencionó dos veces la palabra democracia. En una de ellas, lanzó por primera vez una idea que se volvería recurrente en su sexenio:

"Transitaremos hacia una verdadera democracia, se acabará la vergonzosa tradición de fraudes electorales. Las elecciones serán limpias y libres, y quien utilice recursos públicos o privados para comprar votos y traficar con la pobreza de la gente o el que utilice el presupuesto para favorecer a candidatos o partidos irá a la cárcel sin derecho a fianza".

No mencionó en ningún momento al Instituto Nacional Electoral, y dejó que Peña Nieto se llevara el crédito por el proceso electoral que le había permitido llegar al poder en su tercera campaña.

En su lógica discursiva, que "no le hubieran robado la elección" fue una graciosa concesión del presidente en funciones, y no el resultado de un proceso electoral organizado con legalidad, objetividad, certeza y transparencia.

Lorenzo Córdova Vianello, consejero presidente del INE, escuchaba al presidente López Obrador dentro del recinto, en la zona asignada a invitados.

Sentado entre el presidente de la Comisión Nacional de los Derechos Humanos (CNDH), Luis Raúl González Pérez, y el gobernador del Banco de México, Alejandro Díaz de León, el consejero presidente del INE se quedó esperando alguna mención a la jornada electoral del 1 de julio, a la limpieza de los comicios o a la ciudadanía que lo había hecho posible.

A dos butacas de él, la presidenta del Tribunal Electoral del Poder Judicial de la Federación, Janine Otálora, constataba cómo el tribunal encargado de calificar la legalidad del proceso también era ignorado.

El consejero electoral, la magistrada, el ómbudsman y el titular del Banco de México fueron invitados a la ceremonia en San Lázaro, pero no a la comida que ofreció López Obrador a sus invitados, colaboradores y amigos en Palacio Nacional.

Esa tarde, a las 15:30 horas, mientras López Obrador se preparaba para salir a la plaza para hablar ante decenas de miles de seguidores, Córdova publicó un mensaje en su cuenta personal de Twitter: "¡Mucha suerte al nuevo gobierno de la República que hoy inicia sus funciones! ¡Mucha suerte en la conducción del Ejecutivo federal al presidente @lopezobrador_! Estoy convencido de que con respeto a la Constitución y a la pluralidad democrática del país le irá bien a México".

Para ese entonces ya estaba en marcha el primer golpe que daría el nuevo gobierno al órgano electoral: un recorte de 950 millones de pesos al presupuesto solicitado por el instituto para el ejercicio fiscal de 2019.

El mito de los sueldos

Una de las medidas más populares que anunció López Obrador desde su campaña, y que confirmó en sus discursos del 1 de diciembre, fue la reducción de su salario y, por consiguiente, las remuneraciones de los secretarios de Estado, subsecretarios y otros altos cargos de la administración pública federal.

Según el tabulador aprobado para el primer año de gobierno, el sueldo del presidente se ubicó en 156 mil 620 pesos (monto mensual bruto) y 108 mil 368 pesos (monto mensual neto). Cantidad que representaba, efectivamente, alrededor del 40% del último sueldo de Peña Nieto, que era de 259 mil 627 pesos netos mensuales, más prestaciones que López Obrador eliminó, como el seguro de gastos médicos mayores o el seguro de separación individualizado.

Dos meses antes del inicio del nuevo gobierno, la bancada de Morena en la Cámara de Diputados había aprobado la Ley Federal de Remuneraciones de los Servidores Públicos, norma reglamentaria del artículo 127 de la Constitución, que, desde una reforma hecha en 2009, establece: "Ningún servidor público podrá recibir remuneración [...] por el desempeño de su función, empleo, cargo o comisión mayor a la establecida para el presidente de la República en el presupuesto correspondiente".

La Ley de Remuneraciones fue aprobada el 13 de septiembre, apenas dos semanas después de que se instaló la LXIV Legislatura, en la que Morena tenía mayoría absoluta (252 curules) y mayoría calificada en alianza con el PT y el Partido Verde.[7]

Dicha ley era un pendiente de nueve años del Congreso mexicano, que durante tres legislaturas ignoró un artículo transitorio de la reforma que obligaba a los legisladores a expedir la ley reglamentaria en un plazo de 180 días.

La nueva mayoría en San Lázaro se basó en una minuta aprobada por el Senado en noviembre de 2011 (que permanecía en la congeladora) para cumplir una de las promesas que había hecho López Obrador en campaña: "que nadie gane más que el presidente".

En el artículo 6.°, sobre la determinación de las remuneraciones, la nueva ley reproducía textualmente el párrafo constitucional que señala que ningún servidor público puede recibir una remuneración o retribución por el desempeño de su función, empleo, cargo o comisión mayor a la establecida para el presidente de la República en el Presupuesto de Egresos de la Federación (PEF).

Además, se establecían adiciones al Código Penal Federal para sancionar el delito de "remuneración ilícita".

De paso, en el artículo 10 se colocó un dispositivo para eliminar las pensiones a los expresidentes, que en ese momento aún eran cobradas por Luis Echeverría (1922-2022), Vicente Fox y Felipe Calderón. Los expresidentes Carlos Salinas de Gortari y Ernesto Zedillo ya habían renunciado a dicha pensión.

La nueva Ley Federal de Remuneraciones de los Servidores Públicos se publicó el 5 de noviembre de 2018, por lo que estaba vigente desde el primer minuto del nuevo sexenio, aunque su aplicación práctica correría desde el 1 de enero de 2019, al entrar en vigor las disposiciones del Presupuesto de Egresos de la Federación de ese año, incluidos los tabuladores de la administración pública federal, organismos constitucionales autónomos, Poder Judicial y Poder Legislativo.

Desde su aprobación, la ley generó controversia y fue combatida por jueces, organismos públicos autónomos y legisladores de oposición.

En el Poder Judicial causó gran inconformidad una iniciativa paralela presentada por Morena para ajustar todos los salarios del Poder Judicial a la nueva Ley de Remuneraciones.

El 22 de noviembre de 2018, la Comisión Nacional de los Derechos Humanos promovió una acción de inconstitucionalidad ante la Suprema Corte de Justicia de la Nación, argumentando que la ley aprobada no establece parámetro alguno para determinar el salario del presidente de la República, lo que permite que la Cámara de Diputados, al aprobar el presupuesto de cada año, establezca el salario presidencial de manera arbitraria, en perjuicio de otros servidores públicos. En su demanda, la CNDH detalló:

> Al ser también el presidente un servidor público, su remuneración debe respetar los principios rectores señalados en el artículo 127 constitucional. Por lo cual, se deben establecer los parámetros y bases de acuerdo a la naturaleza de las responsabilidades y funciones que implica tal cargo, y al ser la referencia para la determinación de toda la escala de trabajadores al servicio del Estado.

El 5 de diciembre, 44 senadores del PAN, PRI, PRD y MC promovieron otra acción de inconstitucionalidad contra la nueva norma, por considerar que ésta violaba diversas disposiciones de la Constitución Política de los Estados Unidos Mexicanos; la Convención Americana sobre Derechos Humanos; el Pacto Internacional de Derechos Económicos, Sociales y Culturales; el Protocolo Adicional a la Convención Americana sobre Derechos Humanos en Materia de Derechos Económicos, Sociales y Culturales, y el Pacto Internacional de Derechos Civiles y Políticos.

En los meses siguientes, presentarían sus propias acciones de inconstitucionalidad otros organismos constitucionales autónomos: la Comisión Federal de Competencia Económica (controversia 204/2019), el Banco de México (208/2019) y el Instituto Nacional Electoral (211/2019).

Mientras, en Palacio Nacional, el presidente López Obrador advertía que todos los funcionarios públicos del país tendrían que acatar la nueva ley.

"No es de negociación, éste es un asunto de principios, si por eso hubo el cambio. Los servidores públicos van a tener un sueldo justo, y además los de abajo van a recibir aumentos, se reduce arriba y se aumenta abajo. Entonces un diputado, un senador, un ministro de la Corte, un consejero del INE, un consejero de Instituto de la Transparencia, etcétera, van a recibir alrededor de 100 mil pesos mensuales, eso pues es lo que gana un investigador con doctorado, un maestro de tiempo completo y al mismo tiempo investigador en una universidad pública o privada", dijo en una conferencia de prensa el 10 de diciembre de 2018.

Sin embargo, para entonces el Poder Judicial ya había otorgado una suspensión a la aplicación de la Ley de Remuneraciones, en respuesta a los recursos presentados por la CNDH y un grupo de senadores de oposición.

"No es posible que haya funcionarios públicos, habiendo tanta pobreza, que ganen 600 mil pesos mensuales. Es una ofensa al pueblo de México y es un acto de deshonestidad. Esos que obtienen esos sueldos no es gente honesta ni es sensible, ni son partidarios, de verdad, de la justicia. Yo creo que se equivocaron, porque no están entendiendo los nuevos tiempos; no puede haber gobierno rico con pueblo pobre", reprochó López Obrador al enterarse de la suspensión otorgada por el ministro Alberto Pérez Dayán, que descartaba la aplicación del nuevo salario máximo a partir de enero de 2019 en tanto se resolvía el fondo de las acciones de inconstitucionalidad.

En mayo de 2019, la Suprema Corte resolvió las controversias de la CNDH y los senadores de oposición, y declaró la invalidez de varias disposiciones de la Ley Federal de Remuneraciones, que apenas llevaba cinco meses de vigencia.[8]

En la resolución, aprobada por una mayoría de ocho contra tres ministros, destaca el señalamiento a la discrecionalidad con la que se determinarían las remuneraciones en el servicio público, pues la ley no establecía parámetros objetivos para definirlas, más allá del sueldo del presidente, que los legisladores pusieron como referente sin que éste tuviera un sustento claro y objetivo para fijarse. En aquel momento, se llegó a rumorar entre altos funcionarios que los 108 mil pesos que López Obrador había decidido ganar mensualmente tenían como base de determinación las 108 perforaciones por las que pasan las costuras de una pelota de beisbol.

La Corte señaló que, al no existir claridad sobre cuánto y por qué debía ganar cierto monto el presidente, la determinación del salario máximo del servicio público quedaba al arbitrio de las y los diputados en cada discusión y aprobación del Presupuesto de Egresos.

Por ello la Corte invalidó los artículos 6.º y 7.º de la Ley Federal de Remuneraciones, y ordenó al Congreso de la Unión establecer en la legislación cómo se calcula el sueldo del presidente, considerando no sólo sus ingresos en efectivo, sino los pagos en especie, como la alimentación, transporte y vivienda, que de forma indirecta también implican un costo al erario.

Es decir, para determinar el salario máximo los diputados tendrían que incluir no sólo los 108 mil pesos mensuales netos que ganaba López Obrador, sino calcular el costo del departamento que se rehabilitó para que pudiera habitarlo en Palacio Nacional junto con su esposa, Beatriz Gutiérrez Müller, y su hijo Jesús Ernesto (la renta mensual de un departamento de esas características en un edificio considerado monumento histórico en el primer cuadro de la capital del país), además del costo promedio mensual de su alimentación, transporte y manutención en general, que corren a cargo del presupuesto de la Presidencia de la República. Todo ello elevaría la cifra máxima de remuneraciones para servidores públicos a mucho más de 108 mil pesos mensuales netos.

El proyecto de sentencia del ministro ponente, Alberto Pérez Dayán, fue aprobado con ocho votos (Eduardo Medina Mora, Alfredo Gutiérrez Ortiz Mena, Luis María Aguilar Morales, Javier Laynez Potisek, Juan Luis González Alcántara, José Fernando Franco González, Jorge Pardo Rebolledo y el suyo propio), y no fue avalado por el ministro presidente Arturo Zaldívar y las ministras Yasmín Esquivel Mossa y Norma Lucía Piña Hernández.

En un análisis de la sentencia de la Corte publicada en el blog de *Nexos* en mayo de 2019, Luisa Conesa Labastida, Diana Gamboa Aguirre y Jorge Peniche Baqueiro resaltan el argumento central con el que las ministras y ministros decidieron invalidar el principal eje de la Ley de Remuneraciones:

> En el proyecto se expuso que la LFRSP no contenía —como lo ordenó el poder reformador— elementos, bases, procedimientos o metodología alguna para la determinación objetiva y regular de la remuneración del titular del Ejecutivo federal. Y que, al no cumplirse dichos estándares, se permite que el parámetro referencial —salario presidencial— se fije de manera discrecional, causando incertidumbre y generando, precisamente, el efecto que se pretendió abatir: la arbitrariedad en la fijación del sueldo burocrático.[9]

En un segundo artículo, publicado meses después, los mismos autores abundan:

> La mayoría concluyó que este mecanismo arbitrario —político, en oposición a técnico— tenía un impacto pernicioso en el principio de división de poderes, la autonomía en la gestión presupuestaria y, particularmente, la independencia del Poder Judicial de la Federación y de los órganos constitucionales autónomos.[10]

En abril de 2021, el Senado y la Cámara de Diputados aprobaron una nueva versión de la Ley Federal de Remuneraciones de los Servidores Públicos, que fue publicada en el *Diario Oficial de la Federación* un mes después, en la que supuestamente se atendía el mandato de la Suprema Corte de regular los principios de "adecuación, irrenunciabilidad y proporcionalidad".[11]

Sin embargo, la Cámara de Diputados acató a medias la sentencia de la SCJN, pues evitó realizar un estudio sobre el monto real de las remuneraciones de López Obrador que considerara los múltiples gastos que generaba su vida dentro del Palacio Nacional. De haberlo hecho, probablemente se habría derrumbado el mito del salario máximo.

Mientras todo esto ocurría, cientos de funcionarios públicos, principalmente del Poder Judicial, promovieron —y obtuvieron— amparos en contra de la Ley de Remuneraciones. En el caso del Instituto Nacional Electoral, el amparo más llamativo fue el que presentó en marzo de 2019 el consejero presidente Lorenzo Córdova, quien reclamó que dicha ley vulneraba diversos derechos laborales y sociales, como el de seguridad jurídica y el de irreductibilidad salarial.

No fue el único funcionario del Estado mexicano que combatió judicialmente la llamada "ley de salarios máximos". Según información dada a conocer por el periódico *El Economista* en febrero de 2020, en el primer año de aplicación de la nueva ley se interpusieron 4 mil 599 demandas de amparo que involucraban a 25 mil 174 quejosos, quienes recurrieron a la justicia por considerar inconstitucional la aplicación de la Ley de Remuneraciones.

Sin embargo, el tema permitió que la Cuarta Transformación creara un mito fundacional: el "pecado" de ganar más que el presidente. Un estigma que, en un país con un salario mínimo de 5 mil 255 pesos mensuales, caló profundamente en el imaginario colectivo y en la indignación popular en contra de una élite, la de la "burocracia dorada".

El "mito" de los sueldos sirvió para que aquellos que ganaban más que el presidente fueran exhibidos de manera recurrente en las conferencias de prensa mañaneras que López Obrador comenzó a dar desde el primer día hábil de su gobierno (lunes 4 de diciembre de 2018). Y, aunque la lista incluía a personajes afines al presidente, como el ministro presidente de la Corte, el fiscal general de la República e incluso algunos mandos militares, la campaña se centró en funcionarias y funcionarios que encabezaban los organismos públicos autónomos a los que el presidente les tenía antipatía aun antes de asumir la presidencia. Así, los titulares de dichos organismos se convirtieron en los villanos favoritos de los influencers y las legiones de bots afines al lopezobradorismo en Twitter y Facebook, y fueron descalificados constantemente por opinadores y youtubers simpatizantes de la 4T, así como por legisladores, dirigentes y funcionarios afiliados a Morena; una estrategia que se prolongó durante todo el sexenio.

En julio de 2022, cuando habían pasado tres años desde la resolución de la Suprema Corte que declaró inconstitucional la Ley Federal de Remuneraciones, y cuando incluso el Congreso ya había derogado la primera ley y aprobado una distinta, el presidente ordenó en una conferencia mañanera que el titular de la Procuraduría Federal del Consumidor (Profeco), Ricardo Sheffield, encargado durante años de una sección semanal en la que se exhibían los precios de las gasolinas, hiciera una lista de "quién es quién en los sueldos" para denunciar a todos aquellos que se habían negado a ganar un salario menor al que López Obrador decidió asignarse.

Así, el 25 de julio de 2022 Sheffield presentó la lista de quiénes cumplían la ley y quiénes no, con cargo y salario mensual integrado (es decir, un cálculo de remuneración mensual neta considerando aguinaldos, bonos y otras remuneraciones divididas entre 12 meses). Con esos cálculos, el titular de la Profeco informó que el presidente ganaba 136mil 700 pesos mensuales netos, mientras que al menos 11 cargos públicos de organismos autónomos y del Poder Judicial ganaban más: consejero de la Judicatura Federal (286 mil 600 pesos), magistrado presidente de la Sala Superior del Tribunal Electoral del Poder Judicial de la Federación (286 mil 500), ministro de la Suprema Corte (284 mil 500), gobernadora del Banco de México (248 mil 500), consejero presidente del INE (240 mil 500), comisionado presidente de la Cofece (206 mil 400), comisionado presidente del IFT (197 mil 700), comisionada presidenta del INAI (151 mil 300), presidenta del INEGI (149 mil 700), fiscal general de la República (146 mil 600) y magistrado presidente del Tribunal Federal de Justicia Administrativa (141 mil 100 pesos).

En la lista se aclaraba que los funcionarios de cinco instituciones habían promovido amparos para ganar más que el presidente: Banco de México, INE, Cofece, IFT e INEGI. Los villanos favoritos del régimen.

El primer recorte al INE

Otra de las banderas fundacionales de la Cuarta Transformación fue la austeridad republicana, un concepto que movió a muchos de los votantes de López Obrador, que en campaña ofreció acabar con los lujos, abusos y excesos de una clase política corrupta y adinerada.

"No puede haber gobierno rico con pueblo pobre" fue una de las frases más efectivas que acuñó el candidato López Obrador, que se convirtió en uno de sus lemas favoritos como presidente.

Desde la etapa de transición, López Obrador anunció que haría de la austeridad un principio rector de su gobierno, anunció una iniciativa de ley en la materia e incluso dijo que trataría de que la austeridad quedara inscrita como uno de los principios constitucionales de la patria.

El 25 de agosto de 2018, en una de las primeras reuniones que sostuvo con quienes se integrarían a su gabinete legal y ampliado, el entonces presidente electo anunció un cambio de raíz "para evitar el dispendio, para establecer una cultura de austeridad republicana, que es una cuestión de principios, no nada más administrativa".

El plan de austeridad iba mucho más allá de lo salarial: planteaba ajustes severos a la administración pública federal; la desaparición de cargos de nivel medio; la eliminación de las delegaciones estatales de las secretarías de Estado y su concentración en superdelegaciones; la venta del avión presidencial y la flotilla de aeronaves al servicio del gobierno federal; la reducción del gasto en propaganda gubernamental; restricciones para la contratación de asesores, choferes, secretarios particulares y escoltas; la eliminación de consultores externos y plazas de directores generales adjuntos; y la erradicación o disminución de gastos por concepto de viáticos, telefonía celular, alimentación, trasporte, gasolinas, adquisición de equipos de cómputo, remodelación de oficinas, seguros de gastos médicos, seguros de vida y seguros de separación individualizada para funcionarios, entre otras medidas de ahorro.

La primera iniciativa de Ley Federal de Austeridad Republicana fue presentada por Morena en la Cámara de Diputados el 11 de septiembre de 2018, pero ésta no se aprobó de manera expedita, como sí ocurrió con la Ley Federal de Remuneraciones. La Ley de Austeridad fue aprobada el 30 de abril de 2019 en la Cámara Baja y, en julio de 2019, el Senado de la República aprobó la minuta con ajustes, por lo que fue devuelta a la cámara de origen, donde finalmente fue aprobada en definitiva el 8 de octubre de ese año. El decreto de Ley Federal de Austeridad Republicana se publicó el 19 de noviembre de 2019, casi un año después de que López Obrador asumiera la presidencia.[12]

Para entonces, el presidente y su gobierno ya habían emprendido acciones para ir haciendo realidad lo que apenas sería ley.

La Secretaría de la Función Pública emitió un Código de Ética de las Personas Servidoras Públicas del Gobierno Federal; la Secretaría de Hacienda asumió el control de los tabuladores y plazas del gobierno, así como las compras gubernamentales, y se aplicó estrictamente la Ley de Remuneraciones en el gobierno federal.

Pero el instrumento idóneo para imponer la austeridad republicana fue, en los hechos, el Presupuesto de Egresos de la Federación de 2019, que López Obrador envió al Legislativo en los primeros días de su administración y fue aprobado el 24 de diciembre de 2018, tras una acalorada discusión entre morenistas y opositores sobre los alcances, límites y consecuencias de la austeridad.

Mientras las bancadas del PAN, PRI, MC y PRD acusaron una austeridad mal planificada que pondría en riesgo las inversiones, el desarrollo económico y los derechos laborales de miles de empleados públicos, Morena y sus aliados del PVEM y el PT defendieron el proyecto lopezobradorista como una herramienta para direccionar el gasto público hacia el desarrollo humano.

"La primera batalla se está ganando, la batalla contra el dispendio, contra el derroche y los altos salarios. Se reducen los costos del gobierno y se cumple con la exigencia de destinar esta inmensidad de recursos a la inversión en capital humano y a infraestructura para la generación de empleos", celebró el diputado morenista Alfonso Ramírez Cuéllar, presidente de la Comisión de Presupuesto y Cuenta Pública de la Cámara de Diputados, luego de que el pleno aprobara el primer PEF de la Cuarta Transformación, con 312 votos a favor y 154 en contra.

Según la guía que elaboró la Secretaría de Hacienda para explicar el primer presupuesto de López Obrador, las tres grandes medidas de "austeridad presupuestaria" serían la revisión de los servicios personales, que permitiría asignar a gasto social 5.9% más de recursos que en 2018; la revisión de fondos y fideicomisos del Ramo 23, que implicaba, por ejemplo, la desaparición del polémico Fonden (Fideicomiso Fondo de Desastres Naturales); y la revisión del desempeño de 156 programas presupuestarios del ámbito social, donde Hacienda clasificó el 48% de dichos programas como "altamente prescindibles" y sólo el 7% como "imprescindibles".

El presupuesto aprobado incluyó recortes importantes a programas sociales iniciados en las pasadas administraciones (como el de estancias infantiles), proyectos culturales, universidades públicas y, por supuesto, a los organismos constitucionales autónomos, que "aportaron" casi 3 500 millones de pesos a la reorientación del gasto hecha por Morena. El INE tuvo una reducción de 950 millones de pesos respecto a lo que había solicitado; el Instituto Nacional de Evaluación Educativa (INEE), 300 millones de pesos; el Instituto Federal de Telecomunicaciones (IFT), 280 millones de pesos; la CNDH, 161 millones de pesos, y el Instituto Nacional de Transparencia, Acceso a la Información y Protección de Datos Personales (INAI), 37 millones de pesos. Sólo la Comisión Federal de Competencia (Cofece) logró que se le asignara el 100% de su solicitud presupuestal (582.8 millones de pesos).

En el caso del Instituto Nacional Electoral, la reacción se dio desde el 23 de noviembre, cuando la Comisión de Presupuesto aprobó el dictamen que sería discutido al día siguiente en el pleno. En un comunicado, el INE manifestó su preocupación ante el recorte de 950 millones de pesos, respecto de los 11 mil 347.2 millones de pesos solicitados para su gasto operativo, y advirtió:

> En el caso de que este recorte fuera aprobado, no solamente compromete la operación regular de la institución, sino que imposibilita la realización de las elecciones locales de 2019. Con dicha reducción sería imposible la instalación de 16 124 casillas electorales y la capacitación de 64 496 ciudadanas y ciudadanos que fungirán como funcionarios de casilla en las elecciones a celebrarse el primer domingo de junio de 2019 en Aguascalientes, Baja California, Durango, Quintana Roo y Tamaulipas, para lo cual la institución previó 619 millones de pesos.
>
> De la misma manera, se pone en riesgo la continuación de los servicios gratuitos de credencialización para los más de 15 millones de ciudadanas y ciudadanos que se prevé requieran este servicio el próximo año, así como compromete el monitoreo total a radio y televisión, una de las garantías fundamentales en la equidad de la contienda político electoral.
>
> [...]
>
> El INE, siempre por los cauces legales e institucionales, persistirá en la defensa de sus atribuciones constitucionales, pues de ellas depende también el ejercicio de derechos fundamentales de la ciudadanía.

Las consejeras y consejeros del INE tuvieron que explicar a la opinión pública la conformación del presupuesto que cada año solicita, el cual se divide en dos grandes rubros: el financiamiento a partidos políticos, que se calcula con base en una fórmula establecida en el artículo 41 de la Constitución y que no puede ser modificada ni por el INE ni por la Cámara de Diputados (para 2019, ese rubro ascendía a 4 mil 965.8 millones de pesos), y el gasto operativo del instituto, de 11 mil 347.2 millones de pesos.

Además, los consejeros argumentaron que, para calcular su gasto de 2019, el INE había hecho un esfuerzo adicional de austeridad, presentando el presupuesto operativo más bajo de su historia, que consumiría apenas 20 centavos de cada 100 pesos del Presupuesto de Egresos de la Federación.

Pero los argumentos fueron ignorados y, el lunes 24 de diciembre, la mayoría de Morena y aliados aprobó el decreto de Presupuesto de Egresos de la Federación para el ejercicio fiscal 2019: primero en lo general y tras un largo debate, y después en lo particular y ya en solitario, pues legisladores del PRI y del PAN abandonaron la sesión al ver que sus más de 200 reservas eran bateadas, una a una, sin ser discutidas.

Una de esas reservas era la defensa de los 16 mil 313 millones de pesos solicitados por el INE, pero la mayoría legislativa aprobó una partida de 15 mil 363 millones de pesos; es decir, se confirmó el recorte por 950 millones de pesos.

Mario Delgado, coordinador de la bancada de Morena en la Cámara de Diputados, respondió al reclamo del INE y de otros organismos autónomos con una advertencia: "Aquí nadie se va a salvar de la austeridad republicana".

El presupuesto aprobado por la mayoría contemplaba generosos recursos para los programas prioritarios de López Obrador, como Jóvenes Construyendo el Futuro, las pensiones para adultos mayores, Sembrando Vida, y sus obras emblemáticas, como la refinería de Pemex en Dos Bocas, el Aeropuerto Internacional Felipe Ángeles y el Tren Maya.

Así, horas después de que concluyera la sesión en San Lázaro, el presidente celebró la aprobación del presupuesto, minimizó las advertencias del INE e incluso soltó, por primera vez, una idea que maduraría en los meses por venir y que acompañaría su narrativa de una democracia auténtica, austera y al servicio del pueblo: la de reducir el gasto público destinado a los partidos políticos.

"Si en la Cámara de Diputados se hicieron ajustes al presupuesto del INE, es un asunto que compete a la Cámara de Diputados. Yo sí creo que todos debemos hacer un esfuerzo de austeridad; que no debe excederse ninguna institución en gastos; incluso, sería muy importante que los partidos, de manera voluntaria, devolvieran cuando menos la mitad de sus prerrogativas", dijo el presidente, en una de las primeras menciones que haría del instituto electoral a lo largo de los años en las conferencias mañaneras.

Frente al recorte, el INE presentó ante la Suprema Corte de Justicia de la Nación una controversia constitucional en contra del PEF de 2019 aprobado por la Cámara de Diputados, por considerar que éste representaba una clara vulneración a la autonomía e independencia del instituto.

En su controversia, el INE también reclamó que la Cámara haya restringido prestaciones y establecido un tabulador de remuneraciones a funcionarios del instituto distinto al aprobado por su Junta General Ejecutiva, único órgano legalmente facultado para ello.

> El INE considera que la Cámara de Diputados no puede válidamente realizar una reducción presupuestaria que, sin justificación, motivación ni fundamentación alguna, sin un análisis de las consecuencias e implicaciones que supone, y sin estar en un contexto de reducción del presupuesto público general, impida al INE el ejercicio de sus funciones, pues ello claramente viola su autonomía financiera y su independencia económica, sometiéndolo a la necesidad de dejar de cumplir con sus obligaciones, o bien gestionar ampliaciones presupuestales con el gobierno federal. De igual forma, en la controversia constitucional se plantea la invasión a la esfera competencial del INE por parte de la Cámara de Diputados, al establecer aspectos inherentes a las condiciones de trabajo de las y los servidores públicos, las cuales se rigen por lo que establece la ley electoral y el Estatuto del Servicio Profesional Electoral Nacional y de la Rama Administrativa. Al modificar en el PEF 2019 los tabuladores que el instituto había aprobado en ejercicio de su autonomía y con pleno respeto al artículo 127 constitucional, así como a las demás normas que rigen sus remuneraciones, se obligaba al INE a vulnerar derechos humanos de sus trabajadores y trabajadoras.

Esta controversia constitucional del INE fue una de las primeras de muchas diferencias que habría entre el instituto electoral, el gobierno de López Obrador y las bancadas de Morena en el Congreso, principalmente la Cámara de Diputados.

Tras este primer recorte presupuestal, hecho en el primer año de la LXIV Legislatura, año tras año la mayoría de Morena siguió la misma estrategia: la Secretaría de Hacienda retomaba tal cual el proyecto aprobado por el Consejo General del INE y lo incluía íntegro en el proyecto de Presupuesto de Egresos; después, los diputados de Morena lo ajustaban a la baja en la Comisión de Presupuesto, sin fundamentar técnicamente las reducciones, y lo enviaban al pleno en un dictamen que era aprobado por la mayoría sin escuchar los reclamos y argumentos del propio INE y de los partidos de oposición.

En noviembre de 2019, la Cámara aprobó un presupuesto para el INE de 11 mil 422 millones de pesos, inferior en mil 72 millones de pesos respecto a lo solicitado por el instituto para el ejercicio fiscal de 2020.[13]

En noviembre de 2020, el presupuesto aprobado fue de 19 mil 593 millones de pesos, que implicaba un recorte de 870 millones de pesos respecto a lo solicitado para 2021, año de las elecciones federales intermedias y de la consulta popular promovida por el propio López Obrador.

Y en 2022, cuando el INE solicitó 18 mil 827 millones de pesos, de los cuales contemplaba 3 mil 500 millones para organizar el proceso de revocación de mandato promovido por López Obrador y Morena, el recorte fue de 4 mil 913 millones de pesos.

Cada año, los recortes siguieron el mismo patrón: los diputados invocaron el discurso de la austeridad republicana para justificar el recorte, el INE recurrió a la SCJN para demandar los recursos que requería para los procesos electorales, los recursos fueron negados sin explicación o justificación técnica o financiera, y el INE terminó ajustando sus gastos, eliminando proyectos especiales y cancelando obras de infraestructura (como la construcción de nuevas sedes para sus juntas locales en estados de la República) para llevar a cabo todos sus procesos.

Pese a los recortes, el INE no dejó de prestar los servicios a la ciudadanía (el de la credencial para votar con fotografía en primera instancia); no dejó de organizar ni una sola de las elecciones ordinarias y extraordinarias previstas en sus calendarios y tampoco redujo las remuneraciones ni las prestaciones de sus consejeras, consejeros y funcionarios.

La austeridad republicana se convirtió en una bandera de la Cuarta Transformación, y en el estandarte de las mil y una batallas emprendidas por su líder y sus simpatizantes en contra de un sistema electoral robusto, complejo y confiable, pero que algunos consideraban demasiado caro para un país con múltiples carencias sociales y un justificado rencor social hacia los excesos de su clase gobernante.

Referencias:

1 Andrés Manuel López Obrador, *2018: la salida. Decadencia y renacimiento de México*, Planeta, Ciudad de México, 2017.

2 Enrique Calderón Alzati, "Carta a Enrique Peña Nieto", 10 de junio de 2007, http://www.inep.org/biblioteca/85-2017-jun-10-carta-a-enrique-pena-nieto-calderon-alzati-enrique.

3 Javier Jiménez Espriú, *La cancelación. El pecado original de AMLO*, Grijalbo, Ciudad de México, 2022.

4 Secretaría de Hacienda y Crédito Público, "Fideicomiso, fondos, mandatos y contratos análogos de transición 2018", informe de la Auditoría Superior de la Federación, México, 2019, https://www.asf.gob.mx/Trans/Informes/IR2018c/Documentos/Auditorias/2018_0036_a.pdf.

5 Carmen Aristegui, entrevista a Andrés Manuel López Obrador, presidente electo de México, 21 de noviembre de 2018, https://aristeguinoticias.com/2111/mexico/amloenaristeguinoticias-la-entrevista-completa-con-carmen-aristegui-video/.

6 "Decreto por el que se declaran reformadas y adicionadas diversas disposiciones de la Constitución Política de los Estados Unidos Mexicanos, en materia de consulta popular y revocación de mandato", *Diario Oficial de la Federación*, 20 de diciembre de 2019, https://www.dof.gob.mx/nota_detalle.php?codigo=5582486&fecha=20/12/2019#gsc.tab=0.

7 "Decreto por el que se expide la Ley Federal de Remuneraciones de los Servidores Públicos, reglamentaria de los artículos 75 y 127 de la Constitución Política de los Estados Unidos Mexicanos, y se adiciona el Código Penal Federal", *Diario Oficial de la Federación*, 5 de noviembre de 2018, https://dof.gob.mx/nota_detalle.php?codigo=5542914&fecha=05/11/2018#gsc.tab=0.

8 Suprema Corte de Justicia de la Nación, Acción de inconstitucionalidad 105/2018 y acumulada 108/2018 que declara la invalidez total del decreto por el que se expide la Ley Federal de Remuneraciones de los Servidores Públicos publicado el 5 de noviembre de 2018, mayo de 2019, https://www.scjn.gob.mx/sites/default/files/proyectos_resolucion_scjn/documento/2019-05/PROYECTO%20AI%20105-2018%20Y%20ACUMULADA%20108-2018%20LEY%20REMUNERACIONES%20SERV%20PUBLICOS.pdf.

9 Luisa Conesa Labastida, Diana Gamboa Aguirre y Jorge Peniche Baqueiro, "La Suprema Corte y el saldo de la discusión respecto de la Ley Federal de Remuneraciones II/II", *El Juego de la Suprema Corte* (blog), *Nexos*, 24 de mayo de 2019, https://eljuegodelacorte.nexos.com.mx/la-suprema-corte-y-el-saldo-de-la-discusion-respecto-de-la-ley-federal-de-remuneraciones-ii-ii/.

10 Luisa Conesa Labastida y Jorge Peniche Baqueiro, "Las Leyes de Remuneraciones de Servidores Públicos: entre engranes judiciales y legislativos", *El Juego de la Suprema Corte* (blog), *Nexos*, 4 de agosto de 2020, https://eljuegodelacorte.nexos.com.mx/las-leyes-de-remuneraciones-de-servidores-publicos-entre-engranes-judiciales-legislativos-y-politicos/.

11 "Decreto por el que se abroga la Ley Federal de Remuneraciones de los Servidores Públicos, reglamentaria de los artículos 75 y 127 de la Constitución Política de los Estados Unidos Mexicanos, publicada en el *Diario Oficial de la Federación* el 5 de noviembre de 2018, y se expide la Ley Federal de Remuneraciones de los Servidores Públicos", *Diario Oficial de la Federación*, 19 de mayo de 2021, https://www.dof.gob.mx/nota_detalle.php?codigo=5618796&fecha=19/05/2021#gsc.tab=0.

12 "Decreto por el que se expide la Ley Federal de Austeridad Republicana y se reforman y adicionan diversas disposiciones de la Ley General de Responsabilidades Administrativas y de la Ley Federal de Presupuesto y Responsabilidad Hacendaria", *Diario Oficial de la Federación*, 19 de noviembre de 2019, https://dof.gob.mx/nota_detalle.php?codigo=5579141&fecha=19/11/2019#gsc.tab=0.

13 Secretaría de Hacienda y Crédito Público, "Proyecto de Presupuesto de Egresos de la Federación 2019, guía rápida", diciembre de 2018, https://www.transparenciapresupuestaria.gob.mx/es/PTP/infografia_ppef2019.

2

Elecciones en pandemia

Preludio trágico

El año 2019, el primero de la nueva administración, inició con largas filas en las gasolineras del país. La decisión del nuevo presidente de combatir frontalmente el robo y venta clandestina de gasolina (conocido como "huachicol") se tradujo en un importante despliegue militar para cuidar las tuberías de Pemex y cortar el paso del combustible en ductos de varias regiones del país para evitar su ordeña, lo que generó impactos palpables para la población. Los más notorios fueron el cierre de estaciones de servicio en una decena de entidades, incluida la Ciudad de México. La escasez, el acaparamiento y las compras de pánico provocaron que, durante un par de semanas, los automovilistas tuvieran que hacer filas de hasta cuatro horas para poder llenar el tanque de sus vehículos.

En los albores del gobierno de López Obrador, las largas filas afuera de las gasolineras se convirtieron en un manjar para los críticos de la Cuarta Transformación, que durante años habían alertado que el tabasqueño era "un peligro para México".

En ese ambiente, el 18 de enero de 2019 una fuga en una toma clandestina en el municipio de Tlahuelilpan, Hidalgo, congregó a decenas de pobladores que, literalmente, se bañaron en gasolina para llenar bidones y tambos en una fuente de combustible que alcanzó más de 10 metros de altura. En plena escasez nacional, Pemex tardó horas en cerrar el paso por esos ductos, y los pobladores ignoraron a las autoridades municipales, estatales y militares, que les pedían abandonar la zona ante el riesgo de un accidente. El "festín" duró cuatro horas hasta que, casi a las 7 de la noche, se registró una explosión en la que murieron instantáneamente más de 70 personas y decenas resultaron heridas.

Una de las peores tragedias en la administración de López Obrador, que finalmente costó la vida de 137 personas, ocurría cuando no se habían cumplido ni 50 días de gobierno. Años después, en marzo de 2024, AMLO recordaría ése como el día más difícil de su sexenio, algo que "dolió mucho".

En ese momento, en la Cámara de Diputados se debatía una reforma al artículo 19 constitucional, que ampliaba el catálogo de delitos por los cuales los jueces pueden ordenar la prisión preventiva oficiosa, entre ellos el huachicol, que en el sexenio de Peña Nieto les había generado ganancias extraordinarias a los grupos criminales y políticos que solapaban la ordeña. En su libro *Pemex RIP* (Grijalbo, 2017), la periodista Ana Lilia Pérez incluyó un capítulo titulado "Los señores del huachicol", en el que describe la historia de esta actividad y cómo el crimen organizado creó una industria paralela con el robo y comercialización de combustibles, llegando al extremo de convertirse en contratistas de la paraestatal.[1]

Es decir, la reforma estaba más que justificada, aunque el propio López Obrador dejaría el poder reconociendo que no logró erradicar por completo el huachicol.

De paso, la reforma constitucional permitió al presidente López Obrador dar por cumplidas dos promesas de campaña: castigar severamente la corrupción y, en sus palabras, "acabar con el fraude electoral", pues la nueva redacción del artículo 19 incluía también estas prácticas en el catálogo de delitos graves.

> El juez ordenará la prisión preventiva oficiosamente en los casos de abuso o violencia sexual contra menores, delincuencia organizada, homicidio doloso, feminicidio, violación, secuestro, trata de personas, robo de casa habitación, uso de programas sociales con fines electorales, corrupción tratándose de los delitos de enriquecimiento ilícito y ejercicio abusivo de funciones, robo al transporte de carga en cualquiera de sus modalidades, delitos en materia de hidrocarburos, petrolíferos o petroquímicos, delitos en materia de desaparición forzada de personas y desaparición cometida por particulares, delitos cometidos con medios violentos como armas y explosivos, delitos en materia de armas de fuego y explosivos de uso exclusivo del Ejército, la Armada y la Fuerza Aérea, así como los delitos graves que determine la ley en contra de la seguridad de la nación, el libre desarrollo de la personalidad y de la salud.[2]

Esta reforma sobre la prisión preventiva oficiosa, junto con la de la Guardia Nacional, procesada en los mismos meses, terminaría provocando fuertes disputas entre las fuerzas políticas en la segunda mitad del sexenio.

Pero en ese momento permitieron que AMLO sentara las bases legales de su gobierno y que Morena presumiera la productividad del segundo periodo ordinario de sesiones de la LXIV Legislatura. Entonces sumaban 30 reformas a leyes secundarias impulsadas por la nueva mayoría legislativa y cuatro reformas constitucionales: la de la prisión preventiva oficiosa, la educativa (que sepultó la reforma del Pacto por México, implementada en el sexenio de Peña Nieto), la de paridad de género y la que reconoce a las comunidades afromexicanas como parte de la composición pluricultural de la nación.

En ese ambiente de inicio de sexenio, las mayorías morenistas, conducidas por Mario Delgado en San Lázaro y Ricardo Monreal en el Senado, se subieron a la narrativa de transformación y cambio de régimen pregonada por López Obrador en sus conferencias de prensa mañaneras.

Pese a la tragedia de Tlahuelilpan, el sexenio de López Obrador arrancaba con viento a favor de su gobierno y su partido.

El 2 de junio de 2019 se celebraron elecciones para renovar la gubernatura de Baja California, así como elecciones extraordinarias en Puebla, pues la gobernadora electa en 2018, la panista Martha Érika Alonso, había muerto en un accidente de helicóptero el 24 de diciembre, acompañada de su esposo Rafael Moreno Valle, exgobernador y en su momento aspirante a la candidatura presidencial del PAN.

Ambas gubernaturas las ganó Morena, que también conquistó decenas de cargos en las elecciones legislativas y municipales de Aguascalientes, Durango, Quintana Roo y Tamaulipas, confirmando la racha ganadora iniciada por el lopezobradorismo en 2018.

Pero la gran novedad de la jornada electoral de ese año no sólo fue el desdibujamiento del PAN, PRI y PRD, sino que Morena se presentó a los comicios con un nuevo aliado, el Partido Verde Ecologista de México, una organización de derecha comandada por la familia González Torres, que hasta 2018 apoyaba la pena de muerte, que llevaba años combatiendo a López Obrador (respaldó su desafuero en 2005, por ejemplo) y que tenía bien ganado el mote de "partido canalla". Su larga historia de fraudes a la ley electoral, multas y polémicas públicas en torno a su financiamiento y los intereses económicos que patrocinan a sus dirigentes y legisladores fue documentada por Paula Sofía Vásquez y Tito Garza Onofre en su libro *La mafia verde. Traición, política y escándalos del Partido Verde Ecologista*, publicado en 2023 por la editorial Ariel.[3]

Pese a ese largo historial, y al repudio público expresado por AMLO en años anteriores, el PVEM se convirtió en incondicional de Morena a partir de los comicios de 2019, y en un aliado indispensable para sacar adelante sus reformas en el Poder Legislativo.

AMLO y Córdova comen barbacoa

El 5 de febrero de 2020 fue la última vez que el consejero presidente del Instituto Nacional Electoral, Lorenzo Córdova, estrechó la mano del presidente Andrés Manuel López Obrador. Fue un encuentro casual en la tradicional Barbacoa Santiago, un restaurante ubicado en el kilómetro 152 de la autopista México-Querétaro, parada obligada para los viajeros.

Invitado a la ceremonia por el 103 aniversario de la promulgación de la Constitución, el consejero electoral pasó a comer barbacoa de regreso del evento, acompañado de Javier Naranjo, su secretario particular y colaborador inseparable. Desde que entró al lugar, Córdova se dio cuenta de que allí estaba el presidente de la República —un asiduo visitante de dicho paradero— acompañado de funcionarios de la Presidencia, elementos de su ayudantía, el director del IMSS, Zoé Robledo, y el entonces gobernador de Querétaro, el panista Francisco Domínguez.

En su discurso en el Teatro de la República, el presidente había destacado varias de las reformas que promovió en 2019, entre otras la que convirtió el fraude electoral en delito grave y la que consagraba en la Constitución el derecho de la ciudadanía a participar en ejercicios de consulta popular y revocación de mandato, temas que en un futuro cercano lo confrontarían con el INE y la mayoría de los consejeros electorales.

Pese a las diferencias, que ya eran públicas, Córdova se acercó a la mesa del presidente, se abrió paso entre sus ayudantes, le extendió la mano y aprovechó los pocos minutos de una charla informal para pedirle una audiencia para platicar sobre los preparativos de la elección federal de 2021, que sería la más grande de la historia, pues por primera vez coincidiría con elecciones locales en las 32 entidades del país.

Córdova, quien para entonces aún tenía interlocución con la secretaria de Gobernación, Olga Sánchez Cordero, y con Julio Scherer Ibarra, consejero jurídico de la Presidencia, se jugó esa última carta para tratar de hablar con el primer mandatario y sensibilizarlo sobre la importancia de no debilitar el sistema electoral con recortes presupuestales ni con iniciativas de reforma legal como las promovidas por diputados de Morena. Éstos en 2019 habían propuesto, entre otras cosas, desaparecer los Organismos Públicos Locales (OPL) y dejar las elecciones estatales en manos del INE.

Ni Sánchez Cordero ni Scherer Ibarra habían conseguido que AMLO recibiera al presidente del INE durante el primer año de gobierno, por lo que el encuentro en la barbacoa podría ser un golpe de suerte. Así, Córdova se fue esperanzado de acudir a Palacio Nacional en un futuro no muy lejano.

López Obrador, quien ya para entonces desconfiaba de Lorenzo Córdova, le dijo que sí, pero no le dijo cuándo ni con quién concretar la cita, que nunca ocurrió.

La relación entre ambos personajes era vieja.

Andrés Manuel conoció a Lorenzo de niño, cuando visitaba a su padre Arnaldo Córdova, quien era su viejo amigo y fue su maestro en la Facultad de Ciencias Políticas y Sociales de la UNAM. Años después de la muerte de la investigadora Paola Vianello, la madre de Lorenzo, fallecida en enero de 2007, Arnaldo contrajo segundas nupcias con una militante del movimiento lopezobradorista. Esa boda fue testificada por Andrés Manuel López Obrador, quien acudió a la casa de su maestro, en el centro de Tlalpan, acompañado de su esposa, la historiadora Beatriz Gutiérrez Müller. En un momento del convivio, Lorenzo guió a la pareja en un recorrido por la impresionante biblioteca de Arnaldo Córdova, un reconocido bibliófilo y coleccionista de ejemplares extraordinarios. AMLO siempre reconoció al padre de Lorenzo como uno de los precursores de su movimiento y lo invitó a la creación del Proyecto Alternativo de Nación que le sirvió de base para sus tres campañas presidenciales.

Arnaldo Córdova era profesor emérito de la Facultad de Ciencias Políticas y Sociales de la UNAM, que adquirió estatus de facultad luego de que Córdova se graduara como el primer doctor formado en sus aulas con una tesis que luego se convirtió en un clásico: *La formación del poder político en México* (Era, 1972). Fue militante comunista y sindicalista, diputado del Partido Socialista Unificado de México (PSUM) en 1982 y autor de varios libros sobre el sistema político mexicano. Acompañó la lucha poselectoral de 2006 y la batalla contra la reforma energética de Felipe Calderón en 2008. Un video publicado en enero de 2010 por el medio oficial de Morena, *Regeneración*, muestra la empatía ideológica entre ambos personajes. En un momento de una charla de 10 minutos, ambos coinciden en que, a esas alturas, en México aún no había democracia.[4]

Arnaldo participó en la fundación de Morena y murió el 30 de junio de 2014, justo el año en el que el movimiento de López Obrador recibió su registro como partido político nacional en las oficinas del INE, ya presidido por su hijo Lorenzo.

Como se narra en el libro *La democracia no se construyó en un día* (Grijalbo, 2021), Lorenzo Córdova y López Obrador tuvieron acercamientos en la campaña presidencial de 2018 y, tres días después de la jornada del 1 de julio, el consejero llamó por teléfono al candidato para confirmarle el resultado de los cómputos distritales del INE y felicitarlo porque oficialmente ya era presidente electo.

"Te has ganado un lugar en la historia",[5] le dijo con entusiasmo el tabasqueño, con una camaradería que muy pronto se disiparía para convertirse en una franca y mutua hostilidad.

El padrón electoral y la renovación del INE

Uno de los muchos episodios que distanciaron al gobierno y al INE se desarrolló justo en los primeros meses de 2020: la Secretaría de Gobernación buscaba que el INE le entregara la base de datos del Registro Federal de Electores para cumplir con la Ley de Población de 1992 y crear la Cédula de Identidad Ciudadana.

La negativa de Lorenzo Córdova a entregar la base de datos, sustentada en las disposiciones de la Ley de Protección de Datos Personales y en la autonomía constitucional del INE, exasperó a Olga Sánchez Cordero y provocó que el presidente le ordenara a la secretaria de Gobernación desistir, pues la cédula de identidad no ocupaba un lugar importante en su agenda.

"Están muy sensibles los del INE, no hay que testerearlos, no es prioritario", dijo AMLO con desdén en una conferencia mañanera, dando pie a que arreciaran las críticas desde Morena y sus simpatizantes en contra del instituto electoral y su consejero presidente.

Otros dos procesos se desarrollaban en paralelo: la constitución de nuevos partidos políticos nacionales, entre los que figuraba México Libre, impulsado por el expresidente Felipe Calderón y su esposa, Margarita Zavala, quien participó en la elección presidencial en 2018 como una fallida candidata independiente; y la renovación de cuatro consejerías del INE, pues en abril concluían los encargos de Pamela San Martín, Marco Baños, Benito Nacif y Enrique Andrade.

Ambos procesos se detuvieron abruptamente en marzo, cuando la Organización Mundial de la Salud (OMS) declaró la alerta sanitaria por la pandemia de covid-19, un virus que estaba causando estragos en Asia y Europa, cuyo primer caso en México fue reportado a finales de febrero.

La pandemia llevó al confinamiento, y éste, al cierre de las oficinas públicas, incluidos los módulos del INE en los que la ciudadanía tramita su credencial para votar.

Justo antes de cerrar sus puertas, la Cámara de Diputados suspendió el proceso de renovación en el INE, que funcionó con siete consejeros desde el 3 de abril hasta el 23 de julio de 2020. Y no fue hasta que los diputados pudieron celebrar sesiones virtuales cuando llevaron a cabo las entrevistas con los finalistas del concurso de designación.

Finalmente, nombraron a dos mujeres y dos hombres, a quienes la bancada de Morena les pidió, en una plenaria celebrada en julio, ajustarse a la política de austeridad y no ser hostiles con la Cuarta Transformación.

El 22 de julio, con 399 votos, fueron aprobados en el pleno de la Cámara los nombramientos de Carla Humphrey Jordan, exconsejera del Instituto Electoral de la Ciudad de México; Martín Faz Mora, exconsejero electoral en San Luis Potosí; Uuc-kib Espadas Ancona, académico yucateco y exmilitante del PRD en los años noventa, y Norma Irene de la Cruz Magaña, quien carecía de experiencia y conocimientos en materia electoral, pero era cercana a dos personajes prominentes de la 4T, el académico John Ackerman y el vocero presidencial, Jesús Ramírez Cuevas.

A pesar de que Morena controló de principio a fin el proceso de designación, todos los partidos políticos aportaron votos para conformar la mayoría calificada requerida, y así comenzó la nueva era del INE, aún bajo el dominio de los consejeros Lorenzo Córdova y Ciro Murayama.

El dúo Córdova-Murayama terminaría convirtiéndose en un dolor de cabeza para la 4T. Ambos nacidos en los primeros años de la década de los setenta, formados en familias de intelectuales, con licenciatura en la UNAM y posgrados en el extranjero, los dos fueron asesores del expresidente del IFE José Woldenberg entre 1997 y 2003; recorrieron un trayecto como académicos y comentaristas en medios de comunicación y, en 2014, fueron designados por la Cámara de Diputados para ser consejeros del INE durante nueve años. De aquellos tiempos surgió una amistad y camaradería basada en afinidades intelectuales y gustos personales comunes, como los viajes, las comidas en restaurantes de alta cocina, los buenos vinos y sofisticadas lecturas sobre la democracia y el sistema político. Juntos publicaron en 2006 un libro en el que narran los entuertos que enfrentó el IFE de Woldenberg para sancionar al PRI, al PAN y al PVEM por fechorías cometidas en las campañas presidenciales del 2000: *Elecciones, dinero y corrupción. Pemexgate y amigos de Fox* (Cal y Arena, 2006).

Córdova y Murayama formaban parte del Instituto de Estudios para la Transición Democrática (IETD), fundado por Arnaldo Córdova y que aglutinaba a personajes como Rolando Cordera, Ricardo Becerra, Julia Carabias, José Woldenberg, Adolfo Sánchez Rebolledo, Enrique Provencio, Raúl Trejo Delarbre y Luis Emilio Giménez Cacho.

El grupo, al que algunos conocen como los Woldies —en alusión a Woldenberg—, es considerado un enemigo por muchos en el lopezobradorismo, por haber publicado un desplegado en 2006 en el que defendieron la organización de las elecciones presidenciales y al IFE, presidido entonces por Luis Carlos Ugalde. El famoso desplegado fue usado por López Obrador, en muchas conferencias mañaneras, como una muestra de que esos intelectuales y consejeros electorales nunca habían estado en favor de la democracia.

El manifiesto se publicó el 3 de agosto de 2006 en diarios de circulación nacional bajo el título de "La coexistencia de la pluralidad política reclama la defensa de las instituciones de nuestra democracia". Faltaba un mes para que el Tribunal Electoral calificara la elección presidencial, AMLO mantenía a sus simpatizantes movilizados y estaba a punto de ordenar el plantón en Paseo de la Reforma, cuando este grupo hizo público un párrafo que nunca olvidaría López Obrador:

> Existe una aguda controversia en torno a la limpieza y validez de la elección presidencial. Quienes firmamos este documento hemos seguido los argumentos y pruebas presentadas en el litigio. No encontramos evidencias firmes que permitan sostener la existencia de un fraude maquinado en contra o a favor de alguno de los candidatos. En una elección que cuentan los ciudadanos puede haber errores e irregularidades, pero no fraude.

Firmaban 132 académicos, intelectuales, exconsejeros y futuros consejeros electorales, entre ellos algunos de los más incómodos para AMLO, como Enrique Krauze, Héctor Aguilar Camín, María Amparo Casar, Denise Dresser, Jorge G. Castañeda, José Woldenberg, Lorenzo Córdova y Ciro Murayama, quien por cierto aparece al calce como responsable de la publicación.[6]

Coahuila e Hidalgo, un laboratorio

El paro total de actividades por la pandemia afectó también la preparación de las elecciones que iban a celebrarse en junio en los estados de Coahuila e Hidalgo, donde se renovarían ayuntamientos y diputaciones locales.

Asesorado por un comité de expertos, entre los que estaba David Kershenobich, director del Instituto Nacional de Nutrición, el Consejo General del INE aprobó un acuerdo que no suspendía, sino aplazaba, los comicios de Coahuila e Hidalgo al 18 de octubre.

La nueva convocatoria a elecciones fue rechazada en un primer momento por las secretarías estatales de Salud de Coahuila e Hidalgo y, posteriormente, por la secretaria de Gobernación, Olga Sánchez Cordero, quien le reclamó a Lorenzo Córdova que el INE arriesgara a la población convocando a elecciones.

"Si hay muertos, va a ser tu responsabilidad", llegó a decirle la secretaria al presidente del INE, quien rechazó la advertencia y siguió adelante con los comicios.

Para el INE era crucial poner a prueba los protocolos sanitarios en dos estados de bajo padrón electoral, antes de la gran cita nacional de 2021. Así, junto con la nueva fecha, el Consejo General aprobó una serie de medidas como el acceso controlado a las casillas, rutas de flujo de votantes, uso de cubrebocas durante las 10 horas que duraría una jornada electoral, disposición de gel antibacterial, medidas de precaución para contar los votos, para el traslado de los paquetes electorales y para los cómputos distritales, así como una estrategia de combate a la desinformación llamada "Certeza".

Llevar a cabo las elecciones locales de Coahuila e Hidalgo implicaba, además, mantener vigente el régimen democrático en el que creían las autoridades electorales, y del que hablaban constantemente personajes como Lorenzo Córdova y José Woldenberg, e intelectuales críticos al régimen de la 4T, como Enrique Krauze, Héctor Aguilar Camín y Roger Bartra.

Entre muchas preocupaciones generadas por la pandemia a nivel global, entre abril de 2020 y finales de 2021, figuraba el debilitamiento de las democracias por la parálisis de parlamentos e instituciones de control y vigilancia a los gobiernos, así como la aplicación de medidas de confinamiento y acciones unilaterales de autoridades que evadían procedimientos democráticos como la transparencia, bajo el pretexto de la emergencia sanitaria.

Esas acciones gubernamentales, junto con fenómenos como la "infodemia" (la propagación de falsedades en torno a contagios, remedios contra el coronavirus, el uso de cubrebocas y el supuesto daño que causarían las vacunas) y los límites a los derechos civiles como el libre tránsito o la libre manifestación, se prefiguraban como un peligro para las democracias. Autoridades electorales de todo el mundo y organismos como la Organización de las Naciones Unidas (ONU), la Organización de los Estados Americanos (OEA) e Idea Internacional comenzaron a advertir sobre el auge de pulsiones autoritarias con motivo de la pandemia y una especie de "fatiga de las democracias", con ciudadanos dispuestos a ver limitadas sus libertades y derechos a cambio de la anhelada seguridad sanitaria.

En ese contexto, llevar a cabo las elecciones locales en octubre de 2020 era para el INE un posicionamiento importante frente al régimen de Morena y AMLO.

Al final, las elecciones se llevaron a cabo con una razonable participación ciudadana: 51% en Hidalgo, donde se renovaron 84 ayuntamientos, y 40% en Coahuila, donde se eligieron 25 diputaciones del Congreso local. Según concluyó el comité asesor del INE en materia de covid-19, las elecciones no afectaron en modo alguno las tendencias de comportamiento de la pandemia; no multiplicaron los contagios ni provocaron las muertes que temía Olga Sánchez Cordero.

Electoralmente, no fue una buena tarde para Morena. El PRI se llevó el 40% de los votos en Coahuila, y Morena, el 19%. Y en Hidalgo el PRI se mantuvo como primera fuerza, con 25% de los votos y 32 ayuntamientos, mientras que Morena y sus aliados apenas conquistaron 12 palacios municipales.

El revés a Calderón y Zavala

En el mes de agosto de 2020, el INE debía concluir el proceso de registro de nuevos partidos políticos, un largo y complejo procedimiento que se abre cada seis años después de una elección presidencial, y que en 2019 había iniciado con 106 manifestaciones de intención y una larga lista de grupos que buscaban entrar al sistema electoral mexicano para gozar de sus prerrogativas.

En plena pandemia, los finalistas eran sólo siete: Partido Encuentro Solidario, promovido por los evangélicos que anteriormente habían creado el Partido Encuentro Social (PES); México, Partido Político Nacional, ligado al Sindicato Nacional de Trabajadores de la Educación (SNTE); Redes Sociales Progresistas (RSP), un grupo también ligado al magisterio, pero a la facción de la exlideresa sindical Elba Esther Gordillo; Fuerza por México (FxM), del empresario Pedro Haces; Alternativa PPN, Súmate y México Libre, promovido por el expresidente Felipe Calderón y Margarita Zavala.

De ellos, el INE otorgó el registro sólo al Partido Encuentro Solidario y se lo negó a las otras seis organizaciones.

Lo que más llamó la atención fue la negativa a México Libre, y el hecho de que fueran Lorenzo Córdova y Ciro Murayama quienes dieran la pauta para negarle el registro, al señalar presuntas irregularidades en su financiamiento.

No fue una decisión tomada a la ligera, pues ambos consejeros sabían del costo político que tendría darle un partido a Calderón en esos momentos. Ante la presión, Córdova y Murayama optaron por votar en contra de las siete organizaciones, pues todas habían cometido violaciones a la ley, como la participación de sindicatos, en el caso de Redes Sociales Progresistas y Fuerza por México, o de ministros de culto, en el caso del PES.

La negativa de registro a México Libre se basó en la existencia de aportaciones cuyo origen era imposible rastrear en el sistema bancario. La decisión fue secundada por el resto de consejeras y consejeros, y terminó decepcionando a calderonistas y lopezobradoristas, pues ambos bandos preparaban un festín.

Por un lado, el expresidente había reunido a sus colaboradores en su casa de Las Águilas, con carpa, cena y bebidas, para festejar a todo lo alto, y, cuando se enteró de lo ocurrido en la sesión del INE, enfureció, puso fin a la fiesta y lanzó a sus redes un amargo mensaje en el que decía:

> Mientes, Lorenzo Córdova. Nuestros donantes están todos y cada uno perfectamente identificados. Lo sabes, lo ocultaste. Es un día de vergüenza para ti, para el INE y para la memoria del gran Arnaldo, al que avergonzaría tu decisión. Si querían negarle el registro a México Libre, señoras y señores consejeros, al menos se hubieran ahorrado el ridículo de sus argumentos. No nos van a detener.

Por otro lado, los simpatizantes de López Obrador preparaban una nueva embestida en contra del INE, por regresar a la política a su odiado Calderón. Meses antes, youtubers y presuntos periodistas habían difundido versiones sobre supuestas reuniones privadas entre Calderón y Córdova preparando el terreno para el ataque. Pero se quedaron con las ganas. Sorprendidos, la mayoría de quienes denostaban al INE guardaron silencio esa noche ante el revés propinado a Calderón y Zavala.

El propio presidente López Obrador reaccionó al día siguiente, en un video que grabó al pie de un cedro, en su rancho de Palenque, Chiapas, en el que atribuyó la decisión al cambio de circunstancias políticas del país y a la presión de la ciudadanía.

"Los católicos y creyentes dirán que es justicia divina; los laicos no creyentes deben estar sosteniendo que es justicia terrenal, y los escépticos deben estar pensando que es una jugarreta para que luego en el Tribunal se dé marcha atrás a la decisión del INE… ¿Cómo iba el INE a otorgar el registro del partido? ¡Se acababa el INE! Si de por sí están totalmente desacreditados", dijo el presidente con una sonrisa, y de paso le recomendó a Felipe Calderón salir a las calles a protestar, como lo hizo él cuando le robaron la presidencia en 2006.

Tal como lo anticipó AMLO, los promotores de México Libre impugnaron la decisión del INE ante el Tribunal Electoral del Poder Judicial de la Federación, al igual que otras organizaciones a las que se les había negado el registro.

El 15 de octubre, en votación dividida, la Sala Superior del Tribunal Electoral aprobó un proyecto del magistrado José Luis Vargas, en el que se confirmó la decisión del INE de negar el registro a México Libre. Sin embargo, la Sala Superior también aprobó sentencias en las que revocó la decisión del INE de negarle el registro a Redes Sociales Progresistas y Fuerza por México, dos fuerzas afines a la 4T.

Así, el tablero de las elecciones federales de 2021 tendría nueve jugadores: del lado del oficialismo, Morena, PT, PVEM y sus tres nuevos satélites: PES, RSP y FxM. Y, en la oposición, a los tradicionales PRI, PAN y PRD, además del partido naranja Movimiento Ciudadano.

Conservadores y liberales: el nacimiento del BOA

Las elecciones de 2021 superaban en magnitud a las de 2018, pues esta vez se convocaría a 93.5 millones de ciudadanos (4.5 millones más que los 89 millones de tres años antes). En la elección se votaría por 500 diputados federales, 15 gubernaturas, mil 925 presidentes municipales de 30 entidades y mil 63 diputados de 30 congresos estatales.

El arranque formal del proceso ocurriría en septiembre de 2020, las campañas comenzarían el 1 de abril de 2021 y la cita electoral estaba fijada para el domingo 6 de junio. Sin embargo, López Obrador abrió fuego exactamente un año antes de la jornada comicial, en un discurso en el que arengó a sus simpatizantes y desafió a sus detractores.

El sábado 6 de junio de 2020, desde Minatitlán, Veracruz, el presidente aludió a una crítica que recientemente le había hecho el escritor Enrique Krauze, a quien ese día apodó Lucas Krauze Alamán, en alusión al famoso político conservador del siglo XIX.

Vestido con la guayabera blanca del "mesías tropical" (Krauze *dixit*), y bajo el intenso calor veracruzano, el presidente aprovechó para hacer una disertación sobre la disputa histórica entre conservadores y liberales, uno de sus temas favoritos. Y entonces anticipó los términos de la batalla electoral de 2021.

"Qué bueno que se definan. Nada de medias tintas. Que cada quien se ubique en el lugar que corresponde. No es tiempo de simulaciones. O somos conservadores, o somos liberales; no hay medias tintas", exclamó el presidente citando a Melchor Ocampo, político liberal del siglo XIX.

Tres días después, en la mañanera del martes 9 de junio, el presidente presentó ante la prensa un documento que le entregó "el pueblo" (al menos eso dijo), en el que se detallaba un plan de sus opositores para frenar a Morena en 2021.

Titulado "Rescatemos a México", el documento aparecía firmado por el BOA (Bloque Opositor Amplio), y tenía como fin "provocar el desplazamiento de Morena de la mayoría de la Cámara de Diputados en 2021 y revocar el mandato presidencial en 2022".

El plan de acción del BOA, según el documento exhibido por AMLO en la mañanera, constaba de 12 puntos:

1. Acordar con las dirigencias nacionales de PAN, PRI, MC, PRD y organizaciones afines la postulación de candidatos únicos en los distritos electorales federales de mayor rentabilidad. Mediante encuestas, determinar las fortalezas y posibilidades de triunfo de cada partido y promover candidaturas únicas del BOA, ya sea *de jure* o *de facto*.
2. En los estados gobernados por el PAN, PRI, PRD y MC acordar con los mandatarios una alianza para apoyar el BOA tanto en los distritos electorales federales como en los locales, de acuerdo a las posibilidades reales y al peso específico de cada partido.
3. Encargar a las cámaras empresariales locales que apadrinen a los candidatos del bloque opositor con recursos, personal, propaganda, manejo de redes, movilización, organización y capacitación electoral.
4. Cuidar el perfil de los candidatos del bloque opositor, seleccionar jóvenes y mujeres de la sociedad civil con buena fama pública preparados en temas de políticas públicas identificados con los valores empresariales de libre mercado distintos a los políticos profesionales o clientelares de Morena; apoyarse en egresados del Tecnológico de Monterrey, el ITAM, la Universidad Panamericana y la Iberoamericana.

5. Centrar el discurso del bloque opositor en dos ejes: desempleo o inseguridad, responsabilizar a la presidencia de AMLO y de la 4T del ahondamiento de estos dos males del país.
6. Contratación de grupos de redes sociales, influencers y analistas para insistir sobre la destrucción de la economía, de las instituciones democráticas y el autoritarismo político del gobierno de la 4T.
7. Desde ahora, campañas del bloque opositor en medios de comunicación y redes sociales cuestionando los resultados del gobierno, desempleo, pobreza, inseguridad y corrupción.
8. Cabildeo del bloque opositor en Washington, Casa Blanca y Capitolio para destacar el daño que está haciendo a las inversiones norteamericanas el gobierno de la 4T. Más que compararlo con Venezuela, el bloque opositor debe subrayar la altísima migración masiva de mexicanos hacia Estados Unidos si se profundiza la crisis de desempleo e inseguridad.
9. Replicar esta narrativa en la prensa norteamericana y europea.
10. Campaña de negativos contra Morena, destacar su rijosidad crónica, su divisionismo interno y su incapacidad para gobernar Baja California, Ciudad de México, Chiapas, Morelos, Puebla, Tabasco, Veracruz, así como ciudades importantes. Es tan negativo Morena que hasta AMLO se ha deslindado y distanciado de su propia criatura.
11. Promover conferencias presenciales y virtuales de los principales analistas, columnistas y periodistas críticos de la 4T, especialmente de *Nexos*, *Proceso*, *Reforma*, *El Universal*, *Milenio*, *El Financiero* y *El Economista*.
12. Una vez que inicie el proceso electoral, el discurso del bloque opositor debe martillar dos tesis: *a)* que Morena es perfectamente derrotable en las urnas el 6 de junio de 2021 y *b)* que ganando la mayoría de la Cámara de Diputados el bloque opositor cerrará la llave del presupuesto a la 4T, bloqueará las reformas legislativas lesivas, habrá un contrapeso real al presidencialismo de AMLO y crecerán potencialmente las posibilidades reales de revocar el mandato presidencial en marzo de 2022.

Mientras el vocero Jesús Ramírez leía este documento ante una docena de periodistas sentados, con sana distancia, en el Salón de la Tesorería del Palacio Nacional, López Obrador lucía divertido frente a las cámaras de televisión. Realmente gozaba el momento en el que exhibía el plan de sus opositores. Un plan que, efectivamente, se materializó meses después, bajo la tutela del empresario Carlos X. González, artífice de la alianza Va por México, que terminaron firmando los dirigentes del PAN, Marko Cortés; PRI, Alejandro Moreno, y PRD, Jesús Zambrano.

El plan del BOA identificaba a sus supuestos promotores y aliados:

- Empresarios y asociaciones civiles, Consejo Coordinador Empresarial, Confederación Patronal de la República Mexicana (Coparmex), Grupo Monterrey, Femsa, Frente Nacional Anti-AMLO (Frena) y Consejo Nacional Ciudadano.
- Bloque de gobernadores anti-4T: 14 estados, hasta el momento: Aguascalientes, Baja California, Colima, Chihuahua, Coahuila, Durango, Guanajuato, Jalisco, Nuevo León, Querétaro, Quintana Roo, Tamaulipas, Michoacán y Yucatán.
- Expresidentes Vicente Fox y Felipe Calderón.
- Bloque de legisladores de oposición: diputados y senadores, grupo de consejeros del INE y magistrados del Tribunal Electoral del Poder Judicial de la Federación, dirigencias nacionales del PRI, PAN, MC y PRD, y México Libre.
- Medios y comunicadores: *Reforma*, *El Universal*, *El Financiero*, *Proceso*, *Nexos*, Carlos Loret, Brozo, Ciro Gómez Leyva, Pablo Hiriart, León Krauze, Denise Dresser, Héctor Aguilar Camín, Enrique Krauze, Jorge Castañeda, María Amparo Casar, Leo Zuckermann.
- Encuestadoras: Consulta Mitofsky, Massive Caller, Buendía y Laredo, y Parametría.
- Redes sociales: cuentas asociadas a México Libre, el expresidente Calderón, La R, PAN, Frena, Denise Dresser, Loret, Fernando Belaunzarán y los #ElCacas y #AmloMxTeReclama.
- Área internacional: cabildeos anti-4T en Washington, fondos de inversión en Wall Street, corporativos vinculados al T-MEC, prensa extranjera de Estados Unidos y Europa, corresponsales extranjeros en México.

El presidente nunca probó que ese documento fuera auténtico, ni reveló cómo llegó a él.

"Me llegó. Llegaron aquí a Palacio dos documentos. El mismo pueblo me entrega cosas", explicó el presidente cuando los reporteros le pidieron que detallara de dónde había salido el plan del BOA.

Lo cierto es que un mes después las cosas comenzaron a ocurrir tal como se señalaba en el documento.

El 15 de julio, un grupo de intelectuales publicó un desplegado en el diario *Reforma*, confirmando que la historia política de este país se ha escrito a base de desplegados y con el sudor de los abajo firmantes.

Titulado "Contra la deriva autoritaria y por la defensa de la democracia", el manifiesto llamaba abiertamente a crear un bloque opositor como el que AMLO había descrito en junio.

> Es imperativo corregir el rumbo y recuperar el pluralismo político y el equilibrio de poderes que caracterizan a la democracia constitucional. La única manera de lograrlo es mediante una amplia alianza ciudadana que, junto con los partidos de oposición, construya un bloque que, a través del voto popular, restablezca el verdadero rostro de la pluralidad ciudadana en las elecciones parlamentarias de 2021.

El desplegado fue firmado por 30 académicos, con Enrique Krauze y Héctor Aguilar Camín a la cabeza, los fundadores de las revistas *Letras Libres* y *Nexos*, que para entonces ya eran los principales críticos del régimen y clientes asiduos de las conferencias mañaneras. Gabriel Zaid, Roger Bartra, Jorge G. Castañeda, Antonio Lazcano, Soledad Loaeza y los exconsejeros del IFE José Woldenberg y María Marván eran otros firmantes destacados.[7]

No estaban las firmas de Córdova y Murayama, pero sí sus posturas, sus conceptos e incluso las palabras que solían usar en sus pronunciamientos públicos, como la propia expresión "deriva autoritaria", que Córdova usaba en conferencias y discursos.

A 20 meses de iniciado el gobierno, en el desplegado se le reprochaba a AMLO concentrar el poder, tomar decisiones unipersonales, polarizar a la sociedad en bandos y asumir una actitud despreciativa hacia el INE y otros organismos autónomos, hacia las esferas científicas y culturales y hacia el movimiento feminista.

En los primeros párrafos se reclamaba a AMLO y a Morena haberse hecho de una mayoría artificial en la Cámara de Diputados, mediante la artimaña de postular a morenistas en las listas de sus aliados y la compra de representantes electos por otros partidos; un argumento que el consejero Ciro Murayama había desarrollado en un artículo publicado en julio de 2019 en la revista *Nexos*. En dicho texto, el consejero explicó detalladamente cómo la sobrerrepresentación de la coalición Morena-PT-PES en las elecciones de 2018 había permitido al partido del presidente llegar a

252 diputados y convertir una minoría de votos en una mayoría de curules. El artículo se titulaba "La captura del Congreso por Morena", y, en él, Murayama criticaba el acuerdo de asignación de diputaciones de representación proporcional que él mismo había votado en el verano de 2018.[8]

Desplegados aparte, en esas fechas dos personajes entraron en escena: Claudio X. González Guajardo, hijo del empresario Claudio X. González Laporte, socio mayoritario de Kimberly-Clark México, y Gustavo de Hoyos, empresario bajacaliforniano y expresidente de la Coparmex. Ambos habían fundado organizaciones de la sociedad civil y coincidían en las preocupaciones y posturas del desplegado promovido por Krauze y Aguilar Camín.

Entre julio y agosto, estos personajes mantuvieron reuniones separadas con los dirigentes de los partidos de oposición; primero con el PAN, luego con el PRD, con el PRI, con México Libre (que finalmente no logró convertirse en partido) y finalmente con MC.

Algunas de esas reuniones ocurrieron en el patio de la casa de Claudio X. González en la Ciudad de México, bajo estrictas medidas sanitarias: cubrebocas, caretas, guantes, gel antibacterial y sana distancia. Según contó Gustavo de Hoyos al periodista Álvaro Delgado, en una entrevista con el medio *SinEmbargo*, las reuniones por separado fueron precursoras de la iniciativa Sí por México, que en octubre fue presentada con bombo y platillo, presumiendo que aglutinaba a 14 mil personas y 400 organizaciones.[9]

Desde el inicio, Sí por México buscó la alianza de toda la oposición para enfrentar en 2021 a la coalición Morena-PVEM-PT; sin embargo, nunca lograron convencer a Movimiento Ciudadano, cuyos líderes (Dante Delgado, Clemente Castañeda y Jorge Álvarez Máynez) prefirieron apostar por sí mismos y competir en solitario.

Las negociaciones de Claudio X. González y Gustavo de Hoyos con Marko Cortés, Jesús Zambrano y Alejandro Moreno fructificaron y, en el otoño de 2020, los tres dirigentes llevaron la idea a los órganos internos de sus respectivos partidos. En un proceso no exento de resistencias, los dirigentes del PAN y del PRI, partidos históricamente confrontados y con una larga historia de agravios acumulados, lograron la aprobación de la alianza en los consejos partidistas. En el PRD todo fue más fácil, pues los Chuchos (Jesús Zambrano y Jesús Ortega) controlaban todas las decisiones y órganos partidistas, y los pocos militantes que quedaban entonces sabían que ésa era su única tabla de salvación para no perder el registro en los comicios de 2021.

La coalición terminó llamándose Va por México y fue registrada ante el INE el 23 de diciembre, un día antes de Navidad, como una alianza parcial que postularía a los mismos candidatos en 219 de 300 distritos. Además, los tres partidos irían juntos por las gubernaturas de 14 estados, excluyendo únicamente Querétaro, donde el PAN estaba seguro de poder ganar solo.

Inspirada en los llamados de intelectuales y dirigentes empresariales para crear el bloque opositor, la inédita alianza entre los tres partidos de la transición nacía como un frente anti-AMLO, con antecedentes en el Pacto por México de 2012, cuando el entonces presidente electo, Enrique Peña Nieto, logró que los dirigentes del PAN, Gustavo Madero, y del PRD, Jesús Zambrano, se comprometieran con una agenda de reformas constitucionales que se fueron consumando en los primeros años de su sexenio. Además del Pacto por México, siempre denostado por López Obrador y Morena, la alianza tenía como segundo antecedente la coalición que formaron en 2018 las cúpulas del PAN, PRD y MC para postular al panista Ricardo Anaya a la presidencia y a la perredista Alejandra Barrales a la jefatura de gobierno de la Ciudad de México. Ambos con campañas catastróficas que los llevaron a perder frente a los candidatos de Morena.

En los mismos días de diciembre de 2020, Morena registró ante el INE la coalición denominada Juntos Hacemos Historia, a la que sumó al Partido Verde y al Partido del Trabajo, para competir juntos en 151 distritos electorales. Además, los tres partidos compitieron en coalición o con candidaturas comunes en 14 de los 15 estados con elecciones de gobernador.

El asalto al Capitolio también confronta

El 3 de noviembre de 2020, el demócrata Joe Biden derrotó al presidente Donald Trump, quien buscaba un segundo mandato en Estados Unidos. Biden ganó con un margen suficiente (7 millones de votos más que Trump y una diferencia de 74 votos en el Colegio Electoral). Sin embargo, Trump alegó fraude e impugnó los resultados.

Con meses de antelación, el republicano había preparado el escenario para desconocer el resultado adverso, al descalificar el sistema electoral estadounidense e insinuar que se preparaba un fraude aprovechando el sistema de voto por correo y la manipulación de las máquinas de registro de voto electrónico.

En México, una de las pocas voces que mostró comprensión frente a las acusaciones de Trump, y que pidió esperar los resultados oficiales, fue la del presidente López Obrador.

"Eso de pronunciarnos es como si fuéramos jueces electorales; debemos ser respetuosos", declaró el 9 de noviembre, cuando decenas de líderes mundiales ya habían felicitado a Biden.

En Estados Unidos, Trump y su equipo presentaron 62 demandas para tratar de anular los comicios y emprendieron una campaña mediática para acusar fraude generalizado, conspiración internacional y manipulación de los votos en los conteos. Ninguna de sus demandas prosperó y, en la primera semana de 2021, el Congreso se alistaba para llevar a cabo el último recuento de los votos del Colegio Electoral y declarar presidente electo a Joe Biden, quien asumiría el cargo el 20 de enero.

En aquellos días, aparecieron en medios de comunicación comparativos entre AMLO y Trump, tanto por el uso de las narrativas de fraude electoral como por su visión populista de la democracia.

En ese contexto, el INE publicó un libro de la politóloga italiana Nadia Urbinati titulado *Yo, el pueblo. Cómo el populismo transforma la democracia* (Grano de Sal/INE, 2020). Al régimen y sus voceros les molestó la publicación y, sobre todo, la presentación y comentarios que hicieron los consejeros Córdova y Murayama, quienes ya habían incorporado a sus discursos habituales —a sus intervenciones en las sesiones de Consejo General— una advertencia sobre los peligros del populismo.

"El populismo supone también una desinstitucionalización de la vida de las demás sociedades y el desdibujamiento de los contrapesos propios de la democracia", señaló Murayama el 2 de diciembre, al presentar la obra de Urbinati en la Feria del Libro de Guadalajara.

"En la agenda del populismo está justamente la de desmontar esos mecanismos de control del poder que, en su lógica, sirven para acotar al pueblo y la actuación de su voluntad general", declaró Córdova el 9 de diciembre de 2020.

López Obrador no dejó pasar la oportunidad de subirse al ring y, en una mañanera posterior, respondió: "Pues yo aquí les digo a ellos que son conservadores... Eso de populismo, paternalismo, lo que acuñó Krauze del mesías tropical y cosas así. Es propio de la democracia; ellos no están de acuerdo con nuestro proyecto, ni *El Universal* ni el *Reforma*, ni otros más, y escritores, articulistas, la mayoría, pues. Es un timbre de orgullo que nos estén cuestionando, porque quiere decir que vamos avanzando".

También reaccionó la esposa del presidente, la escritora Beatriz Gutiérrez Müller, con una publicación en Instagram en la que exhibió el aguinaldo que, según ella, iba a recibir Lorenzo Córdova, equivalente a 537 mil pesos.

Y también reaccionaron las cuentas de Twitter afines a la 4T, que, entre el 10 y el 13 de diciembre, colocaron el tema de los aguinaldos en el INE como tendencia, con casi 3 mil menciones a la cuenta @lorenzocordovav en un solo día.

Además, la televisora del empresario Ricardo Salinas Pliego, entonces aliado de López Obrador, publicó decenas de notas sobre las declaraciones de Córdova y Murayama, afirmando: "En lugar de que el INE se enfoque en preparar las elecciones de 2021, parece que se ha dedicado a organizar ataques y buscar algunas venganzas".

En medio de ese nuevo choque AMLO-INE, el 6 de enero de 2021 el mundo se sacudió con las noticias provenientes desde Washington D. C., donde una turba de simpatizantes de Donald Trump decidió irrumpir en la sede del Congreso.

El asalto al Capitolio ocurrió minutos después de una manifestación encabezada por el presidente estadounidense saliente en la Casa Blanca, en la que dijo: "Nunca nos vamos a rendir. Uno no se debe rendir ante un atraco de este tamaño. Que quede claro: hemos ganado estas elecciones. Después de esto, vamos a bajar caminando hasta el Capitolio y vamos a animar a nuestros valientes senadores y congresistas [...]. A algunos no los vamos a animar mucho porque nunca recuperarán nuestro país con debilidad. Tendrán que mostrar fuerza y ser fuertes".

Alentada por su líder, la muchedumbre irrumpió en el Capitolio justo cuando los congresistas se disponían a confirmar la victoria del demócrata Joe Biden. Tuvo que intervenir la policía para contener a los manifestantes, y pasaron varias horas antes de que se reestableciera el orden.

Presidentes como Justin Trudeau, de Canadá; Alberto Fernández, de Argentina; Iván Duque, de Colombia, y Sebastián Piñera, de Chile, condenaron los hechos. Pero López Obrador no. Al contrario, en la conferencia mañanera del 7 de enero, lamentó que las plataformas Facebook y Twitter hubieran bloqueado las cuentas de Donald Trump durante las horas críticas del asalto al Capitolio, para evitar que siguiera arengando a la turba.

"Esto que hicieron en Estados Unidos es una mala señal, es un mal presagio: que decidan empresas particulares silenciar, censurar. Eso va en contra de la libertad. Entonces, no se vaya a estar creando un gobierno mundial con el poder del control de las redes sociales, un poder mediático mundial; además, un tribunal de censura, como la Santa Inquisición, pero para el manejo de la opinión pública, es gravísimo. Claro que hay que estar pensando en opciones, en alternativas, porque sí, yo creo que fue un antes y un después, en el caso de las redes sociales, lo que sucedió", declaró el presidente, quien barajaba la idea de crear una red social del Estado mexicano.

En contraste, desde los canales institucionales del INE, Lorenzo Córdova condenó el asalto al Capitolio y advirtió que ese episodio era una advertencia clara y contundente. "A la democracia o se le cuida, o se puede agotar", advirtió. "Se nos puede esfumar entre las manos de una manera mucho más sencilla y no por ello menos dolorosa de lo que podemos suponer".

Nuevamente, dos visiones de la democracia se confrontaban públicamente.

Mientras AMLO se recuperaba de un primer contagio de covid-19 apelando a remedios como los "detente" o la fórmula de "no robar, no mentir y no traicionar al pueblo", e intercambiaba remedios caseros con Donald Trump y Vladimir Putin, el consejero presidente del INE tenía en su escritorio libros que alimentaban sus preocupaciones sobre el futuro de la democracia en tiempos de la 4T: *La muerte de la democracia. Un fascinante recuento de cómo y por qué el partido nazi llegó al poder*, de Benjamin Carter Hett (Crítica, 2020); *Cómo mueren las democracias*, de Steven Levitsky y Daniel Ziblatt (Ariel, 2018); *El ocaso de la democracia. La seducción del autoritarismo*, de Anne Applebaum (Debate, 2021), o *M. El hijo del siglo*, la fascinante biografía de Benito Mussolini escrita por Antonio Scurati (Alfaguara, 2020).

La "censura" a las mañaneras

En ese ambiente, el 11 de enero Córdova participó en un evento virtual del Seminario de Violencia y Paz de El Colegio de México, convocado por el académico Sergio Aguayo bajo el título de "Las redes del odio en México".

Durante su ponencia, el presidente del INE volvió a hablar del asalto al Capitolio como un ejemplo de los efectos reales que tienen el uso irresponsable de las redes sociales, la propagación masiva de noticias falsas y la creación de narrativas conspirativas como la del fraude electoral por parte de Trump.

A pregunta expresa de uno de los alumnos del Colmex sobre qué iba a ocurrir con las mañaneras de López Obrador durante las campañas electorales, Córdova adelantó que el INE preparaba unos lineamientos sobre la transmisión de las conferencias para acatar lo establecido en la Constitución y en la ley respecto a la no intervención de funcionarios públicos en el proceso.

Las palabras de Córdova se tradujeron en titulares de prensa que advertían sobre una probable censura a las mañaneras.

- *Reforma*: "Debe callar AMLO en abril y mayo.- INE".
- *El Universal*: "INE: en campañas 2021, no se transmitirán íntegras las mañaneras".
- *La Jornada*: "Prohibirá el INE la difusión de las conferencias diarias de AMLO".
- *Milenio*: "Suspenderán transmisión íntegra de mañaneras".
- *El Heraldo*: "Baja INE *switch* a mañanera".
- *Ovaciones*: "Quiere INE frenar mañaneras, por campañas".
- *La Razón*: "INE va por suspender difusión de mañaneras".
- *24 Horas*: "Se debe restringir mañanera desde abril, asevera Córdova".
- *ContraRéplica*: "Quiere INE callar mañaneras desde el 4 de abril".

Ante esos titulares de prensa, la respuesta del presidente no se hizo esperar. El 12 de enero AMLO dijo:

> Como ya está de moda a nivel mundial la censura, ya nos quieren silenciar. Realmente es una actitud de mucha intolerancia. ¡Cómo nos van a quitar el derecho de expresión, de manifestación! ¡Cómo le quitan al pueblo el derecho a la información! ¿Qué vamos a hacer? Primero, acudir a las instancias judiciales en el caso de que haya una prohibición, porque sería un acto de censura; sería un agravio, un atentado a la libertad. Eso no puede prosperar desde el punto de vista constitucional, desde el punto de vista legal. Y lo segundo, yo aprovecho para convocar a los mexicanos a que opinen si está bien que el INE nos silencie, si está bien que en México nuestro país no pueda hablar el presidente, no pueda informar. Y que no se preocupe el director del INE, no somos iguales.

Córdova reaccionó ese mismo día con un video en sus redes sociales, en el que aclaró que nadie planteaba censurar las mañaneras, sino aplicar criterios legales vigentes que prevén suspender su transmisión íntegra durante las campañas electorales. Pero, lejos de calmarse las aguas, al día siguiente la prensa hizo explícito el diferendo, con titulares como: "Chocan INE y presidente por las mañaneras" (*El Universal*), "Escala pleito con INE"

(*El Heraldo*), "Mañaneras desatan enfrentamiento" (*La Crónica*) o "Pelean INE y el presidente por las mañaneras" (*El Sol de México*).

El 15 de enero, el Consejo General aprobó un acuerdo mediante el cual se establecieron medidas cautelares —solicitadas por el PRD— para que el presidente se abstuviera de hacer manifestaciones de naturaleza electoral. En los efectos del acuerdo se enlistaban los 10 temas de los que el presidente no podría hablar una vez que comenzaran las campañas:

- Ejercicio de las prerrogativas de los partidos políticos (financiamiento público y acceso a radio y televisión).
- Vida interna de los partidos políticos nacionales y locales.
- Manifestaciones a favor o en contra de candidaturas de partidos políticos e independientes (registro, postulación, entre otras).
- Manifestaciones a favor o en contra de frentes, coaliciones electorales, fusiones, alianzas nacionales o locales.
- Manifestaciones a favor o en contra de plataformas electorales.
- Manifestaciones que impliquen la asociación de alguna fuerza política con logros del gobierno.
- Manifestaciones que impliquen la promoción personalizada de algún funcionario de gobierno, precandidatura, candidatura o candidatura independiente.
- Estrategias electorales de cualquier fuerza política nacional o local.
- Encuestas de intención de voto o preferencias electorales.
- Cualquier mensaje que busque o genere tener un efecto persuasivo y de influencia en el electorado que pueda poner en riesgo los principios y valores tutelados por nuestra Constitución y el modelo electoral previsto en ella.

La decisión enfureció a Morena.

Sus representantes ante el Consejo General, Sergio Gutiérrez Luna y Eurípides Flores, denunciaron a Córdova y Murayama ante el Órgano Interno de Control del INE, dirigido entonces por el filomorenista Jesús George Zamora, acusándolos de actuar con parcialidad por sus declaraciones de diciembre y enero sobre populismo y democracia, prejuzgar sobre asuntos de su competencia y difundir información que tienen la obligación de resguardar.

El 25 de enero, el vicecoordinador del grupo parlamentario del PT en la Cámara de Diputados, Gerardo Fernández Noroña, presentó una denuncia con solicitud de juicio político contra el consejero presidente

Lorenzo Córdova y el consejero Ciro Murayama, "por su reiterada y flagrante violación a la Constitución y a las leyes federales".

Acuerdo Nacional por la Democracia

Tal como lo advirtió desde 2020, el presidente aprovechó la víspera del proceso electoral para convertirse en un improvisado "guardián de la democracia" y se asignó a sí mismo la facultad de vigilar el comportamiento de los gobernadores, presidentes municipales y funcionarios, obligados por la Constitución a actuar con imparcialidad durante las campañas.

El 23 de febrero, en el marco de la conmemoración de la Decena Trágica de febrero de 1913, cuando Francisco I. Madero fue asesinado por Victoriano Huerta, el presidente López Obrador envió una carta a los gobernadores del país, emulando al Apóstol de la Democracia, en la que los exhortó a abstenerse de apoyar a candidatos y a denunciar y castigar el uso de recursos públicos para favorecer a sus partidos.

En una misiva de 12 cuartillas, AMLO les propuso a los 31 gobernadores y a la jefa de gobierno de la Ciudad de México establecer un acuerdo nacional en favor de la democracia.

En un tono contrastante con sus expresiones de las conferencias mañaneras, el presidente reconoció, en esa carta, la aportación de las instituciones electorales.

> Como es evidente, en la actualidad hay condiciones inmejorables para convertir en realidad esa aspiración histórica de México y establecer una verdadera democracia en nuestro país. El pueblo así lo demanda; hay partidos bien definidos en el terreno político e ideológico; existen instituciones electorales encaminadas a ser cada vez más libres e independientes como el Instituto Nacional Electoral, el Tribunal Electoral del Poder Judicial de la Federación y la Fiscalía Electoral, recientemente creada, para combatir delitos que se cometan en esta materia y que ahora están considerados en la Constitución y en el Código Penal como graves, por lo que se castiga con cárcel y sin derecho a salir bajo fianza a quienes violen las libertades políticas de los ciudadanos. Además, y esto es muy importante, se sostiene desde la Presidencia de la República el indeclinable compromiso de respetar y hacer respetar la voluntad soberana del pueblo. Por eso no tengo duda de que en esta gran tarea contaremos, también, con la más amplia y convencida colaboración de todas y todos ustedes.

Además, el presidente reconocía en su carta que la democracia implica equilibrios necesarios para que una persona o una minoría no se adueñe del poder público. Recordó a los gobernadores una serie de episodios en los que Madero defendió la democracia y la celebración de elecciones libres en el poco tiempo de su presidencia interrumpida por el golpe de Victoriano Huerta (1911-1913). Y les pidió seguir el ejemplo maderista.

> Bajo el gobierno de Madero, como casi nunca se ha visto en México, hubo elecciones libres y limpias. Esto, por si fuera poco, se logró en medio de intensas turbulencias políticas y sin antecedentes de una práctica democrática en otros momentos de nuestra historia; es decir, quedó de manifiesto, y ésa es una de las lecciones de Madero, que ayuda mucho la voluntad presidencial de hacer valer el sufragio efectivo y convertir en realidad un sistema de gobierno representativo, popular y verdaderamente democrático. Por eso Madero ha sido único. ¿O acaso sabemos de otro presidente en la historia de México que haya escrito a los gobernadores para recomendarles que se abstengan de manipular el voto y garanticen con equidad la libre decisión de los ciudadanos? En suma, estimadas y estimados mandatarios, los convoco a que juntos hagamos historia. El Acuerdo Nacional por la Democracia y su efectiva ejecución nos permitirá establecer en México la ansiada democracia de manera perdurable, y ello elevará a nuestro país hasta lo más alto en el concierto de las naciones. Atrás quedarán los malos recuerdos de siglos de imposiciones y fraudes electorales, y nuestro pueblo con sus legítimas autoridades seguirá dando ejemplos de dignidad y grandeza.[10]

Un mes después de la carta, se firmó el Acuerdo Nacional por la Democracia en Palacio Nacional, en una ceremonia a la que no fueron invitados los consejeros del INE ni los magistrados del Tribunal Electoral, encargados de organizar y calificar los comicios.

Murayama *vs.* la sobrerrepresentación de Morena

Los choques arreciaron en marzo, cuando el Consejo General del INE aprobó, a propuesta de Ciro Murayama, unos lineamientos para la postulación de candidaturas a la Cámara de Diputados con los que se verificaría la militancia efectiva de las personas postuladas en una coalición, para evitar así que los partidos pudieran disfrazar militancias y verse beneficiados con el reparto de diputaciones plurinominales violando los límites constitucionales a la sobrerrepresentación.

El tema era muy complejo, pero Murayama lo venía estudiando desde 2019, cuando publicó su artículo en *Nexos* titulado "La captura del Congreso por Morena".

En 2018, Morena, PT y PES crearon la coalición Juntos Haremos Historia para competir por la presidencia de la República, el Senado y la Cámara de Diputados. En la elección de diputados obtuvieron el 43.6% de la votación sumando los porcentajes de los tres partidos, pero al final se quedaron con el 53.9% de las curules. Esto violó el precepto de la Constitución (artículo 54) que establece: "En ningún caso, un partido político podrá contar con un número de diputados por ambos principios (mayoría relativa y representación proporcional) que represente un porcentaje del total de la Cámara que exceda en ocho puntos a su porcentaje de votación nacional emitida".

Para lograr esa sobrerrepresentación del 10% en 2018, el partido postuló a personajes evidentemente morenistas, como Zoé Robledo y Pablo Gómez, por el PES, y a Mario Delgado, que terminó siendo el coordinador parlamentario de Morena, por el PT. Así lo hicieron para evitar que éstos le fueran contabilizados a Morena durante el reparto de las plurinominales.

Según una denuncia presentada por el PAN en 2018, 94 diputados electos por la coalición Juntos Haremos Historia eran "cachirules" de Morena que engrosaron las listas del PT (52) y el PES (42).

Obsesionado por el tema, y con los argumentos de su artículo, Murayama convenció a Córdova de dar la batalla en contra de la sobrerrepresentación de la coalición oficialista y, así, en marzo de 2021 llegó al Consejo General un acuerdo que establecía:

> Para cumplir con el precepto constitucional se verificará la afiliación efectiva de cada una de las candidatas y los candidatos triunfadores por el principio de mayoría relativa; es decir, aquella que esté vigente al momento del registro de la candidatura. Por tanto, el triunfo será contabilizado a favor del partido con el cual el o la candidata ganadora tengan una afiliación efectiva.
>
> En caso de que la candidatura triunfadora no tenga una afiliación efectiva a alguno de los partidos que la postularon, el triunfo será contabilizado en los términos de lo expresado por el convenio de coalición aprobado, buscando el mayor equilibrio entre el porcentaje de votos y escaños obtenidos.

El acuerdo fue aprobado con ocho votos: Murayama, Córdova, Claudia Zavala, Dania Ravel, Carla Humphrey, Jaime Rivera, Martín Faz y Uuc-kib

Espadas. Las consejeras Adriana Favela y Norma Irene de la Cruz y el consejero José Roberto Ruiz Saldaña votaron en contra.[11]

Murayama explicó en la sesión que el hecho de que una fuerza política se vea beneficiada por la sobrerrepresentación implica forzosamente que otras se vean subrepresentadas; es decir, que su peso en la Cámara de Diputados sea menor al que la ciudadanía le asignó con su voto.

Los representantes de Morena ante el Consejo General del INE acusaron a los consejeros de aplicar cambios a las reglas de asignación de triunfos cuando ya se habían aprobado las coaliciones desde el mes de diciembre, cuando la campaña estaba por iniciar, y siendo que la Constitución establece que las leyes electorales sólo pueden cambiarse hasta 90 días antes del arranque formal del proceso, que, en este caso, había ocurrido desde septiembre de 2020.

Córdova negó que el INE se estuviera abrogando la facultad de legislar al aprobar estos lineamientos, y rechazó que se tratara de un cambio en las reglas de la contienda.

"Llama la atención que haya quien se lamente de que el acuerdo llegue tarde porque ya se aprobaron las coaliciones, porque ahí los partidos pueden decidir a qué partido se cuenten los candidatos de mayoría relativa que ganen. Pero el tema de representación proporcional es para ver cómo vamos a asignarle a cada partido para evitar y vigilar que se cumpla lo que dice la Constitución", dijo Córdova en respuesta a las quejas de los morenistas.

Mario Delgado, dirigente nacional de Morena, reaccionó el 21 de marzo con un video en sus redes sociales, en el que anunció que impugnarían el acuerdo del INE ante el Tribunal Electoral.

"No vamos a permitir que, en una maniobra oscura y vergonzosa, algunos consejeros del INE afines al PRIAN cambien las reglas de asignación de los diputados plurinominales para que Morena no obtenga la mayoría en la Cámara de Diputados", escribió el dirigente en sus redes sociales.

La impugnación se presentó al día siguiente, y Mario Delgado insistió en que se trataba de una "triquiñuela" de consejeros que buscaban evitar que el movimiento lopezobradorista obtuviera la mayoría en la siguiente legislatura.

Un mes después, el 27 de abril, la Sala Superior del Tribunal Electoral discutió el tema y, en votación unánime, declaró infundados los agravios expuestos por Morena, desechó la impugnación, confirmó los lineamientos aprobados por el INE para verificar la afiliación efectiva y rechazó que los consejeros se hubieran extralimitado en sus funciones.[12]

El round de la sobrerrepresentación lo ganó el INE, pero la disputa apenas comenzaba.

Los casos Félix Salgado y Raúl Morón

El 25 de marzo el Consejo General aprobó una resolución aún más polémica que terminó por fracturar la relación entre el INE y el gobierno de López Obrador. Ese día, seis de los 11 consejeros aprobaron un acuerdo para sancionar a cuatro precandidatos de Morena a la gubernatura de Guerrero por haber omitido la presentación de un informe de gastos de precampaña.

La sanción implicaba sacar del proceso a Félix Salgado Macedonio, quien acababa de registrarse como candidato ante el instituto electoral del estado de Guerrero, pues había resultado ganador en el proceso interno de Morena. Además, el INE sancionaba a Pablo Amílcar Sandoval Ballesteros, principal contendiente de Félix Salgado en dicho proceso y hermano de la secretaria de la Función Pública, Irma Eréndira Sandoval. Y a los también aspirantes Luis Walton Aburto y Adela Román Ocampo. En resumen, dejaba a Morena sin ninguno de sus cuatro prospectos mejor posicionados para la elección de Guerrero.

De paso, se cancelaba el registro de las candidaturas de Yair García Delgado, aspirante a diputado local, y José Fernando Lacunza, quien buscaba la presidencia municipal de Petatlán.

El acuerdo, identificado como INE/CG327/2021, incluía abundante evidencia sobre actos de proselitismo de Félix Salgado y el resto de los aspirantes, celebrados en el periodo legal destinado para las precampañas, así como el relato de un complejo proceso sancionador abierto desde febrero por la Unidad Técnica de Fiscalización del INE.

> La falta de presentación de los informes de precampaña transgrede directamente las disposiciones, bienes jurídicos y principios tutelados por las normas mencionadas con antelación y genera incertidumbre sobre el legal origen y destino de los recursos que los sujetos obligados hubieren obtenido. Con base en lo expuesto, a juicio de esta autoridad, dada la gravedad de la conducta desplegada por los ciudadanos Yair García Delgado, José Fernando Lacunza Sotelo, Félix Salgado Macedonio, Pablo Amílcar Sandoval Ballesteros, Luis Walton Aburto y la ciudadana Adela Román Ocampo, es procedente la aplicación de la sanción prevista en la legislación de la materia,

> consistente en la pérdida del derecho de la precandidatura infractora a ser registrados o, en su caso, si ya está hecho el registro, con la cancelación del mismo como candidatos y candidata a los cargos de gubernatura, diputación local y ayuntamiento.[13]

El documento incluía también los argumentos de los morenistas, quienes negaron haber hecho actos de campaña anticipados, pues la convocatoria emitida por su partido para el proceso interno no preveía recorridos de precampaña, por lo que tampoco estaban obligados a presentar informes de gastos en ese periodo.

Salgado Macedonio reconoció haber hecho recorridos por comunidades y reuniones con simpatizantes de Morena, en diciembre de 2020 y enero de 2021, sobre los cuales él mismo hizo publicaciones en su cuenta de Facebook. Sin embargo, aseguró que éstos no constituían actos de propaganda o precampaña:

> … es de hacer notar que en el contexto de la dinámica de la vida política, social y económica de una determinada sociedad o región se producen una serie de eventos, manifestaciones, fenómenos sociales y acciones diversas que son comunicadas de manera espontánea por los ciudadanos en las redes sociales y como un ejercicio periodístico libre o remunerado a cargo de profesionales para informar a la sociedad; pero de ahí no se sigue que porque aparezca mi fotografía y mi nombre en diversas notas periodísticas el suscrito haya incurrido en actos de precampaña, cuando de la lectura de las notas periodísticas se advierte que en su mayoría se critica, ataca o denuesta al suscrito y en el caso de las redes sociales donde los ciudadanos en uso de la espontaneidad cuentan con absoluta libertad para publicar, escribir, opinar, criticar o elogiar a otras personas, subir contenidos, como fotografías y videos en los que eventualmente pueden aparecer figuras públicas como en el caso ocurre en dos videos, sin embargo, se remarca categóricamente esa circunstancia, por sí sola no configura un acto de precampaña o propaganda electoral…

Por el caso Guerrero, el INE sancionó a Morena con una multa por 6.5 millones de pesos, pero en esa misma sesión se aprobó otro acuerdo que incluía sanciones a otras candidaturas de Morena.

En total, el INE canceló el registro de 19 aspirantes de Morena a una diputación federal y de 18 aspirantes a cargos locales (ya sea diputación local, ayuntamiento o gubernaturas). Entre ellos figuraba Raúl Morón

Orozco, quien se perfilaba ya como candidato morenista a la gubernatura de Michoacán, y el candidato a la presidencia municipal de Morelia, Alfredo Ramírez Bedolla, quien a la larga terminó siendo el candidato suplente a la gubernatura.

La guerra estaba declarada.

"El INE debe morir"

La decisión sobre la cancelación de las candidaturas dividió al Consejo General del INE. De un lado, Lorenzo Córdova, Ciro Murayama, Claudia Zavala, Jaime Rivera, Dania Ravel y Carla Humphrey votaron a favor de aplicar esta pena máxima e inédita en la historia del instituto electoral.

Del otro lado, los consejeros Martín Faz, Uuc-kib Espadas, Norma Irene de la Cruz, Adriana Favela y José Roberto Ruiz Saldaña consideraron desproporcionada la sanción y votaron en contra de cancelar el registro.

En Morena y los circuitos oficialistas la reacción fue contundente.

Mario Delgado, presidente del partido, otorgó una entrevista al periódico *La Jornada* en la que advirtió que, dada su actuación parcial, el INE sería sometido a una profunda reforma en la siguiente legislatura.

"El INE se quedó atorado en el pasado, aplicando viejas prácticas del PRIAN, por lo que se tendrá que pensar seriamente desde el Congreso de la Unión si renovarlo o exterminarlo", expuso Delgado en la entrevista, publicada el 29 de marzo.

Ese mismo día, el empresario Ricardo Salinas Pliego, dueño de TV Azteca, hizo eco de las declaraciones de Mario Delgado, y subió a sus redes sociales una imagen truqueada de la sede del instituto simulando que se incendiaba, acompañada de un mensaje en el que decía: "Lo viejo debe morir para darle paso a lo nuevo".

En esos días, Salinas Pliego usó su canal de la red social Telegram para ampliar sus opiniones sobre las resoluciones de los consejeros electorales y afirmar categóricamente: "El INE debe morir pronto".

El divorcio definitivo entre el INE y el gobierno de López Obrador ocurría mientras México aún enfrentaba los estragos de la pandemia de covid-19, y cuando la llamada "vuelta a la normalidad" apenas comenzaba a instrumentarse, en medio del incremento de los contagios y las muertes.

En la semana 14 de 2021, México acumulaba ya 2.2 millones de casos y 210 mil muertes por covid-19, colocándose como uno de los países más afectados por la pandemia, junto con Estados Unidos y Brasil.

Sin embargo, López Obrador y los líderes morenistas del Congreso enfocaban sus baterías en el INE, al que culpaban de tomar decisiones que buscaban afectar el avance político de su movimiento.

La primera semana de abril, mientras miles de mexicanos descansaban por las vacaciones de Semana Santa y Pascua, simpatizantes de Morena montaron un plantón a las afueras del INE, en el llamado trébol de Viaducto Tlalpan y Periférico, al sur de la Ciudad de México.

En la manifestación participaban grupos provenientes del Estado de México y de Guerrero, afines a Félix Salgado Macedonio, quien era el principal afectado por las decisiones del INE. Lo peculiar de la protesta fue que sus protagonistas llevaron hasta la sede del INE un féretro gris alquilado en una funeraria, en el que colocaron cartulinas con los siguientes mensajes: "Lorenzo Córdova, asesino de la democracia", "Lorenzo Córdova: mientras no renuncies, nosotros no nos vamos".

Con esas protestas bloqueando los accesos a las oficinas centrales del INE, el domingo 4 de abril se dio por iniciada la campaña electoral del "proceso más grande de la historia", con más de 3 mil candidaturas en disputa.

El presidente López Obrador, en su mañanera del lunes 5, anunció que cancelaría los informes de avances de obra del Tren Maya y de la refinería de Dos Bocas, en atención a la veda electoral. Sin embargo, en esa primera mañanera ya en campaña, AMLO aprovechó la sesión de preguntas y respuestas para hablar más de una hora de elecciones y democracia y arremeter contra el partido conservador, en cuyas filas incluía a los consejeros electorales.

"No voy a mencionar partidos, no voy a decir 'voten por éste, voten por este otro', pero, si están repartiendo despensas para comprar votos, eso sí lo voy a decir, porque yo tengo que defender la democracia, todos debemos defender la democracia y no nos podemos quedar callados. Tiene que haber elecciones limpias y libres", adelantó AMLO en el inicio de una larga cadena de expresiones que violaban la ley electoral y el acuerdo emitido por el INE en febrero sobre las restricciones a la conferencia mañanera.

El 9 de abril, la Sala Superior del Tribunal Electoral decidió devolver al INE la papa caliente de las candidaturas canceladas en Guerrero y Michoacán. Al discutir la impugnación presentada por Morena, las magistradas y magistrados decidieron revocar el acuerdo del INE, pero sólo para pedirle que individualizara la sanción a los candidatos que no habían hecho su informe de gastos de precampaña, lo que obligaría al Consejo General a revisar su acuerdo y volver a votarlo.

Al día siguiente, se reforzó el plantón afuera del INE, con otro ataúd y más simpatizantes de Morena con cartulinas y mantas más elocuentes.

"Consejeros del PRIAN, fuera la mafia de la corrupción", se leía en una manta en la que destacaban las fotografías de Córdova y Murayama.

"Lorenzo, cuenta tus días, rata demonio", se leía en un cintillo blanco colocado en un costado de un ataúd negro hecho de cartón.

Y el 12 de abril, en la víspera de que el Consejo General debatiera nuevamente el caso, Félix Salgado elevó el tono de sus amenazas.

"Nos vamos a movilizar. No vamos a descansar y aparte vamos a meter una iniciativa de juicio político en la Cámara de Diputados contra los siete, estos señores consejeros que, por cierto, andan amparados contra la ley de los salarios máximos y ganan jugosos sueldos de arriba de los 200 mil pesos. Entonces, los vamos a quitar, los vamos sacar. El INE va a caer. Nos vamos a ir juntos, como la bola blanca del billar, nos vamos a ir juntos", advirtió Salgado Macedonio en un mitin celebrado a las afueras del INE, acompañado de Mario Delgado.

El guerrerense encargó a sus simpatizantes reforzar la presencia en el plantón en las horas siguientes, montar guardias de cuatro personas alrededor del féretro colocado al centro de la manifestación, y les anunció que muy pronto conseguiría las direcciones de los domicilios particulares de los consejeros que votaron en favor de cancelarle el registro, para perseguirlos hasta sus casas.

"Si no se reivindican, se los decimos de una vez: los vamos a hallar, los vamos a buscar y vamos a ir a ver a Córdova. ¿No le gustaría al pueblo de México saber dónde vive Lorenzo Córdova? ¿Sí les gustaría saber cómo está su casita, de lámina negra, que cuando llueve se gotea y moja su cuerpo? ¿Sí... cabroncito?", expresó el guerrerense en un tono que combinaba amenaza e ironía, mientras sus simpatizantes gritaban insultos a los consejeros.

Además de esa amenaza personal, Félix Salgado advirtió que, si el INE no le regresaba la candidatura, él y sus simpatizantes iban a impedir que se celebraran las elecciones en Guerrero.

Ese día, AMLO justificó la actitud de su candidato, a quien lo une una estrecha amistad desde 1992, cuando Salgado fue por primera vez abanderado del PRD al gobierno de Guerrero.

"Dicen que traemos una campaña en contra de la autoridad electoral y que queremos someter a la autoridad electoral. No, no somos iguales. Nada más que ya basta de estar simulando que son demócratas cuando siempre han estado al servicio de la antidemocracia", señaló el mandatario en la mañanera.

Amparados por un acuerdo previo que permitía al Consejo General del INE sesionar a distancia, de manera virtual, las consejeras y consejeros ni siquiera tuvieron que ver los féretros y los letreros pegados en las rejas de la sede de sus oficinas.

La mayoría se conectaba desde sus casas a las sesiones virtuales, mientras que Córdova se instaló con su equipo más cercano de colaboradores en una sede del INE ubicada en la calle Moneda de la alcaldía Tlalpan, a 10 minutos de las oficinas centrales. Una vieja casona que sirve de sede de la Dirección Ejecutiva de Prerrogativas y Partidos Políticos.

Desde ahí, Córdova condujo la sesión del miércoles 14 de abril de 2021, en la que nuevamente se confirmó la sanción impuesta a Félix Salgado Macedonio, Pablo Amílcar Sandoval y Adela Román, precandidatos de Morena al gobierno de Guerrero, y Raúl Morón, precandidato en Michoacán.

"No entregar los informes respectivos es una falta muy grave, porque abre la puerta a la opacidad en la contienda por los poderes públicos, porque impide la rendición de cuentas de los actores políticos y porque vulnera la equidad de las elecciones y la transparencia de nuestra democracia. El INE no está en contra de nadie, de ninguna fuerza política ni de ningún actor político. Quien diga lo contrario, simple y sencillamente, miente. El INE está en contra de quien viole la ley, sea quien sea. El INE está con la Constitución. Nuestro compromiso con la equidad e imparcialidad y legalidad de nuestras elecciones ha sido, es y será irrenunciable. Por eso a este INE, a estas consejeras y a estos consejeros electorales nadie los va a amedrentar ni siquiera con amenazas directas y abiertamente ilegales", señaló Córdova al defender el acuerdo que se ponía a disposición del resto de consejeras y consejeros.

"El Tribunal confirmó lo que el INE vio y documentó, que el partido Morena y sus candidatos incumplieron con la obligación de rendir cuentas, pues hubo precampaña y precandidatos. Hay faltas, y las faltas merecen ser sancionadas, de eso no deja duda el Tribunal. En su sentencia confirma que la cancelación de una candidatura por incumplir con la rendición de cuentas de un precandidato no es excesiva ni lesiva del derecho", puntualizó Ciro Murayama, el otro consejero aludido en las amenazas de los morenistas.

Nuevamente, las consejeras Adriana Favela y Norma Irene de la Cruz, y los consejeros José Roberto Ruiz Saldaña, Uuc-kib Espadas y Martín Faz votaron en contra, lo que no los salvó de ser señalados como parte del INE que había decidido confrontar públicamente al partido-movimiento.

La reacción del presidente fue la esperada: arremetió contra los consejeros y advirtió que, una vez instalada la nueva legislatura, se buscaría una reforma que crearía un nuevo organismo encargado de las elecciones, pero con los siguientes atributos: "profesional, imparcial, recto, incorruptible, no sometido al poder, al servicio de los ciudadanos, completamente democrático".

Una serie de características que, paradójicamente, eran defendidas por Lorenzo Córdova como las principales cualidades del INE que presidía y que acababa de aprobar las determinaciones que enfurecieron a Morena.

Nuevamente, dos discursos coincidentes defendían posiciones diametralmente opuestas.

El 27 de abril, el Tribunal Electoral confirmó por mayoría de seis votos contra uno (del magistrado José Luis Vargas, presidente del Tribunal) las resoluciones del INE que cancelaron los registros de Félix Salgado Macedonio y Raúl Morón como candidatos de Morena a las gubernaturas de Guerrero y Michoacán, y dio un plazo de cinco días al partido para presentar y registrar nuevas candidaturas.

Al día siguiente, el presidente resumió su descontento en una sola frase: "¿Ustedes creen que los consejeros o los magistrados del Tribunal Electoral y los consejeros del INE son demócratas? Yo digo que no. Al contrario, conspiran contra la democracia".

Morena y AMLO aún tenían dos ases bajo la manga: la postulación de Evelyn Salgado Pineda, hija de Félix Salgado, como candidata a gobernadora de Guerrero, y la candidatura en Michoacán de Alfredo Ramírez Bedolla, el popular precandidato a alcalde de Morelia al que el INE había sancionado cancelándole el registro en las elecciones municipales.

A la larga, ambas candidaturas triunfaron. Morena se hizo de dos gubernaturas y el INE pagó un alto costo político frente al lopezobradorismo.

El despido de Irma Eréndira

Pero la decisión del INE en torno a Félix Salgado Macedonio no sólo le sirvió a Morena para justificar su campaña de desprestigio contra la autoridad electoral, sino que le permitió sacudirse a un candidato impresentable para muchas mujeres dentro del partido-movimiento.

Sobre Félix Salgado no sólo pesaba una fama pública cuestionable por su periodo fallido como presidente municipal de Acapulco entre 2003 y 2006, años en los que se incrementó la violencia y el poderío de los cárteles en el puerto. No sólo jugaban en su contra las recientes violaciones a las reglas de fiscalización que había sancionado el INE. También lo descalificaban las acusaciones por violencia sexual que varias mujeres presentaron en su contra.

Denuncias públicas que se multiplicaron entre enero y febrero, y que fueron recibidas e investigadas en la Comisión Nacional de Honestidad y Justicia de Morena. Los abusos habrían ocurrido en 1998, cuando Salgado Macedonio fue candidato del PRD a la gubernatura de Guerrero; en 2016 y 2017, mientras fue socio y director de *La Jornada*, edición Guerrero, y finalmente en 2021, cuando ya era senador de la República. En total, se reveló la existencia de al menos dos denuncias por violación y tres por acoso y abuso sexual.

Las denuncias tambalearon la postulación de Félix Salgado, quien había sido confirmado como precandidato de Morena el 31 de enero de 2021.

La Comisión de Honestidad y Justicia de Morena abrió un procedimiento para investigar las denuncias, aceptando que las acusaciones eran "gravísimas". Pero el 26 de febrero, en una polémica resolución aprobada por unanimidad, los integrantes de dicha comisión declararon infundados los agravios, argumentaron que Salgado no había sido inhabilitado ni tenía antecedentes penales y se declararon incompetentes para juzgar en materia penal.

La comisión minimizó los testimonios de las víctimas, asegurando en su resolución que éstos se habían expuesto ante medios de comunicación y no ante autoridades judiciales. "En lo que respecta al agravio sobre la mala fama pública, la CNHJ concluye que no se puede afirmar que el C. Félix Salgado Macedonio carece de buena fama pública, ya que las pruebas documentales consisten solamente en diversas notas periodísticas".

En la resolución aparecen las firmas de los cinco integrantes de la comisión: Ema Eloísa Vivanco Esquide, presidenta; Donají Alba Arroyo, Zazil Carreras Ángeles, Alejandro Viedma Velázquez y Vladimir Ríos García. Con votos razonados de Zazil Carreras y Vladimir Ríos.[14]

Las acusaciones en contra de Félix Salgado fueron gasolina para las protestas feministas del 8-M, que ya en 2020 habían tenido un fuerte tono de protesta en contra del gobierno de López Obrador.

Pero los testimonios de las víctimas, una carta firmada por 100 legisladoras de Morena, la renuncia de la abogada Estefanía Veloz a Morena por encubrir a un violentador y la crítica unánime en los medios de comunicación, lejos de sensibilizar al presidente sobre la necesidad de cambiar de candidato, lo llevaron a pensar que, en realidad, se trataba de una conspiración en contra de su movimiento. Y, usando su tono habitual, AMLO comenzó a defender a Félix Salgado como víctima de una campaña de "politiquería".

"Es muy lamentable que el movimiento feminista sea utilizado con otros fines. ¿De cuándo acá el conservadurismo simpatiza con el movimiento feminista? Podría decir que es lo opuesto... Sostengo que el pueblo de Guerrero debe decidir; el mejor método para resolver diferencias es el método democrático, preguntar a mujeres y hombres de Guerrero en este caso. Sostengo que no debe haber linchamientos por politiquería, por eso existen las instancias legales, el Ministerio Público, los jueces, el Poder Judicial", dijo el presidente en la conferencia mañanera del 3 de marzo.

Por esas fechas, había llegado a Palacio Nacional una versión de los hechos que confirmaba sus sospechas: la que señalaba como instigadora de las denuncias a Irma Eréndira Sandoval, integrante de su gabinete y hermana del precandidato derrotado en el proceso interno, Pablo Amílcar Sandoval.

"En todo esto siempre hay que preguntar de parte de quién. Son tiempos de elecciones y hay acusaciones de todo tipo. Lo otro es 'Quítate tú, porque quiero yo, porque a mí me tocaba'", declaró el presidente en el momento más álgido de la polémica.

En Morena y en Palacio Nacional era notoria la molestia con la secretaria de la Función Pública, a quien el presidente había encargado en 2018 la lucha anticorrupción, una labor fundamental en su discurso público y en la expectativa que él mismo había generado como candidato.

Proveniente de una familia de líderes guerrerenses precursores de la lucha social en Guerrero, nieta del doctor Pablo Sandoval Cruz e hija de Pablo Sandoval Ramírez, Irma Eréndira se había destacado como profesora e integrante del Instituto de Investigaciones Sociales de la UNAM, asambleísta constituyente en la Ciudad de México en 2016 y militante de Morena.

Pero su permanencia como integrante del gabinete de López Obrador siempre fue limitada y endeble. En 2019, apenas pudo sancionar a la empresa del jalisciense Carlos Lomelí Bolaños, acusado de irregularidades en la venta de medicamentos al gobierno, pues su peso político como excandidato local de Morena lo había convertido en superdelegado del gobierno federal en la entidad y un hombre cercano al presidente. Y lo mismo ocurrió con el caso del director de la Comisión Federal de Electricidad (CFE), Manuel Bartlett, quien libró los señalamientos de enriquecimiento ilícito y fue exonerado por la SFP.

Los nexos familiares de la secretaria también la pusieron en el centro de la polémica. El de su esposo, John Ackerman, un extrovertido académico e investigador de la UNAM que se caracterizaba por sus opiniones radicales en temas como la democracia y el sistema electoral. Y el de su hermano, Pablo Amílcar, quien desde el inicio del sexenio puso en la mira la gubernatura de Guerrero.

John Ackerman logró que en 2019 se le otorgara la dirección del Programa Universitario de Estudios sobre Democracia, Justicia y Sociedad (PUEDJS) y ocupó diversos espacios en la televisión pública en los primeros meses del sexenio. Sin embargo, Ackerman lanzó duras críticas en contra de líderes morenistas como Ricardo Monreal y Mario Delgado, cuando ya había comenzado la administración. Asimismo, se vio envuelto en varias polémicas mientras su esposa era secretaria de Estado, como los diferendos con la periodista Sabina Berman que pusieron fin a un programa de televisión que conducían juntos en Canal Once o la revelación de sus propiedades en la Ciudad de México y Morelos, que contrastaban con el discurso de la austeridad republicana. Ackerman terminó fundando una especie de corriente crítica dentro de Morena llamada Convención Nacional Morenista, que ha confrontado a la dirigencia en temas como la selección de candidaturas y que propone el empoderamiento de las bases para la radicalización de la Cuarta Transformación.

Pablo Amílcar Sandoval aprovechó el encargo que le dio el presidente como coordinador de los Programas para el Bienestar en Guerrero (2018-2020) para tratar de construir su candidatura en Guerrero. Una aspiración que el propio presidente criticó en octubre de 2020, cuando se hizo público que el superdelegado había colocado anuncios espectaculares con su nombre y fotografía en diversos puntos del estado.

La disputa por Guerrero terminó expulsando a Irma Eréndira del primer círculo lopezobradorista, aunque el presidente esperó hasta después de los comicios para hacer pública su decisión.

Fue el lunes 21 de junio a través de un video grabado en el despacho presidencial y difundido en su canal de YouTube, cuando el presidente informó sobre la salida de Irma Eréndira Sandoval y la llegada de Roberto Salcedo a la Secretaría de la Función Pública.[15]

Aunque el presidente reconoció que su excolaboradora había cumplido cabalmente el encargo de iniciar el combate a la corrupción y la aplicación de una política de austeridad, también dijo que era necesario un cambio para comenzar una nueva etapa, en la que supuestamente se iban a profundizar las reformas para combatir la corrupción y lograr un gobierno austero.

La exsecretaria usó siete de los 11 minutos del video para defender sus logros, agradecer al presidente —quien la escuchaba serio e impaciente— y desearle éxito a Salcedo, quien hasta entonces había sido su subsecretario.

Irma Eréndira se despidió de AMLO, salió del despacho, abandonó el Palacio Nacional y nunca volvió a ocupar un cargo en el gobierno. Tampoco fue considerada por Morena cuando se decidieron cargos de dirección partidista o candidaturas en otros procesos electorales.

Irma Eréndira, la guerrera morenista que había sido destinada a convertirse en la zarina anticorrupción de la 4T, se fue de la administración sin haber cazado a ninguno de los funcionarios corruptos de los que tanto hablaba el presidente. Regresó a la UNAM y retomó su discreta carrera como académica.

Votar con cubrebocas: un nuevo dilema

En la semana 22 del año 2021, previa a la jornada electoral, México ya contabilizaba 2 millones 434 mil casos de covid-19 y 228 mil 838 defunciones. Ya había vacunas, pero la pandemia estaba lejos de terminar.

Las elecciones eran una preocupación para el gobierno y, especialmente, para el equipo de la Secretaría de Salud, encabezado por el subsecretario Hugo López-Gatell, quien mantenía contacto con el consejero presidente del INE, Lorenzo Córdova, a pesar de la hostilidad del presidente.

Incluso, en un momento del mes de mayo, López-Gatell y Córdova hablaron sobre la posibilidad de que el INE presentara los protocolos sanitarios que se usarían en las casillas en la llamada "novela de las 7", la conferencia que todas las tardes encabezaba el subsecretario en el Salón de la Tesorería. Pero la idea fue rechazada de inmediato por el vocero presidencial Jesús Ramírez Cuevas, un enemigo frontal de Córdova y Murayama.

Había motivos de preocupación: mientras la curva epidemiológica seguía ascendiendo, el INE se preparaba para instalar 162 mil 570 centros de votación, movilizar a un millón 463 mil funcionarios de mesa directiva de casilla y a más de 48 mil capacitadores asistentes y supervisores electorales.

La lista nominal definitiva de ciudadanas y ciudadanos convocados a las urnas era de 93 millones 328 mil votantes. Se tenía prevista la participación de 19 mil 236 observadores ciudadanos y 559 visitantes extranjeros de diversas misiones acreditadas. Cada una de las coaliciones en contienda había acreditado alrededor de 160 mil representantes de casilla; MC movilizó a más de 60 mil y los tres nuevos partidos (PES, RSP y FxM) sumaban más de 120 mil representantes acreditados.

El ejército de quienes estarían involucrados directamente en la jornada electoral era enorme, y el miedo a un contagio masivo era más que justificado, a pesar de que el INE llevaba ocho meses ensayando protocolos sanitarios diseñados y aprobados por un grupo de médicos especialistas.

En ese contexto, una nueva preocupación surgió en las oficinas del INE, por la negativa del presidente López Obrador a seguir protocolos como el uso de cubrebocas.

A pesar de haberse contagiado el 24 de enero, era público y notorio el rechazo del presidente a usar mascarilla, incluso en las conferencias mañaneras, donde todos los días hablaba durante horas frente a periodistas, fotógrafos y camarógrafos.

"No, no. Ahora ya, además, de acuerdo a lo que plantean los médicos, ya no contagio. México no es un país autoritario y lo más importante es la libertad, cada quien debe asumir su responsabilidad", dijo en su conferencia del 8 de febrero de 2021, cuando los reporteros le preguntaron si ahora sí usaría cubrebocas, luego de pasar por la enfermedad.

El tema inquietaba a los consejeros del INE, quienes temían que AMLO se presentara a votar sin cubrebocas y fuera un ejemplo para los votantes, quienes verían, a primera hora del 6 de junio, el voto del presidente en cadena nacional.

"Que le haga como cuando se sube a los aviones", le pidió Córdova a Hugo López-Gatell y a la secretaria de Gobernación, Olga Sánchez Cordero, quienes no podían garantizar que el jefe del Estado acudiera a votar usando el cubrebocas.

Así las cosas, cuando faltaban dos semanas para la elección, Lorenzo Córdova decidió visitar la Junta Distrital 12 del INE, correspondiente a la alcaldía Cuauhtémoc de la Ciudad de México, a la que pertenecía la casilla 4748, en la que votaría el presidente de la República.

Aquella tarde de mayo, Córdova pidió a la vocal del INE en la Junta Distrital 12, Lorna Beatriz Ferrer Rodríguez, que se encargara personalmente de que AMLO votara con cubrebocas. Para ello le pidió estar presente en la casilla desde muy temprano, a la espera de que el presidente llegara a las 8 de la mañana, como finalmente ocurrió.

"Te llevas varios cubrebocas y, en cuanto veas que va a entrar a la casilla, le ofreces uno al presidente", pidió Córdova a la funcionaria.

La jornada del 6 de junio

Finalmente, el domingo 6 de junio el presidente López Obrador salió de Palacio Nacional alrededor de las 8:30 de la mañana. Caminó junto con su esposa, Beatriz Gutiérrez Müller hasta el Museo de Arte de la Secretaría de Hacienda, en la calle de Moneda, con la cara descubierta.

La vocal del INE estaba ahí, pero no fue necesario que abordara al presidente de la República, pues AMLO sacó de su bolsillo un cubrebocas antes de ingresar a la casilla, se lo puso y se dirigió a la mesa donde le entregaron tres boletas para la elección de diputados federales, diputados locales de la Ciudad de México y alcaldías.

López Obrador metió las boletas en las urnas y exclamó: "¡Que viva la democracia!". Luego salió, se quitó el cubrebocas y, frente a cámaras y micrófonos, volvió a gritar: "¡Que viva la democracia!".

La imagen que tranquilizaría al INE ya se difundía en todos los medios: la del presidente poniendo el ejemplo, votando con cubrebocas y siguiendo los protocolos sanitarios de sana distancia.

La jornada electoral fue exitosa: a las 12 de la tarde ya se había instalado el 80% de las 162 mil 570 casillas programadas y, finalmente, a lo largo del día, sólo 30 casillas no pudieron instalarse. El Sistema de Información de la Jornada Electoral (SIJE) registró incidentes aislados y prácticamente ningún hecho relevante relacionado con la emergencia sanitaria.

Votaron 47 millones 464 mil ciudadanos, equivalentes al 52.67% del padrón electoral, lo que fue considerado un éxito por el INE, pues la cifra fue superior a las registradas en anteriores elecciones federales intermedias: 41.3% en 2003, 44.7% en 2009 y 47.7% en 2015.

En las semanas posteriores, el presidente del INE presumió que esta participación se había logrado sin que los comicios implicaran un repunte de los contagios y las muertes, pues la curva epidemiológica se comportó conforme a la tendencia sostenida desde el inicio de la pandemia.

Lo cierto es que, con o sin las elecciones, el covid-19 siguió cobrando víctimas en México. Para la última semana del año 2021, ya se contabilizaban 3 millones 990 mil contagios y 299 mil 544 defunciones.

Los resultados del 2021

Pasadas las 9 de la noche, el INE dio a conocer los resultados de los ejercicios de conteo rápido que había llevado a cabo un equipo de científicos expertos en matemáticas aplicadas.

El conteo rápido es un ejercicio estadístico basado en una muestra de casillas, con cuyos resultados es posible calcular los rangos mínimos y máximos de votación que alcanzará cada fuerza política en contienda. Además, gracias a las proyecciones matemáticas, también es posible calcular cuántos diputados obtendría cada partido político.

Así, según el conteo rápido, en la batalla por la Cámara Baja, Morena se llevaría entre 190 y 203 diputaciones; el PVEM, entre 40 y 48, y el PT, entre 35 y 41. Esto quería decir que, sumando las cifras de sus rangos superiores de votación, la coalición podría alcanzar 292 curules.

La coalición Va por México, integrada por PAN, PRI y PRD tendría mínimo 182 diputados y máximo 213. Mientras que MC tendría entre 20 y 27 diputaciones.

Es decir, la oposición obtendría la capacidad de vetar futuras reformas constitucionales de AMLO, pues la coalición oficialista no alcanzaría la mayoría calificada de dos terceras partes (334 curules) en San Lázaro.

El oficialismo sí mantendría, sin embargo, la mayoría absoluta (más de 250 curules), lo que le permitiría a López Obrador aprobar reformas legales y los decretos del Presupuesto de Egresos de la Federación en la segunda mitad del sexenio.

Al día siguiente, en la mañanera del 7 de junio, López Obrador madrugó a la oposición imponiendo la narrativa de que Morena y sus aliados habían ganado los comicios.

"No fue poca cosa ganarle a Salinas, Fox, Calderón, el PRI y el PAN", celebró el presidente luego de presentar los resultados preliminares del INE.

"Yo agradezco mucho porque, como resultado de esta elección, los partidos que simpatizan con el proyecto de transformación que está en marcha van a tener mayoría en la Cámara de Diputados. ¿Y esto qué significa? Significa tener garantizado el presupuesto y, más específico, más a detalle, tener garantizado el presupuesto suficiente para los más necesitados", añadió.

Además, el presidente hizo una declaración desconcertante sobre un tema que había marcado el proceso electoral fatalmente: el de la violencia provocada por el crimen organizado, que se cobró la vida de 36 aspirantes a diversos cargos públicos, principalmente a nivel municipal.

"La gente se portó muy bien; los que pertenecen a la delincuencia organizada, en general bien, muy pocos actos de violencia de estos grupos. Se portó creo que más mal la delincuencia de cuello blanco, pero no se pasaron de la raya y tampoco alteraron en lo fundamental los resultados", dijo, al hacer un balance de la jornada electoral.

A nivel estatal, los resultados fueron mucho más favorables para Morena y sus aliados, que ganaron 11 gubernaturas: Baja California, Baja California Sur, Campeche, Colima, Guerrero, Michoacán, Nayarit, Sinaloa,

Sonora, Tlaxcala y Zacatecas. Además de San Luis Potosí, donde triunfó el candidato del Verde, Ricardo Gallardo, postulado fuera de la coalición, pero que terminó adhiriéndose a la 4T.

Morena y aliados arrebataron nueve gubernaturas al PRI, una al PAN (Baja California Sur) y una al PRD (Michoacán). También, retuvo Baja California, que había conquistado en 2019.

El PAN sólo pudo ganar Chihuahua y Querétaro, donde ya gobernaba, y MC conquistó Nuevo León, con el polémico Samuel García como candidato.

El fracaso de la coalición Va por México en las elecciones estatales fue claro, pues sólo pudo ganar en Chihuahua, con Maru Campos, y el resto de sus candidatos y candidatas fueron derrotados con amplios márgenes. Los números no les dieron ni para tratar de impugnar los resultados.

Satisfecho, el presidente López Obrador habló de los resultados en su discurso del 1 de julio de 2021, cuando celebró en el Zócalo capitalino el tercer año de su triunfo electoral.

> En cuanto a los resultados, considero necesario analizar el hecho de que, a causa de la transformación que estamos aplicando, se terminó de integrar un bloque conservador abiertamente opuesto al gobierno que represento y a las políticas públicas que llevamos a la práctica, por eso trato el asunto en este informe, porque no hay duda de que este bloque conservador se constituyó para enfrentarnos, para detener el proceso de transformación que está en marcha. En primer término, señalo que este grupo reaccionario siempre será respetado y tendrá libertad para ejercer su derecho a disentir. Son adversarios, no enemigos. No los tratamos como ellos lo hicieron cuando nosotros estábamos en la oposición, no los vemos como enemigos a destruir, sino como adversarios a vencer. Sencillamente, defendemos y representamos proyectos de nación distintos y contrapuestos.
>
> En ese bloque se unieron de manera legítima empresarios, dueños de medios de información, periodistas e intelectuales de derecha, líderes partidistas, dirigentes de la llamada sociedad civil y políticos del antiguo régimen, entre otros, repito, para enfrentar el proyecto de transformación que estamos aplicando para acabar con la corrupción y con la desigualdad.
>
> Como era de esperarse, nuestros adversarios enfocaron sus baterías básicamente a impedir que obtuviéramos la mayoría en la Cámara de Diputados, cuya facultad exclusiva es la de aprobar el presupuesto; hicieron todo, recurrieron hasta a la guerra sucia, pero afortunadamente no lograron su propósito. La alianza Juntos Hacemos Historia, que defiende nuestro proyecto de transformación, triunfó en 186 de los 300 distritos en disputa,

en tanto que el bloque conservador obtuvo 107, y el partido Movimiento Ciudadano, siete; si a ello se suma el reparto de plurinominales, la bancada a nuestro favor tendrá una cómoda mayoría. En otras palabras, ya se cuenta con la seguridad de que será aprobado el presupuesto destinado al desarrollo del país y al bienestar del pueblo; se les ganó en buena lid, porque el pueblo es sabio; no podrán detener las ayudas destinadas a los pobres, no podrán desaparecer, como lo querían, la pensión a los adultos mayores, a las niñas y niños con discapacidad, las becas para estudiantes de familias pobres, ni la atención médica y los medicamentos gratuitos.[16]

La reforma electoral como amenaza

Pero en la Ciudad de México las noticias no eran buenas para el grupo gobernante, pues la coalición PAN-PRI-PRD sí logró arrebatarle alcaldías y diputaciones locales, con lo que partieron la capital prácticamente en dos.

Del lado oriente, Morena mantuvo siete alcaldías: Gustavo A. Madero, Venustiano Carranza, Iztapalapa, Iztacalco, Tláhuac, Xochimilco y Milpa Alta. Pero, en el poniente, la oposición se quedó con nueve: Azcapotzalco, Miguel Hidalgo, Cuauhtémoc, Benito Juárez, Cuajimalpa, Magdalena Contreras, Coyoacán, Tlalpan y Álvaro Obregón.

Las elecciones en la capital mostraban un voto de castigo a Morena en la entidad gobernada por Claudia Sheinbaum, quien ya se perfilaba como posible candidata presidencial de cara a las elecciones de 2024.

Era un golpe al lopezobradorismo por su mala gestión de la pandemia y por la caída de la línea 12 en la alcaldía Tláhuac, un accidente ocurrido el 3 de mayo, en plenas campañas. Aunque el castigo no vino de las clases populares afectadas por dicha tragedia, en la zona oriente, sino de las clases más acomodadas que habitan en las zonas residenciales del poniente.

El propio AMLO reconoció los resultados desfavorables en la capital del país, que atribuyó a una mayor fuerza del conservadurismo en la capital por la presencia e influencia de los llamados medios nacionales y comentócratas críticos de la 4T.

"Aquí la gente fue víctima de un manejo informativo perverso, tendencioso, calumnioso, inmoral, además tóxico. Siempre pongo el ejemplo de que viene alguien en su automóvil y está escuchando un noticiero, y están hablando mal de nosotros el conductor o la conductora, o los expertos, le cambia, y es exactamente lo mismo, le vuelve a cambiar, igual. Ojalá y todo esto se quede atrás", justificó.

Lo mismo dijo la jefa de gobierno, Claudia Sheinbaum, quien se quejó de una campaña de desprestigio desplegada con motivo del accidente en la línea 12 del metro, que provocó 27 muertos y 80 heridos.

Lo paradójico fue que, a pesar de que se declararon ganadores, los principales líderes de Morena usaron los siguientes días para insistir en que la reforma electoral era urgente y necesaria.

"No podemos seguir con un pueblo de México queriendo vivir en una auténtica democracia y una institución electoral atorada en el pasado; la única forma de abrir ese cauce es teniendo una reforma electoral y que tengamos un árbitro absolutamente imparcial y, además, que cueste menos", declaró Mario Delgado a *Reforma* en una entrevista publicada el 15 de junio.

"Una reforma electoral para que de verdad haya independencia en todo el proceso de las elecciones, que no domine el conservadurismo, que haya democracia. Tenemos que buscar la forma de que quienes coordinen los procesos electorales sean de inobjetable honestidad, rectos, auténticos demócratas, que de verdad sean ciudadanos honestos y demócratas, que no estén controlados por el Ejecutivo, por el presidente, pero tampoco por los grupos de interés creados, que no los controle la oligarquía ni el conservadurismo, que dependan básicamente del pueblo, que su amo sea el pueblo, los ciudadanos, y que actúen de manera recta, con imparcialidad", comentó el presidente en la conferencia mañanera del 15 de junio.

AMLO anunció que promovería una reforma político-electoral y criticó que las elecciones hubiesen tenido un costo de 20 mil millones de pesos. "No está el país para eso, son las más caras del mundo", se quejó. Y, de paso, se pronunció a favor de eliminar a los 200 diputados plurinominales y dejar sólo a los 300 de mayoría relativa.

El cielo y el infierno

El 23 de agosto de 2021, en el punto final del proceso electoral, el INE aprobó la asignación de diputaciones de representación proporcional, con lo que quedó conformada la LXV Legislatura, que habría de funcionar de septiembre de 2021 a agosto de 2024.

Morena obtuvo finalmente 198 diputaciones; el PVEM, 43, y el PT, 37. En total, pues, fueron 278 curules para la coalición oficialista.

En la oposición, el PAN obtuvo 114 diputaciones; el PRI, 70, y el PRD, 15, que sumaron 199 de la coalición Va por México. Mientras que Movimiento Ciudadano se quedó con 23.

El resultado fue celebrado por Claudio X. González, Gustavo de Hoyos y los dirigentes del PAN, PRI y PRD, pues habían conseguido uno de los objetivos del Bloque Opositor Amplio: una nueva configuración de fuerzas políticas en San Lázaro, que le quitaba al lopezobradorismo la capacidad de reformar la Constitución en la segunda mitad del sexenio.

Los líderes y promotores de la coalición opositora aseguraron en aquel momento que habían encontrado la fórmula para derrotar a Morena: unirse, independientemente de sus profundas diferencias ideológicas e históricas. En ese empeño, trabajarían de cara al 2024.

En el INE, las consejeras y consejeros celebraron el final del proceso más grande y complejo de su historia, tras nueve meses de jornadas que dejaron exhausto al personal del servicio profesional electoral.

La noche del 23 de agosto, al final de la sesión del Consejo General, me encontré a Jesús Galindo, un viejo funcionario electoral adscrito a la Secretaría Ejecutiva del INE, quien se paseaba por la llamada "herradura de la democracia".

—¿Cómo ves las cosas, Jesús? —le pregunté.

El excolaborador de José Woldenberg, y en ese momento mano derecha de Edmundo Jacobo, volteó a verme, me tomó el brazo, hizo una mueca y soltó una frase que lo resumía todo:

—El INE no se inventó para llevarnos al cielo. Se creó para alejarnos del infierno —respondió, antes de que las luces se apagaran y la sala del Consejo quedara en penumbras.

Referencias:

1 Ana Lilia Pérez, "Los señores del huachicol", en *Pemex RIP. Vida y asesinato de la principal empresa mexicana*, Grijalbo, Ciudad de México, 2019.

2 "Decreto por el que se declara reformado el artículo 19 de la Constitución en materia de prisión preventiva oficiosa", *Diario Oficial de la Federación*, 12 de abril de 2019, http://sil.gobernacion.gob.mx/Archivos/Decretos/DOF3788288-3847767-20190412.pdf.

3 Paula Sofía Vásquez Sánchez y Juan Jesús Garza Onofre, *La mafia verde. Traición, política y escándalos del Partido Verde Ecologista*, Ariel, Ciudad de México, 2023.

4 Andrés Manuel López Obrador y Arnaldo Córdova, conversación, *Regeneración TV*, 25 de enero de 2010, https://www.youtube.com/watch?v=uOz9-SgUn_A.

5 Lorenzo Córdova Vianello y Ernesto Núñez Albarrán, *La democracia no se construyó en un día*, Grijalbo, Ciudad de México, 2021, p. 549.

6 Ciro Murayama, "La coexistencia de la pluralidad política reclama la defensa de las instituciones de nuestra democracia", 3 de agosto de 2006, https://x.com/CiroMurayamaMx/status/1222913527427387394.

7 "Contra la deriva autoritaria y por la defensa de la democracia", *Reforma*, 15 de julio de 2020, p. 7.

8 Ciro Murayama, "La captura del Congreso por Morena", *Nexos*, 1 de julio de 2019, https://centralelectoral.ine.mx/2019/07/01/la-captura-del-congreso-morena-articulo-ciro-murayama-publicado-nexos/.

9 Entrevista de Álvaro Delgado a Gustavo de Hoyos, *SinEmbargo*, 11 de mayo de 2021, https://youtu.be/CM6EnaI4K_U?si=o3lIZZZMnz6MWN6m.

10 Andrés Manuel López Obrador, carta a gobernadores, 23 de febrero de 2021, https://www.gob.mx/cms/uploads/attachment/file/617744/CPM_AMLO_carta_a_titulares_de_Ejecutivos_estatales__23feb21.pdf.

11 Instituto Nacional Electoral, Acuerdo INE/CG193/2021 sobre lineamientos de sobrerrepresentación, https://repositoriodocumental.ine.mx/xmlui/handle/123456789/118249.

12 Sala Superior del Tribunal Electoral del Poder Judicial de la Federación, sentencia que confirma el acuerdo del INE sobre los lineamientos para la verificación de afiliación efectiva en la asignación de diputaciones en el proceso electoral 2020-2021, https://www.te.gob.mx/media/SentenciasN/pdf/Superior/SUP-RAP-0421-2021.pdf.

13 Instituto Nacional Electoral, Acuerdo INE/CG327/2021, resolución sobre el caso Félix Salgado Macedonio y la pérdida de su candidatura a gobernador de Guerrero, https://repositoriodocumental.ine.mx/xmlui/bitstream/handle/123456789/118522/CGex202103-25-rp-1.pdf.

14 Comisión de Honestidad y Justicia de Morena sobre el caso Félix Salgado Macedonio, Resolución CNHJ-GRO-014/21, https://12ce53f9-da2e-2d1c-2aa2-332fe804a76b.filesusr.com/ugd/3ac281_a3d408b9103b434dbc94c4d3b7ce0027.pdf.

15 Andrés Manuel López Obrador, anuncio del cambio de titular en la Secretaría de la Función Pública, 21 de junio de 2021, https://www.youtube.com/watch?v=N12l2Gf7-CE.

16 "Discurso del presidente Andrés Manuel López Obrador al celebrar el 3er año de su triunfo electoral", *La Jornada*, 1 de julio de 2021, https://www.jornada.com.mx/notas/2021/07/01/politica/texto-del-mensaje-del-presidente-lopez-obrador-durante-la-conmemoracion-del-3er-ano-del-triunfo-historico-democratico/.

3

Juicio a expresidentes: una consulta envenenada

La promesa y la pregunta

Andrés Manuel López Obrador habla frente a decenas de personas reunidas en la plaza central del municipio de Tecámac. Les pide apoyo para reunir 2 millones de firmas que se necesitan para promover una consulta sobre la reforma energética que se discute en el Congreso de la Unión.

El tabasqueño les indica que habrá módulos en Tecámac y otros municipios del Estado de México para recabar las firmas que exige la autoridad electoral y pedirle a la Suprema Corte de Justicia de la Nación que se convoque una consulta ciudadana en la que se pregunte: "¿Estás de acuerdo o no en que se entreguen contratos o concesiones a particulares nacionales o extranjeros para la explotación del petróleo y el gas, para la refinación, la petroquímica y para la industria eléctrica nacional? ¿Sí o no?".

Es 7 de mayo de 2014, y el líder del Movimiento Regeneración Nacional ni siquiera tiene asegurado que le vayan a otorgar el registro a su nuevo partido político.

En el mitin, el excandidato presidencial derrotado en 2006 y en 2012 habla de la auténtica democracia que le hace falta al país, y promete que, si se corta de tajo la corrupción, habrá dinero suficiente para atender a la población.

—Un ejemplo muy claro de la corrupción es el Estado de México, la entidad con mayor presupuesto del país, y, sin embargo, es también la que tiene más pobres y más violencia por la corrupción imperante. De aquí han salido Chuayffet, César Camacho, Arturo Montiel, Peña Nieto y Eruviel Ávila. Ellos representan como mil años de cárcel juntos —exclamó.

—Y, si llega a ser presidente, ¿lo[s] metería a la cárcel? —preguntó uno de sus simpatizantes.

—Los vamos a buscar a todos ellos. Si hubiera en este país Estado de derecho ya se habría llevado a cabo un acto de justicia, porque se han dedicado a saquear al Estado de México —respondió.

Al final del evento, AMLO dio una entrevista a reporteros, que insistieron con el tema.

—Nosotros vamos a meter a la cárcel a todos los corruptos y, no sólo eso, vamos a pedir que devuelvan lo que se robaron. Peña Nieto y compañía —enfatizó.

Pero, cuatro años después, en su tercera campaña presidencial, López Obrador cambió de opinión, e incluso criticó que uno de sus contrincantes, el panista Ricardo Anaya, usara la posibilidad de encarcelar a Peña Nieto como parte de su estrategia para ganar adeptos.

Cuando Anaya usó esa advertencia en el tercer debate presidencial, AMLO guardó silencio y celebró la estrategia del panista, pues lo que según él sería un campanazo para propiciar un viraje a su favor se convirtió en el fin de una posible alianza PAN-PRI para derrotarlo. Así lo narra AMLO en su libro de memorias titulado *Gracias* (Planeta, 2024).

> En su desesperación o mal aconsejado [...], Anaya sostuvo que, de ganar, metería a Peña a la cárcel por ladrón. Cuando escuché eso, me dije para mis adentros: 'gracias, primo hermano' [...]. En ese momento lo más importante fue la reacción de Meade [...], quien palabras más palabras menos le gritó a Anaya: 'Tú eres el corrupto y a ti es a quien se debe meter a la cárcel'. Independientemente de lo político, confieso que me gustó la autenticidad y la muestra de lealtad de Meade hacia el presidente Peña.[1]

Durante la transición, como presidente electo, en el discurso de toma de protesta del 1 de diciembre de 2018 y en decenas de declaraciones como titular del Poder Ejecutivo, López Obrador se pronunció en contra de meter a la cárcel a Peña Nieto y al resto de los expresidentes, que en la narrativa morenista eran los villanos favoritos.

En cambio, siempre habló de la posibilidad de hacer una consulta ciudadana para que fuera el pueblo el que decidiera eso y, si así lo quería, entonces él procedería conforme a las leyes vigentes.

Así se lo dijo a Carmen Aristegui en la entrevista que le otorgó como presidente electo en noviembre de 2018, tal como se narra en el primer capítulo de este libro, y así lo reiteró en su toma de protesta ante el Congreso de la Unión y con Peña Nieto a unos cuantos metros de él, en la tribuna de San Lázaro.

> Al contrario de lo que pudiera suponerse, esta nueva etapa la vamos a iniciar sin perseguir a nadie, porque no apostamos al circo ni a la simulación. Queremos regenerar, de verdad, la vida pública de México. Además, siendo honestos, como lo somos, si abrimos expedientes dejaríamos de limitarnos a buscar chivos expiatorios, como se ha hecho siempre, y tendríamos que empezar con los de mero arriba, tanto del sector público como del sector privado. No habría juzgados ni cárceles suficientes y, lo más delicado, lo más serio, meteríamos al país en una dinámica de fractura, conflicto y confrontación, y ello nos llevaría a consumir tiempo, energía y recursos que necesitamos para emprender la regeneración verdadera y radical de la vida pública de México, la construcción de una nueva patria, la reactivación económica y la pacificación del país. Estamos ante un asunto político de Estado, y como tal debemos enfrentarlo. Mi postura al respecto la definí con toda claridad desde la campaña. Dije que no es mi fuerte la venganza y que, si bien no olvido, sí soy partidario del perdón y la indulgencia.[2]

En realidad, el juicio a expresidentes fue sólo una construcción propagandística de los adeptos del movimiento lopezobradorista, pues su líder siempre tuvo claro que no le tocaría un pelo a sus antecesores.

Para AMLO lo realmente importante era la consulta popular, un mecanismo de democracia directa que existía desde 2012 en la Constitución, pero que en los hechos nunca se había podido practicar.

Incluso cuando su movimiento impulsó la consulta en materia energética, recabando los 2 millones de firmas que se exigían en la ley, la Suprema Corte de Justicia de la Nación se las negó, al considerar que era uno de los temas reservados en la propia Constitución como no susceptibles de consulta.

Ya como presidente de la República, AMLO publicó en diciembre de 2019 el decreto de reforma al artículo 35 de la Constitución, que estableció que la consulta popular podría llevarse a cabo todos los años, y no solamente en aquellos de elecciones federales, como se señalaba antes, el primer domingo del mes de agosto.

La consulta popular, según esta reforma y la ley secundaria en la materia, que fue reformada en mayo de 2020, puede ser promovida por el presidente de la República, por el equivalente al 33% de los integrantes de cualquiera de las cámaras del Congreso y por las ciudadanas y ciudadanos en un número equivalente al 2% de las personas inscritas en la lista nominal de electores. La petición podrá presentarse ante las cámaras del

Congreso hasta el 30 de noviembre del año inmediato anterior a aquel en el que se pretenda realizar la jornada de consulta.

Es decir, la consulta de juicio a expresidentes debía solicitarse a más tardar en noviembre de 2020 para llevarse a cabo en agosto de 2021.

En septiembre de 2020, la dirigente de Morena Yeidckol Polevnsky y un grupo de ciudadanos encabezado por Norma Ariadna Sánchez Bahena y Manuel Vázquez Arellano presentaron al Senado el aviso de intención para promover una consulta popular respecto a la posible investigación y juicio a expresidentes, para condenar los presuntos actos ilícitos que hubiesen causado afectaciones o daños graves al país.

Con una lista nominal de 91 millones 200 mil ciudadanas y ciudadanos (en octubre de 2020), el INE determinó que, para cubrir el requisito constitucional de promover la consulta popular por parte de la ciudadanía, con el 2% del padrón, se debía recabar 1 millón 825 mil firmas.

El grupo de Yeidckol Polevnsky recabó 69 mil 254 firmas, de las que sólo 55 mil 930 pudieron ser validadas en el padrón electoral, por lo que el INE informó al Senado la improcedencia de esa solicitud.

En cambio, la solicitud presentada por Sánchez Bahena y Vázquez Arellano fue exitosa, pues el productor Epigmenio Ibarra, quien ya era una voz influyente en redes sociales, se convirtió en su principal promotor.

En octubre, este grupo entregó al INE cajas con 2 millones 538 mil 48 firmas, que el instituto procedió a verificar y compulsar con el Registro Federal Electoral. Para la historia quedaron las imágenes, compartidas por el propio Epigmenio Ibarra, de lopezobradoristas y funcionarios del INE trabajando codo a codo, aunque con cubrebocas, en la verificación de la validez de las firmas entregadas por los promotores de la consulta.

El 14 de noviembre de 2020, el INE informó al Senado que este grupo de ciudadanos había logrado recabar 2 millones 116 mil 837 firmas de respaldo válidas (equivalentes al 2.32% del Listado Nominal), y precisó que en más de 400 mil firmas presentadas se detectaron múltiples irregularidades, como credenciales de elector duplicadas o falsificadas, y solicitudes firmadas por personas fallecidas.

El INE llevó a cabo, adicionalmente, una verificación en domicilio de 850 firmantes para convalidar que las firmas fueran aportadas voluntariamente por las personas, de las cuales 84% confirmó haber dado su firma para apoyar la consulta.

Es decir, Epigmenio Ibarra y su equipo habían hecho su trabajo, pero para entonces el presidente López Obrador ya se les había adelantado.

Dos meses antes, el 15 de septiembre, AMLO envió a la Cámara de Senadores la solicitud de una consulta popular en la que justificó así la intención de investigar y sancionar posibles delitos cometidos en los últimos cuatro sexenios:

> Entre el 1 de diciembre de 1988 y el 30 de noviembre de 2018 México vivió un periodo caracterizado por la concentración desmesurada de la riqueza, quebrantos monumentales al erario, privatización de los bienes públicos, corrupción generalizada, procesos electorales viciados y prácticas gubernamentales que desembocaron en un crecimiento descontrolado de la violencia, la inseguridad pública, la violación masiva de derechos humanos, la impunidad como norma y el quebrantamiento del Estado de derecho en extensas zonas del territorio nacional. Esa etapa trágica en la vida del país se denomina periodo neoliberal o neoporfirista.[3]

De inmediato, la solicitud de AMLO fue remitida a la Suprema Corte de Justicia, donde debía revisarse la constitucionalidad de la consulta, en la que la pregunta original, propuesta por el presidente, era clara y directa:

> ¿Está de acuerdo o no con que las autoridades competentes, con apego a las leyes y procedimientos aplicables, investiguen y en su caso sancionen la presunta comisión de delitos por parte de los expresidentes Carlos Salinas de Gortari, Ernesto Zedillo Ponce de León, Vicente Fox Quesada, Felipe Calderón Hinojosa y Enrique Peña Nieto, antes, durante y después de sus respectivas gestiones?

Pero el ministro de la Corte Luis María Aguilar consideró que esta consulta podía afectar el principio de igualdad entre las personas y contenía "un concierto de inconstitucionalidades", por lo que propuso a sus pares declararla inconstitucional y desecharla.

Al debatirse el proyecto de sentencia, el ministro presidente, Arturo Zaldívar, rechazó la propuesta de Aguilar, dijo que la Corte no podía cerrar así las puertas a la opinión de la ciudadanía, y sugirió una salida al diferendo: reformular la pregunta.

La decisión dividió al pleno de la Corte, que aprobó, con seis votos a favor y cinco en contra, las propuestas de Zaldívar. Acompañaron al presidente de la Corte las ministras Margarita Ríos Farjat y Yasmín Esquivel, y los ministros Alberto Pérez Dayán, Alfredo Gutiérrez Ortiz-Mena y Juan Luis González Alcántara.

A favor de declarar inconstitucional la consulta votaron Luis María Aguilar, Norma Piña, Javier Laynez, Jorge Mario Pardo Rebolledo y Fernando Franco González-Salas.

Para ese momento, octubre de 2020, ya era pública la cercanía entre López Obrador y el presidente de la Corte, Arturo Zaldívar, quien presumía abiertamente sus desayunos cotidianos y sus largas conversaciones con el presidente de la República.

No resultaba extraño que Zaldívar hubiera salvado la consulta del presidente, sugiriendo una nueva redacción de la pregunta, que, de paso, coincidía con la intención de López Obrador de impedir que se juzgara a los expresidentes.

Considerada incomprensible y contradictoria por propios y extraños, la pregunta con la que la Corte declaró constitucional la consulta quedó así:

> ¿Estás de acuerdo o no en que se lleven a cabo las acciones pertinentes, con apego al marco constitucional y legal, para emprender un proceso de esclarecimiento de las decisiones políticas tomadas en los años pasados por los actores políticos, encaminado a garantizar la justicia y los derechos de las posibles víctimas?

Más enredado, imposible.

Las dos convocatorias

Un detalle deja ver la manera en la que se legisló para hacer posible la consulta popular promovida por el presidente para no enjuiciar a los expresidentes.

El 7 de octubre de 2020, la Cámara de Senadores aprobó el decreto por el que se resuelve sobre la procedencia y trascendencia de la consulta popular y se expide la convocatoria para llevarla a cabo el primer domingo de agosto de 2021. El 22 de octubre dicho decreto fue avalado por la Cámara de Diputados y se publicó el 28 de octubre en el *Diario Oficial de la Federación*, advirtiendo que dicho decreto entraría en vigor al día siguiente de su publicación.

Los legisladores de Morena no se percataron de que, con la entrada en vigor de este decreto, se ordenaría suspender de inmediato toda propaganda gubernamental, pues así lo establece el artículo 35 de la Constitución que ellos mismos habían reformado en 2019. En el inciso 4.º de la fracción VIII se señala:

> Durante el tiempo que comprende el proceso de consulta popular, desde la convocatoria y hasta la conclusión de la jornada, deberá suspenderse la difusión en los medios de comunicación de toda propaganda gubernamental de cualquier orden de gobierno, salvo aquellas que tengan como fin difundir campañas de información de las autoridades electorales, las relativas a los servicios educativos y de salud, o las necesarias para la protección civil en casos de emergencia.

Es decir, los propios legisladores de Morena-PVEM-PT estaban dejando al gobierno de López Obrador sin la posibilidad de comunicar obras de gobierno y programas sociales, que era de uno de los instrumentos de propaganda más preciados por el presidente de cara al proceso electoral de 2021.

Al percatarse de la restricción contenida en el artículo 35, los legisladores de Morena reformaron el artículo 1.º transitorio de la convocatoria, recorriendo nueve meses la entrada en vigor del decreto.

Antes, en el artículo 1.º transitorio del decreto del 28 de octubre decía: "El presente decreto entrará en vigor el día de su publicación en el *Diario Oficial de la Federación*".[4]

Y en el decreto reformado, que se publicó en una edición vespertina del 19 de noviembre, ahora se señalaba: "El presente decreto y la convocatoria de consulta popular que se expide entrarán en vigor el jueves 15 de julio de 2021, sin perjuicio de que el Instituto Nacional Electoral ejecute las acciones preparatorias necesarias para realizar la jornada de consulta popular".[5]

La consulta sin un peso

Tanto el artículo 35 constitucional como la Ley de Consulta Popular y la convocatoria otorgaban al INE atribuciones y obligaciones para llevarla a cabo, tales como los preparativos del proceso, la ubicación e integración de las mesas directivas de casilla con ciudadanos insaculados del padrón electoral, la difusión del proceso, la operación de las casillas entre las 8:00 y las 18:00 del domingo 1 de agosto, el escrutinio y cómputo de los votos, los cómputos distritales y la declaratoria de los resultados.

Paradójicamente, el INE aún estaba contando y verificando las firmas que le había entregado Epigmenio Ibarra, cuando la convocatoria ya le exigía comenzar los preparativos para llevarla a cabo.

Para ello, el INE diseñó un plan que implicaba hacer una solicitud presupuestal a la Cámara de Diputados, por un monto de mil 499 millones de pesos, adicionales a los 20 mil 463 millones de pesos que ya había solicitado en septiembre para sus gastos operativos de 2021 y para organizar las elecciones federales intermedias.

Como el proyecto de Presupuesto de Egresos de la Federación para el ejercicio 2021 se había enviado a la Cámara desde el 8 de septiembre, el 28 de octubre el INE hizo este nuevo requerimiento de manera formal e inició una serie de cabildeos y conversaciones para explicar a los diputados por qué era necesario ampliar los recursos.

Para el INE, cumplir el mandato constitucional de "hacer que concurran todas las y los ciudadanos interesados en emitir su opinión", como estipulaba la convocatoria, implicaba volver a instalar el mismo número de casillas de la jornada electoral del 6 de junio, con el mismo rigor técnico, las mismas medidas de seguridad tanto en la impresión de las boletas y materiales electorales como para el escrutinio y cómputo de los votos. Incluso, puesto que la emergencia por la pandemia continuaba, se debían contemplar las mismas medidas de seguridad sanitaria.

La solicitud de mil 499 millones de pesos ya consideraba algunas medidas que el INE ideó para abaratar los costos. Por ejemplo, en lugar de instalar 163 mil casillas, como ocurrió el 6 de junio, se instalarían 104 mil mesas receptoras de votación. En lugar de seis funcionarios por cada casilla, habría sólo tres. No operaría el Programa de Resultados Electorales Preliminares (PREP), y los cómputos distritales comenzarían la misma noche del domingo 1 de agosto, en lugar del miércoles posterior a los comicios. Finalmente, se recurriría a la misma ciudadanía ya sorteada y capacitada para las elecciones federales, en lugar de abrir un nuevo proceso de insaculación y capacitación.

Sin embargo, la Cámara de Diputados le negó los recursos al INE y, no sólo eso, en el Presupuesto de Egresos aprobado el 15 de noviembre de 2020, aplicó un recorte de 869 millones de pesos al monto solicitado por el instituto en septiembre. Es decir, en lugar de aprobarle 20 mil 463 millones solicitados para el 2021, ajustó esa cifra a 19 mil 523 millones de pesos, sin que hubiera de por medio un debate en la Comisión de Presupuesto de la Cámara, con cifras, argumentos técnicos o una explicación para recortar esos recursos.

El INE interpuso una controversia constitucional en contra del Presupuesto de Egresos de la Federación ante la Suprema Corte de Justicia de la Nación, argumentando que el Poder Legislativo había incurrido en una omisión, al no prever los recursos necesarios para llevar a cabo la consulta popular. Pero la Corte dejó pasar los meses y la Primera Sala no resolvió hasta junio de 2021, por cierto, rechazando dicha controversia.

En abril de 2021, el Consejo General del INE aprobó nuevas medidas para reducir el costo de la consulta popular, de mil 499 millones de pesos a 890 millones (lo que implicaba no instalar 104 mil casillas, sino 91 mil), e hizo la solicitud formal de ampliación presupuestal a la Secretaría de Hacienda.

La Secretaría, por órdenes del presidente, negó la ampliación presupuestal, por lo que el INE tuvo que achicar aún más la consulta.

En junio de 2021, en un nuevo acuerdo el Consejo General del INE estableció que la consulta popular sólo contaría con 57 mil 92 mesas receptoras del voto, lo que reducía su costo a 522 millones de pesos, casi una tercera parte del monto originalmente presupuestado.

El debate sobre el costo de la consulta fue otro motivo de choque entre el INE y el gobierno, y entre consejeros electorales y legisladores de Morena.

El INE pedía recursos para llevar a cabo el ejercicio, y el oficialismo aseguraba que al instituto sí le alcanzaba el dinero. El INE aseguraba que cumpliría con el mandato constitucional de llevarla a cabo, pero para ello necesitaba más recursos para hacerlo con todo el rigor y la certeza que deben caracterizar cualquier proceso electoral. Morena acusaba al INE de bloquear la consulta para proteger a los expresidentes y afirmaba que limitar el número de casillas era en realidad una estrategia para reducir la participación ciudadana.

Otra vez, dos visiones sobre la democracia entraban en choque, esta vez con el espinoso tema del costo que deben tener los procesos electorales.

La campaña del "juicio a expresidentes"

La convocatoria a la consulta popular, aprobada en el Congreso, estableció como fecha de inicio de su promoción el 15 de julio de 2021, poco más de un mes después de las elecciones federales del 6 de junio. Sin embargo, tanto el presidente López Obrador como los dirigentes y voceros de Morena comenzaron a hablar del "juicio a expresidentes" inmediatamente después de los comicios.

En su conferencia del 22 de junio, el presidente se quejó de que el INE no destinara recursos a la promoción de la consulta popular y anunció que él estaría promoviendo el ejercicio desde las mañaneras, a pesar de tenerlo prohibido en la Constitución.

"Para la difusión de la consulta el INE tiene que utilizar sus recursos, que son muchos, es un presupuesto de más de 10 mil millones de pesos... Claro, si los consejeros del INE ganan más que el presidente, pues no hay dinero para lo fundamental; si gastan muchísimo en viáticos, buenos restaurantes, vinos, pues entonces no alcanza para que se tenga la posibilidad de tener casillas o mesas electorales y recoger la opinión de la gente. ¿Cómo difundir? Pues lo mismo, tienen tiempo en todos los medios de información, hay tiempos oficiales, lo que pasa es que no les gusta que se hable de la consulta. Aquí nosotros vamos a estar hablando de la consulta, y aprovecho para invitar a la gente a participar. Va a haber esta consulta en agosto, es el día 1 de agosto, es un domingo. Es una pregunta que se puede traducir de manera sencilla: ¿quieres que se investigue y, de conformidad con la ley, se juzgue a los expresidentes Carlos Salinas, Ernesto Zedillo, Vicente Fox, Felipe Calderón y Enrique Peña Nieto? ¿Sí o no? Es otro texto, pero en esencia es eso. 'Sí' es si quieres que se inicie el proceso de conformidad con la ley. 'No' es que no estás de acuerdo", explicó López Obrador. Incluso, e inmediatamente después, se extendió en detalles sobre por qué juzgar a sus antecesores.

"A Salinas, por entregar todos los bienes de la nación a sus allegados; a Zedillo, por el Fobaproa; a Fox, por traicionar la democracia; a Calderón, por desatar la guerra, y a Peña Nieto, por los actos evidentes de corrupción".

Pero entonces el presidente sacó un conejo de la chistera y anticipó que él no participaría en dicha consulta, pero sí estaría hablando de ella, pues, según él, los medios de comunicación tradicionales y subordinados al bloque conservador pretendían ocultarla.

Es decir, el principal promotor del ejercicio anunciaba al pueblo que él no votaría el 1 de agosto.

"Yo propuse la consulta porque quiero que todos los mexicanos tratemos el tema como ciudadanos responsables. Yo ya fijé mi postura desde que tomé posesión y dije: punto final, vamos hacia delante. Yo no voy a participar en la consulta ni voy a votar por que se enjuicie a los presidentes, pero tampoco quiero pasar a la historia como tapadera, como alcahuete", dijo, sacudiéndose la responsabilidad de que su administración procediera penalmente contra ellos.

En la misma conferencia, el presidente llamó a sus simpatizantes a convertirse en promotores de la consulta, usar sus teléfonos celulares, enviar mensajes e inundar las redes sociales con el tema.

Y sus simpatizantes le tomaron la palabra.

De inmediato, los promotores originales de la consulta relanzaron la campaña nacional #JuicioSíImpunidadNo, mediante la cual habían mantenido vivo el tema del juicio a expresidentes desde el 1 de marzo de 2021, aunque con muy poca visibilidad por las campañas electorales.

Ariadna Bahena y Manuel Vázquez Arellano reactivaron el sitio juicioaexpresidentes.mx, que habían usado originalmente para recabar los más de 2 millones de firmas que se requerían para promover el ejercicio desde la ciudadanía. En él se subieron audios, archivos en PDF, imágenes y videos de promoción.[6]

El sitio mostraba, junto a las fotos de Salinas, Zedillo, Fox, Calderón y Peña Nieto una pregunta en letras gigantes: "¿QUIERES QUE VAYAN A LA CÁRCEL?". Y, más abajo, en su propia interpretación de la pregunta aprobada por la Corte y en letras más pequeñas, señalaban: "¿Estás de acuerdo con que las autoridades correspondientes realicen una investigación sobre presuntos actos ilícitos que hayan causado afectaciones o daños graves al país, realizados por los expresidentes de México y, en su caso, se inicie un procedimiento judicial que garantice el debido proceso?".

Aunque, en realidad, como ya vimos, la pregunta que iba a aparecer en la boleta era más confusa e inofensiva para los expresidentes; sin embargo, la idea de enjuiciar a los expresidentes se abrió paso entre las huestes de Morena y sus dirigentes, legisladores y autoridades, quienes se quejaban de que el INE no hablara de ella, a pesar de que habían sido ellos mismos quienes habían establecido en la convocatoria que la promoción empezaría hasta el 15 de julio. Esto, porque ese día también empezarían las restricciones a la comunicación gubernamental, previstas en la Constitución.

Entre los principales promoventes de la consulta figuraba el productor Epigmenio Ibarra, quien contaba con una potente cuenta de Twitter de más de 800 mil seguidores y una red de simpatizantes que lo colocaba como uno de los comunicadores más influyentes del lopezobradorismo.

El vocero presidencial, Jesús Ramírez Cuevas; el periodista Jenaro Villamil, titular del Sistema Público de Radiodifusión del Estado Mexicano; el entonces senador Martí Batres; la escritora Beatriz Gutiérrez Müller, esposa del presidente López Obrador; el presidente de Morena, Mario Delgado; la secretaria general del partido, Citlalli Hernández, y medios afines a la 4T, como *Sin Censura*, *Regeneración*, *El Soberano*, así como periodistas, influencers y youtubers, se sumaron a la campaña sin esperar los tiempos oficiales que había fijado el Congreso en su convocatoria.

El 24 de junio, Morena comenzó oficialmente la promoción de la consulta popular con un video de Mario Delgado en el que decía: "Hagamos historia este 1 de agosto y decidamos #JuicioSí a los malos gobiernos, para terminar con años de impunidad".

La campaña incluía imágenes y textos con las razones por las cuales era importante enjuiciar a los dos expresidentes panistas y los tres últimos presidentes priistas.

El presidente del INE, Lorenzo Córdova, trató de contener esa difusión en un video que subió a sus redes el domingo 27 de junio, en el que explicó que, por decisión del Congreso, la promoción institucional no podía iniciar antes del 15 de julio. Y los morenistas respondieron con furia.

"El INE necesita que lo ayudemos un poco a promover la consulta aprobada por los tres Poderes de la Unión. Parece que no tienen mucho tiempo para ocuparse de ella o cierto desinterés en publicitarla. Espero que no sea así. Pero no informan mucho dónde votar, porque, además, no se instalará la totalidad de las casillas a la que estás acostumbrado... Busca tu mesa receptora, promueve la consulta y vota SÍ o NO", escribió Gutiérrez Müller en su cuenta de Instagram en la primera semana de julio. La esposa de AMLO anunció que ella, a diferencia del presidente, sí iba a participar.

"Hoy vemos cómo se ponen de acuerdo los partidos de derecha, el INE y los grupos de poder para boicotear la consulta popular. Tienen miedo a que la gente tenga una mayor participación en la vida política de México. Temen perder privilegios y optan por la falsa información para continuar con su manto de impunidad", declaró Ignacio Mier, coordinador de los diputados de Morena, el 19 de julio.

"En realidad se trata de una contracampaña. Los consejeros deberían trabajar para promover la consulta; a mí me parece que se está generando un boicot del INE para que no se entere la gente de esta consulta", dijo el diputado Sergio Gutiérrez Luna, representante de Morena ante el INE, el 20 de julio.

"El INE luce distante, absorto y hasta distraído de este ejercicio de democracia participativa directa que es la consulta sobre los expresidentes de México, en la que se va a preguntar si procede o no enjuiciar a Carlos Salinas, Ernesto Zedillo, Vicente Fox, Felipe Calderón y Enrique Peña Nieto", escribió Ricardo Monreal, coordinador de Morena en el Senado, en su columna de *Milenio* del 27 de julio.

El INE desplegó una campaña institucional justo a partir del 15 de julio, bajo el *hashtag* #LaConsultaVa, que también fue usado por Lorenzo

Córdova en sus videos de los domingos. Esos "videomomentos" de Córdova formaban parte de una estrategia de comunicación que el consejero presidente inició en 2019, la cual consistía en hablar de temas de coyuntura y de las actividades del INE todos los domingos por la tarde. Su equipo de comunicación detectó que ése era uno de los pocos momentos en los que la agenda informativa no estaba ocupada con las actividades y declaraciones del presidente López Obrador, por lo que decidieron usarlo como mecanismo de defensa ante las recurrentes ofensivas mediáticas orquestadas por parte del régimen en contra de la autoridad electoral.

El 15 de julio se habilitó el sitio oficial de la consulta popular 2021[7] en el que se explicaba el procedimiento legal, las fechas importantes, las medidas sanitarias que se aplicarían en la jornada del 1 de agosto, la ubicación de las mesas receptoras del voto, la pregunta que había aprobado la Corte y los requisitos que debían cumplirse para volver vinculante su resultado.

Según el INE, esa promoción consistió en 97 inserciones en medios impresos nacionales y estatales; mil 432 mensajes en publicidad exterior, 126 en parabuses de la Ciudad de México; más de 5 mil mensajes en bardas, vallas y volantes; casi 2 mil impactos en espacios cedidos por el gobierno de la capital en el metro y metrobús; más de 300 mil impresiones en mensajes del INE difundidos en Facebook, Twitter, Instagram y TikTok; más de 200 mil mensajes y consultas en un chatbot de WhatsApp; más de 200 mil visitas al micrositio; 33 comunicados de prensa; decenas de entrevistas y artículos de consejeras y consejeros sobre el tema, y 47 producciones en el canal *INETV* en YouTube, incluida una jornada de diálogo en la que tres académicos hablaron sobre la consulta popular.

Lo cierto es que el INE jamás habló del "juicio a expresidentes" como hubiera querido Morena, bajo el argumento de que eso no era lo que decía la pregunta.

El 1 de agosto

Días antes de la fecha estipulada para la consulta popular, Mario Delgado acusó al INE de haber habilitado una página con errores técnicos para ubicar las mesas receptoras.

"Existe evidencia de errores técnicos y falta de capacidad del sistema. Que su incompetencia no inhiba la participación", escribió en su cuenta de Twitter tres días antes de la jornada.

Por su parte, Citlalli Hernández, secretaria general del partido, anticipó que, si la consulta no lograba la meta de participación (más de 37 millones de votantes), sería culpa del Instituto Nacional Electoral.

"Sin duda, si la consulta no cumple su objetivo en términos de participación para ser vinculante, la principal razón y la culpa será del INE, porque la ciudadanía en su gran mayoría es la que ha sido quien ha promovido la consulta y el órgano electoral ha puesto trabas con sólo la tercera parte de las mesas receptoras, poca difusión y opiniones expresadas públicamente en contra", declaró la senadora el miércoles 28 de julio.

Ese mismo día, en su conferencia mañanera, el presidente criticó al INE por no haber promovido la consulta, y nuevamente advirtió que pronto propondría una reforma electoral.

"Vamos a insistir en que debe haber democracia plena y a promover la reforma electoral, para que los consejeros y magistrados del Tribunal sean verdaderos jueces que no estén al servicio de los grupos de intereses creados. Que se tengan demócratas, gente honesta, íntegra, en el INE, en el Tribunal", dijo López Obrador, antes de hacer un último llamado a votar en la jornada del domingo y anunciar que él no participaría, pues ni siquiera estaría en la Ciudad de México por una gira de supervisión de obras en carreteras de Nayarit.

El escepticismo respecto a la consulta popular permeaba en todos los circuitos políticos, incluso en el oficialismo, donde se sabía que el anhelado "juicio a expresidentes" era prácticamente imposible.

De entrada, para hacer vinculante el resultado debía participar al menos el 40% de la lista nominal de electores; es decir, más de 37 millones 486 mil personas, de los 93 millones 716 mil que conformaban el padrón en julio de 2021. Y, de esas personas, al menos la mitad tendría que votar por el sí.

Considerando que la oposición hizo el vacío al ejercicio y no movió un dedo en defensa de sus expresidentes (a sabiendas de que no corrían ningún peligro), Morena tenía que movilizar a 37.4 millones de personas, lo que se antojaba difícil en agosto de 2021, después de una elección federal en la que Morena, el PVEM y el PT lograron juntos una votación de 20 millones.

Más de 37.4 millones implicaba mover a 7.4 millones de personas más de las que en 2018 habían votado por López Obrador.

Aunque ganara el "sí", para hacerlo vinculante tendrían que involucrarse todos los partidos políticos y casi la misma cantidad de ciudadanos que habían votado el 6 de junio (49.1 millones). Y, aunque todo eso ocurriera, la pregunta de la Corte era tan ambigua que no implicaba necesariamente llevar a juicio a nadie.

La consulta popular tenía, sin embargo, una fuerte carga simbólica para el movimiento lopezobradorista, que durante dos décadas se había alimentado del deseo ciudadano de justicia y castigo a quienes habían saqueado al país.

Bajo esa bandera, los dirigentes de Morena promovieron una jornada de votación en la que, sin embargo, movilizaron a muy pocos de sus seguidores.

La imagen de la mañana, que se mantuvo fija durante las 10 horas previstas para los comicios, fue la de centros de votación desiertos, funcionarios de casilla aburridos y urnas vacías.

Entre las pocas noticias de la jornada, destacaba un mensaje de Beatriz Gutiérrez Müller, quien se quejó de no haber podido votar en una casilla especial, pues el INE no habilitó centros de votación para electores en tránsito, como ocurre en elecciones convencionales.

"Gracias, INE, por no permitirme votar en una mesa receptora especial para ciudadanos en tránsito, gracias, gracias. Así, ¡que viva la democracia selectiva!", escribió en su cuenta de Facebook cerca del mediodía.

A lo que Lorenzo Córdova respondió con ironía.

"A lo mejor no está informada; su domicilio y el del señor presidente se actualizó hace unos meses", declaró Córdova a la prensa luego de emitir su voto en una casilla de Coyoacán.

La tensión entre el gobierno y el INE se dirimió ese día entre las recriminaciones de diputados y dirigentes, que acusaron al órgano electoral de hacer la consulta "de mala gana" y con sólo un tercio de las casillas, y la respuesta de los consejeros encabezados por Córdova, que les recordaron que el Congreso y la Secretaría de Hacienda habían negado los recursos para instalarlas.

Por la tarde, el INE reportó que se habían instalado 57 mil 70 de las 57 mil 77 mesas receptoras de opinión, y que sólo siete no pudieron instalarse: una en Baja California, dos en Veracruz y cuatro en Chiapas.

De los 171 mil ciudadanos requeridos como funcionarios, capacitados y acreditados para hacer funcionar las casillas, llegaron 144 mil, y otros 18 mil fueron tomados de la fila a primera hora de la mañana.

En su hoja de incidentes, el INE reportó 281 suspensiones de la votación, 44 por violencia, 199 por el clima y 38 por causas no determinadas.

Desde antes del cierre de las casillas, las redes sociales se llenaron de videos en los que aparecían funcionarios de casilla tachando boletas electorales con dos rayas diagonales, pues la ley les ordenaba inutilizar todo el material sobrante.

Más tarde, cerca de la medianoche, el INE dio a conocer un ejercicio de conteo rápido que anticipaba una participación raquítica que se ubicaría entre el 7.07 y el 7.74% del electorado.

Los resultados de los cómputos distritales confirmarían, a las 9 de la noche del lunes 2 de agosto, que se emitieron 6 millones 663 mil 208 opiniones, de las cuales 6 millones 511 mil 385 votaron "sí", y 102 mil 945 votaron "no". Además, se emitieron 48 mil 878 votos nulos. La participación fue del 7.11 por ciento.

La democracia según AMLO

El fracaso era evidente, pero tanto el INE como Morena y el gobierno hablaron de "una jornada exitosa".

"Esta primera consulta popular ha sido un éxito, a pesar de todos los intentos de descalificación contra la autoridad electoral, que lamentablemente no son nuevos. Creo que hay que celebrar que este ejercicio, que es el primero que se realiza, haya sido exitoso. Que hayan salido 7 millones a pronunciarse es inédito. Las consultas populares llegaron para quedarse y poco a poco la ciudadanía tendrá que irse apropiando de este nuevo mecanismo de participación", dijo Lorenzo Córdova al periodista Julio Astillero, un día después del ejercicio.[8]

"Nunca había participado tanta gente en una consulta. Fue algo muy importante, trascendente. Independientemente de si es vinculatoria o no, lo importante es que se echó a andar un proceso democrático para que nadie se sienta intocable, absoluto, en ningún nivel de la escala, y que no se deje de respetar al pueblo, que es el soberano, que es el que manda", dijo el presidente López Obrador en su conferencia mañanera del lunes 2 de agosto.

Al presidente le molestaba que se hablara de fracaso, pues, en su lectura de los hechos, esta consulta había superado, por mucho, la participación de tres ejercicios plebiscitarios anteriores, que detalló en su conferencia:

El plebiscito para la reforma política del Distrito Federal, en marzo de 1993, en el que votaron 330 mil personas; la consulta sobre el rescate bancario de 1998, en la que participaron 2 millones 100 mil personas, cuya opinión no fue tomada en cuenta; y la consulta que él mismo promovió en 2018 sobre el aeropuerto de Texcoco, en la que votaron un millón 96 mil ciudadanos.

"Seguramente los que no profesan con autenticidad la democracia como forma de vida, como forma de gobierno, y los medios de información al servicio de la antidemocracia pues van a decir 'fracasó'. ¿Cuándo va a fracasar la democracia? ¡Nunca! Es el mejor sistema de gobierno, es el mejor método para resolver conflictos, para decidir. Nunca va a fracasar la democracia", exclamó el presidente en su mañanera.

Curiosamente, Lorenzo Córdova hacía cuentas parecidas al defender el éxito de la primera consulta popular organizada por el INE conforme a los parámetros del artículo 35 de la Constitución.

En múltiples conferencias posteriores al 1 de agosto, el consejero presidente mostró diapositivas donde comparaba la participación de esta consulta (6.6 millones de votantes) con las consultas anteriores que había promovido AMLO sin involucrar al INE: aeropuerto de Texcoco (un millón 96 mil participantes), proyectos de la 4T (946 mil), Tren Maya (100 mil), termoeléctrica La Huexca (61 mil) y cervecera en Baja California (36 mil).

Había coincidencias entre AMLO y Córdova, pero en la narrativa oficial, la celebración de la consulta siempre se vio acompañada de reproches al INE y, muy pronto, el gobierno y la dirigencia de Morena usaron el tema para volver a cargar las tintas sobre el árbitro electoral.

En la primera semana de agosto, los diputados Ignacio Mier y Sergio Gutiérrez Luna, quienes ocuparían los cargos de presidente de la Junta de Coordinación Política y presidente de la Mesa Directiva en San Lázaro, advirtieron que promoverían un juicio político en contra de Lorenzo Córdova y Ciro Murayama, a quienes acusaban de atentar contra la imparcialidad y militar en contra de la consulta popular.

Y la senadora Lucía Trasviña, también de Morena, presentó en la Comisión Permanente del Congreso una propuesta de punto de acuerdo para citar al consejero presidente del INE, "a fin de que explique su actuación durante el proceso previo y en la consulta popular llevada a cabo el 1 de agosto". Esta comparecencia se confirmaría, pero hasta el mes de noviembre, y no ante comisiones, sino ante el pleno de la Cámara de Diputados.

El presidente, por su lado, habló de la consulta, de la democracia y del INE en todas las conferencias mañaneras de agosto.

"Ellos, los del INE, no tenían entusiasmo por esta consulta y no han tenido entusiasmo por la democracia, fingen ser demócratas. Se pudo haber extendido el número de casillas por todo el país. No es un asunto de dinero. Se pudo haber pedido la colaboración de gobiernos estatales, de gobiernos municipales, del pueblo. Pero no, ni se hablaba del tema… 'Cruz, cruz, que se vaya el diablo y que regrese Jesús'. ¡No querían nada!", se quejó el presidente en la conferencia del 2 de agosto.[9]

El presidente estaba en Jalisco, a donde había ido de gira de fin de semana (la gira que le impidió acudir a votar en la consulta), y, acompañado del gobernador Enrique Alfaro, militante de MC, aprovechó esa mañanera para declarar el inicio formal de la democracia participativa en México y volver a marcar su distancia frente a intelectuales y consejeros que, en sus palabras, sólo defienden el sistema electoral, pero no la auténtica democracia.

Fueron muchas las ocasiones en las que López Obrador dedicó largas exposiciones para definir su concepto de "democracia plena", pero pocas veces como en aquella conferencia del 2 de agosto hizo una distinción tan clara y concisa entre la democracia que defendía el INE y la que él profesaba: "La democracia no se agota en elecciones de diputados, de senadores, de presidentes municipales, de diputados locales, de gobernadores, de presidente de la República. Eso corresponde a lo que se conoce como democracia representativa, pero no es la democracia plena. Eso ayuda a que se tengan autoridades legal y legítimamente constituidas, pero es un ejercicio que se lleva a cabo cada tres años, cada seis años, y en épocas interelectorales la ciudadanía no participa, no es consultada, es requerida sólo en una ocasión cada tres o cada seis años. Con la democracia participativa podemos estar constantemente opinando, gobernando, porque la democracia es el gobierno del pueblo para el pueblo y con el pueblo. *Demos* significa pueblo, y *cratos*, poder; es el poder del pueblo. Hay quienes quieren nada más que exista *cratos* sin *demos*, no quieren que el pueblo participe, que el pueblo opine, que el pueblo decida".

Satisfecho con el resultado de una consulta popular que movilizó a las bases de su movimiento, que inauguró la era de la democracia en la que él creía y que, además, no lo obligaba a emprender el incómodo proceso de enjuiciar a sus antecesores, López Obrador anunció ese mismo día, en la misma mañanera, su próxima batalla: la de la revocación de mandato.

"Es un buen inicio, porque dentro de ocho meses viene otra consulta, y van a participar muchos más ciudadanos, porque se le va a preguntar a la gente si quiere que continúe el presidente o que renuncie. Ésa es otra gran reforma a la Constitución, lo que se conoce como revocación de mandato, porque el pueblo, insisto, es el soberano, es el que pone y es el que quita, es el que manda", advirtió, sonriente, en un mensaje que, nuevamente, significó la señal para activar a sus simpatizantes y a la maquinaria de Morena.

Referencias:

1 Andrés Manuel López Obrador, *Gracias*, Planeta, Ciudad de México, 2024, p. 358.

2 Andrés Manuel López Obrador, discurso de toma de protesta como presidente de los Estados Unidos Mexicanos ante el Congreso de la Unión, 1 de diciembre de 2018, https://amlo.presidente.gob.mx/andres-manuel-lopez-obrador-rinde-protesta-como-presidente-constitucional-de-mexico/.

3 https://presidente.gob.mx/wp-content/uploads/2020/09/CARTA-A-LAS-Y-LOS-SENADORES-15SEP20-pdf.pdf.

4 "Decreto en el que se convoca a la consulta popular", *Diario Oficial de la Federación*, 28 de octubre de 2020, https://www.dof.gob.mx/nota_detalle.php?codigo=5603705&fecha=28/10/2020.

5 "Decreto por el que se reforma el artículo 1.º transitorio del decreto por el que se expide la convocatoria a consulta popular, publicado el 28 de octubre de 2020", *Diario Oficial de la Federación*, 19 de noviembre de 2020, https://www.dof.gob.mx/nota_to_pdf.php?fecha=19/11/2020&edicion=VES.

6 Página oficial de los promotores de la consulta popular, 2021, www.juicioexpresidentes.mx.

7 Página oficial del INE para promover la consulta popular 2021, www.ine.mx/consultapopular/.

8 Entrevista de Julio Astillero a Lorenzo Córdova, *INETV*, 2 de agosto de 2021, https://youtu.be/tlDsOHA5fYI?si=y9ZaokzTRCMKElz8.

9 Andrés Manuel López Obrador, conferencia de prensa, 2 de agosto de 2021, https://amlo.presidente.gob.mx/02-08-21-version-estenografica-de-la-conferencia-de-prensa-matutina-del-presidente-andres-manuel-lopez-obrador-desde-jalisco/.

4

Revocación o ratificación

"El pueblo pone y el pueblo quita"

El Zócalo capitalino lucía lleno, caía la tarde y comenzaba a enfriar, pero la gente aguantaba de pie la lectura de un discurso que ya superaba los 40 minutos de duración. Era 1 de diciembre de 2018, y el nuevo presidente, Andrés Manuel López Obrador, acababa de prometer que el salario mínimo nunca más se fijaría por debajo de la inflación.

Los simpatizantes todavía aplaudían cuando AMLO mencionó su siguiente promesa, la de reformar el artículo 35 de la Constitución para quitar los obstáculos a la realización de consultas populares.

El nuevo presidente iba en el compromiso 81 de 100 que haría esa tarde frente a sus simpatizantes, colaboradores, medios de comunicación e invitados a su toma de protesta. Y, antes de leer el 82, tomó aire y elevó el volumen de su voz para que se oyera claro:

"Cumpliré el compromiso de someterme a la revocación de mandato. El primer domingo de julio de 2021 habrá una consulta para preguntarles a los mexicanos si continúo en la presidencia o si renuncio, porque, como lo creo y lo he dicho muchas veces, el pueblo pone y el pueblo quita, el pueblo es soberano", exclamó, en ese tono de arenga que tenía tan ensayado luego de tres campañas presidenciales, cientos de plazas públicas y miles de discursos pronunciados en su larga trayectoria como líder opositor.

Una de sus frases más pegadoras de campaña se convertía así en compromiso de gobierno, y la plaza respondía con vítores.

"¡Es un honor estar con Obrador!", se escuchó el grito de batalla en un Zócalo pletórico.

Eran las primeras horas del nuevo sexenio.

La discordia por las reglas

La promesa de someterse a la prueba de las urnas a la mitad del periodo de gobierno muy pronto se convirtió en iniciativa y, para diciembre de 2019, ya era una reforma constitucional aprobada por las dos cámaras del Congreso.

Tras múltiples negociaciones, explicadas en el primer capítulo, la reforma postergó la consulta de revocación de mandato para 2022, no en el día que originalmente había planeado el presidente. Pero era un hecho: AMLO tendría su referéndum revocatorio.

La reforma constitucional consagró el derecho del pueblo a participar en el proceso de consulta de revocación de mandato y propiciarlo conforme a una serie de reglas que se detallaron en ocho incisos del nuevo artículo 35. Los reproducimos aquí íntegramente para comenzar a explicar por qué este ejercicio generó tantos conflictos entre el gobierno de AMLO y la autoridad electoral. Y es que prácticamente todas esas disposiciones fueron motivo de disputa entre el oficialismo y el INE.[1]

1. Será convocado por el Instituto Nacional Electoral a petición de los ciudadanos y ciudadanas en un número equivalente, al menos, al 3% de los inscritos en la lista nominal de electores, siempre y cuando en la solicitud correspondan a por lo menos 17 entidades federativas y que representen, como mínimo, el 3% de la lista nominal de cada una de ellas.

   El instituto, dentro de los siguientes 30 días a [partir de] que se reciba la solicitud, verificará el requisito establecido en el párrafo anterior y emitirá inmediatamente la convocatoria al proceso para la revocación de mandato.
2. Se podrá solicitar en una sola ocasión y durante los tres meses posteriores a la conclusión del tercer año del periodo constitucional.

   Los ciudadanos y ciudadanas podrán recabar firmas para la solicitud de revocación de mandato durante el mes previo a la fecha prevista en el párrafo anterior. El instituto emitirá, a partir de esta fecha, los formatos y medios para la recopilación de firmas, así como los lineamientos para las actividades relacionadas.
3. Se realizará mediante votación libre, directa y secreta de ciudadanos y ciudadanas inscritos en la lista nominal, el domingo siguiente a los 90 días posteriores a la convocatoria y en fecha no coincidente con las jornadas electorales, federal o locales.
4. Para que el proceso sea válido deberá haber una participación de, por lo menos, el 40% de las personas inscritas en la lista nominal de electores. La revocación de mandato sólo procederá por mayoría absoluta.

5. El Instituto Nacional Electoral tendrá a su cargo, en forma directa, la organización, desarrollo y cómputo de la votación. Emitirá los resultados [...], los cuales podrán ser impugnados ante la Sala Superior del Tribunal Electoral del Poder Judicial de la Federación en los términos de lo dispuesto en la fracción VI del artículo 41, así como en la fracción III del artículo 99.
6. La Sala Superior del Tribunal Electoral del Poder Judicial de la Federación realizará el cómputo final del proceso, una vez resueltas las impugnaciones que se hubieren interpuesto. En su caso, emitirá la declaratoria de revocación y se estará a lo dispuesto en el artículo 84.
7. Queda prohibido el uso de recursos públicos para la recolección de firmas, así como con fines de promoción y propaganda relacionados con los procesos de revocación de mandato.

   El instituto y los organismos públicos locales, según corresponda, promoverán la participación ciudadana y serán la única instancia a cargo de la difusión de los mismos. La promoción será objetiva, imparcial y con fines informativos.

   Ninguna otra persona física o moral, sea a título propio o por cuenta de terceros, podrá contratar propaganda en radio y televisión dirigida a influir en la opinión de los ciudadanos y ciudadanas.

   Durante el tiempo que comprende el proceso, desde la convocatoria y hasta la conclusión de la jornada, deberá suspenderse la difusión en los medios de comunicación de toda propaganda gubernamental de cualquier orden de gobierno.

   Los poderes públicos, los órganos autónomos, las dependencias y entidades de la administración pública y cualquier otro ente de los tres órdenes de gobierno sólo podrán difundir las campañas de información relativas a los servicios educativos y de salud o las necesarias para la protección civil.
8. El Congreso de la Unión emitirá la ley reglamentaria.

El banderazo de salida que dio AMLO tomó mal parado al partido Morena, que no había previsto cumplir con el punto 8 de la reforma al artículo 35 (emitir la ley reglamentaria), ni con el artículo transitorio 2.º que daba al Congreso un plazo de 180 días para expedir la Ley Federal de Revocación de Mandato.

De hecho, en los artículos transitorios de la propia reforma se establecían plazos y reglas para que la ciudadanía pudiera promover dicho instrumento de participación para determinar la conclusión anticipada del desempeño del cargo, tanto para el presidente como para gobernadores y gobernadoras, "por pérdida de confianza".

En el 4.º transitorio se señalaban plazos específicos en caso de que se promoviera la revocación del presidente electo para el periodo 2018-2024:

> La solicitud de firmas comenzará durante el mes de noviembre y hasta el 15 de diciembre del año 2021. La petición correspondiente deberá presentarse dentro de los primeros 15 días del mes de diciembre de 2021. En el supuesto de que la solicitud sea procedente, el INE emitirá la convocatoria dentro de los 20 días siguientes al vencimiento del plazo para la presentación de la solicitud. La jornada de votación será a los 60 días de expedida la convocatoria.

Todos estos plazos eran una camisa de fuerza para el INE y para Morena, que para ese momento ya llevaba más de un año de retraso en la expedición de la ley reglamentaria. Ésta, según los términos constitucionales, tenía que haberse promulgado desde junio de 2020.

En su conferencia de prensa del 10 de agosto de 2021, el presidente López Obrador lamentó esta omisión de sus legisladores.

"Tiene que ver con el miedo al pueblo, el miedo a la democracia, no son demócratas, o tiene que ver con que algunos ni siquiera se han enterado de que hace falta la aprobación de esa ley para que el primer domingo de abril del año próximo la gente pueda decidir si me quedo o me voy, si me mantienen la confianza o me quitan la confianza", reclamó López Obrador a la Comisión Permanente, que un día antes había convocado a un periodo extraordinario de sesiones para aprobar otros asuntos, pero no la ley que a él le interesaba.

Acababa de terminar la mañanera cuando Mario Delgado, presidente de Morena, publicó un mensaje en Twitter urgiendo a las bancadas de su partido a cumplir la orden presidencial.

Para ese momento ya existían tres iniciativas de Ley Federal de Revocación de Mandato en el Senado: una del morenista Ricardo Monreal, otra de la priista Claudia Ruiz Massieu y la del panista Damián Zepeda. Días después se presentaron una de MC, otra de senadores de Morena y, finalmente, una del perredista Miguel Ángel Mancera.

La iniciativa original de Monreal, que era la más viable dada la mayoría de Morena en la Cámara Alta, planteaba originalmente una pregunta apegada al espíritu de la reforma constitucional: "¿Está de acuerdo con que se concluya de manera anticipada el desempeño del cargo de la persona titular de la presidencia de la República, a partir de la pérdida de confianza? ¿Sí o no?".

Pero, ante presiones de integrantes de su bancada, el 10 de agosto Monreal modificó su iniciativa para redactar una pregunta que omitía el precepto contenido en la Constitución sobre la "pérdida de confianza" y que convertía el ejercicio en una ratificación más que en una revocación: "¿Está de acuerdo en que (nombre), presidenta/e de los Estados Unidos Mexicanos, continúe ejerciendo el cargo hasta que concluya su mandato? ¿Sí o no?".

Con esa modificación, Morena presentó un proyecto de dictamen en las comisiones del Senado, donde debía aprobarse para poder convocar al Congreso a un periodo extraordinario de sesiones.

El debate en las comisiones, el lunes 16 de agosto, fue ríspido, pues la oposición denunció que la pregunta que pretendía poner Morena en el ejercicio no se apegaba al mandato constitucional de realizar una consulta de revocación de mandato por pérdida de confianza. Legisladores del PAN, PRI, PRD y MC advirtieron que impedirían que se convocara el periodo extraordinario para avalar dicho dictamen.

Y así lo hicieron. En la sesión de la Comisión Permanente del miércoles 18 de agosto, Morena y aliados sólo pudieron reunir 23 de los 25 votos que necesitaban para aprobar la convocatoria a un periodo extraordinario de sesiones. Y 12 legisladores de oposición votaron en contra.

Ese mismo día, en un foro académico, el consejero Lorenzo Córdova entró al debate, anunciando que el INE emitiría lineamientos para llevar a cabo la consulta de revocación de mandato ante la omisión del Poder Legislativo de emitir la ley secundaria.

Córdova explicó que el plazo de 180 días para expedir dicha ley se había vencido desde el 17 de junio de 2020, por lo que en ese momento las bancadas en el Congreso sumaban ya 430 días de retraso y omisión legislativa.

El consejero advirtió que, ante la reforma constitucional que preveía una posible consulta de revocación de mandato en los primeros 90 días de 2022, el INE debería preparar los lineamientos para llevarla a cabo y alistarse para el proceso previo de recolección y revisión de las firmas que tendrían que presentar los ciudadanos interesados en dicho ejercicio.

Además, tenía que hacerse la previsión de recursos para su ejecución, que habría de integrarse en el anteproyecto de presupuesto que el INE entregaría justo en agosto a la Secretaría de Hacienda.

Dicha previsión presupuestal ya la habían hecho los técnicos del INE, que calcularon que un ejercicio así costaría al menos 3 mil 800 millones de pesos, considerando la totalidad de casillas de un proceso electoral ordinario.

Además, el INE consideraba en su previsión presupuestal otros 2 mil millones de pesos para una probable consulta popular que, después de la reforma de 2019, podría convocarse cada año.

Es decir, la reforma al artículo 35 constitucional, promovida por AMLO para los ejercicios de democracia participativa, obligaba al INE a considerar en sus futuros presupuestos la posibilidad de que alguien (el Congreso, un grupo de ciudadanos o el Poder Ejecutivo) promoviera una consulta popular, la cual tendría que realizarse hipotéticamente en agosto de cada año. Asimismo, considerar, a la mitad de cada sexenio, la posibilidad de que se celebrara una consulta de revocación de mandato.

El INE, pues, tuvo que sumar a su proyección presupuestal para el año 2022 una partida precautoria de 5 mil 800 millones de pesos.

Este proyecto fue filtrado al académico John Ackerman, quien alertó a Morena en un tuit del 18 de agosto, en el que señaló: "Comparto documento interno del INE. Consejeros proyectan pedir 5 mil 800 millones de pesos para ejercicios de revocación de mandato y consulta popular en 2022. Presupuesto total de 24 mil 646 millones de pesos para el próximo año. Un derroche escandaloso".

En ese ambiente, las comisiones del Senado procesaron un nuevo dictamen para impulsar la aprobación de la Ley Federal de Revocación de Mandato, y la Mesa Directiva de la Comisión Permanente convocó a una sesión el jueves 19 de agosto para hacer un segundo intento de convocar al periodo extraordinario.

En el debate, los morenistas criticaron que el INE estuviera preparando lineamientos y una elevada partida presupuestal para llevar a cabo la revocación de mandato, y arremetieron contra los consejeros, a quienes acusaron de pretender legislar e invadir las atribuciones del Congreso.

"De ninguna manera vamos a permitir que el INE pretenda invadir facultades reservadas a esta soberanía, eso sería lo peor que nos podría pasar. Para la oposición es obvio que prefiere que el INE legisle, interprete, ataque a la democracia como sistemáticamente lo ha hecho hasta este momento. Desde esta tribuna de una vez anunciamos que eso va a dejar de existir también, porque no podemos seguir permitiendo que ilegales e impunes autonomías quieran minar con la certeza legal y con la continuidad de esta Cuarta Transformación", acusó la diputada mexiquense Ángeles Huerta del Río.

"¡Mueran los neoliberales conservadores, fuera Lorenzo Córdova del INE!", exclamó la senadora Lucía Trasviña.

"El INE está peor que la Gestapo", soltó el senador César Cravioto.

A la sesión llegaron los 37 legisladores que conforman la Comisión Permanente; el número requerido para aprobar la convocatoria a un periodo extraordinario era de 25 votos (mayoría calificada de dos terceras partes). Morena, PVEM y PT estaban completos, pero sumaban 24. La oposición también estaba completa y, con sus 13 votos, impidió que se aprobara el periodo extraordinario, en el que Morena usaría sus mayorías para sacar adelante la Ley Federal de Revocación de Mandato con la pregunta sugerida en el dictamen.

López Obrador reaccionó con enojo en la conferencia mañanera del viernes 20, calificando como salinistas a todos los que habían votado en contra del periodo extraordinario.

"Ayer otra vez los opositores, Josefina Vázquez Mota, [Miguel Ángel Osorio] Chong, [Carlos] Salinas, que todavía sigue mandando, se opusieron a que se aprobara un periodo extraordinario para la revocación de mandato. Se unieron todos en contra, esos 13 que ahí están, puro salinista, finísimas personas del antiguo régimen", refunfuñó el tabasqueño.

Ese mismo viernes, el INE confirmó oficialmente los montos de su proyecto de presupuesto para 2022, que incluían 13 mil 84 millones de pesos para su gasto operativo anual y una partida precautoria de 5 mil 743 millones de pesos, de los cuales 3 mil 830 millones serían para la consulta de revocación de mandato y mil 913 millones para una probable consulta popular.

Además, los consejeros se reunieron con los representantes de los partidos ante el INE para presentarles los lineamientos que diseñaron las áreas técnicas para la organización de la revocación de mandato.

A pesar de participar en dicha reunión, los representantes de Morena interpusieron ese día un recurso ante el Tribunal Electoral pidiendo que le prohibiera expresamente al INE redactar lineamientos para la revocación de mandato.

Mientras tanto, el coordinador de los senadores, Ricardo Monreal, llamó por teléfono a Lorenzo Córdova, el sábado 21 de agosto, para recordarle que el Poder Legislativo es insustituible en su facultad y en su función esencial de crear leyes, y para que le explicara el asunto de los lineamientos.

Córdova le respondió que los lineamientos que el INE estaba preparando tenían un carácter preliminar y eran necesarios para calcular el presupuesto para la organización de la consulta de revocación. Además, le aseguró que los lineamientos se modificarían una vez que el Congreso expidiera la ley reglamentaria.

"Me dijo que no era su intención legislar, le creo", declaró Monreal ese sábado en una gira por Durango, en la que dio cuenta de su conversación con el consejero electoral.

Ante el fracaso del periodo extraordinario, Monreal anunció que la ley secundaria de revocación de mandato sería la primera acción de la LXV Legislatura, una vez que se instalara el 1 de septiembre.

Pero el presidente de la República tenía otra postura, mucho más dura que la de Monreal. En su conferencia del lunes 23 de agosto, acusó al INE de pedir muchísimo dinero para bloquear el ejercicio, e insistió en que Lorenzo Córdova y los demás consejeros en el fondo despreciaban la democracia.

"Lo hacen para que la gente diga 'no tiene caso', '¿por qué gastar tanto en eso?'. Son muy truculentos", acusó el presidente. "El INE lo está haciendo porque no quiere que haya democracia. Es la pinza, son estos grupos antidemocráticos defensores del régimen de corrupción los que no quieren que avancemos. Quieren que siga la partidocracia, que no sea el pueblo el que decida; pero, bueno, vamos a seguir adelante".

Ese día, López Obrador deslizó una idea que generó gran inquietud en el INE y en la oposición: que la consulta de revocación la hicieran los ciudadanos, los gobiernos estatales y municipales emanados de Morena, y sus legisladores y simpatizantes, para evitar que se gastaran miles de millones de pesos. La idea contradecía el artículo 35 constitucional, que señala la facultad expresa del INE de organizar y promover el ejercicio.

Dos días después, el Tribunal Electoral aprobó una resolución que facultaba al INE a emitir las normas necesarias para hacer posible la revocación de mandato, y el viernes 27 de agosto el Consejo General aprobó por unanimidad los dichosos lineamientos. Éstos contenían directrices que no se cumplieron en la consulta popular del 1 de agosto y que habían generado gran inconformidad en Morena, como la instalación de 161 mil casillas para cubrir todas las secciones electorales y la participación de mexicanos residentes en el extranjero.

Respecto a la participación de los partidos políticos, que también había sido un tema de confrontación entre Morena y el INE, se decidió que los partidos podrían hacer propaganda siempre y cuando no usaran recursos públicos ni contrataran publicidad pautada en radio o televisión. Sí se podrían utilizar los espacios asignados a los partidos en los medios masivos de comunicación para fijar su postura sobre el ejercicio. Y se mantenían las restricciones a la propaganda gubernamental, así como la prohibición de que el presidente abordara el tema en sus conferencias mañaneras una vez que iniciara el periodo formal del proceso de consulta de revocación.

Los lineamientos contenían anexos técnicos para las actividades relacionadas con la captación y verificación de las firmas de apoyo de la ciudadanía para la celebración de la consulta de revocación, y los formatos para captar las firmas mediante una aplicación en teléfonos móviles.

También se incorporó un punto para que los lineamientos se modificaran una vez que el Congreso expidiera la ley reglamentaria.[2]

En la misma sesión en la que se aprobó este acuerdo, y con la inconformidad de Morena, se aprobó el proyecto de presupuesto del INE para el ejercicio fiscal 2022, donde se confirmó que la consulta de revocación tendría un costo de 3 mil 830 millones de pesos.

Para el INE era indispensable aprobar ambos acuerdos antes del 28 de agosto, pues ésa era la fecha límite legal para enviar su requerimiento presupuestal a la Secretaría de Hacienda, que a su vez debía incorporarla en el proyecto de Presupuesto de Egresos de la Federación para 2022, que el presidente enviaría el 8 de septiembre a la Cámara de Diputados.

Sin considerar más de 6 mil millones de pesos para cubrir las prerrogativas de gasto ordinario que por ley se deben entregar a los partidos políticos cada año, el presupuesto solicitado por el INE superaba los 18 mil 827 millones de pesos, una cifra que generaría amargas confrontaciones.

A la mitad del camino

Agosto concluyó en medio de un duro debate entre las fuerzas políticas por la revocación de mandato, y entre el gobierno y el INE por el costo de la democracia.

Constantemente, el presidente hablaba sobre la necesidad de una reforma de fondo, tajante, que provocara un cambio de todos los consejeros del INE y los magistrados del Tribunal Electoral, que para ese momento se encontraba hundido en una crisis por la salida del magistrado presidente, José Luis Vargas, en medio de escándalos por sus viajes y gastos en artículos de lujo.

Mientras en el Tribunal un grupo de magistrados le daba un pequeño "golpe de Estado" a Vargas, para colocar a Reyes Rodríguez al frente de la Sala Superior, en las mañaneras AMLO aprovechaba para tundir a consejeros y magistrados del sistema electoral.

"Vamos a presentar una iniciativa de reforma. Están muy mal, tanto el INE como el Tribunal… ¡Cambio de todos, cambio completo, renovación tajante! No se puede seguir con lo mismo. No son demócratas, no respetan la voluntad del pueblo. No actúan con rectitud. No aplican eso de que al margen de la ley nada y por encima de la ley nadie. Entonces, no pueden estar ahí. Tiene que haber un cambio, no es un asunto personal. Es que no han estado a la altura de las circunstancias y tenemos que dejar establecida una auténtica democracia en el país. Nosotros tenemos ese compromiso", tronó el presidente contra los árbitros en la mañanera del 16 de agosto.

Declaraciones que el presidente del INE respondía en foros académicos y artículos, como el que publicó el 19 de agosto en la revista *Nexos*, titulado "Una reforma innecesaria e inoportuna", en el que advertía:

> No hay que equivocarse: los grandes desafíos nacionales están en otro lado. Son los problemas irresueltos de la pobreza creciente, la desigualdad ominosa, la corrupción persistente, la impunidad, la aguda inseguridad y violencia; se trata de problemas que siguen aquejando y lastimando a la sociedad mexicana. Luego de más de un siglo, nuestro problema es resolver la añeja promesa incumplida de justicia social que inspiró a la Revolución mexicana.
>
> Nuestro sistema electoral se edificó para erradicar la inequidad y la intervención gubernamental —de cualquier gobierno— a favor de su partido y sus candidaturas.
>
> De llevarse a cabo en las próximas semanas o meses una reforma electoral, es importante definir sus objetivos: qué se quiere modificar y para qué se quiere modificar, qué es lo que se quiere lograr.
>
> Para que una eventual reforma llegue a buen puerto es indispensable que parta de un debate informado, objetivo, con evidencia y altura de miras, que apunte a mejorar nuestro sistema electoral y el sistema de partidos políticos. Una reforma que sólo considere los objetivos de una de las partes, a partir de filias y fobias, de rencores o enconos personales o de partido, está condenada al fracaso y será inevitablemente regresiva.[3]

Las tensiones entre el gobierno y la autoridad electoral escalaron mientras el país se preparaba para el inicio de un nuevo ciclo político, marcado por el reacomodo de fuerzas derivado de la elección federal intermedia y la conclusión de la primera mitad del sexenio de López Obrador, quien aprovechó el momento para hacer ajustes en su equipo de gobierno.

Al cambio en la Secretaría de la Función Pública, anunciado en junio, se sumó el de la Secretaría de Hacienda, donde Arturo Herrera Gutiérrez fue sustituido por Rogelio Ramírez de la O en julio.

En lo político, Olga Sánchez Cordero dejó la Secretaría de Gobernación el 28 de agosto y regresó al Senado, y en su lugar fue nombrado Adán Augusto López Hernández, hombre cercano y paisano del presidente, quien interrumpió su periodo como gobernador de Tabasco para ocupar el despacho de Bucareli.

Además, el 2 de septiembre el presidente despidió a su consejero jurídico, Julio Scherer Ibarra, quien fue sustituido por María Estela Ríos González en medio de polémicas palaciegas que involucraban a la exsecretaria Olga Sánchez Cordero y al presidente de la Suprema Corte de Justicia de la Nación, Arturo Zaldívar. En esos meses el ministro aún era criticado por la aprobación de una reforma que le permitiría extender su mandato hasta el 30 de noviembre de 2024, dos años más del periodo para el que había sido nombrado presidente en 2019, y dos meses después del fin del sexenio de López Obrador.[4] Las críticas a Zaldívar por su sumisión al presidente eran al mismo tiempo críticas a López Obrador por pretender mantener un Poder Judicial afín hasta el final de su mandato.

En medio de esas turbulencias, López Obrador publicó un libro que tituló *A la mitad del camino*, en el que dedicó las primeras líneas al tema que se le había vuelto su principal obsesión: preguntarle al pueblo si quería que siguiera gobernando.

> A finales de marzo del próximo año, se celebrará la consulta ciudadana de revocación de mandato para preguntar a las y los mexicanos si quieren que yo continúe en la presidencia o que renuncie. Este procedimiento de democracia participativa lo elevamos a rango constitucional con la idea de que el pueblo es el soberano, que él pone y él quita, y que siempre debe mantener en sus manos las riendas del poder.[5]

Cuando ya circulaba el libro, López Obrador pronunció un discurso por su tercer informe de gobierno, el 1 de septiembre, en el que se jactaba de su popularidad y anticipaba el resultado de la consulta:

"Vamos bien, y estoy seguro de que la gente va a votar a finales de marzo del año próximo por que continúe mi periodo constitucional hasta finales de septiembre de 2024".

Al día siguiente, el Senado de la República abrió el primer año de la LXV Legislatura discutiendo el dictamen de la Ley Federal de Revocación de Mandato, en una sesión que comenzó la tarde del jueves 2 de septiembre y concluyó en la madrugada del viernes. Para lograr la aprobación, Ricardo Monreal pactó con la oposición una nueva redacción de la pregunta, que por un lado retomaba el espíritu constitucional de consultar sobre la revocación por pérdida de confianza, pero que por otro lado eliminaba el "sí" o "no" como posibles respuestas.

PREGUNTA:

¿Estás de acuerdo en que a (nombre), presidente/a de los Estados Unidos Mexicanos, se le revoque el mandato por pérdida de la confianza o siga en la presidencia de la República hasta que termine su periodo?

RESPUESTAS:

Que se le revoque el mandato por pérdida de confianza.
Que siga en la presidencia de la República.

Con estos cambios, Monreal logró subir a todas las fuerzas políticas al acuerdo, y la ley fue aprobada con 101 votos a favor y sólo dos en contra. Cinco días después, el dictamen fue aprobado en la Cámara de Diputados con 491 votos a favor, uno en contra y una abstención.

La nueva ley se publicó el 14 de septiembre en el *Diario Oficial de la Federación*,[6] y el 30 de septiembre el INE modificó sus lineamientos para armonizarlos,[7] pues la norma le ordenaba iniciar los trabajos el 1 de octubre de 2021.

La polémica por las reglas había concluido, pero aún faltaba la batalla por los recursos.

EURÍPIDES Y PITÁGORAS: SE AGUDIZA LA CONFRONTACIÓN

El 5 de octubre de 2021, la Junta de Coordinación Política de la Cámara de Diputados publicó un acuerdo en la *Gaceta Parlamentaria* en el que se citaba a comparecer al consejero presidente del INE, Lorenzo Córdova, ante el pleno de la Cámara, a las 10 de la mañana del 5 de noviembre. La idea era pedirle que explicara la solicitud de presupuesto del instituto para el 2022 y, especialmente, la partida de 3 mil 800 millones de pesos para la revocación de mandato.

En el acuerdo firmado por los líderes de los siete grupos parlamentarios se argumentaba: "Una de las prácticas más ejemplares en el ejercicio de las democracias modernas es el intercambio de información a efecto de conocer, de manera transparente y puntual, las acciones que puedan realizar los distintos entes públicos en la ejecución de los recursos públicos de la nación".

Desde que la senadora Lucía Trasviña había propuesto esta comparecencia en la Comisión Permanente, en agosto, varios legisladores de Morena habían respaldado la idea de que Córdova rindiera cuentas, no con ganas de que hubiera un "intercambio de información", sino para cuestionarlo y hacerle pasar una mala tarde.

Ignacio Mier, coordinador de la bancada de Morena y uno de los firmantes del acuerdo de la Junta de Coordinación Política, declaró, el día que se acordó la comparecencia, que a Córdova se le iba a preguntar sobre los sueldos en el INE, sobre decisiones que afectaron a Morena en las elecciones de 2021 y sobre sus criterios para aplicar la ley.

"El INE es un auténtico templo de ególatras y vanidosos", remató el diputado morenista.

Ignacio Mier era un diputado por el estado de Puebla que inició su carrera política en el PRI, partido en el que militó hasta 2005, cuando renunció para acercarse a la coalición Por el Bien de Todos, que encabezó López Obrador y que lo postuló al Senado en 2006. En 2017 se unió a Morena y un año después fue electo diputado por la coalición Juntos Haremos Historia. En 2021, fue uno de los diputados de Morena que logró la reelección.

La salida de Mario Delgado de la Cámara de Diputados, en 2020, para convertirse en dirigente nacional de Morena y la reconfiguración de fuerzas dentro del grupo parlamentario posicionaron a Mier como coordinador de la bancada al inicio de la LXV Legislatura, lo que le dio un protagonismo que antes no tenía.

Desde el primer día de la nueva legislatura, el nuevo coordinador encontró en el INE y la amenaza de una reforma electoral un tema para llamar la atención de los medios con declaraciones estridentes que habitualmente llegaban a las primeras planas.

"El INE es burocrático, obeso, costosísimo y plenipotenciario".

"El INE tiene una aversión por lo guinda".

"Habrá una revisión de lo electoral, sin inocencia, puntual, para que la reforma no sea un parche".

"Vamos a establecer mecanismos para evaluar el trabajo de los consejeros".

"Vaya, vaya, con Lorenzo: dice que la Cámara de Diputados es un órgano desacreditado, se le olvida que hace siete años aquí lo eligieron consejero del INE; si fuera congruente, habría rechazado el cargo y, si es consecuente, debe renunciar".

Fueron éstas algunas de las frases que pronunció Mier en septiembre de 2021.

En esa andanada, otros dos personajes cerraban la pinza: el diputado Sergio Gutiérrez Luna, un expanista que fue electo presidente de la Mesa Directiva de la Cámara Baja en el arranque de la nueva legislatura, y Eurípides Flores, un abogado que ahora fungía como representante de Morena en el Consejo General del INE.

En una entrevista que le dio Gutiérrez Luna a la periodista Ivonne Melgar para *Excélsior*, explicó así su postura frente al INE y Córdova.

> No le llamaría yo descabezar al INE. Tenemos que repensar la integración del INE y la función de los consejeros. Mi crítica es que el árbitro debe ser prudente. No se puede prejuzgar ni precalificar. Y eso es lo que a mi juicio hacían equivocadamente Lorenzo y Ciro; se decantaban por una posición o que le pegaba a un partido, o beneficiaba a otro, y eso no ayuda a la función del árbitro. Y tuvieron un protagonismo exagerado. Tenemos que pensar en una reingeniería del INE. Y no es descabezar por descabezar. Es lograr que funcione mejor. Hay áreas de mejora. No todo es perfecto.[8]

Mientras tanto, Eurípides Flores lanzó en las redes sociales de Morena una iniciativa llamada "Quién es quién en el INE", inspirado en la sección "Quién es quién en las mentiras", una sección semanal de las conferencias mañaneras que el presidente inauguró el 30 de junio y que encargó a Ana Elizabeth Vilchis, funcionaria de la Coordinación de Comunicación Social de la Presidencia.

En su primera entrega, Eurípides Flores hizo públicos los sueldos de los consejeros del INE y los gastos de la oficina de la presidencia del Consejo General. Dos semanas después, Flores hizo un recuento sobre la permanencia de Edmundo Jacobo en la Secretaría Ejecutiva del INE, cargo para el que fue designado en el IFE de Leonardo Valdés (en 2008), nombrado nuevamente en 2014 (cuando el IFE se transformó en INE) y ratificado en marzo de 2020 para otro periodo de seis años.

Los excesos en el INE no fueron la única materia del activismo del representante de Morena.

Entre septiembre y octubre, promovió impugnaciones en contra de múltiples decisiones del Consejo General, como el acuerdo de redistritación con el que se buscaba armonizar la geografía electoral (plasmada en 300 distritos electorales federales) con los nuevos datos de población emanados del censo de 2020 del INEGI. Dicho acuerdo le quitaba dos distritos a la Ciudad de México, lo que incluso provocó quejas de la jefa de gobierno, Claudia Sheinbaum, quien calificó la decisión como injusta y tomada con tintes electorales.

La representación de Morena ante el INE también impugnó los lineamientos de la revocación de mandato, por establecer que los formatos de papel para recabar las firmas ciudadanas de apoyo a la consulta sólo podrían usarse en los 204 municipios de alta marginación, mientras que en el resto del país tendrían que recabarse a través de la aplicación del INE. Una batalla que finalmente perdió el INE en el Tribunal Electoral, que el 1 de noviembre ordenó al INE facilitar en todo el país formatos físicos y en dispositivos electrónicos para recabar las firmas de apoyo.[9]

Eurípides Flores se autodenominó en redes sociales "el abogado del obradorismo". Se presentaba al Consejo General vestido con un chaleco guinda forrado de insignias de Morena y, poco a poco, se convirtió en un dolor de cabeza para Córdova y Murayama en las sesiones de la "herradura de la democracia", donde hacía largas y estridentes intervenciones que sacaban de quicio a los consejeros.

En una sesión ocurrida el 30 de septiembre, en la que se discutía el acuerdo de redistritación —que contenía múltiples detalles técnicos y cálculos matemáticos para determinar el número de distritos que debía tener cada entidad—, Ciro Murayama llegó al extremo de usar la expresión "Eurípides, no le pido que sea Pitágoras", y le pidió al morenista que sacara su libreta, su calculadora o "incluso su ábaco" para hacer cuentas.

"Divida la población del país (126 millones 14 mil 24) entre 300, le da 420 mil 47; divida la población de la Ciudad de México, los 9 millones 209 mil 944, entre 420 mil 47, y va a tener 21.92, redondeado, 22, que son los distritos que le tocan. Eurípides, no le pido que sea Pitágoras, le pido mínima congruencia y honestidad. Ustedes representan al pueblo con legitimidad, pero no han borrado la pluralidad. Sólo los totalitarios pretenden ser la única voz del pueblo, y ese discurso preocupa", se extendió Murayama en una de muchas discusiones en las que él y Córdova trataron de exhibir y humillar al "abogado del obradorismo".

Lo cierto es que, conforme se acercaba la comparecencia del 5 de noviembre, Lorenzo Córdova acumulaba cada vez más enemigos en el partido y el gobierno; desde López Obrador hasta Claudia Sheinbaum, pasando por Ignacio Mier, Sergio Gutiérrez Luna, Mario Delgado, Citlalli Hernández, Santiago Nieto (titular de la Unidad de Inteligencia Financiera, UIF), John Ackerman, Beatriz Gutiérrez Müller, Gerardo Fernández Noroña, Félix Salgado Macedonio, Layda Sansores, más una larga lista de senadores, diputados y gobernadores, quienes se consideraban agraviados por el árbitro electoral y usaban constantemente sus redes sociales para acusar a Córdova de ser un árbitro parcial.

El mes de octubre transcurrió entre una guerra de declaraciones y tuitazos, desplegados e impugnaciones.

Del lado de la oposición, la organización Sí por México, liderada por Claudio X. González y Gustavo de Hoyos, lanzó una campaña para pedir a la población no participar en la consulta de revocación de mandato, argumentando que el régimen quería usurpar ese derecho ciudadano para convertirlo en un ejercicio de ratificación:"El presidente tendrá el pretexto para dedicarse a hacer campaña los próximos siete meses, abandonando su función de gobernante, en detrimento de los intereses del país".[10]

En cambio, el 20 de septiembre Morena lanzó una campaña para promover la ratificación de mandato de López Obrador.:"Convocamos a una gran alianza nacional para continuar la transformación de México. Debemos reorganizarnos para lograr una movilización histórica que nos asegure el triunfo en la ratificación de mandato y que siga el cambio de mentalidad del pueblo de México".[11]

Finalmente, la alianza legislativa Va por México, que había nacido como fruto de la campaña electoral y la elección intermedia, presentó una acción de inconstitucionalidad en contra de la Ley Federal de Revocación de Mandato, a pesar de que ellos mismos habían votado a favor de ella en ambas cámaras del Congreso.

Según explicó el panista Jorge Romero, el haber incluido en una de las dos respuestas posibles la opción "que siga en la presidencia de la República" sugería una ratificación que desnaturalizaba el ejercicio ciudadano de revocación.

Como si sus bancadas no hubieran leído lo que aprobaron el 7 de septiembre, los líderes del PAN, PRI y PRD ahora recurrían a la Suprema Corte de Justicia para pedirle que declarara inconstitucional la ley.

Lo cierto es que la oposición reaccionó tarde y, acicateados por Claudio X. González y Gustavo de Hoyos —promotores del bloque opositor—, lo que realmente buscaban el panista Jorge Romero, el perredista Luis Espinosa Cházaro y el priista Rubén Moreira no era que la Corte atendiera su demanda, sino mostrar músculo en una legislatura que apenas comenzaba, en la que habían adquirido el poder de vetar cualquier reforma constitucional, pues le habían arrebatado a Morena y aliados la mayoría calificada que tuvieron en la primera mitad del sexenio.

Octubre metió a la clase política mexicana en una paradoja: López Obrador hacía llamados a la ciudadanía para que promoviera su revocación de mandato, mientras la oposición trataba de impedirlo... y el INE hacía malabares para ajustar su presupuesto a las exigencias de la ley, que le ordenaba organizar el proceso con todo el rigor técnico y amplitud de cualquier proceso electoral ordinario.

Para mediados de mes, el INE ya había recibido casi 24 mil avisos de intención de ciudadanos particulares y organizaciones dispuestas a iniciar la recolección de firmas para promover la revocación de mandato. Finalmente, de 23 mil 906 avisos, el instituto aprobó 22 mil 419 que cumplían los requisitos legales para recabar firmas.[12]

El 29 de octubre, el Consejo General del INE aprobó la papeleta con la que se votaría en la consulta de revocación de mandato: una hoja rosa con blanco en la que se reproducía la pregunta aprobada por el Congreso, ya con el nombre de Andrés Manuel López Obrador, y las dos respuestas posibles.

Todo estaba listo para comenzar la recolección de firmas a partir del 1 de noviembre, y, entonces, el presidente López Obrador se volvió a subir al ring.

"Si consideran que hay muchísima corrupción, que es como dicen los conservadores, que estamos en los últimos lugares en el mundo, que México es de los países con más corrupción, que hay más corrupción ahora que cuando Salinas, más corrupción que en los sexenios anteriores, entonces hay que cambiar al presidente. ¿Para qué aguantar un presidente corrupto? ¡Para fuera, a Palenque!", azuzó el presidente a sus opositores en su conferencia del 3 de noviembre.

"Ya revisé, y puedo hablar de lo de la revocación de mandato, nada más sin pedir que voten por mí, eso sí estaría mal. Y llamo a todos, a los que están en contra de nosotros, a que voten en contra, porque de esa manera estamos ejerciendo un derecho y lo estamos ejerciendo de manera pacífica. El pueblo pone y el pueblo quita. Es totalmente antidemocrático decir 'no voy a participar'", insistió el 5 de noviembre en declaraciones que provocaron que el PRD interpusiera una queja ante el INE pidiéndole que callara al presidente.

Lorenzo y Arnaldo en San Lázaro

El 5 de noviembre de 2021 era viernes. Lorenzo Córdova entró al Palacio Legislativo de San Lázaro poco después de las 9 de la mañana, pues fue citado a las 10. Llegó acompañado de los consejeros Ciro Murayama y Jaime Rivera; el secretario ejecutivo, Edmundo Jacobo; su secretario particular, Javier Naranjo; su coordinador de asesores, Emilio Buendía, y la consejera Claudia Zavala, quien lo tomó del brazo mientras cruzaron el patio y se trasladaron al salón de protocolos, en el vestíbulo del recinto.

Otras consejeras y consejeros llegaron minutos después: Adriana Favela, Dania Ravel, Norma Irene de la Cruz, Uuc-kib Espadas, José Roberto Ruiz Saldaña y Martín Faz. La consejera Carla Humphrey no asistió, pues ese día estaba preparando su boda con Santiago Nieto Castillo, titular de la Unidad de Inteligencia Financiera. La ceremonia nupcial ocurrió en La Antigua, Guatemala, con 300 invitados y un banquete de lujo. Fue tal el dispendio que el presidente López Obrador la calificó como "un asunto escandaloso" y, 72 horas después, destituyó a Nieto del cargo y colocó en la UIF a Pablo Gómez, líder del movimiento estudiantil de 1968 y referente histórico de la izquierda.

En una hilera de curules colocadas del lado derecho del salón de plenos, se sentaron las tres consejeras y los nueve consejeros que acompañaron a Córdova; arriba, en un palco del salón de sesiones, se habilitó un espacio para los miembros de la Junta General Ejecutiva del INE, donde también estaba Magdalena Cervantes, esposa del consejero presidente.

En el salón de protocolos, Córdova tuvo que esperar más de una hora para que comenzara la sesión, tiempo en el que fue visitado por varios diputados, incluido Gerardo Fernández Noroña, el aguerrido vicecoordinador de los diputados del PT, quien le deseó suerte en una comparecencia que, anticipó, no sería un día de campo.

En una charla informal y cordial, como la que tienen dos rivales antes de comenzar un duelo de esgrima, Noroña le presumió al consejero dos objetos preciados que llevaba consigo: una edición hecha por la Cámara de Diputados del libro clásico de Carlos Montemayor, *Guerra en el paraíso* (una crónica de la guerrilla mexicana de los años setenta), y su saco negro con motivos rojos andinos, hecho de alpaca y, según se esforzó en aclarar, confeccionado por el mismo sastre que vestía al expresidente boliviano Evo Morales.

Córdova bromeó con Noroña, haciéndole ver que ese saco era "bastante fifí", y el petista respondió con risas.

Mientras tanto, la sesión se atrasaba porque el presidente de la Cámara de Diputados, Sergio Gutiérrez Luna, hacía un recorrido con un influencer veracruzano conocido como "la Tía Justa", quien lo acompañó a una reunión con la Mesa Directiva y fue invitado a conocer el salón de plenos.

La sesión comenzó a las 11 de la mañana, con un punto dedicado a la efeméride del Día del Libro. Y no fue sino hasta las 11:33 que el presidente de la Mesa Directiva ordenó que una comisión de cortesía fuera por el compareciente. En la comisión había dos amigos de Córdova, el panista Humberto Aguilar y el emecista Salomón Chertorivski, así como una de sus principales críticas en redes sociales, la morenista chihuahuense Andrea Chávez.

Lorenzo Córdova entró al salón de sesiones acompañado por media docena de legisladores. Fue recibido con aplausos de la oposición y con caras largas de los legisladores de Morena, algunos de los cuales ya portaban cartulinas con frases garabateadas. El diputado Pablo Amílcar Sandoval lo interceptó en la entrada para regalarle un ejemplar de la Constitución y pedirle que la leyera, mientras la comisión de cortesía le abría paso entre las curules.

Según el formato aprobado, Córdova leyó un posicionamiento inicial de 15 minutos, en el que hizo un recorrido por la historia de la transición democrática y el perfeccionamiento del sistema electoral, desde la reforma de Jesús Reyes Heroles de 1977 hasta la reforma de 2014 que convirtió al IFE en INE.

Córdova había preparado con ahínco su comparecencia, con un grupo de asesores coordinados por Emilio Buendía y Edmundo Jacobo. Dedicó largas sesiones de trabajo a repasar las cifras y los detalles técnicos del presupuesto del INE, y a redactar las líneas del mensaje político que pretendía dejar en San Lázaro en un momento de gran tensión con el gobierno de López Obrador. Su preparación incluyó la creación de un mapa de actores y una batería de respuestas a las posibles preguntas de los legisladores, que iban desde las más técnicas hasta las que abordaran los temas espinosos que confrontaban al INE con la 4T.

El consejero hizo un relato de la democracia como un proceso evolutivo generado a partir de reformas hechas por consenso de las distintas fuerzas políticas a lo largo de la historia. Describió a la democracia como una obra colectiva emanada de la pluralidad; patrimonio de todas y todos, y no sólo de una fuerza política.

Reivindicó el sistema electoral al que López Obrador fustigaba todas las mañanas como un bien público que había dado al país paz, estabilidad y gobernabilidad democrática.

"La democracia es una de las inversiones públicas más importantes que hemos hecho las y los mexicanos en las últimas décadas, pero también una de las que más ha retribuido al país. La posibilidad de renovar los poderes públicos en condiciones de legalidad, certeza y paz social, con cada vez menos conflictos poselectorales, ha permitido transitar por tres alternancias en la presidencia de la República, renovar el Congreso de la Unión y convertirlo en el mosaico plural que, como ocurre en esta legislatura, representa la diversidad y la riqueza de la nación mexicana. Todo ello ha contribuido a la estabilidad económica y a la gobernabilidad democrática. Hace apenas poco más de 30 años las elecciones eran un problema en México, quizás una de las principales fuentes de inestabilidad y conflicto. Hoy, es indudable que las elecciones ya no son un problema, sino todo lo contrario", sentenció Córdova.

También hizo un recuento pormenorizado de lo hecho por el INE desde 2014: una elección presidencial en 2018, una elección de Senado, tres de Cámara de Diputados, 240 elecciones locales (incluidas 51 de gubernaturas); la elección de la dirigencia nacional del PRD, en 2014; la elección de la Asamblea Constituyente de la Ciudad de México, en 2016; la encuesta para renovar la dirigencia nacional de Morena, en 2020, y la consulta popular de 2021.

A 10 días de que se venciera el plazo legal para que la Cámara de Diputados aprobara el Presupuesto de Egresos de la Federación, explicó por qué el INE estaba pidiendo más de 24 mil 600 millones de pesos para el 2022, y dividió esa cifra en tres grandes rubros: 5 mil 821 millones para las prerrogativas de los partidos políticos, 13 mil 84 millones para el gasto operativo anual del instituto y su cartera institucional de proyectos, y 5 mil 743 millones para los ejercicios de democracia participativa.

El consejero informó a los diputados que el INE ya estaba erogando 117 millones de pesos para los preparativos de la consulta de revocación de mandato, pues desde el 1 de octubre había arrancado formalmente el proceso.

"Es falso que el INE pretenda bloquear los ejercicios de democracia participativa. Todo lo contrario: la solicitud de recursos suficientes para organizarlos de manera profesional y seria da cuenta del compromiso del INE con sus obligaciones constitucionales y con la ciudadanía", enfatizó el consejero.

Finalmente, Córdova se anticipó a lo que su equipo de asesores preveía como una jugada obvia de Morena: invocar en la comparecencia a Arnaldo Córdova, su padre, quien había muerto en 2014 siendo fundador de Morena y amigo de López Obrador.

El equipo del presidente del INE rescató del archivo de la Cámara las intervenciones de Arnaldo Córdova cuando fue diputado de la LII Legislatura, entre 1982 y 1985, y eligió un discurso que pronunció durante la discusión de las reformas solicitadas por el presidente Miguel de la Madrid para modificar la Ley de la Administración Pública Federal al inicio de su sexenio. En esa intervención, el diputado del PSUM agitó a la bancada priista, que entonces gozaba de una aplastante mayoría, pues les pidió actuar como Poder Legislativo, y no como comparsa del presidente. Arnaldo Córdova hizo, en aquella sesión de diciembre de 1982, una larga disertación sobre el papel del Congreso como contrapeso del Ejecutivo.

"La democracia sólo puede darse como una posibilidad al alcance de la sociedad cuando la organización política nacional se funda en la real división de poderes. En nuestro régimen constitucional, la división de poderes no sólo está concebida como una mera distribución de funciones o una simple división del trabajo político; es también, como en la doctrina clásica del Estado, un continente y a la vez un instrumento para la instauración de una vida democrática en la sociedad. No hay democracia posible sin que haya división de poderes, aunque también es cierto que puede haber división de poderes sin que haya democracia", leyó Córdova citando a su padre.

Después añadió unos párrafos que contradecían horas y horas de frases y consignas pronunciadas por el presidente en tres años de conferencias mañaneras:

"Nos corresponde hoy a nosotros honrar esas palabras señeras de la democratización de nuestro país a partir del respeto y del ejercicio de los pesos, controles y contrapesos constitucionalmente diseñados, en donde los órganos constitucionales autónomos como el INE juegan un papel central; ello pasa inevitablemente por reivindicar la historia de nuestra democracia como un proceso evolutivo y progresivo. Reconocer a los precursores y a los autores de la transición implica revalorar y defender un sistema electoral construido durante muchos años de diálogo y entendimiento entre fuerzas políticas de muy diversas ideologías, es reivindicar a nuestra democracia como una obra colectiva y un patrimonio de todas y todos los mexicanos, que debemos aquilatar y cuidar".

Mientras Córdova se acercaba al final de sus 15 minutos, en la bancada de Morena la diputada Andrea Chávez y el diputado Pablo Amílcar Sandoval levantaban cartulinas en las que se leía: "Bájate el sueldo".

Después vinieron los posicionamientos de los grupos parlamentarios, hasta por 10 minutos cada uno: Elizabeth Pérez Valdez, del PRD; Ivonne Ortega Pacheco, de MC; Pedro Vázquez González y Gerardo Fernández Noroña, del PT; Carlos Alberto Puente Salas, del PVEM; Marco Antonio Mendoza Bustamante, del PRI; Humberto Aguilar Coronado, del PAN, y Graciela Sánchez Ortiz y Juan Ramiro Robledo, de Morena.

De todos esos oradores, el más duro fue Fernández Noroña, quien subió a la tribuna para descalificar a Córdova por su sueldo, según el diputado, de 300 mil pesos mensuales; por los acuerdos del INE que impusieron a los diputados reglas para su reelección, por haber cancelado las candidaturas de Félix Salgado y Raúl Morón, por apoyar facciosamente la alianza PAN-PRI-PRD y por no ver ni sancionar la actitud golpista de la oposición.

Casi al final de sus cinco minutos, Noroña leyó las palabras que Lorenzo Córdova había pronunciado en una conversación telefónica de 2015, intervenida ilegalmente y difundida en internet, en la que se mofó de la manera de hablar de un líder indígena que había acudido al INE a exigir candidaturas.

"No mames, cabrón. Es que, desde las dramáticas reuniones con los padres de Ayotzinapa hasta esto, cabrón. A ver, güey, había uno, no mames, no te voy a mentir, te lo voy a decir cómo hablaba ese cabrón: 'Yo jefe gran nación chichimeca, vengo Guanajuato, yo decirte a ti, diputados para nosotros o yo no permitir tus elecciones'. No mames, cabrón. Cuando te estoy diciendo esto, no sé si sea cierto que hable así, cabrón, pero, no mames, vio mucho *Llanero solitario*, con eso de Toro, cabrón, no mames", leyó Noroña citando la grabación de una conversación entre Córdova y Edmundo Jacobo, intervenida en 2015 y difundida de manera anónima en YouTube.

Fernández Noroña señaló a Córdova con el índice de su mano izquierda y arremetió.

"Son las expresiones de este hombre, que debería renunciar por esa actitud racista, clasista, majadera, infame, inaceptable para un funcionario de la República. Es de una desvergüenza inaudita", dijo, levantando la voz y provocando gritos de panistas, encabezados por la diputada Teresa Castells.

"¡Es de una arrogancia absoluta y de una provocación inaceptable! Por eso he pedido juicio político contra Lorenzo Córdova y Ciro Murayama", exclamó el diputado del PT mientras la panista reclamaba a gritos que "Changoleón" ya había excedido sus cinco minutos.

Noroña acomodó un par de animales de peluche en el atril (un chango y un león a los que se refería como sus nahuales), y cerró su intervención aludiendo al padre de Lorenzo.

"Debe ser muy duro no llenar las expectativas, debe ser muy duro. ¡Larga vida a Arnaldo Córdova!", gritó y, cuando iba a abandonar la tribuna, Córdova se puso de pie para ofrecerle un saludo con un puño, que Noroña respondió de mala gana.

Córdova permanecía sentado del lado izquierdo de la tribuna, a un metro del orador en turno. Portaba un cubrebocas negro con el logotipo del INE mientras escuchaba las intervenciones, y optó por ponerse de pie al final de cada una para ofrecer la mano a todas las diputadas y diputados, independientemente de la rudeza de sus palabras.

En su turno, el diputado de Morena Juan Ramiro Robledo, presidente de la Comisión de Puntos Constitucionales, entró en materia. Criticó que el INE pida cantidades exorbitantes para hacer la consulta de revocación de mandato y acusó a los consejeros de atribuirse facultades legislativas que no tienen.

"Se han conducido con mucho exceso; es más, parecería que se fueron mucho antes del liberalismo, como hace tres siglos; con despotismo ilustrado están dirigiendo al INE desde su Consejo General", reprochó.

En un tono sereno, Robledo recordó a Córdova que la Ley Federal de Revocación de Mandato recién aprobada está por encima de cualquier acuerdo del INE y le advirtió que no obedecerla es causal de juicio político.

Mientras, diputados de Morena y el PT subían a la tribuna para mostrar pancartas y cartulinas exhibiendo los sueldos de los consejeros, llamándolos corruptos y rateros.

Después de las siete intervenciones de los partidos, se desahogó una primera ronda de preguntas, que sirvió para una nueva escaramuza entre legisladores del PRD, PAN, PRI y MC en contra de diputados del PT y Morena.

"¿Donó Morena el 50% de sus prerrogativas a los damnificados de los sismos de 2017? ¿Donó Morena el 50% de sus prerrogativas para la compra de vacunas en la elección de 2021?", cuestionó Jorge Álvarez Máynez, provocando que Córdova exhibiera a Morena por no haber hecho la devolución de prerrogativas prometida por la dirigencia del partido en el gobierno.

La comparecencia subió de tono ante la provocación de Máynez y la petición de varios legisladores de usar la palabra por alusiones personales, lo que no estaba previsto en el formato de comparecencia.

Yeidckol Polevnsky, diputada y exdirigente nacional de Morena, pidió la palabra cuando Córdova la mencionó en su relato sobre la devolución de prerrogativas de Morena. Le fue negada.

Después, Leonel Godoy, Gerardo Fernández Noroña y Pablo Amílcar Sandoval hicieron mociones de orden para recriminar a su compañero, Sergio Gutiérrez Luna, que no fuera flexible con Polevnsky.

La primera ronda de preguntas la cerraron los morenistas Hamlet García y Óscar Cantón Zetina, quienes elevaron el tono de la crítica, pero redujeron el nivel de comparecencia.

"Traidor a la democracia. Usted en el año 2014 juró en este lugar guardar y hacer guardar la Constitución Política de los Estados Unidos Mexicanos y no ha hecho otra cosa que violentarla. Se cobija con la sombra de una institución que fue creada con buenas intenciones, pero usted no ha hecho otra cosa que destruirla. Miente. Además de traidor es mentiroso. Mintió cuando dijo que no había obstaculizado el ejercicio de participación en democracia directa en la revocación de mandato", lanzó Hamlet García Almaguer, diputado jalisciense y defensor público de Naasón Joaquín, el líder de la Iglesia de la Luz del Mundo preso en Estados Unidos por delitos de abuso sexual, pornografía infantil y corrupción de menores.

El consejero negó que el INE obstaculizara la consulta de revocación de mandato y explicó las acciones que ya estaban en marcha para llevarla a cabo, incluso sin la certeza de que se reunirían las firmas del 3% del padrón electoral para ser convocada.

Cuando más calientes estaban los ánimos, el consejero presidente pidió que se leyera un fragmento de un libro del escritor Eduardo Galeano, en el que hace una aguda descripción del árbitro en un partido de futbol.

> A veces, raras veces, alguna decisión del árbitro coincide con la voluntad del hincha, pero ni así consigue probar su inocencia. Los derrotados pierden por él y los victoriosos ganan a pesar de él. Coartada de todos los errores, explicación de todas las desgracias, los hinchas tendrían que inventarlo si él no existiera. Cuanto más lo odian, más lo necesitan.[13]

La lectura de ese párrafo molestó a la bancada guinda, porque Gutiérrez Luna concedió que el compareciente pidiera una moción de ilustración y, en cambio, negaba la palabra a los diputados por alusiones.

Además, la cita de Galeano le sirvió a Córdova para autodefinirse como un demócrata convencido y un defensor de la pluralidad, el diálogo y el parlamentarismo; alguien que jamás le faltaría el respeto a la asamblea donde está representada la pluralidad de la nación.

"Con mucho respeto: es normal que las decisiones del árbitro en democracia sean cuestionadas, eso es algo muy sano y positivo, desde aquí, bienvenido todo cuestionamiento, porque nos ayuda a mejorar permanentemente", añadió el consejero, que para ese momento ya gozaba de su comparecencia, por la oportunidad de responder en tribuna los cuestionamientos que se le hacían cotidianamente desde la mañanera y en las redes sociales.

El consejero se extendió en su respuesta a Hamlet García Almaguer, también elevó el tono de voz y usó expresiones que levantaron a los morenistas de sus curules: "No sé si sabía usted que...", "Déjeme explicarle, porque a lo mejor no conoce el funcionamiento de la aplicación digital...", "El INE, no sé si sepa diputado, tiene sólo 20 días para validar las firmas…". Frases que pronunció en un tono parecido al que usaría un maestro para corregir a un alumno de primaria.

La réplica de Morena corrió a cargo de Óscar Cantón Zetina, diputado y empresario tabasqueño. Éste durante décadas militó en el PRI y fue un furibundo detractor de López Obrador en la década de los noventa, cuando su periódico local, *Tabasco Hoy*, fue usado para legitimar los gobiernos de los priistas Roberto Madrazo y Manuel Andrade, a quienes AMLO acusó de cometer fraude electoral.

Ahora convertido en defensor de López Obrador, el diputado tabasqueño subió furioso a la tribuna y le negó el saludo a Córdova cuando éste se levantó para ofrecerle la mano.

—Diputado, ¿cómo está?, ¿no saluda usted? —lo abordó Córdova, con el brazo extendido.

—¿Mande? —reviró el diputado.

—¿No saluda? —insistió Córdova, quien volvió a sentarse cuando fue ignorado por el diputado.

—No me toques. ¿qué te crees?, igualado —le respondió Cantón Zetina haciéndose el ofendido.

Córdova se encogió de hombros y volvió a sentarse, mientras el salón de sesiones se dividía entre gritos, risas y aspavientos.

El diputado tabasqueño pidió permiso al presidente de la Cámara para comenzar, y usó sus dos minutos de réplica para lanzar insultos y descalificaciones.

"Córdova, ¿de dónde te nació lo farsante?, ¿de dónde te nació lo obsesivo enfermizo? Yo fui compañero hace 40 años del diputado federal Arnaldo Córdova; ése sí era demócrata. Aquí construimos parte de la democracia que este señor se ha empeñado en envilecer acto con acto", expresó el diputado, atizando el fuego en las curules.

Del lado de la oposición, se exigía respeto al compareciente; del lado de Morena se aplaudía al orador y se lanzaban gritos: "¡corrupto!", "¡traidor!", "¡menos sueldo!".

"¿Por qué no contestas lo de tu sueldo, la inmoralidad de tu sueldo? ¿Por qué no te lo bajas? Porque vives otra realidad, porque no vives en el México de los 30 millones que votaron por Andrés Manuel López Obrador. Ustedes no entienden, Ciritos y Lorencitos, no entienden la austeridad republicana que está pidiendo el pueblo de México", siguió Cantón Zetina, que, de paso, recriminó al consejero que invocara a un intelectual de izquierda, como Eduardo Galeano, para defender sus sueldos y sus privilegios.

"Córdova: ¿por qué eres un obsesivo enfermizo?, ¿por qué odias a Andrés Manuel López Obrador? ¡Eres un farsante y un obsesivo demencial!", insistió el diputado.

Al concluir, Cantón Zetina se volvió a encarar con Córdova, que lo esperaba de pie, sonriente y con la mano extendida para despedirse. Esta vez el tabasqueño le dio la mano, e incluso un abrazo. Pero se alejó rápidamente, llamándolo farsante.

La segunda ronda de preguntas y respuestas transcurrió con menos sobresaltos, hasta que la diputada de Morena, Berenice Martínez Díaz, le exigió que ofreciera disculpas a los pueblos indígenas.

Córdova le recordó que, desde 2015, él ofreció dicha disculpa, en público y en privado, y lamentó que se siga usando una llamada intervenida ilegalmente para tratar de descalificarlo.

Casi al final de la sesión, el consejero presidente respondió a las varias menciones a su padre que se hicieron en la bancada de izquierda. Usó la ironía como recurso retórico y, nuevamente, agitó las aguas de una comparecencia que ya agonizaba.

"Aquí se ha invocado a mi padre, y termino invocando a mi padre. Hace siete años, lamentablemente, mi padre falleció, y entiendo que hay aquí muchos que, tal vez con ciencias o recurriendo a recursos ocultistas, han hablado con él. Yo no. Si lo hacen, salúdenlo y díganle que en los tiempos que corren hace mucha falta gente de izquierda formada, como él", dijo antes de abandonar la tribuna.

Córdova se fue entre aplausos y felicitaciones de las bancadas del PRI, PAN, PRD y MC. Durante la tarde, concedió una decena de entrevistas de radio y respondió infinidad de llamadas y mensajes de felicitación por lo que muchos consideraron "una gran faena en San Lázaro".

Esa noche, Córdova y su equipo festejaron en la casa de Edmundo Jacobo, uno de los colaboradores más cercanos del consejero presidente. A los diputados de Morena y el PT se les había revertido la comparecencia. Si lo que querían era humillar al presidente del INE, sentándolo en el banquillo de los acusados, lo que en realidad lograron fue darle una tribuna privilegiada para exponer cifras, razones y argumentos en contra del recorte presupuestal al INE.

Sin embargo, tres días después de la comparecencia, Morena tuvo su venganza, cuando la Comisión de Presupuesto de la Cámara de Diputados aprobó un dictamen donde se hacía un recorte al INE de 4 mil 913 millones de pesos respecto a lo que había solicitado. La consulta de revocación de mandato estaba en riesgo.

La denuncia penal

En cifras, el recorte al INE fue inédito: la Cámara de Diputados le negó mil 913 millones de pesos solicitados como partida precautoria para una eventual consulta popular que, como no fue promovida por ninguno de los actores facultados para ello, ya no iba a ocurrir. Es decir, fue una decisión intrascendente que no hacía daño al instituto.

Los legisladores dejaron intactas las partidas para partidos políticos (5 mil 821 millones de pesos, que por ley no pueden modificar) y para el presupuesto base y cartera de proyectos del instituto (13 mil 83 millones).

Pero de los 3 mil 830 millones de pesos solicitados para la consulta de revocación de mandato, los diputados aprobaron sólo 830.5 millones de pesos; es decir, hicieron un recorte efectivo de 3 mil millones de pesos, lo que obligaba al instituto a echar mano de otras medidas.

"Están acostumbrados al despilfarro, a los excesos, son absolutamente inconscientes de que el presupuesto público no es del gobierno, es el esfuerzo de millones de mexicanos. Cómo es posible que el gobierno tenga una gran austeridad, que presente de manera permanente ahorros, e instituciones como el INE no puedan, empezando por sus salarios", declaró el dirigente de Morena, Mario Delgado, el 8 de noviembre.

Al justificar el recorte al INE, el coordinador de los diputados de Morena, Ignacio Mier, aseguró que en 2022 sólo habría elecciones locales en seis estados. Además, Mier reveló que el instituto contaba con fideicomisos que podría destinar para llevar a cabo la consulta de revocación, y calculó que en dichos fideicomisos habría unos 2 mil 500 millones de pesos.

La narrativa de los fideicomisos permeó en todo el oficialismo, y en la mañanera del 11 de noviembre, el secretario de Gobernación, Adán Augusto López, llamó al INE a emplear esos recursos en la consulta de revocación.

El instituto respondió aclarando la existencia de tres fideicomisos creados desde el sexenio anterior, en los que había en ese momento más de mil 350 millones de pesos, pero sólo 626.5 millones estaban disponibles. Además, por ley esos recursos no podían usarse para fines distintos a los establecidos en los propios fideicomisos, que eran pasivo laboral (527 millones de pesos), infraestructura inmobiliaria (623.4 millones de pesos) y mejoramiento de módulos de atención ciudadana (202 millones de pesos).

Las cifras del INE, sin embargo, no lograron contrarrestar el relato construido por el presidente, Morena y sus múltiples voceros, que insistían en señalar a un INE obeso y despilfarrador. Y, en los tres días siguientes, el pleno de la Cámara de Diputados desahogó una maratónica sesión, interrumpida de madrugada por dos recesos, para aprobar el Presupuesto de Egresos de la Federación de 2022, en el que se concretó el recorte al INE.

Horas después, en su video dominical, Lorenzo Córdova acusó a la mayoría en la Cámara de Diputados de poner en riesgo la realización de la consulta de revocación de mandato, y advirtió que el INE interpondría un recurso legal ante la Corte.

Mientras tanto, las organizaciones ciudadanas autorizadas para recabar firmas comenzaron a utilizar la aplicación del INE y a llevar firmas en formatos de papel.

Para el 1 de diciembre, 24 días antes de que venciera el plazo legal, ya se habían captado 832 mil 139 firmas, equivalentes a una tercera parte de los 2.7 millones de apoyos ciudadanos requeridos para convocar a la revocación de mandato.

Ese día, en el Zócalo capitalino, AMLO encabezó un mitin multitudinario en el que volvió a hablar del ejercicio.

"En abril del año próximo vamos a probar de nuevo qué tanto respaldo tiene nuestra política de transformación; sabremos si vamos bien o no; con la consulta para la revocación del mandato, se le preguntará al pueblo, que es el soberano, el que manda, si quiere que yo continúe en la presidencia o que renuncie. Este ejercicio, este método creado por nosotros, elevado a rango constitucional, no sólo resolverá si me voy o me quedo; establecerá además el procedimiento para hacer realidad el principio de que el pueblo pone y el pueblo quita. Es sembrar, establecer en nuestro país un precedente", dijo el presidente en el llamado "AMLO Fest" por su tercer año de gobierno, una fiesta que fue aprovechada para recabar miles de firmas en los formaros habilitados por el INE por exigencia del Tribunal Electoral.

El 7 de diciembre, el INE promovió una demanda de controversia constitucional ante la Suprema Corte de Justicia de la Nación en contra del decreto de Presupuesto de Egresos de la Federación de 2022, que se publicó en el *Diario Oficial de la Federación* el 29 de noviembre. El INE argumentó que la Cámara de Diputados resolvió aplicar un recorte sin motivación o justificación alguna, por un monto total de 4 mil 913 millones de pesos (en sus cuentas, el instituto aún consideraba la consulta popular que ya se había descartado totalmente), lo que le impediría el ejercicio pleno de las atribuciones constitucionales a las que estaba obligado; en particular, la organización de una eventual consulta de revocación de mandato, que, en caso de ser solicitada por la ciudadanía, requería de 3 mil 830 millones de pesos para llevarse a cabo.[14]

Ese mismo día, la Comisión de Presupuesto del INE aprobó un acuerdo que ajustaba su gasto de 2022 a las partidas aprobadas por la Cámara y redireccionaba 445 millones de pesos de su gasto operativo a la consulta de revocación de mandato, que, sumados a los 830.5 millones aprobados por los diputados, sumaban mil 275.9 millones para dicho ejercicio. Con todo, el faltante para llevarla a cabo conforme a los estándares establecidos por las áreas técnicas ascendía a 2 mil 554.4 millones de pesos.

El 10 de diciembre, el Consejo General del INE aprobó su presupuesto ajustado, y estableció una meta de ahorros por un monto de 227.1 millones de pesos. En total, el INE generaba así una bolsa de mil 503 millones de pesos para la consulta de revocación de mandato, pero Córdova aclaró que aún faltaban 2 mil 300 millones de pesos, por lo que era necesario esperar la resolución de la Suprema Corte respecto de la controversia constitucional interpuesta por el INE.

Por su parte, la SCJN emitió un acuerdo del ministro Juan Luis González Alcántara, instructor en la controversia constitucional promovida por el INE en contra del PEF, en el que se le negaba al instituto la posibilidad de suspender el proceso de consulta de revocación de mandato en tanto se resolviera el fondo de la controversia por la insuficiencia presupuestal.

En su acuerdo, el ministro señaló que no podía otorgar ninguna suspensión al INE y que el fondo se resolvería hasta que la convocatoria a la revocación fuera un hecho consumado; es decir, hasta después del 25 de diciembre, fecha en la que se sabría si los promoventes reunirían las firmas del 3% de ciudadanos inscritos en la lista nominal de electores. El documento señalaba:

> Es improcedente la suspensión respecto a que el Instituto Nacional Electoral no tenga que hacer ajustes a su presupuesto, como se prevé en el artículo 4.º transitorio del decreto por el cual se expidió la Ley Federal de Revocación de Mandato (LFRM), así como que se exima al instituto y a su personal de las sanciones administrativas, penales o de diversa índole a que hubiera lugar.[15]

La resolución fue celebrada por el presidente y por toda la plana mayor de Morena, y los periódicos destacaron el hecho de que la SCJN advirtiera de posibles sanciones por no acatar la Ley Federal de Revocación de Mandato. Pero el INE hizo su propia interpretación de ésta, asegurando que el acuerdo del ministro Juan Luis González Alcántara había negado la suspensión relativa a la adecuación presupuestal, pero no obligaba al instituto a emprender acción o tomar determinación alguna, pues sería hasta que la convocatoria a la revocación de mandato fuera un hecho consumado cuando se resolvería el fondo de la controversia.[16]

Una semana después, el INE tomó una de las decisiones más polémicas de la era Córdova: la suspensión temporal de todas las actividades previstas en el plan integral y calendario para la organización de la consulta de revocación de mandato; para entonces ya se había establecido el domingo 10 de abril como fecha para la jornada de consulta, lo que daba al instituto cuatro meses para organizar todo.

El acuerdo sólo fue respaldado por seis consejeros: Córdova, Ciro Murayama, Claudia Zavala, Dania Ravel, Jaime Rivera y José Roberto Ruiz Saldaña. Y fue rechazado por Carla Humphrey, Adriana Favela, Norma Irene de la Cruz, Martín Faz y Uuc-kib Espadas.

En él se establecía:

> Se determina, como medida extraordinaria, [...] posponer de forma temporal todas las actividades para la organización del proceso de revocación de mandato del presidente de la República electo para el periodo constitucional 2018-2024, salvo la verificación de las firmas de apoyo ciudadano y la entrega del informe que contenga el resultado de la verificación de las firmas de apoyo de la ciudadanía, así como interrumpir los plazos respectivos, derivado del recorte presupuestal aprobado por la Cámara de Diputados al INE para el ejercicio 2022, hasta en tanto se tengan condiciones presupuestarias que permitan su reanudación.
>
> [...]
>
> La posposición estará vigente hasta en tanto la Suprema Corte de Justicia de la Nación resuelva la cuestión planteada en la controversia constitucional presentada por el INE, o cuando la autoridad competente le genere a este instituto las suficiencias presupuestarias originalmente solicitadas para llevar a cabo dicha revocación de mandato conforme a lo previsto en la Constitución y las leyes aplicables.[17]

El presidente reaccionó de inmediato:

"Son chicanadas, son tácticas dilatorias, parecen abogados huizacheros. Pero el fondo ya está resuelto, que era lo que nos importaba. Y, fíjense, ahora sí que, como diría el finado Juan Gabriel: las vueltas que da la vida. Los partidos opositores, incluidos los que están de consejeros, antes hablaban de la democracia participativa, de la consulta, del referéndum, del plebiscito, de revocación de mandato, y de repente cambian por completo, porque no son auténticos demócratas, fingen ser demócratas", acusó en la mañanera del viernes 17 de diciembre.

Lo mismo que el dirigente de Morena, Mario Delgado, quien publicó en su cuenta de Twitter: "Tal como lo advertimos, Lorenzo Córdova ha decidido encabezar la oposición al avance democrático de nuestro país y detener el proceso para la revocación de mandato. El INE ha claudicado su responsabilidad constitucional de respetar los derechos políticos de los mexicanos".

Y el presidente de la Cámara de Diputados, Sergio Gutiérrez Luna:

"Esa decisión del INE viola tanto la Ley Federal de Revocación de Mandato como una determinación que la propia Suprema Corte de Justicia de la Nación acaba de resolver en razón justamente de la controversia que planteó el INE. Esa actitud contumaz y de violación será combatida. Por ello, en mi carácter de presidente de la Cámara de Diputados y representante legal de la misma, en ejercicio de las facultades que me confiere la Constitución federal, presentaré recurso de queja para que la propia Corte determine que el INE violó una resolución de ese órgano jurisdiccional. Asimismo, se presentarán las denuncias ante la Fiscalía General de la República y la contraloría del INE por las responsabilidades administrativas y penales, por la posible comisión de los delitos de abuso de autoridad y coalición de servidores públicos, entre otros", declaró Gutiérrez Luna en un video subido a las redes oficiales de la Cámara de Diputados la noche del 17 de diciembre.[18]

La resolución del INE también desató reacciones de la jefa de gobierno Claudia Sheinbaum, el canciller Marcelo Ebrard; desplegados firmados por diputadas y diputados de Morena, PT y PVEM; de presidentes municipales emanados de la coalición oficialista y de los 18 gobernadores de la 4T.

Así, en un desplegado publicado el 19 de diciembre, las seis gobernadoras y los 12 gobernadores de Morena y aliados llamaron a Córdova y los demás consejeros a reconsiderar su decisión:

> Pareciera que a algunos de los consejeros del órgano electoral les resultó más fácil explicar "por qué no" posibilitan el ejercicio de un derecho que encontrar 'cómo sí' pudieran garantizarse. La lucha por la democracia participativa tiene muchos años y tiene implicaciones que van más allá de quienes ostentamos un cargo público, lo que está en juego no es el resultado de una consulta en específico, lo que está en juego es si las mexicanas y los mexicanos tenemos el derecho a ser tomados en cuenta para las decisiones trascendentales de nuestra patria.

El presidente, en su mañanera el 20 de diciembre, atizó el fuego, hurgando en la biografía de Lorenzo Córdova, para encontrar conexiones entre él y la periodista Carmen Aristegui, que para entonces ya había caído de la gracia del presidente por la publicación de reportajes sobre las actividades empresariales de sus hijos, José Ramón y Andy.

"La verdadera doctrina del conservadurismo es la hipocresía, por eso estamos ante esta situación tan lamentable de que un órgano electoral que debería promover la democracia se ha dedicado a obstaculizarla. Incluso sin respetar el mandato constitucional en la esencia, en el espíritu. Lo demás es secundario, de que si tienen presupuesto o no; aquí lo fundamental es que la Constitución obliga a que, si se cumplen requisitos que establece la ley, se tiene que llevar a cabo una consulta. Si eso no se quiere cumplir y se usan excusas, pues es parte de la simulación de siempre y exhibe el papel que jugaron durante mucho tiempo todos estos personajes. El presidente del INE era el comentarista sobre temas democráticos y electorales de un programa especial de también otra periodista que en ese tiempo actuaba de manera independiente, con una postura distinta, la conductora Carmen Aristegui. De ahí surgió el presidente del INE, que era en apariencia lo más avanzado que había durante el periodo neoliberal, pero todo era una farsa. Ahora se está demostrando", sostuvo AMLO.

En los días siguientes, López Obrador arreció en sus críticas, con expresiones que nuevamente ponían sobre la mesa su concepción de la democracia: "La democracia es el pueblo, no el INE", "La democracia la hace el pueblo, no los aparatos burocráticos", "Si no quieren hacerlo, lo puede hacer la gente...".

En paralelo, Morena interpuso un recurso de apelación ante el Tribunal Electoral, y el presidente de la Cámara de Diputados promovió una controversia constitucional ante la SCJN, impugnando el acuerdo de suspensión aprobado por el INE el 17 de diciembre.

El INE respondió a las críticas con explicaciones sobre los costos de la consulta de revocación de mandato, y por qué era imposible hacerla con los recursos que aprobó la Cámara de Diputados. En sus redes sociales, el instituto publicó una gráfica que desglosaba los 3 mil 800 millones de pesos solicitados para llevar a cabo el ejercicio: mil 795 millones de pesos para la contratación de capacitadores y supervisores electorales, y la operación de campo para reclutar y capacitar a los funcionarios de casilla; mil 471 millones de pesos para instalar 161 mil casillas; 502 millones de pesos para los gastos administrativos de la jornada electoral; 31 millones de pesos en la impresión del listado nominal y materiales electorales; 27 millones en difusión; 3 millones para el monitoreo de propaganda y encuestas, y 3 millones que ya se estaban ejerciendo en la verificación de las firmas de apoyo ciudadano para convocar a la revocación.

En un mensaje en el que daba a conocer estas cifras, el consejero presidente del INE también atizó el fuego, al emplear palabras que dolían en las filas de la 4T.

"Hay quienes no saben cuáles son los costos reales de una revocación de mandato o, sabiéndolo, mienten y descalifican vulgar y arteramente. Aquí explico lo que le costará hacerla al @INEMexico si se quiere que cumpla con lo que establece la ley y no hacer un remedo de ejercicio", escribió en su cuenta de Twitter el 20 de diciembre.

Las cifras del INE, acompañadas de las declaraciones de Córdova y Murayama, lejos de convencer a los dirigentes de Morena, reforzaron sus prejuicios contra la autoridad electoral. En plenas fiestas navideñas, cuando la agenda política normalmente se desvanece, el presidente y sus legisladores hablaban todo el día de la consulta de revocación de mandato, de la democracia y del sistema electoral. Todo Morena insistía en que los consejeros debían renunciar a sus privilegios, dejar de ganar más que el presidente de la República y aplicar medidas de austeridad para dejar de ser "el órgano electoral más caro del mundo".

La guerra de declaraciones escaló hasta que el 22 de diciembre el diputado Sergio Gutiérrez Luna cumplió la amenaza de denunciar penalmente a los consejeros Lorenzo Córdova, Ciro Murayama, Claudia Zavala, Dania Ravel, Jaime Rivera y José Roberto Ruiz Saldaña, y al secretario ejecutivo del INE, Edmundo Jacobo, por haber declarado la suspensión temporal de las actividades de la consulta de revocación de mandato.

Según la denuncia, los consejeros que votaron a favor de ese acuerdo incumplieron los principios de legalidad, honradez, lealtad, imparcialidad y eficiencia, por lo que fueron acusados de abuso de autoridad y coalición de servidores públicos, delitos que se castigan hasta con siete años de prisión.

Ese mismo día, el INE sufrió otro revés jurídico, pues la Comisión de Receso de la Suprema Corte de Justicia de la Nación admitió a trámite la controversia interpuesta por la Cámara de Diputados, y ordenó al instituto abstenerse de ejecutar su acuerdo de suspensión de actividades de la consulta de revocación de mandato; es decir, le instruyó continuar con la organización y desarrollo del proceso con los mil 503 millones de pesos disponibles para ello.

Las dos integrantes de la Comisión de Receso de la SCJN, Yasmín Esquivel y Margarita Ríos Farjat, aseguraron en su acuerdo que la partida presupuestal determinada por el propio instituto para la consulta de revocación de mandato era un "indicador de viabilidad financiera". Advirtieron que sería un contrasentido que lo que no obtuvo el INE en la controversia que interpuso lo pretendiera decretar por su cuenta mediante un acuerdo aprobado en el Consejo General con una votación dividida. Las ministras agregaron un jalón de orejas a los consejeros:

> Con la concesión de la suspensión se favorece la continuidad de un ejercicio democrático y ciudadano. Además, el párrafo segundo del artículo 29 de la Constitución Política del país establece que los derechos políticos no pueden ser restringidos o suspendidos de manera general, por lo que la ejecución del acuerdo del INE pone en riesgo el ejercicio oportuno del derecho de la ciudadanía a decidir si revoca o no el mandato.[19]

Al día siguiente vinieron las reacciones.

El presidente celebró la decisión de las dos ministras de la Corte y aprovechó para volver al tema de la democracia participativa y arremeter contra los consejeros del INE.

"Ésa sí fue una muy buena decisión, porque no se debe obstaculizar la democracia y, segundo, no se debe violar la Constitución, son las dos cosas. Y yo considero que oponerse a la revocación de mandato, a que se celebre una consulta, a que se les pregunte a los ciudadanos sobre el comportamiento de una autoridad… si se obstaculiza ese procedimiento, es actuar de manera antidemocrática", dijo el jueves 23 de diciembre, en su última conferencia antes de las vacaciones navideñas.

El INE emitió un comunicado asegurando que acataría la resolución de la SCJN, pero también advirtió que se mantendría atento a la resolución de fondo respecto de la controversia constitucional que había interpuesto el 7 de diciembre ante la insuficiencia presupuestal.

> Por lo pronto, la determinación comunicada este jueves por la SCJN tiene carácter de provisional y no resuelve el fondo del asunto. La determinación de fondo será fundamental para atender el mandato expreso de la Ley de Revocación de Mandato, que, en su artículo 40, señala que la jornada de revocación de mandato debe sujetarse al procedimiento dispuesto para la celebración de elecciones federales.[20]

La decisión de la Corte fue sólo el anticipo de una Navidad amarga para los consejeros electorales, especialmente para Lorenzo Córdova, quien había programado un viaje familiar a la playa, el cual tuvo que interrumpir por las constantes llamadas de sus asesores y las reuniones virtuales de la Junta General Ejecutiva y el Consejo General del INE.

Entre el viernes 24 y el sábado 25, Córdova concilió un comunicado de los 11 integrantes del Consejo General (aun los cinco que votaron en contra del acuerdo del 17 de diciembre, que no estaban incluidos en la denuncia penal). Se trataba de un posicionamiento en defensa de la autonomía constitucional del INE y en contra de lo que Córdova calificó como una persecución política.

> Por encima de las diferentes posiciones que hemos adoptado sobre ésta y otras decisiones, las consejeras y consejeros electorales del INE rechazamos las denuncias penales contra cualquiera de nuestras y nuestros compañeros y toda forma de intimidación y vulneración de nuestra autonomía. Las diferencias de criterio en casos en los que válidamente puedan sustentarse diversas soluciones en el marco de nuestras atribuciones legales no deben ameritar la persecución penal, sobre todo cuando quienes las adoptan han explicado públicamente los motivos de su decisión. En un Estado democrático de derecho las diferencias de opinión no se persiguen como delitos.[21]

Organizaciones nacionales e internacionales, como la Unión Interamericana de Organismos Electorales (Uniore), la Barra Mexicana Colegio de Abogados, la Asociación de Instituciones Electorales de los Estados y dirigentes de partidos de la oposición condenaron que se pretendiera perseguir por la vía penal a la autoridad electoral.

Y hasta el propio AMLO rechazó, en su conferencia del lunes 27 de diciembre, que se hubiera procedido penalmente en contra de los consejeros.

"Pienso que debe ser la Corte, el Poder Judicial, el Tribunal Electoral… no penalizar nada. Yo creo que cometieron un error, y lo tendrían que reconocer, porque se opusieron a un mandato constitucional y actuaron de manera antidemocrática, pero en política hay que saber rectificar. Ya la Corte dio un fallo para que continúe el proceso de revocación del mandato, que se cumpla con eso. Lo demás no lo considero conveniente, pienso incluso que sirve para que tengan más excusas los consejeros y demoren más el proceso y no cumplan con su responsabilidad", opinó el presidente.

Pero sus diputados y sus fiscales tenían otra idea.

Horas después de la mañanera de AMLO, la presidencia de la Cámara de Diputados emitió un comunicado en respuesta al posicionamiento del Consejo General del INE, defendiendo la procedencia legal de las denuncias penales. Gutiérrez Luna aseguró que las denuncias habían salido del ámbito de la Cámara y su seguimiento sólo dependía de la Fiscalía General de la República (FGR), y negó que hubiera persecución o intimidación en contra de los consejeros.

Al día siguiente, los medios *Reforma* y *Animal Político* informaron sobre la apertura de una carpeta de investigación en la Fiscalía Anticorrupción de la FGR, encabezada por María de la Luz Mijangos.

Sin embargo, en la mañanera del 29 de diciembre, el presidente puso punto final a la polémica, revelando que Gutiérrez Luna se desistiría de la denuncia.

—Qué buena actitud del presidente de la Cámara de Diputados, Sergio… —dijo el presidente cuando una reportera le tocó el tema.

—Gutiérrez —completó la reportera.

El presidente ni siquiera recordaba los apellidos del diputado.

—Gutiérrez —asintió AMLO.

—Luna —volvió a intervenir la reportera.

—Sergio Gutiérrez Luna… que presenta una denuncia porque él considera que es un delito el que cometieron y lo reflexiona a partir de que hay una inconformidad o lo consideran excesivo, y dice "me retracto" o "ya no continúo con la denuncia", no sé qué procedimiento utilizó.

—Que no va a ratificar —corrigió la periodista.

—Que no va a ratificarla, entonces ya. Pero qué bien que lo hizo, o sea, porque, primero, no hay que perseguir a nadie, libertad, cero represión, cero censura, y no darles motivo a estos conservadores que andan buscando por todos lados cómo convertirse en paladines de la libertad, cuando no lo son. Son muy reaccionarios, mucho muy reaccionarios —dijo el presidente en una conferencia que concluyó antes de las 9 de la mañana.

A las 10 el presidente de la Cámara hizo realidad el augurio presidencial, con dos tuits enviados desde la cuenta oficial de la Cámara de Diputados.

> La presidencia de la Cámara de Diputados informa que, escuchando con pluralidad, apertura y buena fe, ha decidido tomar todas las medidas jurídicas a su alcance para efecto de que no continúen las indagatorias penales en contra de funcionarios del INE.

Esta presidencia manifiesta siempre su disposición a escuchar y atender a todas las voces como una labor permanente e incluyente.

La decisión de no ratificar la denuncia halagó a los consejeros, pero no por ello bajaron su propio tono de confrontación con el gobierno. Los tuits de respuesta de Córdova y Murayama, del 29 de diciembre, dan cuenta de que ellos tampoco querían arriar las banderas de batalla.

"La presidencia de la Cámara de Diputados detiene su intención de perseguir penalmente a consejeros del INE. Menos mal. Lo hace tras la amplia reprobación pública a su pretensión, lo que confirma que se trató de una decisión estrictamente política. Y, además, de corte autoritario", escribió Murayama a las 11:55 de la mañana.

"Frente a las pulsiones autoritarias que amenazan a la democracia, la defensa de las libertades y valores que la sustentan por parte de la sociedad (académicos, periodistas, formadores de opinión, asociaciones civiles, organizaciones gremiales, etc.) es fundamental", publicó Córdova a la 1:37 de la tarde.

La denuncia penal de Gutiérrez Luna fue un error estratégico que Córdova y su equipo en el INE decidieron explotar al máximo. El consejero presidente cerró el año dando varias entrevistas a medios nacionales y extranjeros en las que abiertamente habló de una persecución política por parte del régimen contra la autoridad electoral.

En la narrativa del INE, el arrebato de Gutiérrez Luna y las constantes declaraciones del presidente López Obrador en contra del sistema electoral encajaban perfectamente en un manual de desgaste democrático, como si fuera un guion escrito por Steven Levitsky y Daniel Ziblatt, autores del bestseller mundial *Cómo mueren las democracias* (Ariel, 2018). Un relato que Córdova y Murayama mantendrían vigente durante el año y medio que aún les quedaba como consejeros.

Pero, en los hechos, el INE sumó una derrota más antes de que concluyera el complejo 2021.

El 29 de diciembre, la Sala Superior del Tribunal Electoral discutió y resolvió la impugnación de Morena en contra del acuerdo del INE mediante el cual se habían suspendido las actividades de la consulta de revocación de mandato, y, en una decisión unánime, le ordenó llevar a cabo y gestionar las adecuaciones necesarias a su presupuesto, sin afectar sus obligaciones constitucionales, legales, estatutarias y laborales, a fin de garantizar el adecuado desarrollo de las actividades calendarizadas en el proceso.

Además, el Tribunal vinculó a la Secretaría de Hacienda para que, en caso de que subsistiera la insuficiencia de recursos argumentada por el INE, atendiera una posible solicitud de ampliación presupuestal.[22]

Obviamente, AMLO celebró el fallo del Tribunal Electoral y, en la mañanera del 30 de diciembre, le pidió a su secretario de Gobernación, Adán Augusto López, que explicara a los medios de comunicación el alcance de la sentencia.

"Básicamente la resolución del Tribunal Electoral revoca el acuerdo que el INE había emitido, le dice que la única causa por la que se puede suspender el proceso de revocación de mandato sería porque no se reúne el número de firmas suficientes", explicó el secretario.

Ese mismo día, el Consejo General del INE tuvo que sesionar para acatar el fallo del Tribunal Electoral y el acuerdo de la Comisión de Receso de la Suprema Corte. Los consejeros tuvieron que aceptar la derrota jurídica y ordenar a las áreas técnicas del instituto proseguir con todas las actividades previstas para la consulta de revocación de mandato, con los 1 503 millones de pesos disponibles para ello.

El acuerdo se aprobó por unanimidad, pero, antes de cerrar esa sesión y de que acabara el año, Córdova todavía le regaló una última imagen a sus detractores: la fotografía de un presidente del INE furibundo que levantaba la voz, agitaba las manos, gesticulaba y lucía rojo como un chile chipotle frente a la cámara que usaba para conectarse a las sesiones virtuales del Consejo General. Un consejero presidente que, bronceado por un viaje relámpago a la playa, manoteaba frente a la computadora para exigir, visiblemente exaltado, que se leyera completa la sentencia del Tribunal, y no sólo la parte que convenía a Morena.

Molesto, Córdova advertía que, como ocurrió con la consulta popular, el INE haría una de revocación de mandato con las casillas que le alcanzara según su presupuesto, y no con las 161 mil programadas.

"¡Cuidado!", gritó ante la cámara de su computadora.

"No vamos a poder dejar de entregar credenciales, no vamos a poder dejar de fiscalizar, no vamos a poder dejar de hacer monitoreo, no vamos a vulnerar ninguno de los derechos laborales que están en la Constitución. Leamos completa la sentencia. Si además logramos de ahí sacarles jugo a las piedras, veremos cuánto logramos. Y, si falta, la sentencia es clara, iremos a la Secretaría de Hacienda, y, si se dice 'ya se le pidió a Hacienda', ¡claro! Pero ahora Hacienda no va a poder contestarnos lo que ya nos contestó en otras ocasiones, cuando le preguntamos, le pedimos recursos para hacer la consulta popular. Hacienda nos contestó en un oficio, recordémoslo, porque luego la memoria es breve: 'El gobierno federal tiene otras prioridades, hazlo como puedas'. Así nos contestaron, y eso ya no lo va a poder hacer Hacienda, nos tendrá que fundar y motivar por qué no nos da recursos.

"Y, si luego no hay recursos, se va a hacer con lo que se tenga. Y, si no se pueden cumplir los extremos de la ley, el INE hizo todo lo que pudo. Y, si hay menos casillas, habrá menos casillas", prosiguió Córdova.

Esta intervención sería recordada por su estridencia. Fue tal que dio pie a un sinfín de memes en redes sociales, caricaturas y un editorial en *La Jornada* titulado "INE, extravío y perspectivas":

> Estos seis consejeros embarcaron al INE en una aventura que ha tenido un costo muy alto para el propio instituto, pues su desacato fue leído por la mayor parte de la sociedad como empecinamiento en mantener un tren de vida principesco a expensas de los contribuyentes, como desprecio por la democracia participativa y como un alineamiento con los partidos de oposición que se empeñan en desacreditar este ejercicio democrático, lo cual no hace ningún bien a un organismo cuya razón de ser reside en la imparcialidad.

Además, el diario favorito del régimen lopezobradorista ponía sobre la mesa la que sería la siguiente batalla del presidente: la de la reforma electoral.

> Tal extravío sólo puede entenderse como fruto de una arrogancia tecnocrática, de un divorcio de la realidad y de una grave incomprensión del momento nacional: mientras el país está comprometido en una transformación de fondo, un grupo de funcionarios piensa que no ha cambiado nada y que puede arrogarse facultades legislativas, judiciales y ejecutivas sin consecuencia alguna. En suma, estos consejeros siguen comportándose como integrantes de un régimen oligárquico y antidemocrático del que el INE ha formado parte desde su origen en el Instituto Federal Electoral, y creyeron desafiar al Poder Ejecutivo cuando en realidad atentaban contra el ordenamiento legal y el sentir mayoritario del país, y se confrontaron, en realidad, con los tres Poderes de la Unión. Esta conducta recuerda de nueva cuenta la urgencia de restructurar a fondo y dignificar los organismos electorales, emprender una reforma política del sistema de partidos (hacia los que existe una extendida desconfianza popular) y garantizar que unos y otros actúen con sentido democrático.[23]

Si bien la denuncia penal no fue ratificada, la suspensión de la revocación de mandato también fue denunciada por Gutiérrez Luna ante el Órgano Interno de Control del INE, que nunca cerró el expediente. En enero de 2026, cuando ya estaban por dejar sus cargos, las consejeras Dania Ravel y Claudia Zavala, y el consejero Jaime Rivera, aún eran objeto de indagatorias que podían causarles sanciones administrativas, con motivo del voto que emitieron cuatro años antes, en aquella polémica decisión.

Así cerraba el año el INE, mientras en sus oficinas el personal de base pasaba largas jornadas contando millones de firmas que habían sido llevadas en camiones por los promotores de la consulta deseada por el presidente.

"Que siga la democracia": firmaron hasta los muertos

Todas estas disputas legales se daban mientras Morena movilizaba a sus simpatizantes para reunir las firmas necesarias para promover la consulta de revocación de mandato. El objetivo era rebasar el número de apoyos establecido en la Constitución, del 3% de ciudadanos inscritos en la lista nominal de electores. Para ese momento, el listado nominal era de 91 millones 940 mil personas, por lo que la cifra mágica era 2 millones 758 mil 227. Además, se debía lograr que dichas firmas provinieran de al menos 17 entidades, con el mismo 3% del listado estatal.

Para lograrlo, Morena echó a andar varias estrategias: por la vía jurídica, logró que el Tribunal Electoral permitiera que se recabaran firmas en formatos de papel en todo el país, y no sólo en los 225 municipios de más alta marginación, como había dispuesto originalmente el INE. Con ello logró que la recolección de firmas fuera un proceso de movilización territorial de sus estructuras en todos los rincones del país, sin depender de que los recolectores de firmas tuvieran un teléfono inteligente con conexión a internet capaz de procesar los datos mediante la aplicación diseñada por el INE. Además, la entrega de miles de cajas con firmas ciudadanas apoyando la revocación, en las oficinas centrales del INE, fue un acto de propaganda que atraía a los medios y a influencers ligados a la 4T, que creaban contenidos virales con esas escenas.

El plazo para recolectar firmas corrió del 1 de noviembre al 25 de diciembre, y después el INE tendría 40 días, entre el 26 de diciembre y el 3 de febrero, para revisar la autenticidad de los apoyos y el cumplimiento del 3% exigido por la Constitución.

El primer reporte que dio el INE sobre la recolección de firmas fue del 11 de noviembre, cuando se informó que las 22 mil 415 personas promoventes autorizadas por el INE para captar firmas habían recibido 135 mil firmas (todas a través de la aplicación), lo que equivalía apenas al 5% de las requeridas.

Para el 18 de noviembre ya eran más de 399 mil (14.4% de las firmas requeridas), y para el 1 de diciembre ya se habían capturado más de 832 mil apoyos (30% de la meta), una cifra baja si se consideraba que ya había transcurrido un mes y que sólo faltaban 25 días para captar casi 2 millones de firmas, en pleno periodo vacacional.

El 1 de diciembre, en su discurso por su tercer año, AMLO llamó a sus simpatizantes en el Zócalo a apretar el paso.

"Tengamos fe en el pueblo, y sigamos haciendo historia", animó, mientras los promotores de la consulta de revocación de mandato recorrían las calles del primer cuadro buscando firmas.

Ese mismo día, Morena lanzó una campaña en la que abiertamente llamaba a firmar "para que iniciara el proceso de ratificación", lo que generó que los partidos de oposición presentaran una queja ante el INE por el uso del verbo "ratificar", que desvirtuaba el espíritu de este ejercicio de democracia participativa.

La Comisión de Quejas resolvió ésta en favor de la oposición, y ordenó a Morena y a las organizaciones promoventes no hacer campaña en favor de la "ratificación", sino de la "revocación".

Lo que parecía un pleito simple de nomenclatura era, en realidad, una cuestión de fondo, pues la revocación de mandato se había puesto en la Constitución como un derecho de la ciudadanía para acabar con un mal gobierno a la mitad de su periodo, y no como una prerrogativa del gobernante para medir su popularidad.

Toda la campaña de Morena se enfocó en la ratificación de AMLO, y para ello se crearon organizaciones ligadas al partido, pero con personalidad jurídica propia, como Que Siga el Presidente, A. C., y, la más famosa, Que Siga la Democracia, A. C., dirigida por la morenista Gabriela Jiménez, una excandidata a diputada federal que perdió su elección en un distrito de la alcaldía Azcapotzalco en la Ciudad de México. La expresión "que siga" apelaba directamente a una de las dos respuestas posibles en la papeleta que se usaría en la jornada del 10 de abril.

Como los partidos tenían prohibido participar en este proceso, la creación de estas organizaciones permitió a la dirigencia de Morena, encabezada por Mario Delgado, darle la vuelta a la restricción legal y promover indirectamente la recolección de firmas.

Esto también confrontó al gobierno y a la autoridad electoral, pues, mientras el INE prohibía la propaganda que usara la palabra "ratificación", los legisladores y dirigentes de Morena acusaban que ésa era otra táctica para bloquear el ejercicio.

Para el 8 de diciembre, el INE ya daba reportes diarios del avance en la recolección de firmas de apoyo ciudadano a la consulta de revocación de mandato, incluyendo el porcentaje de las que ya se habían cotejado como válidas. Ese día, el INE reportó la entrega de un millón 33 mil firmas, de las que 830 mil eran válidas, por lo que el avance seguía siendo del 30 %, y faltaban sólo 17 días para que venciera el plazo.

Pero al día siguiente, 9 de diciembre, los dirigentes de Que Siga la Democracia, encabezados por Gabriela Jiménez, llevaron al INE un camión con 261 cajas, en las que había un millón 68 mil 157 firmas recabadas en formatos de papel. Las cajas fueron colocadas en las rejas del INE, donde los promotores ofrecieron una conferencia de prensa que fue cubierta por todos los medios.

El 12 de diciembre, Día de la Guadalupana, Que Siga la Democracia llevó otro millón de firmas al INE, esta vez en 250 cajas que fueron transportadas en el mismo camión de una empresa de transporte.

El jueves 16 de diciembre, un tercer camión fue llevado hasta el INE, con 366 cajas y un millón 600 mil firmas. Con esta tercera entrega, la asociación Que Siga la Democracia superaba ya las 3 millones 754 mil firmas de papel, además de un millón 195 mil recabadas vía electrónica a través de la aplicación del INE.

En sus redes sociales, la asociación de Gabriela Jiménez dijo ese día que seguirían llevando firmas al INE incluso en Navidad, y advertía: "Para demostrar que somos millones los que queremos que siga AMLO".

Para entonces, el INE ya comenzaba a detectar inconsistencias graves en las firmas. Por ejemplo, algunos apoyos se capturaban con datos incorrectos o incompletos, o con fotografías que no correspondían a una credencial de elector. Incluso en las primeras revisiones se detectó que algunos promotores incluían fotos de perros u objetos. Además, había registros duplicados y nombres de personas que ya habían causado baja del padrón electoral, lo que abría la sospecha de que los promotores estaban haciendo un uso ilegal de éste.

El 16 de diciembre, la Comisión de Quejas y Denuncias del INE resolvió dos medidas cautelares solicitadas por el PRD por la participación de diputadas y diputados de Morena y funcionarios públicos en la recolección de firmas, tras lo cual inhabilitó a 10 promotores que para ese momento ya habían entregado 564 mil apoyos, de los cuales 71 mil tenían inconsistencias.

Además, resolvió una queja del PAN en contra de un grupo de ciudadanas y ciudadanos por el probable uso y posesión indebida de datos del padrón electoral.[24]

El 20 de diciembre, Gabriela Jiménez llevó un cuarto camión al INE; esta vez con 504 cajas y 2 millones 79 mil firmas. Con esta nueva entrega, los promotores de la revocación ya sumaban más de 5.8 millones de firmas de papel entregadas a la autoridad electoral, que habilitó una bodega en un lugar conocido como "Charco Azul", al sur de la Ciudad de México, para que un ejército de funcionarios electorales revisara, uno a uno, los millones de formatos.

El 25 de diciembre, en plena cruda navideña, el INE tuvo que abrir sus puertas a un quinto camión de promotores de la asociación Que Siga la Democracia, que en el último día de recolección entregó 3 millones de firmas más, recabadas en todo el país.

Ese día, el INE dio a conocer un corte final de firmas recabadas por medio de la aplicación, que llegaba a un millón 382 mil apoyos, de los cuales un millón 80 mil eran válidos; es decir, apenas el 39.1% de las 2.7 millones de firmas válidas que se requerían para convocar a la revocación.

El uso de la aplicación permitía al INE un cotejo automático de la autenticidad de los apoyos recabados, pero evidentemente era un método insuficiente para los seguidores de AMLO, que habían entregado más de 9.7 millones de firmas en formatos de papel, que ahora el INE debía revisar manualmente.

En enero de 2022, en medio de las escaramuzas por el tema del presupuesto del INE, se dio a conocer un reporte con números definitivos sobre las firmas recabadas entre el 1 de noviembre y el 25 de diciembre. En total, se habían recibido 11 millones, 103 mil 938 firmas, de las cuales un millón 382 mil se recabaron mediante la aplicación y 9 millones 721 mil en formaros de papel.

La revisión de las firmas recibidas en la aplicación había concluido que, un millón 117 mil eran firmas válidas cotejadas con la lista nominal de electores, y más de 264 mil tenían inconsistencias.

Las firmas de papel habían sido entregadas al INE en 3 mil 291 cajas y, para entonces, ya se habían abierto y revisado casi la mitad de ellas (4.7 millones). En formatos de papel, el INE ya contaba con otras 821 mil firmas válidas y 199 mil con inconsistencias.

Sumadas las que se entregaron vía electrónica y las de papel, para el 11 de enero el INE reportaba un millón 939 mil firmas válidas, equivalentes al

70% de la meta. Es decir, la consulta de revocación de mandato era prácticamente un hecho.

El martes 18 de enero, el director del Registro Federal de Electores, René Miranda, convocó a los medios en el Charco Azul para informar que ya se había alcanzado el umbral del 3% de la lista nominal para convocar a la revocación de mandato.

En ese momento se contaba con 2 millones 845 mil firmas verificadas, con una dispersión en 21 estados, con lo que se cumplían los dos requisitos establecidos en la Constitución para llevar a cabo el proceso.

En los días siguientes, el INE hizo una muestra aleatoria de las firmas validadas y llevó a cabo 850 visitas domiciliarias para verificar que las firmas hubieran sido entregadas voluntariamente por la ciudadanía.

Y el 21 de enero dio a conocer un informe preliminar de la verificación de los más de 11 millones de firmas recabadas. Hasta ese momento, se habían revisado 3 millones 878 mil firmas, de las cuales, 3 millones 27 mil eran válidas y 851 mil presentaban inconsistencias. Que casi una cuarta parte de firmas con errores, duplicadas o pertenecientes a electores inexistentes o ya fallecidos, obsesionó al consejero Ciro Murayama, quien decidió poner lupa en el proceso mediante el cual Que Siga la Democracia había recabado 9.7 millones de firmas de papel.

Eso abrió una discusión al interior del INE, pues algunos consejeros, como Córdova y Murayama, querían revisar hasta la última firma de las 11 millones 103 mil rúbricas para poder contar con una cifra definitiva de apoyos con inconsistencias; y otros, como Carla Humphrey y Uuc-kib Espadas, estimaban innecesario el ejercicio cuando ya se había rebasado el umbral del 3% de apoyos ciudadanos exigido en la Constitución. Además, seguir revisando firmas podría generarle al INE un costo de 6.3 millones de pesos adicionales.

Así, el 26 de enero la Comisión del Registro Federal de Electores, que encabezaba Murayama, acordó suspender la revisión para no tener que pagar un mes más al personal eventual contratado para hacer el cotejo. El informe final del INE establecía que 3 millones 451 mil 843 firmas eran válidas, por lo que se había rebasado por mucho el umbral del 3% para convocar a la consulta de revocación de mandato. Los apoyos con inconsistencias sumaban 990 mil 189.

Murayama persistió en sus indagatorias y, dos años después, en la última sesión del Consejo General del INE con la integración presidida por Lorenzo Córdova, logró que se sancionara a Que Siga la Democracia con una multa de medio millón de pesos, al resolverse un procedimiento sancionador mediante el cual se confirmó que la asociación entregó al INE 14 mil 940 firmas de personas fallecidas.

Murayama calificó la conducta como grave y dolosa, y promovió que en el acuerdo se contemplara, como medida de restitución, la publicación de la resolución durante un periodo de 30 días naturales en las redes sociales de la asociación y de su representante, Gabriela Jiménez.

El INE dio vista al Instituto Nacional de Transparencia, Acceso a la Información Pública y Protección de Datos Personales (INAI) por el posible uso indebido de datos personales, y, ante la posible comisión de diversos delitos, a la Fiscalía General de la República.

La resolución fue impugnada por la asociación civil, que más tarde obtuvo su registro como agrupación política nacional. Pero el Tribunal Electoral la confirmó el 9 de agosto de 2023 y sólo eliminó de la sanción la obligación de publicar la resolución del INE en las redes de Que Siga la Democracia.

El Chipotle

Mientras revisaba firmas, el INE también hacía cuentas sobre el número de casillas que iba a poder instalar con los recursos disponibles para la consulta de revocación de mandato.

El 12 de enero, el Consejo General aprobó solicitar una ampliación presupuestal a la Secretaría de Hacienda por mil 738 millones de pesos. Tal como se lo había ordenado la Corte en diciembre, el INE explicó a Hacienda por qué esa cantidad adicional era indispensable para poder instalar las 161 mil casillas requeridas para cubrir toda la geografía nacional.

Pero el gobierno de AMLO tenía otros planes y, el 13 de enero, el secretario de Gobernación presentó en la conferencia mañanera un plan de austeridad que le sugería el gobierno al INE.

En cinco láminas, Adán Augusto López explicó lo que podría hacer el INE para llevar a cabo la consulta de revocación de Mandato: aplicar un nuevo tabulador a funcionarios del INE para reducir el gasto en sueldos y salarios en 718 millones; usar los 868 millones de pesos disponibles en sus fideicomisos; aplicar medidas de austeridad en su gasto de operación para ahorrar 554 millones de pesos. Según las cuentas de Adán Augusto, esas tres medidas más los 850 millones de pesos que había aprobado la Cámara de Diputados para el proceso sumaban 2 mil 972 millones de pesos, con lo que el INE tendría dinero de sobra para llevarla a cabo.

"Nosotros desde ahora sostenemos que el presupuesto público de la Federación está muy comprometido, hay que garantizar los programas sociales, hay que garantizar el gasto en salud y en educación. Y también que hemos analizado, este equipo de trabajo ha analizado de manera interna que no hay precedente en la historia de los presupuestos públicos de que se haya otorgado una ampliación presupuestal a los órganos autónomos", advirtió el funcionario.

Ese día, el INE envió un documento formal a la Secretaría de Hacienda solicitando la ampliación presupuestal, y la Secretaría de Gobernación envió al INE el documento formal con su propuesta de plan de austeridad.

Lorenzo Córdova reaccionó descalificando la propuesta del Poder Ejecutivo.

"Llama la atención que dos secretarías de Estado hayan realizado un análisis tan poco serio y con profundo desconocimiento de lo que es el INE", declaró.

El lunes 17 de enero, López Obrador regresó a las mañaneras luego de una semana de convalecer por un segundo contagio de covid-19, y volvió a la carga. Apoyado en una presentación elaborada por su equipo de comunicación, explicó por qué el INE era el órgano electoral más caro de América Latina, estimando un presupuesto de 26 mil 819 millones de pesos en 2021, equivalentes a más de mil 318 millones de dólares.

Las láminas de AMLO excluían a Brasil, quizás el único país latinoamericano comparable con México en términos de padrón electoral, y mostraban que el segundo país de la región con más gasto era Colombia, con una cifra de apenas 247 millones de dólares.

"Sí aplica, urge un plan de austeridad en el caso del INE, y ya resolver esto de la mejor forma posible, porque se va degradando la institución, aparecen como ambiciosos, como lo que les importa es el dinero, aunque tengan una justificación de tipo político, aunque en el fondo lo que sucede es que no están de acuerdo con nosotros, pertenecen al bloque conservador, pero se ponen a pelear por dinero y ya termina no siendo una diferencia de tipo ideológico o político, sino una diferencia por dinero, y se ven muy mal, no es correcto. Hay que cuidar la institución", dijo AMLO con un tono de benevolencia.

Las láminas de AMLO fueron a dar a las redes sociales de Morena, que lanzó una nueva campaña en contra del INE de Córdova-Murayama.

Esta vez el INE respondió el mismo día, y lanzó media docena de tuits en los que negó ser el órgano electoral más caro de la región, pues ninguno de ellos hacía varias de las funciones encomendadas al INE, como la administración del padrón electoral, la expedición del principal medio de identificación ciudadana en México (la credencial para votar), el monitoreo de señales de radio y televisión, y la capacitación de los ciudadanos que fungen como funcionarios de casilla en las elecciones.

El instituto aclaró que, de los 26 mil millones de pesos de su presupuesto de 2021, más de 7 mil millones habían sido entregados a los partidos políticos para su gasto ordinario y sus gastos de campaña.

Los mensajes lanzados desde las cuentas del INE y Lorenzo Córdova triplicaron en alcance a los de Morena y Mario Delgado, pero, cuando parecía que el instituto ganaba la batalla en redes, el equipo de comunicación del instituto cometió un error garrafal.

La noche del lunes 17 de enero, el INE publicó en su cuenta oficial de Twitter un video titulado "Al Chipotle", protagonizado por un personaje virtual, la caricatura de un chile chipotle, que había sido lanzado en julio de 2021 en TikTok para responder preguntas de jóvenes interesados en temas electorales. Aunque el Chipotle no era nuevo, su aparición en Twitter generó numerosas críticas de usuarios de la red, periodistas, legisladores, críticos habituales del INE, pero también comentaristas que normalmente apoyaban al instituto en sus polémicas contra el gobierno.[25]

El Chipotle, según explicaron los colaboradores del coordinador de Comunicación Social del INE, Rubén Álvarez, fue creado para TikTok. Su nombre era un juego de palabras que aludía al *shit posting*, término usado en internet para definir contenidos de baja calidad, ofensivos o que hacen mal uso del humor y el sarcasmo. El Chipotle era un personaje que respondía los muchos *shit postings* que algunos usuarios usaban para generar desinformación en contra del INE y los procesos electorales, y se había vuelto popular entre sus seguidores más jóvenes en TikTok e Instagram. Pero no cayó bien en Twitter, donde la discusión política suele ser intensa y amarga.

En el video de apenas 27 segundos, el Chipotle aparecía rojo, tembloroso, exaltado y gritón, y de inmediato fue relacionado por los usuarios de Twitter con la imagen que proyectó Córdova apenas dos semanas antes, en la sesión del 30 de diciembre, cuando también se veía irritado y furioso.

Rápidamente, las redes se llenaron de memes que vinculaban al consejero presidente con el personaje virtual del INE. También hubo caricaturas en la prensa, artículos de opinión y potentes tuits de los principales críticos del INE, como Jorge Gómez Naredo, Epigmenio Ibarra, Monero Rapé, Juncal Solano y Álvaro Delgado, que eran replicados por miles de usuarios y por las legiones afines a la 4T, como la Red AMLOVE.

El episodio del Chipotle fue un tropiezo para el INE, que para entonces ya había generado toda una estrategia de defensa comunicacional ante la ofensiva gubernamental. Pero no fue la única ni la última pifia.

Diez días después, Córdova volvió al reflector, pues decidió aceptar una invitación del PAN para asistir a la reunión plenaria de sus grupos parlamentarios, previa al arranque del periodo ordinario de sesiones.

La reunión ocurrió el jueves 27 de enero en la sede de Acción Nacional en la colonia del Valle, y fue difundida por el INE y por el PAN en un escueto comunicado. Pero el partido publicó una fotografía en la que se veía a Córdova hablando desde un atril al lado de la bandera blanquiazul del PAN.

La imagen avivó las críticas, que el periodista Pedro Miguel, editorialista de *La Jornada* e ideólogo de la 4T, resumió en una frase que escribió en su cuenta de Twitter: "Me encanta esta foto. Será porque no me gustan las simulaciones".

Ese mismo día, Mexicanos contra la Corrupción y la Impunidad y *Latinus* habían publicado una investigación titulada "Así vive en Houston el hijo mayor de AMLO", en la que los periodistas Raúl Olmos, Verónica Ayala y Mario Gutiérrez Vega revelaron que uno de los hijos del presidente tenía un estilo de vida que contradecía el discurso de austeridad de la 4T. El sumario de su reportaje, popularmente conocido como "La casa gris del hijo de AMLO", revelaba:

> José Ramón López Beltrán contradice el discurso de austeridad de su papá, el presidente de México; primero ocupó una mansión de un millón de dólares, propiedad de un alto ejecutivo de una compañía petrolera que tiene contratos vigentes en Pemex, y luego se mudó a una residencia recién construida. En Estados Unidos se mueve en una camioneta Mercedes Benz valuada en 1.5 millones de pesos.[26]

Eso tenía molesto al presidente, quien aprovechó la foto y el tuit de Pedro Miguel para arremeter contra el presidente del INE, contra los medios de comunicación y contra todos aquellos que él consideraba miembros del "bloque conservador". AMLO señaló en su mañanera del viernes 28 de enero:

> Don Fidel Velázquez, que en paz descanse, decía: 'Soy charro, y qué'. No se andaba por las ramas. En cambio, hay dirigentes de otros partidos que, como decía Monsiváis, su verdadera doctrina es la hipocresía. O sea, unos

> corruptos cínicos y otros corruptos hipócritas, no hay con quién quedarse, pero cada quien que haga su reflexión, porque lo peor es darse baños de pureza, creerse gente de bien, sentirse superior; por lo general son racistas, clasistas. Entonces, todo eso lo estamos viviendo, son momentos estelares en la historia de nuestro país, nos tocaron vivir tiempos interesantes.
>
> Es importante el que podamos ir informando, aclarando y respetando el derecho a disentir, y posicionándonos, y que no nos dé pena, que no nos dé vergüenza, así pensemos y defendamos lo que pensamos, somos libres. Eso es un buen debate. Insisto, lo que estaba muy mal era la simulación, el aparentar, decir "soy liberal", "soy independiente", "soy de la sociedad civil", "yo no tengo partido", "yo soy objetivo", "yo soy profesional". Puro choro mareador.

Córdova respondió al presidente en su video dominical del 30 de enero, con un mensaje en el que explicó que acudió a la plenaria del PAN como acudiría a la de cualquier partido político.

"El diálogo es esencial para la democracia y su negación o condena es propia de mentalidades autoritarias. Por ello, en el INE estamos abiertos al diálogo franco y respetuoso con todas las fuerzas políticas", escribió el consejero en sus redes, casi al final de otro mes lleno de claroscuros para su gestión al frente del instituto.

Al día siguiente, la Secretaría de Hacienda respondió formalmente al INE que era imposible otorgar la ampliación presupuestal solicitada.

El 4 de febrero, el Consejo General del INE aprobó la convocatoria al proceso de consulta de revocación de mandato, tras un ríspido debate entre los consejeros y los representantes de Morena, por la determinación de reducir el número de casillas. Ante la insuficiencia presupuestal, las y los consejeros decidieron no instalar las 161 mil casillas previstas, sino únicamente 57 mil 377 mesas de votación.

La campaña absurda

En estricto sentido, el proceso de consulta de revocación de mandato inició el 4 de febrero de 2022, y se preveía un periodo de 60 días para su promoción, que, según la Constitución y la ley reglamentaria correspondería exclusivamente al Instituto Nacional Electoral.

Esta restricción legal causó nuevas tensiones entre la autoridad electoral y el gobierno y su partido, pues las reglas planteaban un absurdo: el presidente al que se supone que se le podría revocar el mandato no podía hablar del tema ni defender su gobierno.

El inciso 7 de la fracción IX del artículo 35 constitucional, tal como lo redactaron y aprobaron los legisladores de Morena, establece las mismas limitaciones impuestas en la consulta popular, emanadas del modelo de comunicación política aprobado en la reforma político-electoral de 2007-2008:

> Durante el tiempo que comprende el proceso de revocación de mandato, desde la convocatoria y hasta la conclusión de la jornada, deberá suspenderse la difusión en los medios de comunicación de toda propaganda gubernamental de cualquier orden de gobierno.
>
> Los poderes públicos, los órganos autónomos, las dependencias y entidades de la administración pública y cualquier otro ente de los tres órdenes de gobierno sólo podrán difundir las campañas de información relativas a los servicios educativos y de salud o las necesarias para la protección civil.

De aplicarse estrictamente, el presidente López Obrador debía abstenerse de hablar sobre su posible revocación desde el 4 de febrero y hasta el 10 de abril de 2022, e incluso suspender sus conferencias mañaneras, si por éstas se entendiera un acto de propaganda gubernamental.

Obviamente, esto no ocurrió, y el mismo 4 de febrero AMLO dedicó amplios segmentos de su conferencia mañanera al tema de la consulta de revocación de mandato. Ese día, al calor de la crítica por las revelaciones de "la casa gris", el presidente llamó a sus detractores a participar en el ejercicio y revocarle el mandato.

Incluso puso como ejemplo de civismo a Gilberto Lozano, un empresario regiomontano que meses antes había creado el Frente Nacional Anti-AMLO (Frena), por oponerse abiertamente a la 4T y promover la participación ciudadana para votar en contra de su permanencia en el gobierno.

> Hay gente que está en desacuerdo con lo que estamos haciendo. Nosotros los respetamos y, afortunadamente, tenemos la posibilidad de resolver estas diferencias de manera pacífica, ordenada, legal, con la consulta. Que todos participemos a favor o en contra. Yo no voy a estar diciendo 'voten por mí', no, no, no. Yo lo que quiero es que todos participen, a mí me interesa el proceso democrático, el que dejemos establecido este método democrático y que se convierta en un hábito, y que cada tres años, si no funcionan bien las cosas, ¡consulta!, para que así el pueblo siempre tenga las riendas del

poder en sus manos. Yo espero que los conservadores, los fifís, o los que se creen fifís, porque tampoco son tan especiales, que llamen a votar.

El otro día, el señor este, Lozano, dio un discurso. Él está en contra de nosotros abiertamente, pero llamando a votar en contra de nosotros. Pues eso es lo que tienen que hacer los del bloque conservador: Claudio X. González y todo ese grupo, Loret, Brozo, Carmen Aristegui. Todos a votar para que se tenga otro presidente, porque es un derecho, no la guerra sucia, estar haciendo lo que se hacía de tiempo atrás, lo que hacía el hampa del periodismo, la máxima de que la calumnia, cuando no mancha, tizna.

Ahora con lo de la supuesta casa de mi hijo en Houston, un escándalo. Ya un partido presenta una denuncia en la fiscalía; adelante. Obvio, no hay nada ilegal, nada absolutamente, pero es el escándalo, es tirar lodo, porque no pueden de otra manera. Y ahí están medios y periodistas, intelectuales al servicio del antiguo régimen, todos. Y adelante con eso, nada más que, como decía el poeta, ya llevamos muchos años y siempre hemos salido de la calumnia ilesos; eso decía el gran poeta Díaz Mirón. Y van a seguir.

Esto anticipó el presidente en esa larga mañanera del 4 de febrero, la última antes de que entraran en vigor las restricciones del periodo de la consulta de revocación de mandato.

Molesto porque la periodista Carmen Aristegui retomó en su portal el reportaje de "la casa gris", el presidente endureció su discurso contra ella y, de paso, volvió a recordar que, durante años, tuvo como colaborador de su programa de radio a Lorenzo Córdova.

Muy a su estilo, López Obrador mezclaba en sus mañaneras las diatribas contra opositores, periodistas y consejeros electorales con anécdotas en las que contaba su propia versión de hechos históricos y amplias reflexiones sobre su idea de democracia. Y siempre llegaba a la misma conclusión: la necesidad de hacer una reforma electoral para implantar una auténtica democracia en el país.

Ya no se puede mantener un órgano electoral costosísimo, que cuesta 20 mil millones de pesos al año... Es un órgano que no da confianza porque no son jueces, están también al servicio de los grupos conservadores antidemocráticos, están en contra nuestra, abiertamente. ¿Cómo es eso si ellos deberían ser jueces imparciales? Pero no. Además, ya engañaron mucho. Este Lorenzo Córdova era comentarista de radio ahí, con Carmen Aristegui, que también engañó durante mucho tiempo, mucho tiempo. Yo conocí gente que veía en Carmen Aristegui al modelo de comunicación a seguir, la paladina de la libertad... Pero muchísima gente. Y no, no, no, o sea, a la hora de las definiciones se fue, o así pensaba siempre, pero simulaba, está a favor del bloque conservador.

Todos estos reportajes calumniosos, manejados por Carmen Aristegui. La señora esta Denise Dresser y el señor Aguayo... Ése es su equipo, todos en contra. Ah, pues ahí estaba como analista experto, imparcial, el presidente del INE, el que está ahora. Y ahí poco a poco se fue sabiendo, porque van enseñando el cobre. Decía el presidente Lincoln que a un pueblo se le puede engañar una vez, dos veces, pero no toda la vida. Y el presidente del INE en una ocasión, en una actitud racista, burlándose de compañeros indígenas. Sí, enseñando el cobre, lo que son, pero una gran hipocresía. Bueno, hace falta una reforma electoral, es una reforma constitucional. Ahí también vamos a ver el bloque conservador.[27]

Al día siguiente, en el Teatro de la República, en Querétaro, el presidente volvió a hablar de la consulta de revocación de mandato como uno de los triunfos de las reformas constitucionales que él había promovido. En su discurso por la conmemoración del 105 aniversario de la Constitución de 1917, López Obrador también se quejó del alto costo del INE y anunció que pronto presentaría una iniciativa de reforma electoral para tener autoridades electorales imparciales y acabar con un "periodo vergonzoso de fraudes electorales". El primer mandatario añadió que México debería seguir el ejemplo de países como Costa Rica, donde, según él, se tiene resuelto el tema electoral sin grandes gastos.

Presente en las butacas del auditorio, en la última ocasión en la que el presidente del INE fue invitado a un acto oficial de la Presidencia de la República, Lorenzo Córdova evitó aplaudir el discurso de AMLO, pues no estaba de acuerdo con lo que dijo. Al salir de la ceremonia, el consejero declaró a la prensa que una verdadera reforma electoral debería contar con el más amplio consenso posible y aprobarse para fortalecer el sistema democrático, no para debilitarlo. Negó que el INE fuera el órgano electoral más caro de América Latina, como pregonaba Morena, y rechazó la comparación con Costa Rica, un país de apenas 5 millones de habitantes cuyas elecciones sólo podían compararse con las de algunos estados de la República.

Captado con los brazos cruzados mientras todos aplaudían al presidente, en videos que pronto circularon en redes sociales, Córdova fue nuevamente señalado por dirigentes y legisladores de Morena como un detractor.

El lunes 7 de febrero se publicó en el *Diario Oficial de la Federación* la convocatoria al proceso de consulta de revocación de mandato, con lo que entraban en vigor las restricciones a la comunicación gubernamental. En su mañanera de ese día, el presidente anunció que la Consejería Jurídica de la Presidencia haría una consulta formal sobre lo que podría hacer y decir en los próximos días, y prometió que respetaría la veda.

Pero, al día siguiente, la Comisión de Quejas y Denuncias del INE resolvió una queja del PRD por los comentarios que ya había hecho el presidente López Obrador en torno a la revocación de mandato, y emitió una medida cautelar para que el presidente de la República se abstuviera, bajo cualquier modalidad o formato, de emitir comentarios, opiniones o señalamientos sobre la consulta de revocación de mandato. Además, le ordenaba revisar, ajustar, adecuar, modificar o actualizar sus estrategias, programas o políticas públicas, con la intención de que su actuar se encontrara dentro de los principios constitucionales de imparcialidad y neutralidad, sin interferir en el proceso, y bajar de sus redes y sitio oficial la conferencia mañanera en la que se había referido al tema.

Las medidas que tuvo que adoptar el INE frente a denuncias y quejas de partidos políticos de oposición por los dichos del presidente abrieron un nuevo frente entre la 4T y el INE.

Durante febrero, gobernadores y legisladores de Morena publicaron varios desplegados de respaldo al presidente, quien se dijo víctima de una campaña de calumnias tras la publicación de nuevas revelaciones en torno a "la casa gris", el estilo de vida de sus hijos en Texas y sus presuntos nexos con contratistas de Pemex. Desplegados que el INE ordenó bajar, pues violaban las medidas que habían entrado en vigor al publicarse la convocatoria a la consulta de revocación de mandato.

El 18 de febrero, la Comisión de Quejas del INE resolvió dos denuncias más en contra del presidente, una del PAN y otra del diputado de MC Jorge Álvarez Máynez, e incluyó en el comunicado de su resolución párrafos que sacaban de quicio a Morena y al propio AMLO.

> … se determinó vincular al presidente de la República a que de inmediato, en un plazo que no podrá exceder de tres horas, realice las acciones, trámites y gestiones necesarias para eliminar las publicaciones denunciadas, así como de cualquier otra plataforma electrónica bajo su dominio, control o administración.
>
> […]
>
> En cuanto a la tutela preventiva, la comisión declaró su procedencia, pues en reiteradas ocasiones el funcionario público ha desplegado conductas consideradas que podrían ser contrarias a la normativa, por lo que consideró

> que existe un riesgo actual y real de que incurra nuevamente en posibles vulneraciones a los principios constitucionales y legales en el contexto del proceso de revocación de mandato.[28]

Estos procedimientos abrieron una batalla legal con cuatro actores: los partidos de oposición presentando quejas diariamente por las mañaneras y actos públicos del presidente (no había uno solo en el que no hablara de la revocación de mandato), el INE resolviendo en su Comisión de Quejas dichos procedimientos, Morena impugnando las medidas cautelares adoptadas por el INE ante el Tribunal Electoral y éste acumulando expedientes.

Además, las quejas y las resoluciones confrontaron aún más al INE con personajes relevantes de Morena, como la jefa de gobierno Claudia Sheinbaum, que el 18 de febrero emitió un tuit en el que decía: "Buenas noches. Les invito a participar en eso de lo que me prohibieron hablar".

El propio López Obrador se refirió a la revocación tres días después de las medidas cautelares que había aprobado el INE.

"Va a haber una consulta. Si no les gusta cómo gobierno, tienen la oportunidad. Creo que no me van a multar por decir que va a haber una consulta el 10 de abril, pero ese día va a haber una consulta. Se conoce a este proceso como revocación de mandato. Es un proceso de democracia participativa que está en nuestra Constitución; se les va a preguntar a los ciudadanos: ¿quieres que continúe el presidente o que renuncie? Palabras más o palabras menos", dijo el 21 de febrero.

Días después, el presidente denunció que el INE iba a instalar una tercera parte de las 161 mil casillas que debería poner el 10 de abril para cubrir todo el territorio nacional, y calificó como "una vergüenza" que con más de mil 500 millones de pesos se hiciera la consulta de revocación de mandato con el mismo número de casillas instaladas en la consulta popular de 2021.

"Entonces, ¿cómo están las cuentas? Va a costar dos, tres veces más... Pero, imagínense, va a haber municipios en donde no van a instalar una casilla. ¿Qué, no es una violación a la Constitución? ¿Qué, no es una afrenta a la democracia? Y todo porque los señores están en contra de la transformación del país, cuando deberían de situarse por encima de intereses particulares, de intereses partidistas, ser auténticos jueces y sobre todo cumplir con la democracia", señaló el 24 de febrero.

Al día siguiente, el presidente dijo que el INE estaba organizando el proceso a regañadientes, sin difundirlo ni promover la participación ciudadana. Y además reveló que, el 21 de marzo, iba a participar en la inauguración del Aeropuerto Internacional Felipe Ángeles (AIFA), un acto programado con tiempo de anticipación que implicaba difundir logros de gobierno en plena veda electoral.

"Están confundiendo propaganda con información", argumentó el presidente, quien anunció que seguiría llamando a participar en el proceso, cuidándose de no llamar a votar en un sentido o en otro.

Ésa fue su salida retórica, ante el absurdo de una prohibición constitucional y legal que le impedía pronunciarse en un proceso que, de llevarse a cabo bajo la lógica constitucional de revocar el mandato por pérdida de confianza, lo habría dejado indefenso.

El propio Lorenzo Córdova criticó varias veces la prohibición de que el presidente hablara de su posible revocación, siempre argumentando que, si estaba en la ley, tenía que acatarse aunque fuera absurda, y el INE debía atender todas y cada una de las quejas de quienes denunciaban la interferencia del presidente, de gobernadores y de la jefa de gobierno.

Claudia Sheinbaum también fue notificada varias veces por el INE de medidas que le ordenaban bajar mensajes de sus redes sociales, por difundir logros de su gobierno y promover el voto en la consulta de revocación de mandato.

Y, mientras tanto, en el país comenzaron a aparecer desplegados firmados por la asociación Que Siga la Democracia, en los que se difundía la fotografía del presidente y la leyenda: "Vamos a votar #QueSigaAMLO este 10 de abril".

La guerra de quejas y resoluciones alimentó la animadversión mutua entre el gobierno y el INE, y entre los morenistas y los consejeros electorales.

Dos ejemplos:

Un grupo de senadores de Morena, encabezados por César Cravioto, promovió una nueva comparecencia de Lorenzo Córdova para exigir que rindiera cuentas ante el Poder Legislativo. Aunque después desistieron, la idea de los legisladores era sentar a Córdova en el banquillo de los acusados para que explicara y fundara el costo de la revocación.

El secretario de Gobernación, Adán Augusto López, quien hasta entonces había mantenido abiertos los canales de diálogo con consejeros electorales, decidió endurecer su discurso en contra de la autoridad electoral, quizás para no quedarse atrás de Sheinbaum, a quien le había funcionado la hostilidad en contra del INE para granjearse la simpatía de la militancia lopezobradorista.

El 6 de marzo de 2022, al inaugurar una reunión nacional de gobernadores y presidentes municipales de Morena, el secretario de Gobernación dijo que no podía pronunciarse abiertamente sobre la revocación, pues podía ser sancionado por el INE.

"Tengo que tener cuidado, hay una dizque autoridad electoral que no nos quiere y anda buscando pretextos", añadió en tono despectivo.

Cuando las declaraciones ya habían subido de tono, los diputados Sergio Gutiérrez Luna, Ignacio Mier y Mario Llergo dieron un paso más: el viernes 11 de marzo subieron al pleno de la Cámara de Diputados un "decreto de interpretación auténtica de la Constitución", con la idea de blindar jurídicamente la promoción de la consulta de revocación de mandato, al establecer que ésta no podía considerarse propaganda y, por lo tanto, no estaría sujeta a las restricciones establecidas en el artículo 35, en la ley federal en la materia y en la convocatoria emitida por el INE.

Siendo presidentes de la Junta de Coordinación Política y de la Mesa Directiva de la Cámara Baja, Mier y Gutiérrez Luna hicieron avanzar el proyecto con dispensa de trámites, y, pese a la inconformidad de la oposición, lograron que éste se aprobara con 267 votos a favor y 210 en contra.

Ese mismo día, antes de que entrara en vigor el decreto de "interpretación auténtica", la Comisión de Quejas del INE dio a conocer una investigación mediante la cual detectó la presencia de 278 anuncios espectaculares, 21 elementos de propaganda adherida en equipamiento urbano, 36 bardas y 11 lonas con mensajes e identidad gráfica idénticos a los de la propaganda difundida por la asociación Que Siga la Democracia en su portal de internet. Los espectaculares fueron desplegados en 19 entidades para promover la imagen de AMLO y llamar a votar el 10 de abril.

Morena, sus diputados, el presidente y comentaristas afines a la 4T reaccionaron con nuevas críticas al árbitro electoral.

"Es una paradoja, un instituto que debe promover la democracia está en contra de la democracia, no quiere que nadie se entere para que nadie participe, que es lo que desea el bloque reaccionario y conservador. Entonces, ellos están tomando partido, no están actuando como demócratas ni como auténticos jueces", se quejó AMLO el 14 de marzo.

"En el fondo no quieren que la gente se entere, no les gusta vivir en democracia. No creen que el pueblo es capaz de organizarse, pero vamos a demostrarles a estos facciosos y a los conservadores que en el México de la Cuarta Transformación el pueblo manda. Estos consejeros son los mismos que dudaban que se pudieran juntar 2.8 millones de firmas", declaró Mario Delgado.

Tres días después, el Senado de la República aprobó el decreto de interpretación auténtica del concepto de propaganda gubernamental y principio de imparcialidad, promovido por Morena, y, en una edición vespertina del 17 de marzo, el *Diario Oficial de la Federación* lo publicó para que entrara en vigor inmediatamente. En él se resolvía:

> No constituyen propaganda gubernamental las expresiones de las personas servidoras públicas, las cuales se encuentran sujetas a los límites establecidos en las leyes aplicables. Tampoco constituye propaganda gubernamental la información de interés público, conforme al artículo 3.º, fracción XII, de la Ley General de Transparencia y Acceso a la Información Pública, que debe ser difundida bajo cualquier formato por las personas servidoras públicas.[29]

Todo Morena celebró el decreto, que sirvió de banderazo de salida para que gobernadores, legisladores y la jefa de gobierno intensificaran la promoción de la consulta de revocación de mandato.

"Es realmente algo trascendente que va más allá de las banderías partidistas o de las fobias, y qué bien que ahora se hace esta reforma para que todos podamos hablar de esta consulta. ¿Qué estaba haciendo el INE? Callando", declaró López Obrador el 18 de marzo, en un evento celebrado en Veracruz con motivo del aniversario de la Expropiación Petrolera.

Sin embargo, el decreto fue desestimado por las autoridades electorales.

Unos días después de su publicación, la Sala Especializada del Tribunal Electoral resolvió un procedimiento especial sancionador en contra del presidente, por sus declaraciones hechas sobre la consulta de revocación de mandato el 1 de diciembre, en el que estableció que el decreto de interpretación auténtica recientemente aprobado no era aplicable para el proceso en curso. En esa sentencia, se condenó a la Presidencia de la República a bajar los contenidos del evento del 1 de diciembre y a publicar un extracto de la resolución.

Y lo mismo resolvió el INE el 21 de marzo, cuando aprobó nuevas medidas cautelares en contra del presidente y argumentó que el decreto del Poder Legislativo no podía aplicarse en un proceso que ya había iniciado, desde el 4 de febrero, con reglas preestablecidas.

Ese día, en el que también se conmemoraba el natalicio de Benito Juárez, uno de los personajes históricos favoritos de López Obrador, se inauguró el AIFA, y el gobierno federal desplegó una intensa campaña de publicidad en torno a una de las obras emblemáticas del sexenio.

Esto provocó nuevas quejas, nuevas sanciones de la autoridad electoral y nuevos reproches y ataques de Morena hacia el INE.

En la Cámara de Diputados, los legisladores morenistas instalaron una subcomisión de examen previo para analizar la solicitud de juicio político en contra de Córdova y Murayama, que un año antes había sido promovido por Gerardo Fernández Noroña.

En el gobierno de la Ciudad de México, Claudia Sheinbaum denunció "marcaje personal" de parte del INE y acusó a los consejeros de adoptar medidas parciales y excesivas con tal de boicotear el proceso.

Mario Delgado los llamó "árbitros vendidos".

Las organizaciones Neza en Movimiento, Usuarios Organizados en Desobediencia Civil y Usuarios Iztapalapa, dirigidas por la morenista Leticia López, instalaron campamentos afuera del INE para exigir que Córdova y Murayama no bloquearan la "ratificación de mandato".

En las páginas de *La Jornada*, los moneros se deleitaron caricaturizando a Córdova como "el Chipotle Censor" y reviviendo su foto con la bandera del PAN, y, días después de la inauguración del AIFA, se publicó un editorial titulado "INE, aparato de censura".

> Resulta preocupante que se configure un fenómeno de censura, en el cual se prohíbe la difusión de puntos de vista sin más motivo que las fobias y filias ideológicas y los intereses de grupo de la tecnocracia enquistados en los órganos electorales, y es particularmente lamentable que las instituciones desde las que se articula y convalida dicho ataque a la libertad de expresión sean el INE y el Tribunal Electoral del Poder Judicial de la Federación.[30]

El 28 de marzo, el Tribunal Electoral confirmó que el decreto de interpretación auténtica era inaplicable en el proceso de consulta de revocación de mandato, y confirmó varias medidas cautelares del INE que obligaban a funcionarios de Morena a bajar de sus redes sociales contenidos que eran considerados propaganda.

En su conferencia del día siguiente, el presidente reaccionó. Primero dejó ver que no conocía la resolución, pero, cuando un reportero se lo confirmó, tronó anunciando una reforma electoral.

—No sé qué resolvieron. ¿Anulan el decreto? —cuestionó AMLO.

—Sí, sí. Como se lo comentaba mi compañero, el día de ayer, justamente es eso —respondió el reportero.

—Bueno, puede ser, no sé si tengan facultad —titubeó el presidente.

—Ya lo aprobaron —confirmó el reportero.

—Ah, ¿ya lo aprobaron? —dudó otra vez AMLO.

—Ya está aprobado, sí, sí, incluso hoy es nota en uno de los periódicos que regularmente a usted lo critican —le insistieron.

—¿Ya lo aprobó el Tribunal y ya no queda ninguna otra instancia, ya es definitivo? Ah, pues ya. ¡Por eso hace falta una reforma, ya vamos a hacer la propuesta! —contestó el presidente con enojo.

Después detalló:

—Sí, pasando el 10 de abril vamos a enviar una iniciativa de reforma a la Constitución para garantizar la democracia en México, que ya no haya jueces con actitudes tendenciosas en lo electoral; esto es, que no haya consejeros, que no haya magistrados que no tengan vocación democrática. Y también que se garantice el voto libre, secreto, que no haya fraudes electorales. Nosotros llegamos a la presidencia luego de luchar muchos años y de padecer fraudes electorales, entonces tenemos que dejar consolidada la democracia. Y vamos a presentar esa iniciativa y lo vamos a hacer con la participación de todo el pueblo... A la Cámara de Diputados va primero.

Horas más tarde, el presidente encontró en su despacho una notificación del Tribunal Electoral y, por uno de esos detalles extraños de la legislación mexicana, tuvo que publicar el extracto de la sentencia de la Sala Especializada para evitar que fueran sancionados su vocero, Jesús Ramírez Cuevas, y la funcionaria encargada de sus redes sociales.

"El Tribunal Electoral del Poder Judicial de la Federación me exige que publique una sentencia en mi contra por el mensaje a la nación del 1 de diciembre, porque, si no lo hago, arrestan a Jesús y a la pobre de Jessi. Perdón", escribió el presidente en su cuenta de Twitter la noche del 29 de marzo, junto con un enlace a su página web con el extracto de la sentencia.[31]

Al día siguiente, el presidente volvió al tema y anticipó en su mañanera cinco asuntos que vendrían en su iniciativa de reforma electoral.

- Elección de consejeros y magistrados por voto popular, a partir de 60 nombres propuestos por los tres Poderes de la Unión.
- Reducción a la mitad del presupuesto operativo del INE.
- Reducción de las dos cámaras, desapareciendo o reduciendo la representación proporcional.
- Reducción del financiamiento público a los partidos.
- Desaparición de los Organismos Públicos Locales Electorales (OPLE).

El anuncio de una reforma alentó a dirigentes y funcionarios morenistas en su guerra contra el INE y el Tribunal, y se abrieron dos nuevos frentes de batalla.

Por un lado, se inició una campaña de denuncia porque las casillas del INE quedaban lejos de los lugres en los que habitualmente la ciudadanía encontraba su centro de votación. Incluso la Consejería Jurídica de la Presidencia de la República ingresó una queja formal ante la Suprema Corte de Justicia de la Nación acusando al INE de incumplir la suspensión otorgada por el ministro Juan Luis González Alcántara, en la que le ordenaba realizar la consulta de revocación de mandato de la manera más eficiente. Según la Presidencia, la instalación de sólo 57 mil 518 casillas afectaba el derecho de la ciudadanía a participar en este ejercicio democrático.

Por otro lado, los presidenciables de Morena se subieron a la discusión y aprovecharon la semana previa a la jornada de votación para intensificar su activismo.

Adán Augusto López viajó en fin de semana a Coahuila y Sonora para participar en eventos de promoción de la consulta de revocación de mandato.

Según una nota publicada en *Proceso*, viajó acompañado de Luis Rodríguez Bucio, comandante de la Guardia Nacional; el subsecretario de Seguridad Pública, Ricardo Mejía Berdeja, y el líder de Morena, Mario Delgado, en un avión de la Guardia Nacional, matrícula XC-PFM, lo cual está prohibido en la ley por tratarse de recursos públicos.[32]

En esos actos, Adán Augusto arremetió contra el INE.

"Se equivocan los adversarios y se equivocan los del INE. Ésos ya se van, los vamos a ver pasar ahí por el frente, con la cola entre las patas. Ya todos ustedes saben que se va a presentar una iniciativa de reforma electoral, donde se van a ir todos esos que ahora se llaman autoridades electorales", advirtió el secretario de Gobernación, quien tres días después fue sancionado por la Comisión de Quejas del INE.

En el mismo tono, la jefa de gobierno Claudia Sheinbaum promovió la revocación y lanzó duras críticas al INE el sábado 2 de abril, durante una gira de fin de semana en Aguascalientes y Durango, donde acompañó a las candidatas de Morena en el arranque de sus campañas por las gubernaturas.

Sheinbaum, quien desde entonces se perfilaba como posible sucesora de AMLO, anunció la realización de un mitin para el miércoles 6 de abril, cuatro días antes de la consulta de revocación de mandato, con el pretexto de promover la reforma energética que estaba proponiendo el presidente.

El acto se celebró en el Monumento a la Revolución y, según datos del gobierno de la Ciudad de México, tuvo más de 80 mil asistentes. Los medios reportaron acarreos, uso de recursos públicos para la movilización y presencia de funcionarios: Luisa María Alcalde, secretaria del Trabajo; Martí Batres, secretario de Gobierno en la capital; Jesús Ramírez, coordinador de Comunicación de la Presidencia, entre otros que se encontraban en el templete junto a Sheinbaum.

En la "asamblea informativa" sobre la reforma eléctrica de AMLO, Sheinbaum se lanzó contra el INE.

"No tienen autoridad moral. En el fondo odian la participación del pueblo. Desde este Monumento a la Revolución, le decimos que no lo van a vencer las calumnias, nada, porque tiene un pueblo lo acompaña. El presidente Andrés Manuel López Obrador no está solo. No toleran la consulta popular, pero, eso sí, nunca vieron la compra del voto, esconden las casillas para que la gente no participe, pero, eso sí, ganan más que el presidente", expresó una aguerrida jefa de gobierno ante miles de morenistas congregados en la plaza de la República.

Ese mitin hizo las veces de cierre de campaña. Una campaña insólita en la que nunca se discutió el tema que iba a consultarse: la permanencia de AMLO en el poder o su renuncia por pérdida de confianza.

Días antes, el INE había llevado a cabo tres foros de discusión al respecto, en los que sobraban ponentes que estuvieran dispuestos a defender al presidente. Desfilaron en esos foros, para hablar a favor de su permanencia, Juncal Solano, Julián Atilano, Renata Turrent, Meme Yamel, Lizette Vázquez e Isaxac de Paz. Pero batallaba para encontrar detractores. Ante el vacío de la oposición formal, uno de los pocos personajes que aceptó participar para explicar su apoyo a la revocación del mandato de López Obrador fue el líder de Frena, Gilberto Lozano.

Así, el verdadero debate se dio entre el gobierno y el INE, y no fue sobre la permanencia o renuncia de AMLO, sino sobre el funcionamiento de la democracia y la interpretación de las leyes que regulaban el ejercicio.

En los últimos escarceos antes de la jornada de votación, Lorenzo Córdova hizo provocadoras declaraciones sobre la posibilidad de que el Tribunal Electoral terminara anulando todo el proceso, ante la constante violación de la ley en la que incurrieron los morenistas.

"Dictaminar significa juzgar el conjunto de sucesos que han ocurrido, y claro que le vamos a presentar al Tribunal el diagnóstico de todas las irregularidades que se han venido cometiendo", advirtió Córdova en una conferencia de prensa celebrada el jueves previo a la jornada de votación.

Claudia Sheinbaum no se bajó del ring y, en los días previos a la votación, subió varios mensajes a sus redes sociales para exhibir las notificaciones que le llegaban con medidas cautelares en contra de sus pronunciamientos, su mitin de la reforma eléctrica y la difusión de los logros de su gobierno.

"Nosotros sí queremos que haya consultas populares, y, quien no quiera, que se vaya a un país autoritario. ¡Participen este 10 de abril!", escribió en Twitter días antes de la jornada.

Por su lado, AMLO cerró su activismo el viernes 8 de abril con un breve mensaje en su mañanera: sólo 21 palabras en las que recordó el desafuero al que fue sometido cuando era jefe de gobierno y el discurso que pronunció en abril de 2005, en la Cámara de Diputados, cuando PRI, PAN y Partido Verde votaron a favor de que se lo desaforara para descarrilarlo de la carrera presidencial.

"El que va a votar ahora el domingo, si es que encuentra su casilla, tenía un año cuando este suceso importante", dijo y, como último acto de campaña, le pidió a su vocero que cerraran la mañanera proyectando el video de aquel discurso.

El 10 de abril

Tal como lo había anunciado, Andrés Manuel López Obrador acudió a votar a la casilla ubicada en el Antiguo Palacio del Arzobispado. Acompañado de su esposa, Beatriz Gutiérrez Müller, salió a las 9 de la mañana del Palacio Nacional, caminó en la calle de Moneda y, antes de entrar a la casilla, un funcionario del INE les entregó dos cubrebocas.

Frente a la mesa directiva de casilla, un hombre se acercó al presidente para contarle una anécdota de 1995, cuando AMLO hizo un "éxodo por la democracia" para denunciar el fraude electoral en Tabasco. Nerviosos, los funcionarios de casilla se tardaron tres minutos en encontrar a López Obrador en la lista nominal de electores, pero finalmente lo hallaron y le entregaron una boleta.

El presidente escribió en ella, con letras mayúsculas: "¡VIVA ZAPATA!". Después mostró su boleta a una fotógrafa de Presidencia, que tomó la placa que él mismo hizo pública en sus redes sociales y en el sitio oficial del gobierno federal.

Al salir de la casilla, un grupo de simpatizantes gritaba consignas y hacía sonar tambores. Antes de retirarse, el presidente dirigió un mensaje breve a los medios.

"El mejor sistema político es la democracia, no hay algo mejor, y es forma de vida. Tiene que haber democracia siempre, en la familia, en la escuela, en el trabajo, en los sindicatos y, desde luego, en la vida pública, y hay que participar. La democracia se tiene que convertir en un hábito, porque eso nos va a ayudar a que nadie de ningún nivel se sienta absoluto, que nadie olvide que el pueblo es el que manda, que el pueblo pone y el pueblo quita, porque el pueblo es el soberano", expresó mientras les mostraba a los presentes su credencial del INE, levantando el brazo derecho.

Una hora después, la jefa de gobierno, Claudia Sheinbaum, acudió a votar a una casilla en la alcaldía Tlalpan.

Mientras tanto, los representantes de Morena en el Consejo General del INE enunciaban que algunos consejeros tenían listo un plan para anular el resultado de la consulta de revocación de mandato, y su dirigente, Mario Delgado, recorría casillas en una camioneta ofreciendo transportar a votantes a quienes les quedara lejos el centro de votación.

Al mediodía, el INE reportaba la instalación y apertura de más de 56 mil casillas, más del 98% de las que se tenían programadas.

A las 2 de la tarde, el secretario ejecutivo, Edmundo Jacobo, reportó la instalación de 57 mil 436 casillas y 876 incidentes. Los más graves fueron la suspensión definitiva de la votación en 10 casillas por riesgo de violencia o por el robo o destrucción de materiales electorales.

Al margen de esos reportes y de las acaloradas discusiones que sostenía el morenista Mario Llergo con Córdova y Murayama en el Consejo General, el día transcurría sin sobresaltos. Era un domingo normal para la mayoría de la gente, y las casillas, como había ocurrido con la consulta popular de agosto, lucían desoladas.

Por la noche, Morena ofreció una conferencia de prensa al cierre de las casillas en todo el país, en la que Mario Delgado, Citlalli Hernández, Bertha Luján y otros miembros de la cúpula partidista acusaron al INE de boicotear el proceso. Pero correspondió a Epigmenio Ibarra hacer el balance de la conducta del INE y sus consejeros durante el proceso.

"Cuántas veces habló el INE del presupuesto y se portó como un secuestrador, exigiendo rescate para organizar la consulta. Los revocados son los consejeros. Aún no conocemos cuál es la cifra, pero la participación pudo ser mayor si el INE hubiera puesto más casillas, si hubiera dado mejor información, si no hubiera actuado como censor", acusó el productor y consejero nacional de Morena.

A las 9 de la noche, el INE dio a conocer el resultado del conteo rápido, que, con una muestra de mil 753 casillas, estimó rangos mínimos y máximos de participación, así como porcentajes máximos y mínimos de votación en cada una de las dos opciones.

Participación: entre el 17 y el 18.2 por ciento.

Respuestas:

Que siga: entre el 90.3 y el 91.9 por ciento.

Que se le revoque el mandato: entre el 6.4 y el 7.8 por ciento.

El INE reportó que, finalmente, fueron instaladas casi el 100% de las casillas programadas (57 448), que los incidentes fueron menores y todos controlados, y que 8 mil 287 personas habían emitido su voto desde el extranjero.

A las 10:25 de la noche, López Obrador anunció en su cuenta de Twitter que acababa de grabar un mensaje, el cual fue difundido por Presidencia hasta las 11:30.

El presidente habló de una noche histórica, calificó el proceso como inédito y se congratuló de que México avanzara no sólo en su democracia representativa, sino que ahora también hubiera democracia participativa.

"Estoy muy contento, porque, a pesar de los pesares, mucha gente salió a votar el día de hoy, más de 17 millones de personas, a pesar de que no se instalaron casillas, sólo una tercera parte de las casillas, y de que en muchas cabeceras municipales no se instalaron casillas. En mi pueblo, Tepetitlán, no hubo casilla, pero en todo el país la gente buscó una casilla y se movilizó", dijo sonriente y agradecido, porque más del 90% votó por que continuara su mandato.

El mensaje duró más de 14 minutos y fue transmitido en las redes sociales del gobierno federal y los canales de la televisión pública.

Los cómputos distritales comenzaron desde la noche del domingo y, para la mañana del lunes, ya había un avance de más del 99% de las casillas contabilizadas, en el que se confirmaban las estimaciones del conteo rápido.

Con esas cifras, López Obrador volvió a celebrar el proceso en la conferencia mañanera del lunes 11 de abril.

"Durante mucho tiempo, siglos, se pensó que la política era asunto de los políticos y que el pueblo no existía, y ahora estamos en una etapa nueva, no sólo de democracia representativa, sino de democracia participativa", sostuvo, antes de calificar la actitud del INE como "muy lamentable".

Por la noche, el Consejo General del INE dio a conocer el cómputo total de resultados consignados en las actas de la consulta de revocación de mandato:

Participación: 16 millones 502 mil 636 personas, equivalente al 17.77% de la lista nominal. Es decir, no se cumplía con el requisito constitucional de una participación del 40% para que el ejercicio fuese vinculante.

Por que se le revoque el mandato por pérdida de la confianza a AMLO votaron un millón 63 mil 209 personas, equivalentes al 6.44 por ciento.

Por que siga en la presidencia de la República optaron 15 millones 159 mil 323 votantes, equivalentes al 91.86 por ciento.

Se emitieron 280 mil 104 votos nulos (1.69%).

El acuerdo con las cifras definitivas del INE fue impugnado por tirios y troyanos. La oposición (PRI, PRD y MC) exigieron al Tribunal Electoral declarar la nulidad del proceso por el cúmulo de irregularidades sancionadas por el INE. El PT y la Presidencia de la República lo impugnaron porque, además del cómputo de votos, el acuerdo del INE incluía un anexo con el informe de denuncias recibidas en contra del presidente, la jefa de gobierno, gobernadores y otros funcionarios públicos durante el proceso de la consulta de revocación de mandato.

El Tribunal desechó las impugnaciones y resolvió en menos de dos semanas la calificación del proceso. En su sentencia aprobada el 27 de abril, la Sala Superior confirmó el cómputo final del INE y resolvió que, al no cumplirse el umbral de participación del 40%, y al no haber ganado la opción de revocar el mandato con una mayoría absoluta (50% más 1), se declaraba improcedente la revocación de mandato de Andrés Manuel López Obrador.

Esa sentencia fue aprobada por unanimidad, pero tres magistrados, Janine Otálora, Reyes Rodríguez y Felipe de la Mata, emitieron un voto razonado en el que señalaron que el Tribunal también debió valorar el desarrollo del proceso desde una perspectiva de integridad electoral.[33]

En su voto particular, los magistrados identificaron tres situaciones que tuvieron un impacto negativo en la calidad de la democracia participativa:

- La tardanza en la emisión de legislación sobre el proceso de revocación de mandato y su modificación durante el proceso.
- La insuficiencia presupuestaria y las limitaciones generadas por ésta para implementar el proceso de revocación de mandato conforme a la estricta aplicación de su diseño legal.
- El incumplimiento por parte de diversos actores políticos de las medidas cautelares tendentes a salvaguardar la regularidad del proceso.

La conclusión jurídica de los magistrados coincidía con las inquietudes que, por esos días, dieron a conocer las misiones internacionales de observación acreditadas durante el proceso.

La organización The Delian Project incluyó en su informe un capítulo en el que detectó:

- Amenazas de violencia física contra consejeros del INE y su presidente.
- Amenazas de denunciar penalmente a consejeros del INE.
- Recortes presupuestarios extremos que pusieron en peligro la integridad del proceso.

Asimismo, la Organización de los Estados Americanos externó su preocupación por las continuas campañas de desprestigio y ataques institucionales que se desplegaron durante el proceso en contra del INE; ataques que, según la OEA, aumentan la polarización y menoscaban la democracia.

El presidente y Morena minimizaron esas advertencias sobre la integridad electoral, y siguieron celebrando su triunfo en la consulta de revocación de mandato. Finalmente, habían logrado movilizar a más de 15 millones de personas en favor de un ejercicio imaginado y diseñado por López Obrador, cuando aún faltaban dos años para la elección de 2024.

En la mañanera del jueves 28 de abril, AMLO convocó a Pablo Gómez y Horacio Duarte para anunciar una nueva batalla en la disputa por la democracia: la reforma político-electoral, cuya iniciativa sería enviada esa misma tarde a la Cámara de Diputados.

Referencias:

1 "Decreto por el que se declaran reformadas y adicionadas diversas disposiciones de la Constitución Política de los Estados Unidos Mexicanos en materia de consulta popular y revocación de mandato", *Diario Oficial de la Federación*, 20 de diciembre de 2019, https://www.dof.gob.mx/nota_detalle.php?codigo=5582486&fecha=20/12/2019#gsc.tab=0.

2 Instituto Nacional Electoral, Acuerdo INE/CG/1444/2021 en el que se aprueban los lineamientos para la organización de la consulta de revocación de mandato, 27 de agosto de 2021, https://repositoriodocumental.ine.mx/xmlui/handle/123456789/124697.

3 Lorenzo Córdova, "Una reforma innecesaria e inoportuna", *Nexos*, 20 de agosto de 2021, https://centralelectoral.ine.mx/2021/08/20/articulo-escrito-por-el-consejero-presidente-lorenzo-cordova-titulado-una-reforma-innecesaria-e-inoportuna-publicado-en-la-revista-nexos/.

4 "Decreto por el que se expide la Ley Orgánica del Poder Judicial de la Federación y la Ley de Carrera Judicial del Poder Judicial de la Federación", *Diario Oficial de la Federación*, 7 de junio de 2021, https://www.diputados.gob.mx/LeyesBiblio/legis/reflxiv/167_LOPJF-LCJPJF-Otras_07jun21.pdf.

5 Andrés Manuel López Obrador, *A la mitad el camino*, Planeta, Ciudad de México, 2021, p. 9.

6 "Decreto por el que se expide la Ley Federal de Revocación de Mandato", *Diario Oficial de la Federación*, 14 de septiembre de 2021, https://dof.gob.mx/nota_detalle.php?codigo=5629752&fecha=14/09/2021.

7 Instituto Nacional Electoral, Acuerdo INE/CG1566/2021 en el que se modifican los lineamientos para la organización de la consulta de revocación de mandato, 30 de septiembre de 2021, CGex202109-30-ap-14.pdf.

8 Ivonne Melgar, "Quieren un INE más austero: Sergio Gutiérrez Luna", *Excélsior*, 7 de septiembre de 2021, https://www.excelsior.com.mx/nacional/quieren-un-ine-mas-austero-sergio-gutierrez-luna/1470156.

9 Sala Superior del Tribunal Electoral del Poder Judicial de la Federación, "El TEPJF resuelve impugnaciones presentadas para garantizar los derechos político-electorales de la ciudadanía y brindar certeza al proceso de revocación de mandato", 1 de noviembre de 2021, https://www.te.gob.mx/front3/bulletins/detail/4305/0.

10 Sí por México, llamado a no participar en el revocatorio que pretende polarizar y dividir a México, 15 de septiembre de 2021, https://x.com/SiPorMx/status/1438120420230582279.

11 "Alianza popular para continuar la transformación de México", desplegado, *La Jornada*, 20 de septiembre de 2021, https://www.jornada.com.mx/notas/2021/09/20/politica/alianza-popular-para-continuar-la-transformacion-de-mexico/.

12 Instituto Nacional Electoral, "Recibe INE más de 23 000 avisos de intención para la revocación de mandato", 18 de octubre de 2021, https://centralelectoral.ine.mx/2021/10/18/recibe-ine-mas-de-23-mil-avisos-de-intencion-para-la-revocacion-de-mandato/.

13 Eduardo Galeano, *El futbol a sol y sombra*, Siglo XXI Editores, Ciudad de México, 2015, p. 11.

14 Instituto Nacional Electoral, "Promueve INE controversia constitucional en contra del Presupuesto de Egresos de la Federación para el ejercicio fiscal 2022", 7 de diciembre de 2021, https://centralelectoral.ine.mx/2021/12/07/promueve-ine-controversia-constitucional-en-contra-del-presupuesto-de-egresos-de-la-federacion-para-el-ejercicio-fiscal-2022/.

15 Suprema Corte de Justicia de la Nación, "Incidente de suspensión de la controversia constitucional 209/2021", 10 de diciembre de 2021, https://www.supremacorte.gob.mx/sites/default/files/acuerdos_controversias_constit/documento/2021-12-15/MI_IncSuspContConst-209-2021.pdf.

16 Instituto Nacional Electoral, "Sobre el acuerdo de la SCJN respecto a la controversia constitucional promovida por el INE", 15 de diciembre de 2021, https://centralelectoral.ine.mx/2021/12/15/sobre-el-acuerdo-de-la-scjn-respecto-a-la-controversia-constitucional-promovida-por-el-ine/.

17 Instituto Nacional Electoral, Acuerdo INE/CG1796/2021 con el que se determina posponer la organización del proceso de revocación de mandato, 17 de diciembre de 2021, https://repositoriodocumental.ine.mx/xmlui/bitstream/handle/123456789/126386/CG2ex20211217-ap-Unico.pdf.

18 Mensaje de Sergio Gutiérrez Luna en las redes sociales de la Cámara de Diputados, 17 de diciembre de 2021, https://x.com/Mx_Diputados/status/1472038951594741765.

19 Suprema Corte de Justicia de la Nación, Comunicado 396/2021, 22 de diciembre de 2021, https://www.internet2.scjn.gob.mx/red2/comunicados/noticia.asp?id=6704.

20 Instituto Nacional Electoral, "Cotinúa INE con los trabajos de revocación de mandato", 23 de diciembre de 2021, https://centralelectoral.ine.mx/2021/12/23/continua-ine-con-los-trabajos-de-revocacion-de-mandato/.

21 Instituto Nacional Electoral, "Posicionamiento de consejeras y consejeros del INE", 26 de diciembre de 2021, https://centralelectoral.ine.mx/2021/12/26/posicionamiento-de-consejeras-y-consejeros-del-instituto-nacional-electoral/.

22 Tribunal Electoral del Poder Judicial de la Federación, "Determina el TEPJF que el INE debe continuar con el proceso de revocación de mandato", 29 de diciembre de 2021, https://www.te.gob.mx/front3/bulletins/detail/4391/0.

23 "INE: extravío y perspectivas", editorial, *La Jornada*, 31 de diciembre de 2021, https://www.jornada.com.mx/2021/12/31/edito.

24 Instituto Nacional Electoral, "Declara INE procedente la cancelación del registro de auxiliares y promoventes en el proceso de revocación de mandato", 16 de diciembre de 2021, https://centralelectoral.ine.mx/2021/12/16/declara-ine-procedente-la-cancelacion-del-registro-de-auxiliares-y-promoventes-en-el-proceso-de-revocacion-de-mandato/.

25 "Al Chipotle, personaje virtual del @INEMexico que combate la desinformación", 17 de enero de 2021, https://x.com/INEMexico/status/1483244942319407104.

26 Raúl Olmos, Verónica Ayala y Mario Gutiérrez Vega, "Así vive en Houston el hijo mayor de AMLO", Mexicanos contra la Corrupción y la Impunidad y *Latinus*, 27 de enero de 2022, https://contralacorrupcion.mx/asi-vive-en-houston-el-hijo-mayor-de-amlo/.

27 Andrés Manuel López Obrador, conferencia de prensa, 4 de febrero de 2022, https://presidente.gob.mx/04-02-22-version-estenografica-de-la-conferencia-de-prensa-matutina-del-presidente-andres-manuel-lopez-obrador/.

28 Instituto Nacional Electoral, "INE emite cautelares para detener la difusión de propaganda gubernamental de la Presidencia de la República y del grupo parlamentario de Morena en el Senado", 18 de febrero de 2022, https://centralelectoral.ine.mx/2022/02/18/ine-emite-cautelares-para-detener-la-difusion-de-propaganda-gubernamental-de-la-presidencia-de-la-republica-y-del-grupo-parlamentario-de-morena-en-el-senado/.

29 "Decreto por el que se interpreta el alcance del concepto de propaganda gubernamental, principio de imparcialidad y aplicación de sanciones contenidas en los artículos 449, numeral 1, incisos b), c), d) y e) de la Ley General de Instituciones y Procedimientos Electorales, y 33, párrafos quinto, sexto y séptimo, y 61 de la Ley Federal de Revocación de Mandato", *Diario Oficial de la Federación*, 17 de marzo de 2022, https://www.dof.gob.mx/nota_detalle.php?codigo=5646085&fecha=17/03/2022.

30 "El INE, aparato de censura", editorial, *La Jornada*, 24 de marzo de 2022, https://www.jornada.com.mx/2022/03/24/edito.

31 Andrés Manuel López Obrador, extracto de sentencia de la Sala Especializada SRE-PSC-33/2022, 29 de marzo de 2022, https://amlo.presidente.gob.mx/anexo-tres-extracto-de-sentencia/.

32 "Acusan a Rodríguez Bucio y López Hernández de usar avión de la GN para asistir a eventos de Morena", *Proceso*, 4 de abril de 2022, https://www.proceso.com.mx/nacional/2022/4/4/acusan-rodriguez-bucio-lopez-hernandez-de-usar-avion-de-la-gn-para-asistir-eventos-de-morena-283629.html.

33 Sala Superior del Tribunal Electoral del Poder Judicial de la Federación, "Cómputo final y declaratoria de conclusión del proceso de revocación de mandato", 26 de abril de 2022, https://www.te.gob.mx/revocacion/media/pdf/40f64ce1e300178.pdf.

5

El asalto al INE

El eje Hermosillo-Texcoco

El 30 de abril de 2019, la Cámara de Diputados nombró a Jesús George Zamora titular del Órgano Interno de Control (OIC) del Instituto Nacional Electoral. Su designación fue avalada por 202 diputados de Morena, 25 del PT, 10 del Verde y 15 del PES, las bancadas oficialistas. Pero también votaron a su favor 52 diputados del PAN, 30 del PRI, nueve del PRD y 27 de MC. El nombramiento se dio con mayoría calificada de 378 votos, con 13 abstenciones y sólo dos votos en contra, de la morenista Rocío Barrera Badillo y el experredista Héctor Serrano Cortés, que en ese momento ya se presentaba como legislador sin partido.

El perfil del nuevo contralor del INE pasó inadvertido para la oposición, que nunca reparó en que ese abogado texcocano podría convertirse en un problema para el sistema electoral.

George Zamora venía de ser asesor del consejero electoral José Roberto Ruiz Saldaña, que, junto con Lorenzo Córdova, Ciro Murayama y Adriana Favela, había sido nombrado en 2014 para un periodo de nueve años.

En las negociaciones de 2014, Ruiz Saldaña había sido promovido como cuota del PAN en el INE, a sugerencia del entonces gobernador de Sonora, Guillermo Padrés, entonces muy cercano al líder panista Gustavo Madero.

Quizás por eso, y por los cabildeos del diputado morenista Sergio Gutiérrez Luna, quien también trabajó con Padrés, la bancada de Acción Nacional dio su aval a la designación de George Zamora en un puesto clave: ni más ni menos que la poderosa contraloría del INE, encargada de vigilar el ejercicio de los miles de millones de pesos que ejercía el instituto cada año, que para el lopezobradorismo significaban una afrenta para los mexicanos.

Lo que la oposición no alcanzó a ver en ese momento fueron los vínculos de George Zamora con políticos de Morena a los que AMLO les había confiado los temas electorales, principalmente Horacio Duarte, un político texcocano que fue representante del PRD ante el IFE en la campaña lopezobradorista de 2006 y pieza clave en sus campañas de 2012 y 2018.

George Zamora fue asesor de Horacio Duarte en la Sección Instructora de la Cámara de Diputados, de 2004 a 2006. En 2007, fue asesor del también experredista y morenista mexiquense Higinio Martínez, en el Congreso del Estado de México. De 2008 a 2015, fue promovido por el PRD para ocupar la Dirección de Organización del Instituto Electoral del Estado de México (IEEM).Y, a partir de 2017, fue asesor del consejero Ruiz Saldaña en el INE.

A este consejero se le conocía por haber sido director general de Coordinación Interinstitucional de la Secretaría Ejecutiva de la Comisión Implementadora del Nuevo Sistema de Justicia Penal en el estado de Sonora (2011-2013), nombrado por Padrés y bajo el mando del secretario ejecutivo de dicho sistema, Sergio Gutiérrez Luna. Aunque se conocieron en Sonora, ambos mantenían fuertes vínculos con políticos de Veracruz, donde Ruiz Saldaña estudió la licenciatura.

Gutiérrez Luna se sumó a Morena en 2017, año en el que fue representante de dicho partido ante el IEEM, en las complejas elecciones que enfrentaron a Alfredo del Mazo (PRI) y a Delfina Gómez (Morena) en la pelea por la gubernatura del Estado de México.

Ahí, Gutiérrez Luna conoció a George Zamora, a Higinio Martínez y a Horacio Duarte. Y, en las elecciones federales de 2018, terminó como candidato suplente de Duarte a la Cámara de Diputados.

Después de los comicios de 2018, Duarte sólo ejerció tres meses como diputado, pues en diciembre fue llamado por el presidente para hacerse cargo de la Subsecretaría del Trabajo, como número dos de la joven secretaria, Luisa María Alcalde.

Así llegó Gutiérrez Luna a la Cámara Baja, donde rápidamente se convirtió en uno de los principales operadores de la bancada mayoritaria, entonces coordinada por Mario Delgado.

Se le atribuye el cabildeo del nombramiento de George Zamora como titular del OIC del INE y, desde entonces, se convirtió en el vocero de Morena en temas electorales. De hecho, el mismo 30 de abril, se instaló en San Lázaro el grupo de trabajo para la reforma electoral y del Estado, que quedó bajo la presidencia de Gutiérrez Luna.

Los nexos entre los tres personajes, que pasaban por Hermosillo y Texcoco, los convirtieron en una poderosa cuña para vigilar y limitar la actuación del INE.

Desde el propio Consejo General, José Roberto Ruiz Saldaña se convirtió en una voz crítica que denunciaba, cada que podía, lo que él consideraba excesos de la dupla Córdova-Murayama.

En 2018, Ruiz Saldaña fue el único consejero que votó en contra de un acuerdo mediante el cual se multó a Morena con 197 millones de pesos, por el caso de los fideicomisos creados para entregar sus prerrogativas a los damnificados del terremoto de 2017.

En 2019, ya iniciado el gobierno de López Obrador, se opuso a que el INE impugnara la Ley de Austeridad y pidió que se le redujera su sueldo para no ganar más que el presidente de la República. Fue un crítico de los gastos del INE en viajes al extranjero, asesores, seguros y arrendamiento de vehículos.

Por ejemplo, el 18 de febrero de 2019 votó en contra de un acuerdo del Consejo General en el que se establecían medidas de austeridad y disciplina presupuestaria, por considerar que éstas no eran auténticas medidas de ahorro. En su voto particular escribió:

> Como podremos analizar en los 17 puntos que conforman este acuerdo, éstos son una lista de buenas intenciones y no producto que provenir de un genuino interés por apegarse a la citada ley en lo concerniente a administrar los recursos públicos, con eficiencia, economía, racionalidad y austeridad.
>
> Son ineficaces, debido a que en la mayoría de los casos se trata de promesas de apegarse a unos ideales de austeridad sin establecer medidas concretas que impliquen la cancelación de privilegios o gastos que cada año se repiten sin importar la existencia del mencionado acuerdo.[1]

Con el discurso de la austeridad, Ruiz Saldaña se convirtió en una piedra en el zapato para el grupo dominante en el INE, a grado tal que fue apodado "el soldado desconocido", pues en una sesión un representante partidista se refirió a él con ese mote.

En 2020 votó en contra de la reelección de Edmundo Jacobo como secretario ejecutivo del INE, denunciando que querían volverlo eterno, y también se opuso a las decisiones adoptadas para hacer frente a la emergencia sanitaria por la pandemia de covid-19.

Tres mensajes publicados en su cuenta de Twitter entre marzo y junio de 2020 dan cuenta de su animadversión hacia Córdova y Murayama.

"Hoy quedaron inoperantes las comisiones del Consejo General del @INEMexico, que se integran por consejer@as, y aprobaron un acuerdo para que @lorenzocordovav y Edmundo Jacobo garanticen 'el ejercicio de las atribuciones de la institución'. ¡Así las pulsiones autoritarias!", escribió el 27 de marzo, en la última sesión presencial del Consejo antes del confinamiento, frente al acuerdo para mantener en operación al instituto.

"Preocupante decisión de la Comisión de Quejas del @INEMexico. *1)* Aunque hay versión de la carta donde no viene nombre de @lopezobrador_ , se ordenan cautelares sobre versión previa. *2)* En contenido no se habla de logros gubernamentales. *3)* ¿Dónde está la promoción personalizada? Así de parcial la comunicación social de @lorenzocordovav hablando en nombre del @INEMexico", publicó el 30 de abril, cuando la Comisión de Quejas sancionó la carta enviada por López Obrador a los beneficiarios del programa de apoyos económicos afectados por la pandemia.

"En el @INEMexico ahora más que nunca se requiere cumplir con el principio de economía en el manejo de los recursos públicos. Pero no hay voluntad de @lorenzocordovav. Crear comités de expertos (sin convocatorias públicas, además) sobre lo que el INE es experto lo evidencia", tuiteó el 18 de mayo.

En entrevistas a los periodistas Hernán Gómez, Álvaro Delgado y Alejandro Páez, el consejero soltaba frases que coincidían con las posturas de dirigentes y legisladores de Morena.

"Lorenzo Córdova se siente más estadista y más líder que el presidente López Obrador", dijo el 25 de junio en *La Octava*.

"Lorenzo Córdova y Ciro Murayama quieren ostentarse como la verdadera izquierda ilustrada en el país. Cada que hay una oportunidad, el consejero presidente está en una actitud retadora y de amenaza hacia el Ejecutivo", declaró el 29 de junio a *SinEmbargo*.

En mancuerna con el consejero, el nuevo contralor intensificó la labor de auditorías y su intervención en la Junta General Ejecutiva, donde tenía voz, y en el Consejo General, donde sólo acudía como invitado.

A mediados de 2019, George Zamora insistió en participar en el proceso de elaboración del proyecto de presupuesto 2020, en la comisión especial respectiva, y al final de los trabajos presentó un documento en el que sugerían ajustes a la baja en varias partidas, hasta sumar más de mil millones de pesos, cifra que meses después coincidió con la propuesta de recorte que hizo el diputado Gutiérrez Luna y con el ajuste que terminó aprobando el Congreso en noviembre de 2019.

En junio, el contralor firmó un convenio de colaboración con la secretaria de la Función Pública, Irma Eréndira Sandoval, quien no contaba con atribuciones legales para intervenir en organismos públicos con autonomía constitucional, pero que ofreció ayudar al contralor para "lograr un organismo electoral austero, honesto y fiscalizable".

En septiembre, se filtró el informe preliminar del OIC sobre las auditorías en marcha al diario *El Universal*, que publicó los hallazgos como nota de ocho columnas: "No hallan en el INE 320 autos, pero sí anomalías". Días después, al discutirse el informe en el Consejo General, el propio contralor admitió que se trataba de auditorías en proceso y no de resultados definitivos.

El OIC abrió una cuenta en la red social Twitter para dar a conocer sus actuaciones y comentarios en materia de austeridad, así como publicar quejas por la presunta obstrucción de las labores de auditoría en áreas del INE. Y, en enero de 2020, anunció la apertura de una investigación de oficio en contra de la Junta General Ejecutiva por haber aprobado un tabulador con sueldos para consejeros y altos funcionarios que sobrepasaban los del presidente de la República.

Las actuaciones de George Zamora en el OIC del INE llevaron a que, en septiembre de 2020, se abriera proceso penal en contra de Bogart Montiel, extitular de la Dirección Ejecutiva de Administración del INE, y hombre cercano a Córdova, Murayama y Edmundo Jacobo. Junto con Montiel, otros tres funcionarios de la Dirección Ejecutiva de Administración fueron vinculados a proceso por su probable responsabilidad en el delito de uso indebido de atribuciones, por haber otorgado un contrato de prestación de servicios por un monto de 105 millones de pesos. De acuerdo con notas de *La Jornada* y *Animal Político*, el contrato fue asignado por adjudicación directa, en febrero de 2019, a la empresa El Mundo es Tuyo, S. A. de C. V., para la organización de taquizas, parrilladas y banquetes, así como para el traslado y hospedaje de personas.[2]

Sin embargo, Bogart Montiel permaneció tres meses más en el cargo y, cuando finalmente renunció, en enero de 2021, el consejero presidente elogió su labor de seis años al frente de la Dirección Ejecutiva de Administración, ignorando las irregularidades señaladas por el contralor.

"A mediados del mes pasado me presentó su renuncia para atender cuestiones personales, cosa que lamento mucho, y desde aquí quiero desearle el mayor de los éxitos, que seguro lo tendrá por el profesionalismo y la entrega con que se ha venido dedicando en todas sus responsabilidades en los proyectos futuros que enfrenta", expuso Lorenzo Córdova en la sesión en la que se anunció la salida del funcionario.[3]

Para hacer su trabajo como contralor, George Zamora conformó un equipo en el que incorporó a personas ligadas al consejero Ruiz Saldaña y al diputado Gutiérrez Luna, como Luis Oswaldo Peralta, abogado cercano a Horacio Duarte y Delfina Gómez; Gabriel Martínez Mar y Claudia Herrera, quienes eran asesores de Ruiz Saldaña en el INE, y Diana Karina Barreras, esposa de Gutiérrez Luna.

Otros dos casos de intercambio de colaboradores ejemplifican la cercanía entre los tres personajes.

Ruiz Saldaña contrató como asesora a Ana Karen Figueroa Hernández, quien trabajó en el PAN estatal de Sonora y en la Comisión Implementadora del Sistema de Justicia Penal, bajo las órdenes de Gutiérrez Luna.

Y, a su vez, Gutiérrez Luna incorporó a su equipo en la Cámara de Diputados a Diana Yovanka Cobos Anaya, quien fue coordinadora del área administrativa de la Comisión Implementadora del Sistema Penal en Sonora y fue asesora de Ruiz Saldaña en el INE.

La pinza de lo que en el equipo de Córdova se identificaba como "el asalto al INE" se cerraba en San Lázaro, donde Gutiérrez Luna se convirtió en el promotor de los primeros intentos de reforma político-electoral maquinada por el oficialismo.

Los legisladores de Morena presentaron más de 30 iniciativas de reforma en esta materia entre septiembre de 2018 y abril de 2019, pero no fue hasta que se instaló en San Lázaro el grupo de trabajo para la reforma electoral y del Estado cuando Gutiérrez Luna tomó la batuta y logró posicionar el tema en la opinión pública.

Gutiérrez Luna planteaba desaparecer los Organismos Públicos Locales Electorales y sustituirlos por consejos locales nombrados desde la Cámara de Diputados. También planteaba elevar el principio de austeridad a rango constitucional y como principio rector de la función electoral; modificar la conformación del Comité Técnico de Evaluación de los aspirantes al Consejo General del INE; reducir al 50% las prerrogativas a partidos políticos, y algunas medidas administrativas que acotaban las facultades del instituto.

Para discutir estas ideas, Gutiérrez Luna organizó foros sobre la reforma electoral, que se desarrollaron entre el 11 y el 23 de junio de 2019, con los diputados Alejandro Viedma y Pablo Gómez, además del propio Gutiérrez Luna, como principales promotores y protagonistas.

La dictaminación de las iniciativas pretendía hacerse durante agosto, para intentar su aprobación en el pleno durante el primer periodo ordinario de sesiones del segundo año de la LXIV Legislatura, que iniciaba en septiembre. Pero las iniciativas no encontraron consenso ni siquiera al interior de Morena.

Finalmente, durante 2019 Morena privilegió dos reformas que sí estaban en la agenda política del presidente: la consulta popular y la de revocación de mandato, que salieron adelante.

Mario Delgado y Tatiana Clouthier intentaron una reforma para reducir a la mitad las prerrogativas de los partidos políticos (otra promesa presidencial), pero sus aliados del PT y el PVEM se opusieron y votaron en contra.

En noviembre de 2019, el diputado Gutiérrez Luna todavía sugirió una nueva iniciativa para acortar la presidencia de Lorenzo Córdova. Su propuesta consistía en modificar el artículo 41 de la Constitución para volver rotativa la presidencia del Consejo General cada tres años, con un transitorio que buscaría hacer el primer relevo en abril de 2020, aprovechando el nombramiento de cuatro nuevos consejeros del INE. En la propuesta publicada en la *Gaceta Parlamentaria* el 26 de noviembre de 2019 se lee:

> … la propuesta central de la presente iniciativa busca adaptar la norma a la nueva realidad a efecto de que exista rotación en la dirección del INE, que su conducción no sea coto exclusivo de una persona durante nueve años, y que no sea una sola visión la que encamine los trabajos de tan importante institución. La rotación de la presidencia del INE generará mayor dinamismo en la toma de decisiones y erradicará la concepción monolítica de una sola persona —durante nueve años— en la representación legal y política del organismo, esto generará un efecto sano de renovación periódica.[4]

Finalmente, las intenciones de llevar a cabo una reforma político-electoral de fondo no prosperaron en la primera mitad del sexenio de López Obrador, básicamente, porque el presidente nunca se interesó en el tema que con tanto ahínco defendía Gutiérrez Luna.

En junio de 2020, cuando faltaban 90 días para el arranque formal del proceso electoral federal de 2021, se venció el plazo constitucional para hacer cualquier cambio en las reglas electorales y, así, Morena tuvo que ir a la elección intermedia con las mismas reglas impuestas desde 2014 en las negociaciones del Pacto por México.

El eje Hermosillo-Texcoco se desarticuló en junio de 2021, cuando el consejero Ruiz Saldaña hizo públicas sus aspiraciones para competir por la rectoría de la Universidad Veracruzana, su alma máter, a través de un video difundido en su cuenta de Facebook.

Gutiérrez Luna, quien había hecho campaña de tierra en Veracruz, aunque finalmente terminó postulado a la reelección como candidato a diputado de representación proporcional, le había ofrecido a su amigo su apoyo y el de sus contactos para llegar a la rectoría, pero no pudo con el gobernador Cuitláhuac García, quien tenía otros planes e impulsó a un candidato distinto. El 30 de agosto, la junta de gobierno de la Universidad Veracruzana nombró a Martín Gerardo Aguilar Sánchez como rector para el periodo 2021-2025, con opción de reelegirse hasta 2029, debido a lo cual Ruiz Saldaña se sintió defraudado por el morenismo.

A partir de entonces, el "soldado desconocido" abandonó sus posturas frontales contra Córdova y Murayama, y los acompañó en varias votaciones polémicas en el Consejo General, incluida la narrada en el capítulo 4 sobre la suspensión de las actividades de la consulta de revocación de mandato. Ese voto, por cierto, le valió ser denunciado penalmente por su examigo Sergio Gutiérrez Luna.

Plan A: "suprimir" el INE

Pablo Gómez y Horacio Duarte vestían saco oscuro, camisa blanca y corbata. Usaban cubrebocas y zapatos de vestir. Cuando fueron captados por los fotógrafos que regularmente hacen guardia afuera de Palacio Nacional, aquel lunes 25 de abril de 2022, sólo Duarte saludó, levantando la carpeta que sostenía con la mano izquierda.

Pablo Gómez era titular de la Unidad de Inteligencia Financiera y Horacio Duarte estaba al frente de la Agencia Nacional de Aduanas, áreas estratégicas de la Secretaría de Hacienda. Sin embargo, no estaban ahí para tratar un asunto de su competencia, sino para entregar al presidente López Obrador la propuesta de iniciativa de reforma electoral que el Ejecutivo propondría al Congreso.

Tres días después, en la conferencia de prensa mañanera, el secretario de Gobernación, Adán Augusto López, informó que los funcionarios llevaban semanas trabajando la iniciativa, con las indicaciones del presidente de hacer una "reforma democrática" que respondiera añejos reclamos del pueblo.

El jueves 28 de abril, los funcionarios hacendarios dieron a conocer que la iniciativa que al fin presentaría López Obrador —después de múltiples anuncios— buscaría reformar 18 artículos de la Constitución y añadiría siete artículos transitorios.

En tres diapositivas, se expusieron los 12 puntos principales de la reforma de AMLO:

- Creación del Instituto Nacional de Elecciones y Consultas (INEC).
- Elección de consejeros y de magistrados electorales mediante voto popular, el primer domingo del mes de agosto de 2023, con candidatos postulados por los tres Poderes de la Unión.
- Desaparición de los OPLE y tribunales electorales locales, y federalización de las elecciones.
- Eliminación de las diputaciones plurinominales y reducción del número de legisladores federales y locales, pasando la Cámara de Diputados a 300 diputaciones y la Cámara de Senadores a 96 senadurías.
- Cambio de modelo de elección de diputados, senadores y ayuntamientos para que éstos sean elegidos mediante el sistema de representación pura, en donde el porcentaje de votos que obtenga un partido político será el porcentaje de legisladores o miembros de ayuntamientos que tendrá.
- Reducción de los integrantes de los ayuntamientos, estableciendo un límite de hasta nueve regidurías de forma proporcional a la población de cada municipio.
- Eliminación del financiamiento público ordinario de partidos políticos nacionales y locales y conservación del financiamiento público para campañas electorales.
- Reconocimiento de la posibilidad de implementar el voto electrónico.
- Reducción de los tiempos en radio y televisión en materia electoral, suprimiendo los tiempos fiscales.
- Reducción al 33% de participación ciudadana para que la consulta de revocación de mandato sea vinculante.
- Modificación de las excepciones constitucionales para difundir propaganda gubernamental en torno a servicios públicos y aquellas de carácter informativo con relación a los procesos electorales.
- Creación de la Legislación Única en Materia Electoral, que aglutine toda la normatividad concerniente a lo electoral en un solo instrumento.

La presentación de la iniciativa consumaba la intención de avanzar hacia una democracia popular, anunciada por el presidente cada vez que le incomodaba alguna decisión, alguna declaración u omisión de los consejeros del INE y los magistrados del Tribunal Electoral.

"Elegir autoridades administrativas y jurisdiccionales honestas e imparciales, que no sean protagonistas adicionales de la lucha por el poder", enfatizó Pablo Gómez al leer el objetivo de la reforma.

"Es necesario superar la situación en la que las autoridades electorales se encontraban vinculadas de una forma u otra al gobierno en turno, lo cual recientemente se modificó, al ubicarse esas mismas autoridades en el plano de la oposición abierta al gobierno. Ambas cosas: ser expresiones de poder, de poderes establecidos, o combatir al gobierno son indebidas cuando se trata de las autoridades electorales y son también dañosas para el país. Es necesario que las autoridades electorales, administrativas y judiciales sean imparciales y se apeguen a la legalidad y los principios democráticos, que sean ciudadanos, y no profesionales de la política, quienes tengan a su cargo esas importantísimas funciones de la vida pública de México", detalló el funcionario, en una clarísima referencia al protagonismo de Lorenzo Córdova y Ciro Murayama.

Aunque dejó la explicación técnica a sus subordinados, el presidente se explayó en comentarios sobre la intencionalidad política de su reforma. Hizo referencia a las elecciones de 2006 y 2012, en las que él y su movimiento denunciaron fraude, e insistió en que las elecciones ganadas por Morena en 2018 no fueron conquistas logradas gracias al INE, sino por voluntad del pueblo, teniendo en contra al propio instituto.

"No hay la intención de que se imponga un partido único, lo que queremos es que haya una autentica, una verdadera democracia en el país y que se termine con los fraudes electorales, que sea el pueblo el que elija libremente a sus representantes, ése es el propósito de esta reforma democrática", sentenció el presidente.

Aquella conferencia duró dos horas con ocho minutos y el presidente mencionó 27 veces la palabra "pueblo".

Esa misma tarde, la iniciativa fue presentada ante la Cámara de Diputados.

Nadie lo mencionó durante la conferencia, pero en el documento se usó una expresión que levantó ámpula en las oficinas de Lorenzo Córdova y en circuitos académicos: "suprimir al INE".

La iniciativa presidencial partía de un diagnóstico que descalificaba el funcionamiento del instituto, del Tribunal Electoral, de los OPLE y de los tribunales electorales de los estados. Se proponía como objetivo adecuar el sistema electoral a las transformaciones políticas que había vivido el país y erigir autoridades electorales honestas e imparciales, que se mantuviesen fuera de la lucha por el poder.

La exposición de motivos en el documento presentado a los diputados señalaba:

> Con esta propuesta se busca fortalecer la democracia y garantizar el cumplimiento de la voluntad popular. Las autoridades electorales administrativas y jurisdiccionales deben ser independientes del poder político, de los partidos y de los grupos económicos. En los últimos años, los actos de estas autoridades se han caracterizado por su falta de apego a los principios de objetividad, independencia e imparcialidad, que son propios de la función electoral. El punto culminante de esta crisis de autoridad fue el papel desempeñado por el Instituto Nacional Electoral (INE) y el Tribunal Electoral del Poder Judicial de la Federación (TEPJF) durante el proceso de revocación de mandato.
>
> [...]
>
> La presente iniciativa propone iniciar una nueva etapa electoral para el país. Se plantea transformar la institucionalidad electoral al suprimir al INE y crear en su lugar el Instituto Nacional de Elecciones y Consultas (INEC) como autoridad electoral independiente, garantizando los principios rectores de la función electoral como siempre debió haber sido.[5]

El proyecto describía la estructura del INE como "grande, burocrática y marcadamente ineficiente", criticaba el "gigantismo" del sistema electoral mexicano y denunciaba la "cooptación" de consejeros y magistrados por grupos de poder.

> Desde sus antecedentes, el actual INE y el TEPJF fueron integrados por cuotas partidistas y cooptados por grupos de poder, en detrimento de su imparcialidad en favor de la democracia.

Además, como si se tratara de la recuperación de bienes incautados a la delincuencia, el proyecto presidencial proponía involucrar al Instituto para Devolverle al Pueblo lo Robado (dependencia de la Secretaría de Hacienda) en la transferencia de activos del INE al nuevo INEC.

En los artículos transitorios, se le dejaba una peculiar instrucción a Lorenzo Córdova:

> En un plazo de 15 días a partir de la vigencia de este decreto, la persona titular de la presidencia del Instituto Nacional Electoral deberá entregar a la persona titular del Instituto para Devolver al Pueblo lo Robado un informe acerca de la situación del instituto que incluya el balance financiero correspondiente.

La marea rosa

Desde el primer momento, la iniciativa de AMLO generó el rechazo de la oposición, que unas semanas antes había hecho un bloque para frenar la reforma presidencial del sector eléctrico. Diputados del PAN, PRI, PRD y MC sumaron 223 votos en contra de esa iniciativa, y, aunque Morena y aliados tenían 275 votos a favor, les hicieron falta más de 50 votos para reunir la mayoría calificada de dos terceras partes, necesaria para avalar cambios a la Constitución.

El 9 de junio de 2022, los dirigentes del PAN, PRI y PRD —integrantes de la coalición Va por México— declararon una "moratoria constitucional", comprometiendo a sus legisladores a no aprobarle a AMLO ninguna de las reformas constitucionales que enviara al Congreso, incluida, desde luego, la político-electoral.

En el INE, el anuncio de una reforma electoral de gran calado, como la que proponía AMLO, le dio a Lorenzo Córdova un tema para mantenerse en el escenario público durante el último año de su gestión como presidente del INE, que culminaría en abril de 2023.

Desde mayo, Córdova recorrió universidades, publicó múltiples artículos y otorgó decenas de entrevistas alertando sobre los peligros de la reforma propuesta por el Ejecutivo. En un artículo para la revista *Voz y Voto*, publicado en mayo de 2022, expresó:

> Salvo la gran reforma de 1977, promovida desde el gobierno por el secretario de Gobernación Jesús Reyes Heroles, y hasta donde me alcanza la memoria, estamos ante la primera reforma propuesta y demandada desde el poder. Es decir, no es la oposición la que advierte con romper el compromiso democrático si no se generan nuevas condiciones de competencia en una reforma, sino es el propio poder el que está empujando a hacer dicha reforma. Y lo hace, por cierto, bajo la falsa premisa de que el sistema electoral no funciona o funciona mal. Hasta donde yo tengo entendido, en la agenda de la oposición una reforma electoral no es prioritaria, a diferencia de lo que se sostiene desde la Presidencia de la República.

En sus varios discursos sobre el tema, Córdova definió tres condiciones deseables para una reforma electoral, con base en la experiencia histórica de las reformas políticas de 1977, 1990, 1996, 2007 y 2014: primero, que sea producto de un amplio consenso político que incluya a las minorías, y no resultado de una imposición de la mayoría; segundo, que sea progresiva y no regresiva, es decir, que mejore el sistema y amplíe los derechos de la ciudadanía, y tercero, que sea producto de diagnósticos adecuados sobre el sistema electoral vigente.

"Si la base de la reforma es que 'me cae gordo el INE', 'porque yo traigo atravesado al INE y al IFE desde hace no sé cuánto', entonces va a salir algo mal; una reforma electoral tiene que ser bien pensada, sustentada en datos, tiene que hacerse, déjenme decirlo así, con la suma de muchas cabezas, no con la suma de muchos hígados", dijo ante estudiantes del ITAM el 2 de mayo de 2022.

Córdova acostumbraba terminar esas charlas con un dicho británico: *if it ain't broke, don't fix it* ("si no está roto, no lo arregles"), y con la advertencia de que México podría ir a futuras elecciones con el sistema electoral vigente, que, si bien era perfectible, ni estaba roto ni había dejado de funcionar.

Mientras el presidente del INE multiplicaba sus intervenciones en foros para descalificar la propuesta de López Obrador, en su fuero interno una decisión le quitaba el sueño: la de separarse del cargo en el mes de junio. ¿Por qué? Porque en ese mes se vencía el plazo legal para renunciar a ser consejero del INE y quedar habilitado políticamente para competir por un cargo en las elecciones de 2024.

Para esas fechas, personajes como Guadalupe Acosta Naranjo y Jesús Zambrano, del PRD, ya se habían acercado a Córdova para proponerle alguna candidatura en 2024, incluso la candidatura presidencial.

Pero el artículo 41 de la Constitución contiene una disposición que dice: "Quienes hayan fungido como consejero presidente, consejeros electorales y secretario ejecutivo no podrán desempeñar cargos en los poderes públicos en cuya elección hayan participado, de dirigencia partidista, o ser postulados a cargos de elección popular, durante los dos años siguientes a la fecha de conclusión de su encargo".

Con la presión del tiempo, Córdova sopesó el tema con sus amigos y colaboradores más cercanos, como José Woldenberg, Ciro Murayama y Edmundo Jacobo, pues se multiplicaban las invitaciones de la oposición, empresarios y activistas de la sociedad civil que le veían atributos de candidato, sobre todo después de la comparecencia de noviembre en la Cámara de Diputados.

Por razones personales y políticas, Córdova decidió no escuchar el canto de las sirenas, y la posibilidad de ser candidato murió el 2 de junio de 2022, exactamente dos años antes de las elecciones de 2024. Aún le quedaban 10 meses y medio de gestión al frente del INE y, sin nuevas jornadas electorales programadas, Córdova se enfocó en la reforma electoral y la defensa de la democracia. Eso sí, con un activismo nacional e internacional que incomodó al oficialismo.

El 28 de junio de 2022, Córdova envió una misiva a la Comisión de Venecia, que es un órgano del Consejo de Europa para la promoción de la democracia a través del derecho, para hacerles una consulta formal sobre la iniciativa de reforma electoral presentada por el gobierno de López Obrador al Congreso.

Ese mismo mes, el INE fue promotor de la Cumbre Global de la Democracia Electoral, una iniciativa de autoridades y expertos electorales de todo el mundo, como IDEA Internacional, la Organización de los Estados Americanos, el Instituto Interamericano de Derechos Humanos (IIDH), la Comisión de Venecia, la Fundación Kofi Annan, la Unión Europea, el Programa de las Naciones Unidas para el Desarrollo (PNUD), la Fundación Internacional para Sistemas Electorales (IFES), el Instituto Republicano Internacional (IRI), el Instituto Nacional Demócrata (NDI), el Instituto México del Wilson Center, la Asociación Mundial para Organismos Electorales (AWEB), la Unión Interamericana de Organismos Electorales (Uniore) y la Asociación de Autoridades Electorales de Europa (Aceeeo).

Durante dos meses, estas instancias organizaron foros regionales en los cinco continentes, con el propósito de presentar las conclusiones en un evento que se celebró en la sede del INE entre el 20 y el 22 de septiembre, justo en el primer mes del periodo ordinario en el que la Cámara de Diputados tendría que dictaminar la iniciativa de AMLO.

Todos estos eventos le dieron a Córdova un foro privilegiado para advertir al mundo sobre lo que él consideró, desde el principio, un riesgo de captura de la autoridad autónoma electoral a través de una reforma como la que redactaron Pablo Gómez y Horacio Duarte.

Después de meses de deliberaciones, el INE logró que la primera Cumbre Global de la Democracia Electoral emitiera un pronunciamiento de 13 puntos en el que se alertaba sobre los esfuerzos de varios regímenes autoritarios y populistas por vulnerar la independencia e imparcialidad de los organismos electorales.[6]

Un mes después, la Comisión de Venecia remitió al INE una respuesta a la consulta hecha por su consejero presidente, en la que coincidía con los riesgos señalados por Córdova.

Entre sus conclusiones, los expertos de la Comisión de Venecia dejaron claras sus críticas a la iniciativa gubernamental.[7]

Sobre la idea de elegir a consejeros y magistrados electorales:

> La Comisión de Venecia señala de entrada que el procedimiento propuesto, según el cual el INEC se encargará de las elecciones de sus propios miembros, es inusual y crea riesgos para su condición de organismo imparcial.

Sobre la intención de lograr consejeros y magistrados imparciales y legítimos eligiéndolos por voto popular:

> El sistema propuesto de selección de los miembros del INEC y de los jueces del Tribunal Electoral no ofrece suficientes garantías de su independencia e imparcialidad; en particular, la elección de los miembros del INEC y de los jueces del Tribunal Electoral por votación popular no es coherente con las normas y mejores prácticas electorales existentes.

Sobre la desaparición de los OPLE y tribunales electorales estatales:

> En opinión de la Comisión de Venecia, la centralización de la administración de las elecciones a todos los niveles podría tener un impacto negativo en la transparencia y la credibilidad de los procesos electorales a nivel de las 32 circunscripciones, ya que México es un Estado federal.

Sobre la necesidad de una reforma electoral en México, la Comisión retomaba las palabras de Córdova:

> Cambiar un sistema que funciona bien en general y que goza de la confianza de los diferentes actores electorales sobre la base de varios ciclos electorales y años de evolución democrática conlleva el riesgo inherente de socavar dicha confianza.

Sobre la manera en la que debería procesarse la reforma, la Comisión también coincidía con el INE:

> Se debe llevar a cabo un profundo debate parlamentario y público sobre todas las consecuencias de las modificaciones propuestas.

Tantas coincidencias con el INE llevaron al gobierno y su partido a descalificar por completo el informe de la Comisión de Venecia y a acusar a Córdova de promover una intervención europea en la política mexicana.

Sin embargo, el propio INE tenía datos que confirmaban la popularidad de algunos cambios propuestos por López Obrador, pues en octubre la Coordinación Nacional de Comunicación Social mandó a hacer una encuesta telefónica sobre los alcances de una posible reforma electoral.

Entre los principales resultados, destacaban:

- A favor de destinar menos dinero a partidos: 48% muy a favor, 45% a favor; sólo el 5% en desacuerdo.
- Disminuir el número de diputaciones federales: 39% muy a favor, 48% a favor.
- Desaparecer OPLE y tribunales estatales: 53 por ciento.
- Reducir los recursos que se otorgan al INE: 33% muy a favor, 41% a favor.
- Que el INE sea sustituido por el Instituto Nacional de Elecciones y Consultas (INEC): 52% a favor.
- Que se realice una reforma electoral: 51% de acuerdo.
- Que las consejerías y magistraturas sean electas por la ciudadanía: 78% a favor.

La encuesta fue una bomba, sobre todo porque el equipo de comunicación no avisó a Córdova de estos resultados, ni alertó al resto de consejeras y consejeros sobre el posible impacto de una encuesta así, levantada por el INE, en el debate público sobre la reforma electoral.

Los representantes de Morena ante el INE fueron los primeros en darse cuenta de estos resultados y de inmediato acusaron a Córdova de querer ocultar la encuesta.

La encuesta había sido levantada por tres empresas privadas entre el 9 y 10 de septiembre, con 400 cuestionarios; sin embargo, no fue hasta finales de octubre cuando se subió a la página de transparencia del INE y se compartió con los representantes de los partidos.

El 1 de noviembre, el representante de Morena ante el INE, Mario Llergo, denunció en una entrevista con el diario *El País* que el instituto ocultó durante más de dos semanas el estudio, por resultar adverso a la narrativa sostenida durante meses por Lorenzo Córdova en contra de la reforma de AMLO.[8]

La difusión de la encuesta generó otra crisis de comunicación en el INE y en el equipo de Córdova, quien además fue denunciado ante el Órgano Interno de Control del instituto por ocultar el estudio de opinión. Todo, mientras la oposición ya se había subido de lleno a la defensa del INE.

Entre octubre y noviembre, la Coparmex, las organizaciones dirigidas por Claudio X. González y Gustavo de Hoyos (como el Frente Cívico

Nacional, Sí por México y Unidos), las dirigencias del PAN, PRI y PRD, y grupos académicos como el Instituto de Estudios de la Transición Democrática (IETD) promovieron en redes sociales el lema "el INE no se toca", y convocaron a una marcha para el domingo 13 de noviembre, del Ángel de la Independencia al Monumento a la Revolución.

Los convocantes pidieron acudir con alguna prenda de color rosa, ir sin banderas de partidos políticos, marchar en orden y en paz, y reunirse en la plaza de la República para escuchar el mensaje del único orador, José Woldenberg, quien había sido el primer presidente del IFE tras la reforma política de 1996.

A Córdova se le acusó desde Morena de alentar la manifestación e incluso de financiarla con recursos del INE. Sin embargo, decidió no acudir a la marcha.

"No creo que sea pertinente que yo vaya, justamente para no alimentar la narrativa que desde el poder está queriendo construirse. No es prudente. Pero celebro que en México sigan existiendo los espacios para que la ciudadanía se manifieste a pesar de las descalificaciones lamentables desde el poder", explicó en una entrevista con *El País*, publicada el 11 de noviembre.

Un día antes de la marcha, ante una versión difundida por Morena que afirmaba que Córdova no estaría en la manifestación porque viajaría nuevamente al extranjero con cargo al erario, el consejero decidió grabar un video en la explanada del instituto, mostrando un periódico del día (sábado 12 de noviembre), para demostrar que estaba en México y agradecer de antemano a la ciudadanía que marcharía en defensa del INE.

"Como ha venido ocurriendo desde hace meses, e incluso años, la mentira y la descalificación han sido piezas clave de la embestida en contra de la democracia mexicana y de nuestro sistema electoral. Hoy, los detractores del Instituto Nacional Electoral difunden un nuevo engaño y dicen que este fin de semana estaré fuera del país. Nada más lejano de la realidad", sostuvo Córdova, para luego explicar que había decidido atender virtualmente una reunión con el Consejo de Europa, que se celebraría en Estrasburgo.

Por la grabación de ese video, la representación de Morena también pidió explicaciones a la presidencia del INE y alertó al OIC por el gasto en su producción y difusión.

Al día siguiente, la marcha superó las expectativas de los organizadores, que calcularon que se habían movilizado más de 1 millón de personas tan sólo en la Ciudad de México, más los que salieron a la calle en las principales ciudades del país.

Desde su militancia morenista, el secretario de Gobierno de la capital, Martí Batres, aseguró que en el Centro de Monitoreo se veían entre 10 mil y 12 mil personas. Pero, en el otro extremo ideológico, el exdirector del Cisen en el sexenio de Felipe Calderón, Guillermo Valdés, divulgó la cifra de "640 mil marchantes", calculados a partir de la gente que cabe en los cuatro kilómetros que hay entre la glorieta de la Diana y el Monumento a la Revolución.

La gente comenzó a llegar desde las 8 de la mañana a las inmediaciones de la Diana Cazadora y el Ángel de la Independencia; los contingentes empezaron a moverse a las 11 y Woldenberg —con poco afecto a las masas y a esperar— habló a las 11:51, cuando mucha gente ni siquiera había salido del Ángel de la Independencia.

"El problema mayúsculo, el que nos ha traído aquí, el que nos obliga a salir a las calles, el que se encuentra en el centro de la atención pública es que buena parte de lo edificado se quiere destruir desde el gobierno. Es necesario insistir en eso, porque significa no sólo una agresión a las instituciones existentes, sino a la posibilidad de procesar nuestra vida política en un formato democrático. México no puede volver a una institución electoral alineada con el gobierno, incapaz de garantizar la necesaria imparcialidad en todo el proceso electoral. Nuestro país no merece regresar al pasado porque lo construido permite elecciones auténticas, piedra angular de todo sistema democrático…

"México no merece una reforma constitucional en materia electoral impulsada por una sola voluntad, por más relevante que sea. Hay importantes lecciones en el pasado: las reformas que fueron fruto de voluntades colectivas forjadas con los métodos probados y comprobados del diálogo y el acuerdo", expresó Woldenberg en un discurso que fue subido por el equipo de comunicación del INE a la página oficial del instituto, en otro desliz que fue denunciado por Morena.[9]

Pese a que en la marcha participaban profesionales de la política, como Alejandro Moreno, Marko Cortés, Jesús Zambrano, Vicente Fox, Javier Lozano, Germán Martínez, Fernando Belaunzarán, Guadalupe Acosta Naranjo y Emilio Álvarez Icaza, la organización fue caótica.

Los contingentes nunca se congregaron simultáneamente en el Monumento a la Revolución, por lo que la mejor foto de la manifestación no era la toma aérea de la plaza de la República, sino la de los contingentes sobre Paseo de la Reforma, donde se veían ríos de gente que muy pronto fueron bautizados en redes sociales como "la marea rosa".

López Obrador había dicho semanas antes que, a la primera manifestación con más de 100 mil personas, al primer Zócalo lleno en su contra, se iba a su rancho de Palenque. Pero ese día el Zócalo les fue negado a sus opositores.

El presidente estaba precisamente en Palenque, celebrando su cumpleaños 69 con su esposa y sus hijos, y planeando su respuesta a la "marea rosa" que lo desafiaba con decenas de pancartas en las que se le acusaba de pretender un Estado autoritario.

Al día siguiente, cuando toda la prensa destacaba en sus portadas el éxito de la marcha en defensa del INE, López Obrador anticipó que la oposición frenaría la reforma constitucional que había propuesto al Congreso, e hizo cuentas: Morena y sus aliados contaban entonces con 276 diputados, por lo que necesitaban 60 para aprobar su proyecto y, tras el cierre de filas del PRI con el PAN y el PRD, los votos de los 29 diputados de MC —suponiendo que los convenciera— resultaban insuficientes.

Frustrado ante la aritmética legislativa, López Obrador anunció que prepararía un "plan B" para tratar de salvar una parte de su propuesta y reducir el gasto del INE mediante reformas a leyes secundarias, cuya aprobación requiere una mayoría absoluta, es decir, la mitad más uno de los integrantes de las cámaras.

En respuesta a la marea rosa, AMLO anunció una marcha de su movimiento para el domingo 27 de noviembre.

La manifestación, convocada bajo el pretexto de la celebración de su cuarto año de gobierno, que se cumplía el 1 de diciembre, movilizó a todos los dirigentes y operadores de Morena y, en esta ocasión, las autoridades de la Ciudad de México dieron una cifra de participación de 1.2 millones de personas.

De esa marcha que encabezó AMLO del Ángel de la Independencia al Zócalo es aquella foto emblemática del presidente vestido con guayabera blanca, iluminado por un rayo de sol en medio de la multitud, tomada por Luis Antonio Rojas y publicada en *The New York Times*. Meses después adornaba todas las oficinas de los miembros del gabinete legal y ampliado, como la nueva imagen oficial del titular del Ejecutivo.

Ante un Zócalo lleno, López Obrador definió su proyecto como "humanismo mexicano", la nueva marca de su sexenio. No dijo nada de la reforma político-electoral que había enviado en abril al Congreso, pero sí presumió los resultados favorables en su consulta de revocación de mandato.

Al día siguiente, su iniciativa de reforma electoral salió de la congeladora y fue aprobada por Morena en las comisiones de la Cámara de Diputados. El 29 de noviembre subió de primera lectura al pleno de la Cámara, pero el 6 de diciembre, al discutirse en el pleno, la oposición cumplió con su moratoria constitucional y la iniciativa fue desechada tras un largo y agrio debate.

Con números similares a los de la reforma eléctrica descartada en abril, la electoral fue votada por 269 diputados oficialistas a favor, y rechazada por 225 opositores. Al no alcanzar mayoría calificada, fue desechada.

Acicateados por la marea rosa, las bancadas del PAN, PRI, PRD y MC se unieron y evitaron que AMLO concretara su anhelada reforma electoral, con la que había amenazado durante más de un año a consejeros y magistrados.

Sin embargo, ese mismo día, Morena y el gobierno ya habían puesto en marcha el plan B: una reforma a leyes secundarias que, de aprobarse, modificaría sustancialmente el funcionamiento del INE.

Plan B: "destazar" al INE

El martes 6 de diciembre, Adán Augusto López llegó al Palacio Legislativo de San Lázaro cerca de la 1 de la tarde. Mientras el pleno de la Cámara se preparaba para discutir y votar la iniciativa de reforma político-electoral que había propuesto AMLO, el secretario de Gobernación se dirigió a la Mesa Directiva, presidida entonces por el panista Santiago Creel, para entregar una nueva iniciativa del Poder Ejecutivo.

"Yo no marco ninguna agenda, yo lo único que hago es cumplir con la instrucción del presidente que, por mi conducto, presenta esta iniciativa", respondió a un grupo de reporteros, confundidos por su presencia antes de la sesión en la que se votaría la probable reforma constitucional.

Astuto como es, López Obrador ya ejecutaba el plan B, aunque el plan A seguía formalmente vivo.

Esa noche fue caótica en San Lázaro. La sesión ordinaria terminó a las 19:10, una vez que las bancadas votaron —y desecharon— la reforma constitucional de AMLO.

"Se levanta la sesión presencial y solicito a la asamblea permanecer en el salón de sesiones para llevar a cabo la sesión vespertina, en modalidad semipresencial, en 30 minutos. El registro de asistencia estará disponible a partir de este momento por medio de la aplicación instalada en los teléfonos celulares de las y los diputados", anunció Creel.

En realidad, la sesión vespertina citada por Creel comenzó hasta las 10 de la noche, y tenía como finalidad desahogar la aprobación del plan B de

AMLO, con dispensa de trámites y sin que uno solo de los 500 diputados hubiera leído las más de 300 páginas del proyecto del Ejecutivo.

La propuesta de AMLO se dividía en dos iniciativas: *1)* reformas a la Ley General de Comunicación Social y a la Ley General de Responsabilidades Administrativas y *2)* reformas a la Ley General de Instituciones y Procedimientos Electorales (LGIPE) y a la Ley General de Partidos Políticos (LGPP), y la derogación de la Ley General del Sistema de Medios de Impugnación en Materia Electoral, para expedir una nueva ley.

Aunque eran iniciativas del Poder Ejecutivo, el grupo parlamentario de Morena las asumió como propias y envió a su diputada Graciela Sánchez Ortiz para presentarlas al pleno.

En la tribuna, y después de un receso de una hora decretado por Creel, pero ordenado por Morena desde la Junta de Coordinación Política, lo primero que hizo la legisladora fue anunciar cambios en las iniciativas que se habrían de discutir.

"Hago entrega a usted de la versión con algunos cambios y modificaciones actualizada, una propuesta de reforma a dos leyes que hacemos nuestra el grupo parlamentario de Morena, el grupo del Partido del Trabajo y el Partido Verde Ecologista. Hago entrega. Tranquilos, tranquilos", expuso la diputada ante los gritos de los legisladores de la oposición, que reclamaban el cambio de los documentos, que ni siquiera habían tenido tiempo de hojear.

"Queda entregada y registrada en la Mesa Directiva", señaló Creel. "A ver, le pido a la asamblea, particularmente a quienes están teniendo las expresiones verbales que estamos escuchando, que permitan la intervención de la oradora, por favor".

La diputada expuso los cambios en un complejo paquete legislativo que sugería crear un nuevo modelo del sistema nacional electoral y que modificaba la estructura orgánica del INE, el funcionamiento de los OPLE, la operación de las 32 juntas locales del INE y las 300 juntas distritales, el modelo de comunicación política y la administración de los recursos del instituto electoral.

La propuesta compactaba el calendario ordinario del proceso electoral, eliminaba los fideicomisos del instituto, le quitaba al INE la facultad de interpretar la ley en materia de propaganda gubernamental, obligaba a consejeros y magistrados electorales a reducirse el sueldo para ganar menos que el presidente de la República, eliminaba la Sala Regional Especializada del Tribunal Electoral del Poder Judicial de la Federación, eliminaba la Junta General Ejecutiva del INE para sustituirla por una comisión de administración y acababa con la Secretaría Ejecutiva del instituto para crear la figura de auxiliar del Consejo General.

Con esta reforma se obligaría a Edmundo Jacobo a renunciar al cargo de secretario ejecutivo en el preciso momento en el que entrara en vigor, luego de ser aprobada y publicada en el *Diario Oficial de la Federación*.

"Se trata de diversas iniciativas de vanguardia de nuestro presidente de la República, el licenciado Andrés Manuel López Obrador, que hacemos nuestras porque está a la altura de las circunstancias con austeridad republicana, con asidero constitucional y porque es viable y posible para México", resumió la diputada Graciela Sánchez, que de inmediato anunció la intención del oficialismo de aprobar todos esos cambios en una sola sesión, cuando ya asomaba la madrugada del 7 de diciembre.

"Le pido respetuosamente que, con fundamento en el artículo 82, numeral 2, fracción I, del Reglamento de la Cámara de Diputados, a estas dos iniciativas con proyecto de decreto se les dé trámite de urgente resolución", solicitó la legisladora, que cerró su intervención con un tono burlesco.

"Como ven ustedes, el INE sí se toca. Muchas gracias", espetó.

Los diputados de la oposición saltaron de sus curules, furiosos e impotentes ante el mayoriteo que se anticipaba.

En votación económica, es decir, a mano alzada, la asamblea aprobó la dispensa de trámites.

"Se considera de urgente resolución y se le dispensan los trámites. En consecuencia, están a discusión ambos proyectos de decreto", anunció Creel.

Sin embargo, el diputado panista Humberto Aguilar pidió una moción suspensiva y subió a tribuna para denunciar la maniobra que pretendían Morena y sus aliados.

"Lo están haciendo con un desaseo legislativo que no respeta los requisitos mínimos de lo que contiene nuestro reglamento. Estamos ante una conducción de la política interna inadecuada, como todo lo que se presenta en este gobierno. Se deben subsanar las violaciones al procedimiento legislativo y discutir de manera exhaustiva, con apego al reglamento, la propuesta que se somete a discusión para garantizar un debido proceso legislativo a la altura de lo que las mexicanas y los mexicanos quieren", expuso el panista.

Se reanudó la gritería en el salón de plenos, pero esta vez las quejas provenían de las bancadas oficialistas, a las que Humberto Aguilar siguió provocando desde la tribuna.

"La iniciativa que les vino a traer el secretario de Gobernación es para que ustedes crean, ahora en el ambiente mundialista, que nos empatan el marcador después de que no alcanzaron la mayoría constitucional para reformarla. Uno a cero, sin decoro alguno, y sin respetar las etapas procesales, pretenden dispensarle todos los trámites para aprobarla, lo que contradice el espíritu democrático que debe regir el actuar de esta soberanía", alertó.

También Salomón Chertorivski, de MC, propuso a la asamblea una moción para detener la sesión y dar tiempo a la Cámara de conocer el proyecto, analizarlo y discutirlo en las comisiones, siguiendo el proceso ordinario.

"Desprecio absoluto a la división de poderes. Un desprecio absoluto a la dignidad de este recinto. Un desprecio absoluto a quienes nos votaron. Un desprecio absoluto a la integridad de las y los legisladores. Un desprecio absoluto, vaya, a este Poder Legislativo, incluyéndolos a ustedes. La dignidad hoy está mancillada, nos ha despreciado el Poder Ejecutivo y lo han convalidado con esta dispensa de trámites que no tiene precedente. A las 10:12 de la noche se subió una iniciativa, a las 10:12, y ahora nos vienen a entregar los cambios a esa misma iniciativa, 300 páginas que quién leyó, que quién revisó, que no pasó por parlamentos abiertos, que no pasó por comisiones", denunció Chertorivski.

Por mayoría, las mociones que buscaban impedir el albazo legislativo, presentadas por Humberto Aguilar (PAN), Salomón Chertorivski (MC), Miguel Torres Rosales (PRD) y Jaime Bueno Zertuche (PRI), fueron desechadas y, cuando ya pasaba de la medianoche, la Cámara comenzó la discusión de las iniciativas.

Para darse una idea de lo que la mayoría oficialista aprobó esa madrugada, vale la pena hacer un recuento de las modificaciones.

- A la Ley General de Comunicación Social se le modificaban 33 artículos, se adicionaban 14 y se derogaban ocho.
- Se modificaban dos artículos de la Ley General de Responsabilidades Administrativas.
- Se reformaban 215 artículos, se adicionaban 63 y se derogaban 38 de la Ley General de Instituciones y Procedimientos Electorales.
- De la Ley General de Partidos Políticos se reformaban 42 artículos, se adicionaban 15 y se derogaban dos.
- Se expedía una nueva Ley General de Medios de Impugnación en Materia Electoral.
- Se modificaban seis artículos y se adicionaban seis a la Ley Orgánica del Poder Judicial de la Federación.

El paquete era enorme y, sin embargo, nadie lo leyó aquella madrugada. Como había ocurrido con la iniciativa de reforma constitucional (plan A) de AMLO, el plan B estaba justificado en una exposición de motivos en la que se hacían duras críticas a la conducción del INE y del Tribunal Electoral:

> Creado para fungir como árbitro en las contiendas electorales entre partidos políticos terminó siendo controlado por los partidos políticos. En más de 30 años de existencia, en vez de garantizar elecciones libres, confiables, democráticas, auténticas, ha convertido a una élite académica en garante de abusos en el uso de gasto público y cómplice protectora de conductas electorales fraudulentas e ilegales, lo que ha retrasado el tránsito político de México hacia la democracia. La ambición de estos grupos ha costado al país el pago de las personas funcionarias públicas más caras. El derroche del INE ha dejado, además, uno de los procesos electorales más caros del mundo.[10]

Además, la propuesta señalaba datos sobre los altos costos del sistema nacional de elecciones, que pasó de 13 mil 400 millones de pesos en 1999 a 68 mil 300 millones en 2018.

Se criticaba que el INE fuera en ese momento una estructura burocrática de 17 mil 569 trabajadores, de los cuales 123 percibían sueldos más altos que el del presidente de la República.

La exposición de motivos del plan B contenía datos y argumentos que trataban de justificar la reforma, pero que no correspondían con la realidad. Por ejemplo, en una parte del texto se exponía:

"La suma del sueldo anual de las 11 personas consejeras electorales es de 34 millones de pesos. Es decir, 11 personas del INE cuestan al erario lo mismo que 4 mil 938 maestros y maestras de educación media superior en el país al año". Pero la comparación era inexacta, pues equivaldría a que cada maestro ganara únicamente 6 mil 885 pesos al año, lo que no correspondía con ninguno de los tabuladores de la SEP, que en ese entonces registraban salarios mensuales superiores a los 7 mil pesos. El plan B también alimentó campañas de desinformación en redes sociales, algunas de las cuales se basaron en la difusión de una publicación del escritor Fabrizio Mejía, del 6 de diciembre de 2022, en la que aseguró que los 11 consejeros del INE costaban al erario 34 mil 667 millones de pesos anualmente. Según una verificación hecha por El Sabueso de *Animal Político*, esa cifra exorbitante duplicaba el presupuesto total del instituto para un año, pero aún así el dato erróneo circuló en Twitter y Facebook durante la discusión y aprobación de las reformas legales promovidas por el Ejecutivo.

Según el *Diario de los Debates* de la Cámara de Diputados, le tomó cinco horas con 47 minutos a la mayoría de Morena, PVEM y PT desahogar la sesión en la que reformaron cinco leyes y emitieron una nueva, con lo que modificaban la estructura y funcionamiento del sistema electoral.

En la mañanera del 7 de diciembre, el presidente López Obrador admitió el fracaso de su iniciativa de reforma constitucional y celebró que se hubiera aprobado el plan B de reformas a leyes secundarias. Sin embargo, desde un inicio vislumbró la posibilidad de que esta reforma a la normatividad electoral no pasara la prueba de la constitucionalidad en la Suprema Corte de Justicia de la Nación (SCJN).

"Se aprobó en la Cámara de Diputados esta ley; pasa a la Cámara de Senadores y luego seguramente los del bloque conservador van a acudir a la Corte para pedir que se declare inconstitucional y van a ser los ministros de la Corte los que van a decidir. O sea, esto apenas comienza", explicó el presidente.

En las horas siguientes, el presidente descubriría que, además, los diputados del Partido Verde y el Partido del Trabajo aprovecharon las prisas, la confusión y el desaseo legislativo para introducir un cambio en su plan B.

Los "duendes" del Verde y el PT modificaron la redacción del artículo 12 de la Ley General de Instituciones y Procedimientos Electorales, para revivir la llamada "cláusula de la vida eterna", que era una disposición legal que permitía la transferencia de votos entre partidos coaligados derogada desde 2014.

En el dictamen de la iniciativa de AMLO el artículo 12 señalaba:

> El derecho de asociación de los partidos políticos en los procesos electorales a cargos de elección popular federal o local estará regulado por la Ley General de Partidos Políticos. Independientemente del tipo de elección, convenio de coalición o de candidatura común y términos precisados en el mismo, cada uno de los partidos políticos aparecerá con su propio emblema en la boleta electoral, según la elección de que se trate; los votos se sumarán para el candidato de la coalición y contarán para cada uno de los partidos políticos para todos los efectos establecidos en esta ley. En ningún caso se podrá transferir o distribuir votación mediante convenio de coalición.

En el dictamen que fue puesto a consideración del pleno, luego de una negociación entre los diputados Ignacio Mier, de Morena; Carlos Puente, del PVEM, y Gerardo Fernández Noroña, del PT, la redacción era sutilmente distinta:

> El derecho de asociación de los partidos políticos en los procesos electorales a cargos de elección popular federal o local estará regulado por la Ley General de Partidos Políticos. Los votos se sumarán para el candidato de la coalición y contarán para cada uno de los partidos políticos para todos los efectos establecidos en esta ley. Los partidos políticos podrán postular candidatos bajo la figura de candidatura común. En este caso aparecerá en un mismo recuadro de la boleta electoral el logo o emblema de los partidos que decidan participar en esta modalidad. Los partidos deberán celebrar un convenio de distribución de los votos emitidos.

No sólo eso. Las presiones del PVEM y el PT para aportar sus votos para la aprobación del plan B implicaban, además, incluir un párrafo en el artículo 15 de la LGIPE que no estaba en la iniciativa presidencial:

> Al partido político nacional que no obtenga, al menos, el 3% del total de la votación válida emitida en cualquiera de las elecciones que se celebren para la renovación del Poder Ejecutivo o de las cámaras del Congreso de la Unión, le será cancelado el registro, salvo que haya conservado el registro como partido local, obteniendo al menos el 3% de la votación válida emitida, en al menos la mitad más uno del total de las entidades federativas en donde se haya desarrollado una elección concurrente, esto aplicará para la elección donde se elijan presidente de la República, senadurías y diputaciones federales, así como en la elección donde sólo se renueve la Cámara de las y los Diputados.

Además, los aliados presionaron para modificar la propuesta de AMLO en el artículo 94 de la Ley General de Partidos Políticos y flexibilizar aún más la norma que establece que, para conservar el registro como partido político nacional, éstos deben obtener por sí solos al menos el 3% mínimo de votación en alguna de las elecciones federales (diputaciones, senadurías o presidencia de la República).

La propuesta que envió AMLO señalaba:

> Son causa de pérdida de registro de un partido político [...] *b)* No obtener en la elección ordinaria inmediata anterior al menos el 3% de la votación válida emitida en alguna de las elecciones para diputaciones, senadurías o persona titular de la presidencia de los Estados Unidos Mexicanos, en cuanto a los partidos políticos nacionales, y de gubernatura, diputación a las legislaturas locales y ayuntamientos, así como de jefatura de gobierno, diputaciones al

Congreso de la Ciudad de México y las personas titulares de las alcaldías de la Ciudad de México, en cuanto a un partido político local…

La de los aliados de Morena decía:

Son causa de pérdida de registro de un partido político […] *b)* No obtener en la elección ordinaria inmediata anterior, al menos el 3% de la votación válida emitida en alguna de las elecciones para diputaciones, senadurías o persona titular de la presidencia de los Estados Unidos Mexicanos, o en su caso no obtener el 3% de la votación en al menos la mitad de las entidades federativas, en cuanto a los partidos políticos nacionales, y de gubernatura, diputación a las legislaturas locales y ayuntamientos, así como de jefatura de gobierno, diputaciones al Congreso de la Ciudad de México y las personas titulares de las alcaldías de la Ciudad de México, o bien en la mitad de los municipios o alcaldías de la votación en la entidad federativa respectiva en cuanto a un partido político local…

La inclusión del párrafo en el artículo 15 de la LGIPE y de 22 palabras en la LGPP ("o en su caso no obtener el 3% de la votación en al menos la mitad de las entidades federativas") permitía a los partidos de la llamada "chiquillada" abrir un margen de interpretación para salvar su registro en caso de no cumplir con el 3% de votación a nivel nacional en elecciones futuras.

Así se aprobó la madrugada del 7 de diciembre, pero los cambios eran tan minúsculos que pocos eran los legisladores que sabían de la existencia de un primer dictamen y de una segunda versión.[11]

El presidente López Obrador se enteró hasta el jueves 8 de diciembre, cuando el reportero Jorge Chaparro, de *La Razón*, le hizo ver los añadidos del Verde y el PT.

—No le informaron sus diputados… no lo están obedeciendo —provocó el reportero.

—Mañana viene Adán y ya lo aclara y ya se dice por qué actuaron así… Incluso te diría, si fuese grave, yo mismo plantearía que se quite, ¿sí? Porque nosotros somos verdaderamente demócratas, no somos falsarios —ofreció el presidente.

A la mañana siguiente, el presidente inició la conferencia mañanera anunciando que Adán Augusto López, secretario de Gobernación, haría aclaraciones sobre la reforma electoral, pues el reportero que lo cuestionó estaba en lo correcto.

El secretario minimizó los cambios y los justificó con un argumento pueril.

"Le agregaron un párrafo que formaba parte de un documento de trabajo, una propuesta que sí habían presentado partidos políticos, y por un error se les fue en el dictamen final y así fue aprobado", dio, encogiendo los hombros.

Además de la controversia por los agregados del Verde y el PT, en el Senado de la República se cocinaba un rechazo más amplio al plan B de AMLO, dentro de las propias filas del oficialismo.

El coordinador de Morena, Ricardo Monreal, había tomado nota del desaseo legislativo y de los errores contenidos en dos dictámenes aprobados por la mayoría de los diputados.

Monreal detectó decenas de vicios de inconstitucionalidad que agrupó en 21 bloques de artículos de las seis leyes modificadas por la Cámara:

1. Las modificaciones a los artículos 40, 209, 225 y 456 de la Ley General de Instituciones y Procedimientos Electorales que reducen los periodos en los procesos electorales incidirían en la equidad de la contienda.
2. La violación a la geografía electoral, así como al diseño y determinación de los distritos electorales, previstos en el artículo 33, numeral 1, de la LGIPE, señalan en contra de la Constitución que el INE tendrá 32 órganos locales y hasta 300 en los distritos, los que podrán ser permanentes o temporales según lo determine el Consejo General, sin que la ley establezca un criterio para esa determinación.
3. La reducción, en el artículo 42, numerales 2 y 4, de la LGIPE, de las comisiones permanentes del Consejo General —de nueve a siete—, lo que violenta la certeza jurídica.
4. El artículo 284 bis de la LGIPE que pretende reconocer el derecho de voto de las personas sujetas a prisión preventiva oficiosa, lo que transgrede el artículo 38, fracción II, de la Constitución.
5. El artículo 284 ter de la LGIPE que pretende reconocer el voto de las personas con discapacidad permanente o en estado de postración porque al permitirles votar en sus domicilios se vulneran los principios de libertad y secrecía del sufragio.
6. El artículo 329, numeral 1, de la LGIPE restringe el voto de los mexicanos en el extranjero a unas cuantas elecciones, y con ello se viola el artículo 35, fracción I, de la Constitución.

7. El artículo 329, numeral 2, de la LGIPE que permite a los mexicanos votar por internet restringe las tres modalidades que actualmente existen, lo cual implica una violación al principio de progresividad.
8. El artículo 5.º de la LGPP al señalar que la autoridad electoral deberá respetar, en todo momento, la autodeterminación y autoorganización de los partidos viola el principio de paridad consagrado en el artículo 41, fracción I, de la Constitución.
9. El artículo 2.º, numeral 3, de la nueva Ley General de Medios de Impugnación en Materia Electoral, al establecer que el orden jurídico deberá interpretarse de conformidad con la Constitución, violenta el bloque de constitucionalidad.
10. El artículo 6.º, párrafo cuarto, de la Ley General de Medios de Impugnación en Materia Electoral y los artículos 217 y 218 de la Ley Orgánica del Poder Judicial de la Federación incorporan limitaciones a la autonomía del Tribunal Electoral para resolver con plena jurisdicción, en contra de lo establecido en el artículo 99 de la Constitución.
11. El artículo 41, numeral 4, de la Ley General de Medios de Impugnación en Materia Electoral requiere ajustes para que las diputaciones y senadurías se validen antes del mes de agosto de la elección y no violentar el artículo 65 de la Constitución.
12. El artículo 17 transitorio que establece el mecanismo de sustitución del secretario ejecutivo del INE violenta el artículo 41 de la Constitución.
13. Los artículos que establecen límites a los salarios de consejeros y magistrados violentan el artículo 116, fracción III, de la Constitución, porque las remuneraciones no pueden ser disminuidas durante el encargo.
14. La propuesta de crear un "Sistema Nacional Electoral" es inconstitucional y contraviene lo dispuesto por el artículo 41 constitucional, base V, apartado A.
15. La eliminación de instancias en el INE y en el Tribunal Electoral que están previstas en la Constitución transgrede la norma fundamental.
16. La modificación de la fecha de inicio del proceso electoral no tiene sustento en la Constitución.
17. El cambio de denominación del titular del Poder Ejecutivo es contrario al artículo 80 de la ley suprema.

18. La licencia de los legisladores que se postulan a la reelección carece de base constitucional.
19. La definición de "votación válida emitida" es cuestionable, porque incluye a los candidatos independientes y a los partidos que pierden el registro de la deducción de votos.
20. Las reformas a la Ley General de Comunicación Social son contrarias al párrafo octavo del artículo 134 de la Constitución.
21. La reestructura del INE afectaría laboralmente a los integrantes del Servicio Profesional Electoral porque muchos de ellos perderían el empleo.

Monreal describió con detalle estas observaciones en un documento que entregó al secretario de Gobernación el lunes 12 de diciembre, cuando el funcionario acudió a la Cámara Alta para pedirles a los grupos parlamentarios de Morena, PVEM y PT apurar el proceso legislativo, pues el periodo ordinario acababa el 15 de diciembre.

No sólo eso, cuando las comisiones de Gobernación y de Estudios Legislativos del Senado fueron citadas para analizar y dictaminar el plan B, conocieron un dictamen al que ya se le habían hecho decenas de modificaciones. Lo que los "duendes" movieron en San Lázaro para beneficiar a los aliados de Morena fue corregido por los asesores de Monreal.

Se eliminaron las cláusulas que permitían a los partidos la transferencia de votos entre partidos coaligados y mantener el registro si lograban el 3% de la votación en 17 entidades y no en la votación nacional.

También se eliminaron dos disposiciones que, aunque no habían generado aún debate público, sí generaban condiciones ventajosas para los partidos: la posibilidad de realizar "ahorros" en un ejercicio fiscal para poder ejercerlo en años posteriores, y una cláusula que les permitiría hacer "guarditos" de su financiamiento para gasto ordinario en año no electoral para ejercerlos como gasto de campaña en año con elecciones.

En total, los senadores hicieron 18 cambios a la reforma que habían hecho los diputados de la Ley General de Instituciones y Procedimientos Electorales; ocho cambios a la reforma de la Ley General de Partidos Políticos; tres a la reforma de la Ley Orgánica del Poder Judicial, y un cambio en la reforma mediante la cual se creaba la nueva Ley de Medios de Impugnación en Materia Electoral.

Aunque se tocaba bastante la minuta enviada por los diputados al Senado, las intenciones originales del plan B se mantenían: forzar recortes en el INE y los OPLE, alinear el sistema nacional electoral con la política de austeridad de la 4T, eliminar plazas del Servicio Profesional Electoral, fusionar áreas que resultan estratégicas para la organización electoral, minimizar la estructura operativa del INE en los estados, compactar calendarios del proceso electoral, flexibilizar el modelo de comunicación política en favor del Poder Ejecutivo, limitar la autonomía constitucional del INE en la interpretación de la ley.

En pocas palabras, y como se lo dijo Adán Augusto López a los senadores de Morena, PVEM y PT, en su reunión del lunes 12 de diciembre en la mañana, la consigna era "destazar al INE".

El secretario admitió que Monreal tenía razón en seis de los 21 bloques de inconstitucionalidad señalados, pero su instrucción fue concluir a tiempo la dictaminación y la aprobación en el pleno, para que la Cámara de Diputados pudiera procesar las modificaciones y terminar el jueves 15 el proceso legislativo.

Según confiaron varios senadores presentes en la reunión, Adán Augusto López los conminó a "destazar al INE", aprobando la reforma y eliminando las cláusulas de vida eterna de los partidos minoritarios que habían sido censuradas por el presidente.

Ese lunes, las comisiones dictaminadoras aprobaron por separado los proyectos de dictamen, y, al día siguiente, martes 13, el pleno sólo corrió el trámite de primera lectura, pues los dirigentes del Verde y el PT pidieron una cita al secretario de Gobernación para insistirle en revivir las cláusulas añadidas en San Lázaro.

En esa reunión el secretario cedió, y se acordó incorporar nuevamente la cláusula de vida eterna en el dictamen que sería discutido en el pleno del Senado el miércoles 14 de diciembre, con tres acuerdos que buscaban mantener cohesionados a Morena y sus aliados: *1)* la mayoría aprobaría la reserva del Verde para incorporar la nueva cláusula de vida eterna; *2)* Ricardo Monreal, coordinador parlamentario de Morena, quedaría en libertad de votar en contra de todo el dictamen, por los vicios de inconstitucionalidad; *3)* todos los integrantes de la bancada de Morena quedarían en libertad de votar conforme a su criterio.

El jueves, en el pleno del Senado, las cosas ocurrieron tal como se había previsto: el senador del PVEM Israel Zamora inscribió la reserva y, tras un ríspido debate en el que la oposición censuró la prostitución de la política, la cláusula de vida eterna fue incorporada al dictamen aprobado en la Cámara Alta. Monreal explicó en tribuna sus razones para votar en contra y sólo fue acompañado por Rafael Espino de la Peña, senador chihuahuense, que también votó en contra. Morena, PT, PVEM y PES concretaron la aprobación de la reforma con 69 votos a favor y 53 en contra, cuando ya eran casi las 8 de la mañana del jueves 15.

A esa hora, enviaron la minuta a la Cámara de Diputados, pero el presidente ya estaba reaccionando en la mañanera.

"Si lo considero, la puedo vetar, es un asunto de principios, lo hago porque somos demócratas auténticos, no farsantes; entonces, lo que nos importa son los principios... Cuando uno tiene que decidir entre eficacia política y principios, no hay que titubear, es principios. Es cuando también se tiene que decidir entre derecho y justicia: justicia. Son cosas que tienen que ver con las convicciones y con la autoridad moral. Si no lo mejoran en la Cámara y me pasan a mí esto y considero que sí es una contradicción y que sí afecta, como dice el compañero, la veto. Aunque se invalide todo. Por encima de los principios, nada", advirtió el presidente, horas antes de que la Cámara de Diputados sesionara para concluir el proceso legislativo.

La advertencia presidencial hizo que la sesión en San Lázaro se retrasara, pues el Partido Verde se resistía a perder la cláusula de la "vida eterna", hasta que el propio Carlos Puente, coordinador del PVEM, anunció en rueda de prensa que desistirían con tal de darle viabilidad al plan B.

La reforma fue votada por la Cámara de Diputados durante la noche del jueves.

Hubo un dictamen que no sufrió modificaciones, el que contenía reformas a la Ley General de Comunicación Social y la Ley de Responsabilidades Administrativas, las cuales pasaron directamente al Ejecutivo para su publicación en el *Diario Oficial de la Federación*.

Pero el dictamen más robusto, que reformaba cuatro leyes, tenía que regresar al Senado, Cámara revisora, para confirmar los cambios hechos por los diputados. A esa hora los senadores ya habían bajado la cortina, y el plan B quedó a medias.

Esa misma noche, en la colonia Florida de la Ciudad de México, el periodista Ciro Gómez Leyva sufrió un atentado cuando regresaba a su casa después de conducir el noticiero nocturno de la televisora Grupo Imagen.

En un país que en ese momento contaba 157 periodistas asesinados desde el año 2000, 37 en lo que iba del sexenio de AMLO, y 12 en los meses transcurridos de 2022, el atentado contra Ciro Gómez Leyva encendió varias alarmas, provocó la condena de casi todo el gremio y gestos de solidaridad con el periodista por parte de personajes encumbrados en la 4T, como la jefa de gobierno, Claudia Sheinbaum, o el ministro presidente de la Corte, Arturo Zaldívar.

El presidente también lamentó los hechos, pero no llamó a Gómez Leyva, quien era la tercera persona más atacada en las conferencias mañaneras, según el estudio de la agencia SPIN, de Luis Estrada.

El viernes 16, López Obrador hizo una breve mención de los hechos, ofreciendo que se investigaría a fondo para esclarecerlos, pero el lunes 19 el presidente hizo una insólita relación entre el tema de la reforma electoral y el ataque a Ciro.

Un reportero llamado Demian Duarte, que se presentó como representante de un medio llamado *Sonora Power* ("la revolución que llegó del norte"), hizo un elogio a las reformas a la Ley General de Comunicación Social contenidas en el plan B de reforma electoral, pues aseguró que con ello se garantizaría la libertad de expresión frente a las interpretaciones del INE en procesos sancionadores.

—Señor presidente, en este sentido, [quisiera] preguntarle: hay una expresión de parte de muchos de sus adversarios en los medios de comunicación que quieren que ya no haga más mañaneras, [quisiera] preguntarle en este sentido, bueno, ¿hasta dónde llegará el alcance de su gobierno para garantizar el derecho a la libre expresión? Y preguntarle, bueno, si ya no va a haber mañaneras —planteó el youtuber, uno de muchos que circularon por las mañaneras de AMLO para hacer elogios y preguntas a modo.

La respuesta del presidente fue amplia, pero vale la pena reproducirla textualmente para recordar su forma de pensar y de expresar sus convicciones y prejuicios, y como uno de muchos ejemplos en los que mezclaba temas trascendentes con un mismo propósito: convertirse en víctima de una supuesta conspiración mediática.

—Sí, lo de las mañaneras, pues la gente pide que haya información, que se garantice el derecho a la información. Desde luego, a los opositores, adversarios, pues no les gusta que haya mañaneras, pero a la mayoría de la gente sí. Y además es el ejercicio de la libertad de manifestación, de expresión de las ideas. Es que es un cambio, usaría la palabra "radical", pero con la connotación de que radical viene de raíz, es arrancar de raíz una práctica de información viciada, tendenciosa, sectaria, interesada, mentirosa, manipuladora. Así era el sistema de información que prevalecía. Entonces, eso se está arrancando de raíz y les parece muy radical. Y sí lo es, porque ya no son los voceros del régimen o de la oligarquía los que dominan la información, entonces eso los trae molestos. Por más que han querido contrarrestar lo que se está haciendo con ataques constantes, planeados, en los medios de información convencionales... Con honrosas excepciones, pero cuando hablo de excepciones estoy hablando de una minoría; la mayoría de los medios de información convencionales está en contra nuestra abiertamente, no hay ningún equilibrio, no hay objetividad, no hay profesionalismo. Entonces, todo esto está cambiando y no quieren que existan las mañaneras. Aun teniéndolo todo, teniendo todos los medios convencionales comprados o alquilados, o como parte de sus empresas, quisieran que no existiera el derecho a disentir, la réplica, muestran su autoritarismo y se aprovechan de circunstancias lamentables, como esta situación de Ciro Gómez Leyva. Ya expresamos aquí que nos solidarizamos con él y por eso he ordenado una investigación a fondo para ver todas las hipótesis…

Después, en un monólogo apenas interrumpido por el reportero sonorense, López Obrador dijo que había pedido a la jefa de gobierno de la Ciudad de México y al fiscal investigar a fondo, pues, insinuó, pudo tratarse de una maniobra de sus adversarios para desprestigiar a su gobierno.

—Nosotros no silenciamos a nadie, somos respetuosos de los derechos humanos, y el principal derecho humano es el derecho a la vida. Pero sí puede ser un caso vinculado al proceso de transformación que estamos llevando a cabo y que no les gusta a algunos. Por ejemplo, el que sea un grupo de la delincuencia. Se hablaba de que hubo un reportaje de Ciro tres, cuatro días antes de este atentado y que puede ser una respuesta, ahí está eso. Pero también el que grupos contrarios a nosotros, para afectarnos, hayan llevado a cabo un acto con esas características. En ese asunto, en este caso en particular, les diría que, además de una vileza, no tendría el efecto que posiblemente, si existiera esa intención, causaría para afectar nuestro gobierno, porque la gente sabe muy bien que nosotros somos respetuosos de la vida y no nos atreveríamos a hacer una cosa así, ni mandar a hacer una cosa así; es una cuestión de convicciones, la gente sabría. Pero ¿por qué lo menciono? Porque hay algunos que piensan que no ha habido cambios en el país y piensan que las mismas estrategias, que posiblemente han aplicado antes, podrían dar resultados aun en circunstancias distintas y en otros tiempos. Entonces, no está de más decirles: no va a tener efecto político, o el que ustedes están pensando, porque el pueblo tiene mucha información y ya no se deja manipular —añadió el presidente.

El debate sobre el plan B pasó a un segundo plano durante las últimas semanas de diciembre. En enero de 2023, los reflectores se posaron sobre la Suprema Corte de Justicia de la Nación, donde el ministro Arturo Zaldívar salía de la presidencia, la ministra Yasmín Esquivel era defenestrada por la revelación de que había plagiado su tesis de licenciatura y la ministra Norma Lucía Piña se convertía en la nueva presidenta del Poder Judicial.

No fue hasta el 21 de febrero cuando el Senado concluyó el trámite legislativo del plan B, por lo que las reformas a las cuatro leyes pendientes no entraron en vigor hasta el 2 de marzo, cuando el presidente mandó publicar el decreto en el *Diario Oficial de la Federación*.

Para entonces habían ocurrido varias cosas:

Entre el 23 y el 26 de enero de 2023, las dirigencias nacionales y legisladores del PRD, PAN y PRI presentaron acciones de inconstitucionalidad en contra del primer dictamen del plan B de reforma electoral, publicado desde el 27 de diciembre en el *Diario Oficial de la Federación*, el cual modificaba la Ley General de Comunicación Social y la Ley General de Responsabilidades Administrativas.

El resto del plan B no podía ser impugnado hasta que concluyera el trámite legislativo y fuera publicado el decreto.

El 25 de enero, el Consejo General del Instituto Nacional Electoral conoció un informe de la Secretaría Ejecutiva sobre los impactos que tendría la reforma en la función electoral y estructura del instituto, e instruyó a la Dirección Jurídica presentar una controversia constitucional en contra del primer dictamen del plan B. El informe concluía:

> En términos generales, como se ha constatado a lo largo del presente informe, los dos decretos de reformas (el que ya se publicó y entró en vigor, así como el que está pendiente de concluir con su proceso legislativo) tendrán repercusiones negativas en el ejercicio de la función estatal de organizar las elecciones en nuestro país, pues afectarán aspectos sustanciales para la organización de los comicios, así como también las condiciones de la competencia electoral.[12]

El informe de 170 páginas contenía argumentos y evidencias técnicas sobre cada una de las reformas aprobadas por los legisladores de Morena, PVEM y PT. También, un análisis de los artículos transitorios, en donde había una serie de contradicciones de tiempo y forma que complicaban la ejecución del mandato legal, sobre todo porque, para ese momento, ya estaban en marcha dos procesos electorales en el Estado de México y en Coahuila para renovar sus gubernaturas.

> La implementación de la reforma, por su trascendencia, requiere necesariamente de reglas claras para ello. Una revisión de los artículos transitorios evidencia falta de claridad y certeza en todas las etapas de ésta. En particular, resulta incompatible la organización de los procesos electorales de Coahuila

y Estado de México, bajo las reglas de la actual legislación, a la par de una reestructuración orgánica y normativa del instituto, que según los artículos transitorios debe llevarse a cabo entre enero y agosto.

A la par de la lucha jurídica, la oposición echó a andar una estrategia política, al convocar a una segunda marcha en defensa del INE y la democracia, para el domingo 26 de febrero de 2023, cinco días después de que el Senado había ratificado el plan B.

La segunda edición de la marea rosa no fue una marcha, sino una concentración en el Zócalo de la Ciudad de México, a donde llegaron miles de personas vestidas de rosa y blanco para repudiar las reformas que acababa de aprobar el Legislativo y exigirle a la Suprema Corte de Justicia de la Nación que las declarara inconstitucionales.

Soplaban nuevos vientos en la Corte con la llegada a la presidencia de la ministra Norma Piña, quien fue electa por sus colegas para suplir a Arturo Zaldívar. La nueva presidenta de la SCJN marcó distancia desde el primer día, y abandonó la cercanía con el régimen que había caracterizado a su antecesor.

Una breve anécdota da cuenta de ello.

El 5 de febrero de 2023, en la ceremonia por el aniversario de la promulgación de la Constitución de 1917, Norma Piña fue la única persona del presídium que no se puso de pie para recibir al presidente López Obrador al inicio de la ceremonia.

Si el año anterior la nota de la ceremonia oficial fue que Lorenzo Córdova no aplaudió, en 2023 el color lo aportó la actitud de la ministra presidenta.

"Ayer me dio mucho gusto porque se notó, yo creo porque estaba cansada o no quiso pararse la ministra presidenta de la Suprema Corte de Justicia, pero me dio muchísimo gusto porque eso no se veía antes, los ministros de la Corte eran empleados del presidente. ¿Cuándo se había visto que se quedara sentado un presidente de la Corte en un acto así? Eso me llena de orgullo, porque significa que estamos llevando a cabo cambios, es una transformación", aseguró el presidente un día después, en la conferencia mañanera, restándole importancia al hecho.

Sin embargo, ése fue el inicio de una confrontación con el Poder Judicial, al que AMLO terminaría convirtiendo —junto con el INE— en némesis de la 4T, un villano favorito más en el elenco de la mañanera.

En ese contexto, los organizadores de la segunda marcha de la marea rosa decidieron que el orador principal fuera el exministro de la SCJN José Ramón Cossío, a quien el presidente también le había dirigido varias críticas durante su gobierno.

También habló la expriista Beatriz Pagés, una estridente opositora de López Obrador que hacía programas en YouTube con el publicista Carlos Alazraki y el exfuncionario panista Javier Lozano, en una plataforma llamada *Atypical Te Ve*. El mensaje de la hija del fundador de la revista *Siempre!*, José Pagés Llergo, fue irrelevante.

No así el de José Ramón Cossío, quien dio por hecho que la Corte, bajo el nuevo liderazgo de Norma Piña, iba a tirar el plan B de reforma electoral. "Estoy seguro de que los ministros considerarán que las irregularidades en los procesos legislativos tienen un serio potencial invalidatorio... Queremos decirles, teniendo frente a nuestros ojos el edificio en el que laboran, que confiamos en ustedes, en su talante democrático y en su capacidad de comprender la gravedad de las decisiones que tomarán para preservar la vida democrática del país", dijo el ministro en retiro desde un templete colocado entre el Palacio Nacional y la Suprema Corte de Justicia.

"¡Mi voto no se toca!", exclamó ante una multitud que nuevamente fue calculada desde dos ópticas muy distintas: el gobierno morenista de Claudia Sheinbaum, en la Ciudad de México, dijo que habían asistido 90 mil personas al Zócalo. Los organizadores presumían 500 mil sólo en la capital, más otras 200 mil en diferentes ciudades de la República.

En esos días, ya circulaba un libro firmado por Lorenzo Córdova y Ciro Murayama titulado *La democracia no se toca* (Planeta, 2023), cuya portada era una fotografía de la primera marcha de la marea rosa. En él, los consejeros del INE incluyeron un *post scriptum* en el que calificaban el plan B como un golpe a la democracia.

"La reforma electoral de 2022 es la primera en décadas que no se construyó con el consenso de las fuerzas políticas, que no fue fruto del diálogo y el acuerdo, sino de la imposición desde el poder", señalaban los autores.

Los opositores se agrupaban, mientras el oficialismo se preparaba para poner en marcha la reforma electoral.

El jueves 2 de marzo, cuatro días después de la segunda marcha de la marea rosa, el presidente publicó el decreto con el segundo dictamen del plan B, con lo que entraron en vigor las reformas a las cuatro leyes que no habían terminado de procesarse en diciembre.

La primera consecuencia de la publicación fue el cese inmediato de Edmundo Jacobo, secretario ejecutivo y mano derecha de Lorenzo Córdova, pues el artículo 17 transitorio señalaba:

> Dada la modificación de las facultades de Secretaría Ejecutiva con la entrada en vigor del presente decreto, la persona titular de dicho cargo cesará en

> sus funciones a partir de su publicación. De inmediato, el Consejo General nombrará de entre los directores ejecutivos a un encargado de despacho. En la sesión ordinaria del mes de mayo de 2023, designará a la persona titular de la Secretaría Ejecutiva para el periodo 2023-2029 que cumpla los requisitos correspondientes.

El funcionario anunció su salida del INE ese mismo jueves en conferencia de prensa, pero también advirtió que ya había tramitado un amparo en contra de la disposición. Su lugar fue ocupado temporalmente por Roberto Heycher Cardiel, director ejecutivo de Capacitación y Educación Cívica, quien sólo duró 10 días en el cargo.

El lunes 13 de marzo, cuando un juez le concedió el amparo, Edmundo Jacobo regresó al INE, en una sesión extraordinaria del Consejo General convocada sólo para informar sobre la restitución del secretario ejecutivo.

"Los cambios legales, antidemocráticos y anticonstitucionales del así llamado plan B han sufrido su primer revés jurídico. El primero, estoy seguro, de muchos que vendrán", celebró Lorenzo Córdova al anunciar el regreso de su colaborador y amigo.

Exactamente 11 días después vendría el segundo revés jurídico al plan B, cuando el ministro Javier Laynez Potisek dio entrada a las acciones legales en contra de la reforma y otorgó al INE una suspensión para no implementar dicha reforma en tanto la Corte analizara y decidiera el fondo de las controversias constitucionales.

El plan B moría con esta resolución, al tiempo que agonizaba la presidencia de Lorenzo Córdova al frente del INE, quien debía entregar el cargo el 3 de abril a una nueva consejera presidenta, cuya designación era procesada en la Cámara de Diputados.

A la larga, la SCJN terminó declarando inconstitucional todo el plan B por violaciones al proceso legislativo. El 8 de mayo de 2023 declaró la invalidez del primer dictamen y el 22 de junio invalidó el segundo; en ambos casos, con nueve votos a favor y dos votos en contra de las ministras Yasmín Esquivel y Loretta Ortiz.[13]

Consejeras y consejeros de tómbola

La renovación de cuatro vacantes en el Consejo General del INE la inició la Cámara de Diputados desde diciembre de 2022, al mismo tiempo en el que se procesaba el plan B de reforma electoral.

El proceso que comenzó el 12 de diciembre establecía que debían nombrarse dos consejeros varones y dos consejeras mujeres, una de las cuales ocuparía la presidencia del INE. Los consejeros salientes habían sido nombrados desde 2014: Lorenzo Córdova, Ciro Murayama, José Roberto Ruiz Saldaña y Adriana Favela.

Entre enero y marzo de 2023, la Cámara de Diputados desarrolló el procedimiento a partir de la emisión de una convocatoria pública, el 14 de febrero y, luego, la integración de un comité técnico de evaluación que revisaría que los aspirantes a consejeros cumplieran los requisitos legales y elegiría los perfiles más idóneos con base en pruebas y entrevistas.

Dicho comité, integrado por siete personas propuestas por otros organismos autónomos (CNDH e INAI) y por la Junta de Coordinación Política de la Cámara de Diputados, tenía una mayoría afín a Morena conformada por cinco personas: Enrique Galván Ochoa, Norberto García Repper, Evangelina Hernández Duarte, Araceli Mondragón González y Ernesto Isunza. Los otros dos integrantes, con una postura crítica a la 4T, eran Maite Azuela, comentarista en medios de comunicación, y Sergio López Ayllón, académico y exdirector del Centro de Investigación y Docencia Económicas (CIDE).

El comité evaluó cientos de postulaciones y convocó a 531 aspirantes a realizar un examen. De ahí seleccionaron a las 102 mujeres y a los 102 hombres mejor calificados y, finalmente, depuraron una lista de 92 personas (46 hombres y 46 mujeres) para entrevistarlas entre el 17 y 22 de marzo.

El 26 de marzo, el comité integró cuatro listas, con cinco nombres cada una, de las que tendrían que salir dos consejeras y dos consejeros.

El primer grupo estaba integrado por Diego Forcada Gallardo, Luis Alberto Hernández Morales, Jorge Montaño Ventura, Netzaí Sandoval Ballesteros y Bernardo Valle Monroy.

La segunda lista estaba conformada por Arturo Castillo Loza, Armando Hernández Cruz, Víctor Humberto Mejía Naranjo, César Ernesto Ramos Mega y Luigui Villegas Alarcón.

En la primera lista de mujeres estaban Nayma Enríquez Estrada, Claudia Arlett Espino, Jessica Jazibe Hernández García, Miriam Guadalupe Hinojosa Dieck y Rita Bell López Vences.

Y en la segunda lista de mujeres, de la que tendría que salir la presidenta del INE, estaban Bertha María Alcalde Luján, Guadalupe Álvarez Rascón, Rebeca Barrera Amador, Iulisca Zircey Bautista Arreola y Guadalupe Taddei Zavala.

Correspondía a la Junta de Coordinación Política de la Cámara de Diputados, integrada por los coordinadores de los grupos parlamentarios, dar el siguiente paso. Según se establece en la Constitución, la Junta debía construir un acuerdo político y escoger un nombre por cada una de las quintetas. Los cuatro nuevos integrantes del Consejo General del INE deberían proponerse al pleno, donde serían aprobados por mayoría calificada.

Aunque la ley prevé que, en caso de desacuerdo, se pueda recurrir a un método de insaculación para designar un nombre por quinteta, en el proceso de 2023 el partido mayoritario empujó desde un inicio este procedimiento, renunciando a la posibilidad de un acuerdo, como sí ocurrió en 2020.

A pesar de que se hablaba de la predilección del presidente por Bertha Alcalde Luján, hija de dos fundadores de Morena, para presidir el INE, la bancada mayoritaria no insistió y dejó todo en manos de la suerte.

La Junta de Coordinación Política estaba integrada entonces por los coordinadores Ignacio Mier, de Morena; Jorge Romero, del PAN; Rubén Moreira, del PRI; Carlos Puente, del PVEM; Alberto Anaya, del PT; Jorge Álvarez Máynez, de MC, y Luis Espinosa Cházaro, del PRD.

De todos ellos, el único que se opuso a la tómbola fue Máynez, quien acusó a Morena y a los dirigentes del PRI y del PAN de no proponer ningún perfil y obstaculizar la construcción de un acuerdo político para la designación.

Así, el 30 de marzo, en lugar de proponer un acuerdo con los nombres de las consejeras y consejeros que hubiesen generado consenso, la Junta propuso formalizar la tómbola como método de selección, y sólo Movimiento Ciudadano votó en contra.

"No es justo manchar al árbitro por nuestra falta de capacidad para construir acuerdos. Nosotros, a lo que se elija aquí, a lo que se haga aquí, a lo que se cante aquí, a esas personas les vamos a dar nuestro voto de confianza para que organicen la elección presidencial de 2024 y ese proceso electoral tan complejo que nos convocará el próximo año. Pero no estamos de acuerdo con la insaculación porque es renunciar a la política y porque es renunciar a nuestra atribución constitucional", dijo Álvarez Máynez en tribuna.

En respuesta, Gerardo Fernández Noroña, vicecoordinador del PT, negó que se haya renunciado al acuerdo y dejó ver que la tómbola buscaba cuidar a los aspirantes a consejeros de una posible votación adversa, en la que no se reunieran las dos terceras partes de la Cámara para avalarlos. Además, recordó a la asamblea que, en caso de no alcanzarse esa mayoría calificada, la tómbola de todos modos tendría que hacerse, pero ya no en el Poder Legislativo, sino en la Suprema Corte de Justicia de la Nación, pues así lo establece el procedimiento constitucional.

"Es falso que no hayamos hecho un esfuerzo de llegar a un acuerdo, pero habría sido desafortunado presentar cuatro nombres que no alcanzaran los dos tercios y que lastimáramos a diferentes mujeres y hombres que han demostrado una preparación con merecimiento suficiente, según el comité técnico de evaluación, para estar en el órgano electoral, y cada que presentáramos nuevos nombres y fueran rechazados seguiríamos lastimando a personas que al final en un proceso de insaculación podrían quedar elegidas según el mandato constitucional", explicó Fernández Noroña.

La tómbola se llevó a cabo cuando ya transcurría la madrugada del viernes 31 de marzo. Finalmente, la suerte cayó en cuatro personajes no exentos de vínculos con el oficialismo:

Guadalupe Taddei Zavala, quien ganó la tómbola de la presidencia del INE, pertenece a una familia política de Sonora, tiene nexos con el gobernador Alfonso Durazo y con el diputado Sergio Gutiérrez Luna y su esposa, Diana Karina Barreras, entonces diputada local del PT. Taddei tenía al menos dos familiares en el gobierno federal: el superdelegado del gobierno federal en Sonora, Jorge Taddei, y el director de la paraestatal LitioMx, Pablo Taddei.

Jorge Montaño, exfiscal de Delitos Electorales del estado de Tabasco, con fuertes vínculos con el secretario de Gobernación y exgobernador Adán Augusto López.

Rita Bell López, exconsejera en el Instituto Estatal Electoral y de Participación Ciudadana de Oaxaca, cercana a liderazgos locales de Morena.

Y Arturo Castillo Loza, quien había sido secretario de Estudio y Cuenta del magistrado José Luis Vargas en el Tribunal Electoral, y que contaba con el perfil académico más sólido y el perfil más independiente respecto a la 4T.

Los consejeros y consejeras tomarían posesión de su cargo el martes 4 de abril, en el Consejo General del INE, la llamada "herradura de la democracia", pero el INE de Córdova aún tenía pendiente una última escaramuza.

Los últimos días de Córdova en el INE

Mientras la Cámara de Diputados operaba los nombramientos, Lorenzo Córdova y su equipo preparaban su salida del Instituto Nacional Electoral, con decisiones calculadas pero arrebatadas y no compartidas por el resto de consejeras y consejeros, quienes se quedarían a recibir a una nueva presidenta y tres colegas en un contexto desde máxima confrontación con el gobierno.

El 28 de marzo, dos semanas después de haber retomado su cargo, Edmundo Jacobo anunció su renuncia irrevocable a la poderosa Secretaría Ejecutiva del INE, con efectos a partir del 3 de abril de 2023. Es decir, el funcionario dejaba un cargo que ocupaba desde 2008, a pesar de que su reelección en 2020 le hubiese permitido permanecer en la Secretaría Ejecutiva hasta abril de 2026.

"He cumplido un ciclo en la Secretaría Ejecutiva del Instituto para servir al INE y a la democracia mexicana, lo que concibo no como un trabajo, sino como una causa. Es tiempo de que quien sea designada o insaculada para presidir esta institución proponga a sus pares una persona que acometa con diligencia y rectitud las tareas de la Secretaría Ejecutiva", expresó el secretario, quien quiso adelantarse al nombramiento de la Cámara de Diputados para evitar que la nueva presidenta tomara su renuncia como un asunto personal.

La decisión de Edmundo Jacobo estuvo presidida por otra decisión aún más descabellada: la renuncia de casi todos los integrantes de la Junta General Ejecutiva, es decir, el equipo que había acompañado a Córdova en los últimos años y que eran los responsables de la operación del instituto.

En pleno proceso electoral en Coahuila y Estado de México (este último, el estado más poblado del país), se anunciaban las renuncias —válidas entre el 31 de mazo y el 3 de abril— de ocho funcionarios clave: Ana Laura Martínez de Lara, directora ejecutiva de Administración; Jacqueline Vargas Arellanes, titular de la Unidad Técnica de Fiscalización; Carlos Alberto Ferrer Silva, titular de la Unidad Técnica de lo Contencioso Electoral; Gabriel Mendoza Elvira, director jurídico; Daniela Casar García, directora del Secretariado; Cecilia Azuara, titular de la Unidad Técnica de Transparencia y Protección de Datos Personales; Laura Liselotte Correa, titular de la Unidad Técnica de Igualdad de Género y No Discriminación, y Rubén Álvarez Mendiola, coordinador nacional de Comunicación Social.

Además, se anunciaba que otras dos áreas quedarían descabezadas el 1 de abril: la Dirección Ejecutiva del Servicio Profesional Electoral Nacional y la Dirección Ejecutiva de Organización Electoral, pues sus titulares, María del Refugio García y Sergio Bernal, habían decidido ocupar las Vocalías Ejecutivas en los estados de Hidalgo y Quintana Roo, respectivamente.

Aun sin que se supiera quién iba a ser, la nueva presidenta del INE encontraría un instituto descabezado, con sólo tres funcionarios de alto nivel: Humberto Torres, en la Unidad Técnica de Servicios de Informática; Miguel Ángel Patiño, en la Unidad Técnica de Vinculación con OPLE, y Roberto Heycher Cardiel, en la Dirección Ejecutiva de Capacitación

Electoral y Educación Cívica, quien tenía que quedarse por ser el funcionario más longevo en el cargo y a quien correspondía ocupar la Secretaría Ejecutiva como encargado de despacho.

En esas condiciones, Lorenzo Córdova citó a dos últimas sesiones del Consejo General para el jueves 30 de marzo, exactamente el mismo día en el que la Cámara iniciaría el proceso de designación que derivó en la tómbola en la que se sorteó a los nuevos consejeros.

Reproduzco aquí una crónica que publiqué el 31 de marzo de 2023 en el portal *Animal Político* sobre la última sesión de Córdova al frente del INE:

> Casi al final de su discurso de despedida, al consejero Ciro Murayama se le quebró la voz, justo cuando reconoció la labor de su amigo y compañero de mil batallas, Lorenzo Córdova.
>
> "Compañero de trabajo, amigo de la vida, camarada de causa: misión cumplida. Volvemos a nuestra casa académica", dijo el duro Murayama, mostrando una faceta que nunca había enseñado en la llamada herradura de la democracia: la fragilidad ante las emociones acumuladas.
>
> Eran las 9:35 de la noche y en el salón del Consejo General del INE un centenar de personas presenciaba la última sesión presidida por Córdova.
>
> Estaban ahí la consejera que también se va, Adriana Favela, y dos que se quedan: Carla Humphrey y Claudia Zavala; los consejeros Jaime Rivera, Uuc-kib Espadas y Martín Faz, que también se mantendrán en sus cargos, además del secretario ejecutivo, Edmundo Jacobo, cuya renuncia se hará efectiva en tres días.
>
> Vía remota, participaban en la sesión las consejeras Dania Ravel y Norma Irene de la Cruz y José Roberto Ruiz Saldaña, quien también deja el Consejo, pero prefirió irse sin despedirse.
>
> Alrededor de la herradura, estaban los integrantes de la Junta General Ejecutiva, hombres y mujeres que, en su mayoría, presentaron ya su renuncia —efectiva desde el primer día de abril— para despejar el camino a la próxima presidenta.
>
> Junto a ellas y ellos, había asesores, representantes de algunos partidos, amigos y las familias de quienes llegaban así al final de su encargo.
>
> Al terminar su discurso, Murayama fue ovacionado por los presentes; se puso de pie, caminó hacia el centro de la mesa y abrazó a su amigo y camarada.
>
> Juntos egresaron de la UNAM, a mediados de los noventa —Murayama de la Facultad de Economía, y Córdova, de la de Derecho—, y juntos regresarán allí, en calidad de investigadores y profesores de licenciatura.

Hace nueve años, en 2014, llegaron juntos a esa herradura a tomar protesta como consejeros del naciente Instituto Nacional Electoral, y hace 20, acompañaron en el mismo salón a José Woldenberg, en su calidad de asesores, en los aciagos días en los que el IFE aprobaba las multas por los casos "Amigos de Fox" y "Pemexgate".

Toda una vida en el IFE-INE resumida en abrazos, lágrimas y un sinfín de elogios de sus colegas.

La última batalla del dúo más repudiado por la llamada 4T acababa de concluir.

⋆⋆⋆

Las sesiones 499 y 500 del Consejo General del INE fueron convocadas sin anunciarse que serían las últimas de la gestión de Córdova.

La primera inició a las 10 de la mañana y concluyó casi a las 8 de la noche. En ella, se desahogó un orden del día de 22 puntos, que incluía asuntos polémicos como la multa de medio millón de pesos a la asociación Que Siga la Democracia por haber presentado firmas de personas fallecidas para promover la revocación de mandato el año pasado; las resoluciones en materia de fiscalización por el caso Odebrecht y la Operación Safiro, en las que el INE se vio imposibilitado a multar al PRI por carecer de información que nunca le entregó la Fiscalía General de la República, y el informe preliminar del Órgano Interno de Control sobre el manejo del gasto en 2022.

La segunda sesión extraordinaria, convocada en calidad de urgente, fue citada para desahogar solamente dos puntos: el análisis del cumplimiento de los partidos de las reglas de paridad en las candidaturas de Coahuila y Estado de México, y la presentación de la memoria de gestión del periodo 2014-2023.

Fue en los últimos puntos de la primera sesión cuando el representante de Morena ante el Consejo General, Eurípides Flores, arremetió en contra de Lorenzo Córdova, Ciro Murayama y Edmundo Jacobo.

Al hablar del informe del titular del OIC del INE, Jesús George Zamora, el morenista acusó la existencia de fideicomisos alimentados con los remanentes presupuestales del instituto.

"Un 'marranote' con el que van a financiar sus liquidaciones", dijo.

"Hay que recordarle al pueblo de México que de las arcas del INE van a salir los más de 10 millones de pesos de liquidación de Edmundo Jacobo, los más de 9 millones del finiquito de Lorenzo Córdova y los más de 7 millones de pesos de Ciro Murayama", acusó.

Aun así, Flores dijo a Córdova que puede estar tranquilo, pues no habrá persecución en su contra.

"Lo que nos importa es el juicio de la gente, y el veredicto del pueblo es claro: usted nos traicionó, nos decepcionó. Se despide de este instituto por la puerta trasera y ahora vemos también que con mucha cola", añadió.

Después tocó el turno a la diputada Julieta Ramírez, representante del Poder Legislativo acreditada por Morena, quien lamentó que el INE se haya negado a instalar todas las casillas en la revocación de mandato argumentando falta de recursos, cuando en sus fideicomisos depositaron más de 5 mil millones de pesos.

La legisladora hizo un recuento del informe presentado por el contralor: mala planeación, adjudicaciones directas, organigrama inflado y una nómina con decenas de funcionarios que ganan más que el presidente de la República.

"Han sido pésimos administradores, tienen la mala costumbre de gastar a prisa en diciembre. Se detectó que nunca presupuestan desde cero, sólo agarran el presupuesto del año anterior y gastan más y más", fustigó la legisladora.

En respuesta, el consejero presidente pidió a Edmundo Jacobo leer la página 101 del informe del OIC, donde hay una advertencia sobre el carácter preliminar de dicho informe. Ahí se precisa que, a la fecha del presente informe, las auditorías se encuentran en proceso de ser solventadas, por lo que las observaciones no significan la certeza de actuaciones irregulares por parte de las unidades responsables del gasto.

Córdova dijo que le llama mucho la atención la mala práctica del contralor George Zamora, quien ha optado por dar a conocer estos informes antes de que se concluyan los procedimientos de auditoría.

"Todo el escándalo, el barullo, las descalificaciones que se han venido haciendo en días anteriores y ahora en esta mesa se han hecho con información preliminar. No quiero atribuir al dolo esas descalificaciones groseras. Quiero pensar que es por esa mala costumbre, lamentablemente tan difundida, de no leer completos los documentos", comentó.

El consejero presidente defendió al INE como la institución más transparente del Estado mexicano, y dijo que ojalá el Poder Legislativo tuviera los mismos estándares de rendición de cuentas y vigilancia con los que se audita al INE.

Lentamente, Córdova leyó hasta tres veces los mismos párrafos que ya había leído Edmundo Jacobo. Lo hizo acentuando las frases, casi deletreando la palabra p-r-e-l-i-m-i-n-a-r.

La diputada y el representante se quedaron callados y, malencarados, rechazaron la invitación de Córdova a hacer una segunda intervención.

***

Agotado el orden del día, se dio paso de inmediato a la segunda sesión extraordinaria.

En el segundo punto, Edmundo Jacobo presentó el informe sobre la memoria de gestión institucional 2014-2023, y aprovechó para hacer su tercera despedida en la herradura de la democracia, y explicar por qué, si libró una batalla jurídica para combatir la disposición del plan B que lo separó del cargo, decidió renunciar a su cargo con fecha del 3 abril, teniendo un nombramiento hasta 2026.

Presente su esposa y su hijo, su equipo de asesoras y asesores, y la mayoría de los integrantes de la Junta General Ejecutiva, Jacobo describió el informe y, al llegar a los agradecimientos y reconocimientos, también se quebró, tomó aire y concluyó su intervención con un nudo en la garganta.

Eurípides Flores volvió a la carga, al darse cuenta de que ésa era la despedida de Córdova y compañía.

"El informe en sí mismo revela la abstracción que hay de la realidad, donde se cree que la democracia es este Consejo General. Una suerte de corte del rey, en donde todo gira alrededor de Lorenzo Córdova", dijo. "Este informe no consigna lo que es la democracia, ése es el error de fondo, pensar que la democracia es esta burocracia".

Flores aseguró que el informe nada dice de los más de 11 millones de pesos que se gastaron para hacer dicha memoria; tampoco sobre las reuniones privadas de Córdova en marzo 2021 con dirigentes de la oposición en casa de Jacobo, ni mucho menos de la presencia de Murayama y Córdova en las plenarias del PAN y el PRI, justo antes de que la oposición se reunificara para el plan A de reforma constitucional que presentó el gobierno en materia político-electoral.

"Pero el plan C va a triunfar, porque la sociedad no le va a dar ni un voto al bloque conservador en 2024", cerró Flores parafraseando al presidente.

"¡Arriba el pueblo y abajo los privilegios del INE!", exclamó al final de su intervención.

Su compañera, la diputada Julieta Ramírez, también irrumpió en medio de lo que se anunciaba como una fiesta de despedida.

"Hoy la larga noche del secuestro de la democracia está por terminar. Su gestión queda marcada por su arrogancia… Seré curiosa, señor consejero, ¿de qué se ríe? Y, como no le deseo mal a nadie, deseo que siga manteniendo esa sonrisa allá, en el basurero de la historia, hasta nunca", cuestionó a Córdova, que escuchaba desde su silla sin expresión alguna.

A los de Morena, siguieron los posicionamientos de otros partidos y de las consejeras y consejeros.

Gerardo Triana, representante del PRI; Humberto Aguilar, del PAN, y Arturo Prida, del PRD, quienes hicieron la defensa de los consejeros.

Uuc-kib Espadas, que con voz quebrada reconoció lo aprendido en estos tres años; Dania Ravel, que de plano se fue, pero se conectó minutos después desde su teléfono móvil para su mensaje de despedida; Jaime Rivera, quien dedicó palabras amistosas a cada uno de los que se despedían, y Carla Humphrey, la que con mayor elocuencia describió el futuro inmediato de los siete que se quedan.

"Como nunca en la historia, el INE vive un acecho constante y permanente, pero tengan la convicción de que quienes continuemos en el cargo seguiremos defendiendo la institución y levantando la voz contra todo ataque a la democracia, al régimen de libertades y a todo lo construido para llegar al INE que hoy tenemos", advirtió Humphrey.

Continuaron el consejero Martín Faz, quien parafraseó a Pablo Milanés para hablar de las imperfecciones del INE; Miguel Castro, representante de MC; Silvano Garay, representante del PT; la consejera Norma Irene de la Cruz y la consejera Claudia Zavala, cuyo reconocimiento a Córdova enfadó al representante de Morena.

"A ti, querido Lorenzo, amigo desde la Facultad, gracias por tu amabilidad, tu humildad, tu franqueza, por todo lo que has dado por este instituto. Te reconozco tu liderazgo. Has sido sometido a violencias, una violencia descomunal. Te acompañé a la Cámara y te reconozco como líder", dijo Zavala y, justo en ese instante, el representante de Morena se levantó de su silla, se echó la mochila al hombro y abandonó el salón.

Después hablaron los que concluyeron su encargo.

Adriana Favela, que hizo un minucioso recuento de la evolución del INE en nueve años y cerró su discurso con una frase emotiva: "El INE está tatuado en nuestros corazones".

Ciro Murayama, quien se despidió defendiendo su labor, incluidos sus arrebatos frente a un gobierno y un movimiento que, dijo, presionó e incluso buscó que se adelantara su salida del INE.

"Me voy, lo sé, con el ácido reproche del gobierno, pero con el cálido afecto de las trabajadoras y trabajadores del INE; lo contrario: quedar bien con el poder y mal con quienes hacen las elecciones con profesionalismo hubiera sido una deshonra para mi persona", señaló.

Encarrerado, Murayama mencionó por nombre y apellido a todas y todos los colaboradores que lo ayudaron —y aguantaron— en los nueve años, y al final tuvo que secarse las lágrimas para concluir su intervención.

Finalmente, Lorenzo Córdova tomó la palabra casi a las 10 de la noche. Hizo un recuento de la labor cumplida, los desafíos enfrentados, las dichas y las desdichas, y también tuvo que hacer una pausa y tomar aire al mencionar a su familia y prometerles que ha llegado el tiempo de compensar con creces su amor y cercanía.

A unos metros de distancia, entre el equipo de asesores, su esposa y su hija presenciaban la escena, orgullosas.

"Luego de más de 11 años de servicio en el IFE y en el INE, espero dejar esta institución más fuerte, sólida, experimentada y con mayor confianza ciudadana que entonces", dijo Córdova.

El consejero presidente cerró su discurso pidiendo a quienes se quedan continuar fortaleciendo y defendiendo al INE y a la democracia, y les recordó que, en esa labor, hoy ya no están solos.

"La sociedad, la auténtica constructora de la democracia, está y estará siempre con ustedes", expresó.

Córdova levantó la sesión y, antes de los aplausos, pronunció el epitafio de su paso por la herradura: "¡Larga vida al INE y a la democracia!".[14]

El INE de Taddei

El lunes 3 de abril, Lorenzo Córdova sólo fue al INE a recoger sus cosas y esperar a Guadalupe Taddei para entregarle la oficina de la presidencia del Consejo General, donde todos los asesores y la mayoría de las secretarias e integrantes del equipo administrativo ya habían presentado sus renuncias.

En estricto sentido, ése era su último día como presidente del INE; sin embargo, él ya no participó en la sesión de Consejo General de ese día, citada para llevar a cabo el acto protocolario de toma de protesta de las dos nuevas consejeras y los dos nuevos consejeros.

Luego de una charla informal en el despacho del edificio A, Córdova y Taddei bajaron juntos a la explanada, donde se tomaría una fotografía de la nueva integración del Consejo General ante la mirada de decenas de reporteros, fotógrafos y camarógrafos.

Luego de la placa, Córdova acompañó a Taddei al edificio donde se encuentran el auditorio y la sala del Consejo General, y en el camino fueron abordados por la prensa. En ese instante, la consejera Carla Humphrey le cerró el paso a Córdova, se llevó a Taddei del brazo y, con un ademán, les indicó a las y los periodistas que ya no eran los tiempos de Córdova.

En la sala —la llamada herradura de la democracia—, el aún secretario ejecutivo Edmundo Jacobo esperaba a la nueva presidenta para conducir su última sesión después de 15 años ocupando ese cargo.

El funcionario informó sobre la notificación recibida de la Cámara de Diputados con los nombramientos aprobados y dio paso a la toma de protesta de Guadalupe Taddei.

"Protesto guardar y hacer guardar la Constitución de los Estados Unidos Mexicanos, las leyes que de ella emanen, la Ley General de Instituciones y Procedimientos Electorales y honrar los principios que rigen la materia electoral, cumplir leal y patrióticamente con el encargo que la Cámara de Diputados, el Poder Legislativo a través de la Cámara de Diputados, nos ha encomendado, y, si no lo hiciere así, que el pueblo y la nación me lo demanden. ¡Protesto!", proclamó Taddei siguiendo los protocolos del INE.

Después, ya ungida como presidenta, Taddei tomó la protesta al resto de consejeros designados: Rita Bell López Vences, Jorge Montaño Ventura y Arturo Castillo Loza, que junto con ella permanecerían en el cargo hasta el año 2032.

Con la renuncia lista para entrar en vigor esa misma noche, Edmundo Jacobo se quedó un par de horas en la mesa para ayudarle a Taddei a conducir una sesión en la que hablaron todas y todos: las consejeras Dania Ravel, Claudia Zavala, Carla Humphrey y Norma Irene de la Cruz; los consejeros Jaime Rivera, Martín Faz y Uuc-kib Espadas, y los representantes de los siete partidos: Morena, PAN, PRI, Verde, PT, MC y PRD.

Ya sin Córdova y Murayama presentes, el representante de Morena, Eurípides Flores, aprovechó el momento para una pírrica venganza.

"Había en esas sillas personas que estaban absolutamente alineadas con el discurso de la oposición, con el discurso de la derecha", expresó el "abogado del pueblo".

"Es muy importante decirles que hay que hacer caso omiso a todas estas tentaciones de la oligarquía, a los lujos, a los privilegios que han imperado en este Instituto Nacional Electoral y que están todavía heredados en este momento. La ofensiva y agraviante situación de que haya gente en esta herradura de la democracia que gane más que el presidente, 250 mil pesos mensuales, sin que si quiera estén presentes en sus centros de trabajo. Es aberrante la existencia de un seguro de separación individualizada que les va a permitir a los consejeros y consejeras que se van, y al propio secretario ejecutivo que todavía está aquí presente, llevarse un finiquito de hasta 10 millones de pesos. Es absolutamente aberrante. Nuestro llamado entonces es dejar atrás el protagonismo, las estridencias estériles, la censura previa, el infame prejuzgamiento de los casos en materia electoral a través de Twitter, como lo hacían algunos consejeros y lo estilaban de manera deshonrosa, o el trato peyorativo, personalizado e intransigente que se le daba al instituto político que nosotros representamos", se explayó el representante, ante la mirada complaciente de Sergio Gutiérrez Luna, diputado y expresidente de la Cámara Baja, quien acudió a la ceremonia de investidura de su amiga acompañado de su esposa, la diputada local sonorense Diana Karina Barreras.

La pareja esperó a que concluyera la sesión para tomarse una foto con la nueva consejera presidenta del INE, a quien llamaban paisana y trataban con gran familiaridad.

Todos los representantes de los partidos dieron la bienvenida a Taddei y le pidieron estar a la altura de la responsabilidad que asumía, pero los representantes del PAN fueron más duros, y aprovecharon para hacer una defensa del INE ante lo que consideraron una ofensiva del régimen.

"A partir del día de hoy van a ser objeto de un escrutinio público intenso. Asumen su responsabilidad en un momento en que el instituto está siendo acosado desde el poder, pero en el que, por otra parte, se ha logrado una impresionante movilización ciudadana, cuyo objeto fundamental es que los ataques no logren el desmantelamiento que proponen. Las primeras decisiones que se tomen con la nueva integración serán fundamentales. Vigilaremos con detalle y de manera permanente el cumplimiento de la suspensión otorgada por la Corte, y esperamos encontrar en ustedes un compromiso político, público y visible frente al pueblo de México de formar parte de la decisión del Consejo General de impulsar la defensa jurisdiccional del instituto y de sus trabajadores", advirtió el panista Humberto Aguilar, en clara referencia al litigio por el plan B de reforma electoral, que en ese momento aún estaba pendiente en la Corte.

"A partir de ahora, estaremos atentos a su actuar, pero ahora es el momento de que puedan ser legitimados por este mismo, por su actuar. Y sólo podrán serlo si hacen cumplir el anhelo social de tener una autoridad electoral autónoma y apegada a los principios constitucionales y respetando a la ley. Es conocido que el PAN durante los años recientes ha defendido esta institución. Hemos estado al lado del INE ante el ataque artero que desde el Poder Ejecutivo se ha orquestado en su contra durante todo lo que va de este sexenio. No defendemos personas en lo particular, defendemos instituciones, valores y principios", alertó Víctor Hugo Sondón, también panista.

Su partido había impugnado ante el Tribunal Electoral la designación de Guadalupe Taddei como consejera presidenta, y de Jorge Montaño como consejero, por considerar que no cumplían los requisitos de idoneidad para el cargo, por sus trayectorias y sus nexos familiares y políticos con Morena.

En la impugnación del PAN, puede leerse una larga lista de funcionarios de gobiernos morenistas pertenecientes a la familia Taddei.

> Pablo Daniel Taddei, director de la empresa creada por el gobierno federal LitioMx; Jorge Luis Taddei Bringas, subdelegado y representante del gobierno federal en Sonora; Ivana Celeste Taddei, diputada local en Sonora; Luis Rogelio Piñeda Taddei, director del Centro de Investigaciones del Congreso de Sonora; Jorge Francisco Piñeda Taddei, encargado de nómina del Instituto de Becas y Crédito Educativo de Sonora; Fernando Piñeda Taddei, secretario escribiente en el Tribunal de Justicia Administrativa de Sonora, y Luis Alonso Taddei Torres, director de estudios y proyectos en el Instituto Sonorense de la Juventud.

Y, en cuanto a Jorge Montaño, el PAN argumentó que era inelegible por desempeñarse como titular de la Fiscalía Especializada en Delitos Electorales en el estado de Tabasco, desde el 4 de enero de 2021 (fue designado por el entonces gobernador Adán Augusto López) hasta el 31 de marzo de 2023, justo el día de su designación en la Cámara de Diputados.

La demanda del PAN fue declarada improcedente por el Tribunal Electoral, pero las acusaciones quedaron ahí, como muestra de la cercanía que tendría el INE de Taddei con el régimen morenista.[15]

Al día siguiente de la toma de protesta, el primer acto público convocado por la consejera presidenta en el INE fue una reunión con el secretario de Gobernación, Adán Augusto López, y la secretaria de Seguridad y Protección Ciudadana, Rosa Icela Rodríguez, para echar a andar un protocolo de seguridad de cara a las elecciones en Coahuila y el Estado de México.

Ése era el pretexto; el fin real era mandar el mensaje público de la nueva relación que tendrían el INE y el gobierno, luego de cinco años de confrontación y distanciamiento.

"Son tiempos de demostrarles a los mexicanos que ustedes y nosotros somos capaces de construir una continuidad institucional y que hay una voluntad de nueva actitud", sostuvo el secretario.

Eso fue sólo el comienzo.

Después vinieron las presiones de Adán Augusto López, transmitidas a través de su paisano Jorge Montaño, para que los consejeros y consejeras aprobaran el nombramiento del secretario ejecutivo propuesto por Guadalupe Taddei para que la acompañara como número dos del nuevo INE.

Se trataba de Flavio Cienfuegos Valencia, un sonorense que había colaborado con ella cuando fungió como presidenta del OPLE de Sonora y que tuvo un breve pero polémico paso como director de Administración del Instituto Mexicano del Seguro Social en 2019, cuando el director general era el expanista Germán Martínez Cázares. Las diferencias entre ambos funcionarios derivaron en denuncias y en la salida de ambos del IMSS.

Cienfuegos no era aceptado por el Consejo General, donde el nombramiento del titular de la Secretaría Ejecutiva debe aprobarse con ocho de 11 votos, pues se trata del cargo más importante de la Junta General Ejecutiva, responsable de la administración de los recursos y el personal del INE. Y es, en los hechos, la cabeza de la estructura operativa nacional conformada por las 32 juntas locales del INE.

Además de su polémico perfil, a más de un consejero le molestó recibir, en junio de 2023, la llamada del secretario de Gobernación sugiriendo "amablemente" aprobar la propuesta de Taddei.

Cuando se discutió la propuesta en sesión de Consejo General, la consejera Dania Ravel rechazó contundentemente que se intentara influir desde el gobierno en una decisión tan importante para el INE.

"No me voy a dejar intimidar, no voy a dejar que presiones externas influyan en mi decisión autónoma e independiente", advirtió Ravel.

Ese día, Guadalupe Taddei sufrió la primera de varias derrotas en el Consejo General del instituto en el que apenas cumplía dos meses como presidenta, y evidenció su inexperiencia y una estrategia errónea para tratar de generar consenso entre sus pares, pues, además de Cienfuegos, puso a consideración un segundo nombre: el de la exconsejera Adriana Favela, quien apenas en abril había dejado el cargo.

Nadie entendió nunca por qué Taddei decidió poner sobre la mesa ese nombre, pues la propia Favela envió un mensaje para declinar antes de que el Consejo General votara su probable nombramiento.

La pifia fue destacada por la consejera Carla Humphrey, quien lamentó la poca pericia en la conducción del Consejo General por parte de Taddei y su equipo, del que por cierto Flavio Cienfuegos era el principal operador, en cuanto jefe de la oficina de la presidencia del INE.

"Traer a esta mesa a exponer a las dos personas, sabiendo que no se tenía la mayoría calificada, me parece un despropósito. Estamos exponiendo a dos personas que tienen una trayectoria profesional que debemos respetar", expuso Humphrey.

La votación de aquel 21 de junio se repetiría muchas veces en los meses por venir: a favor de la propuesta de Taddei votaron sus más allegados: Jorge Montaño, Norma Irene la Cruz, Rita Bell López y Uuc-kib Espadas, con los que conformó un bloque de cinco, leales, pero insuficientes para cualquier acuerdo.

En contra votaron seis integrantes del Consejo: Claudia Zavala, Jaime Rivera, Dania Ravel, Carla Humphrey, Martín Faz y Arturo Castillo, este último perteneciente a la última generación de consejeros, recién nombrados en la tómbola de marzo.

Pese a todo, ese día Taddei empezó a reconstruir la Junta General Ejecutiva, descabezada con la salida de Lorenzo Córdova, pues logró que se le aprobaran siete nombramientos: María Elena Cornejo, en la Dirección Ejecutiva de Capacitación Electoral y Educación Cívica; Alejandro Sosa, en la Dirección Ejecutiva del Registro Federal de Electores; Manuel Alberto Cruz Martínez, en la Unidad Técnica de lo Contencioso Electoral; Marisa Arlene Cabral Porchas, en la Coordinación de Asuntos Internacionales; Flor Dessiré León Hernández, en la Unidad Técnica de Igualdad de Género y No Discriminación; Rosa María Bárcenas, en la Dirección del Secretariado, e Ignacio Ruelas, en la Dirección Ejecutiva de Administración.

Con el paso de los meses, y mientras se acercaba la fecha fatal de septiembre (arranque formal y legal del proceso electoral 2023-2024, en el que se renovarían la presidencia, la Cámara de Diputados, el Senado, nueve gubernaturas y miles de cargos municipales y diputaciones en congresos locales), la situación en el INE se fue volviendo cada vez más problemática.

Taddei tuvo que echar mano de encargados de despacho para gestionar la poderosa Secretaría Ejecutiva del INE, primero con Miguel Ángel Patiño y luego con María Elena Cornejo, dos funcionarios de carrera en el Servicio Profesional Electoral y con larga experiencia. Pero, al moverlos a cubrir ese hueco, dejaban descubiertas otras áreas operativas del instituto.

En diciembre de 2023, Taddei hizo un nuevo intento por nombrar un secretario ejecutivo y volvió a fracasar. Después nombró a una incondicional suya, Claudia Suárez, como tercera encargada de despacho y con ella condujo el proceso electoral de 2024.

En el camino, el INE de Taddei sumó un récord de nombramientos, renuncias y salidas forzadas en la Junta General Ejecutiva, lo que generó una inestabilidad burocrática y operativa nunca antes vista en el sistema electoral. Esto, derivado de sus desencuentros con al menos seis consejeras y consejeros, que, en diversos momentos y con distintos matices, rechazaron la política de cercanía con el gobierno de López Obrador, profesada y defendida por Taddei.

Un dato ilustra la situación interna del INE en los primeros años de Taddei: el hecho de que no fuera hasta noviembre de 2024 cuando logró los ocho votos que necesitaba para nombrar a una titular de la Secretaría Ejecutiva del INE. Aquel 28 de noviembre, Claudia Arlett Espino, abogada chihuahuense, fue nombrada con 10 de 11 votos; sólo la consejera Carla Humphrey votó en contra.

El INE de Taddei inauguró una etapa de entendimiento con el gobierno y los legisladores de la 4T, quienes se sentían complacidos con la salida de Córdova y Murayama, pero no dejaron de reclamar ni de meterse en la vida interna del instituto cuando alguna decisión contradecía sus intereses, sobre todo cuando esas decisiones provenían del bloque de consejeras y consejeros que insistían en defender la autonomía constitucional y la independencia de la autoridad electoral.

Aunque bajó la tensión y la estridencia del presidente contra el INE, en las precampañas y campañas del 2024 fueron muchos los roces con López Obrador, como se verá en el siguiente capítulo.

La batalla maestra

12 de octubre de 2022. El presidente López Obrador aparece sonriente en la conferencia mañanera. Es miércoles de "¿Quién es quién en las mentiras?", su sección favorita del programa matutino diario, que para entonces alcanzaba récord de audiencia en redes sociales, y era transmitido en vivo por los canales públicos y algunas concesionarias privadas.

Es Día de la Raza, pero el presidente ignora la efemérides y comienza hablando de la situación de las aduanas de México, donde, según él, se han logrado resultados históricos. Un par de años antes de que estalle el escándalo del "huachicol fiscal", el presidente pone a las aduanas como ejemplo de lo que se ha hecho para "limpiar y purificar" el gobierno. Le da la palabra a Horacio Duarte Olivares, titular de la Agencia Nacional de Aduanas de México, quien es al mismo tiempo su operador en temas político-electorales y coautor del plan A de reforma en esa materia.

El texcocano hace un breve recuento. Presume la recaudación de 820 mil millones de pesos en las aduanas, entre enero y septiembre de 2022, y dice que se espera que el año cierre con una recaudación histórica de 1.12 billones de pesos.

Después da las gracias a la Defensa Nacional, a la Marina, al secretario de Gobernación y al presidente, y regresa a las sillas colocadas para los invitados a la mañanera.

El presidente López Obrador vuelve a tomar la palabra y hace un anuncio inesperado.

"Horacio ha hecho una labor de primer orden y queríamos que se informara aquí y que la gente lo supiera, porque Horacio me ha entregado su renuncia porque va a otra tarea y no queríamos que se fuera por la puerta de atrás... En este caso va a una tarea a su estado natal, el Estado de México. Ya no podríamos hablar más de eso porque no nos corresponde, pero tú sí", dice AMLO, sonriente, invitando al funcionario a acercarse nuevamente al atril.

Comienza entonces el jugueteo entre ambos, pues el presidente le pide que, terminando la mañanera, se salga al Zócalo a hablar con la prensa.

Él dice que prefiere hacerlo por Twitter, en un mensaje más tarde.

Pero el presidente insiste, lo acerca a él y le levanta el brazo.

—Nada más miren... ¡campeón! —expresa el presidente, quien no deja de sonreír y ver con afecto genuino a su compañero de las tres batallas electorales.

Duarte, quien fue representante ante el INE de los partidos que postularon a AMLO a la presidencia en 2006, 2012 y 2018 —un morenista consagrado—, también sonríe y juguetea.

—No te voy a abrazar, para que no... —dice el presidente.

—Si no, luego se ponen... —revira Duarte.

—¿A qué horas puedes hablar afuera? —pregunta López Obrador.

—Ya. Voy a la batalla maestra —dice, tímidamente.

—¿A qué? —insiste el presidente.

—A la batalla maestra —confirma Duarte, siempre sonriente, acomodándose el traje de dos piezas y la corbata que muy pronto dejará de usar, pues la campaña del Estado de México es mucho menos formal y elegante que la oficina que ha ocupado hasta ese momento en las oficinas de la Secretaría de Hacienda.

López Obrador y Horacio Duarte no podían decirlo, porque se supone que la ley les prohíbe hablar de estrategias políticas de su partido usando recursos públicos, pero la "batalla maestra" no era otra cosa que la campaña de Delfina Gómez Álvarez, quien se postulará por la coalición Morena-PT-PVEM para tratar de arrebatarle al PRI el emblemático Estado de México en las elecciones de junio de 2023.

La maestra Delfina fue presidenta municipal de Texcoco en 2013, candidata al gobierno del Estado de México en 2017, senadora electa en 2018, delegada de los Programas del Bienestar en la entidad en 2019 y, desde febrero de 2021, titular de la Secretaría de Educación Pública (SEP).

Delfina renunció el 1 de septiembre de 2022 a la SEP para buscar la candidatura del oficialismo a la gubernatura, en una contienda en la que derrotó a dos pesos pesados del morenismo mexiquense: el senador Higinio Martínez y el propio Horacio Duarte, quienes ahora se convertirán en sus principales operadores y estrategas de campaña.

La "batalla maestra" consiste en ganar un bastión histórico del priismo, cuna de dos de los presidentes de la República más populares en su momento: Adolfo López Mateos (1958-1964) y Enrique Peña Nieto (2012-2018); tierra del llamado Grupo Atlacomulco, semillero de votos priistas y origen de muchos de los negocios sexenales que hicieron millonarias a varias legiones de políticos herederos de la "familia revolucionaria".

En 2017, la maestra Delfina fue derrotada por Alfredo del Mazo Maza, miembro de una de las dinastías más importantes del priismo mexiquense, quien en 2023 concluiría su gobierno tras cinco años de una relación armónica y cordial con el presidente López Obrador.

La "batalla maestra" resultaba crucial de cara a las elecciones presidenciales de 2024, pues el Estado de México contaba con un padrón electoral de más de 12.6 millones de votantes, equivalentes al 13% de los electores que podrían votar a nivel nacional en las presidenciales.

Sin embargo, la campaña fue un día de campo para Morena y López Obrador, y una nueva señal de que la alianza PAN-PRI-PRD no funcionaba, sobre todo cuando se basaba en pactos construidos en las cúpulas de los partidos y no en las bases de militantes.

Las elecciones mexiquenses de 2023 mostraron la cohesión de Morena y sus dos aliados (PVEM y PT), y la capacidad del gobierno federal de convertir a sus beneficiarios de los Programas del Bienestar en votantes leales a la coalición.

El proceso electoral también mostró la pequeñez y las pifias de los partidos dirigidos por Marko Cortés, Alejandro Moreno y Jesús Zambrano, quienes acordaron —en febrero de 2022— que el PRI pusiera candidatos en los dos estados que renovarían la gubernatura ese año (Coahuila y Estado de México, donde gobernaban), a cambio de que el PAN pusiera candidatos en la presidencial de 2024 y en la elección de la Ciudad de México.

El pacto no sólo excluía al tercer partido de la coalición —un PRD disminuido, en vías de extinción, que no podía hacer nada más allá de las quejas verbales de su dirigente Chucho Zambrano—, sino que ignoraba a sus militantes y bases de votantes, confrontadas durante décadas en los municipios conurbados del Estado de México, donde el PAN había tenido años de gloria cuando gobernaba el llamado "corredor azul" en el poniente de la Zona Metropolitana.

La maestra Delfina fue la favorita de principio a fin en la contienda con la priista Alejandra del Moral. Ésta había nacido en 1983, estudiado en universidades privadas y estaba casada con el hijo de un exgobernador priista de Tlaxcala; había sido secretaria de Desarrollo Económico y secretaria de Desarrollo Social del gobierno de Alfredo del Mazo; senadora, diputada federal, diputada local, dirigente local del PRI y presidenta municipal de Cuautitlán Izcalli.

Luego de una campaña polémica, en la que los propios priistas reprocharon el poco apoyo del gobernador Del Mazo a su causa, que contrastaba con el abierto respaldo de AMLO a su candidata, la maestra ganó las elecciones celebradas el 4 de junio de 2023 con más de 3 millones 360 mil votos, que representaban el 52.7% de la votación emitida. Alejandra del Moral consiguió 2 millones 838 mil votos (44.5%).

El crecimiento de Morena y Delfina Gómez en el Estado de México fue notable, pues en 2017 había obtenido 1 millón 871 mil votos, cuando perdió frente a Alfredo del Mazo por una diferencia de 269 mil votos.

En cambio, PRI y PAN se estancaron en la misma cifra obtenida seis años antes, y el PRD, que en 2017 había obtenido el tercer lugar y 1 millón de votos con Juan Zepeda como candidato, se borró del mapa y aportó sólo 191 mil votos a Del Moral.

Movimiento Ciudadano, el partido naranja comandado por Dante Delgado, no postuló candidato, a pesar de tener entre sus filas a Juan Zepeda, el candidato sorpresa de la contienda de 2017 y electo senador de la República en 2018.

La tarde del 4 de junio, luego de que cerraran las casillas, los líderes de la oposición hicieron el ridículo en Toluca, al presentar encuestas de salida que supuestamente daban un triunfo a su candidata a la gubernatura. Horas después, la abandonaron a su suerte y se fueron a Coahuila, donde el priista Manolo Jiménez sí había ganado.

La derrota de Alejandra del Moral provocó reproches y rompimientos al interior del PRI, y en la alianza opositora, que en esos momentos comenzaba a barajar nombres para su candidatura presidencial de 2024 y a planear cómo gestionar el proceso de selección interna.

Cuestionado por una muestra más de su ineficiencia como dirigente, el líder priista Alejandro Moreno culpó al gobernador Alfredo del Mazo de la derrota.

"El gobernador del Estado de México le dio la espalda a la militancia priista y eso está a los ojos de todos. No puede construir otra narrativa. Jamás nosotros pedimos que se violentara la ley, pero hay que tener dignidad, hay que tener carácter y hay que decirlo como es: hay que ser echados para delante y, si necesitaba carácter, yo le hubiera prestado un poco", reprochó "Alito", con el estilo pendenciero que lo caracteriza.

Del Mazo respondió al líder priista calificándolo de mentiroso y traidor, y rechazó las imputaciones de los dirigentes de la alianza opositora, quienes lo acusaron de pactar con López Obrador la entrega de la entidad a Morena.

"El Estado de México no se entregó, en el Estado de México el PRI creció comparado con el año 2021. No ayuda que queramos echar culpas, en lugar de reflexionar y encontrar una mejor ruta de camino hacia delante. Alejandro Moreno es un ingrato al querer culpar una supuesta entrega, primero, porque está diciendo una absoluta mentira y, segundo, porque está lastimando al priismo del Estado de México", dijo Del Mazo en una entrevista con el periodista Roberto Zamarripa, publicada en *Reforma* el 8 de junio.

Un año después, en mayo de 2024, Del Mazo fue expulsado del PRI, luego de meses de acusaciones y reproches de Alito.

Alejandra del Moral también se fue del tricolor y, en octubre 2024, aceptó un cargo en el gobierno federal, como directora de la Agencia Mexicana de Cooperación Internacional para el Desarrollo.

El lunes 5 de junio Andrés Manuel López Obrador celebró en la conferencia mañanera.

"Buenos días, buenos días, su señoría, matatero-tero-la, ¡ánimo!", dijo al llegar al Salón de la Tesorería, más sonriente de lo habitual y jugando con la letra de un juego tradicional infantil.

"Es una mujer incorruptible. Si no, no estaría tratando el asunto, estaría yo diciendo que tiene otros méritos, otras virtudes. Pero no: es honesta, o sea, y eso hace mucha falta, gobiernos honrados, gobiernos honestos. La gente la apoya, obtuvo bastante ventaja y va a hacer un buen gobierno la maestra", añadió más adelante, en una conferencia en la que también se refirió a la cita electoral que ocurriría un año después: el domingo 2 de junio de 2024.

"Sí, estamos a un año de la elección presidencial y se va rápido el tiempo. Lo importante es afianzar la democracia, no sólo como sistema político, como forma de gobierno, sino como forma de vida: democracia en la familia, democracia en la escuela, democracia en los sindicatos, democracia en la elección de autoridades, democracia en el sentido amplio. Decía yo: ¿cómo va a haber democracia cuando el gobierno está nada más al servicio de un grupo?

"Y comentaba que no había información, sino manipulación, y sigue habiendo, y hago un llamado en ese sentido a los medios. Que me cuesta trabajo decir medios de información, mucho menos de comunicación, por la forma en que actúan. Son medios de manipulación la mayoría. Y también otra cosa: que no se quieran colar como independientes, que no se quieran posicionar como que son independientes, no, no, no. El bloque conservador en México no sólo lo integran los partidos con esas características, sino también medios de información y también intelectuales, o sea, no son ajenos, son parte de un modelo conservador, de derecha. Entonces, hay que tener eso muy en cuenta", se explayó el presidente ante las preguntas de reporteros sobre el tema preferido de la mañanera: las elecciones.

La "batalla maestra" fue el antecedente de la victoria del oficialismo en 2024, y también puede decirse que fue la señal de alerta que la oposición ignoró y el precedente de su gran derrota de 2024.

Ese mismo día, lunes 5 de junio, los dirigentes del PRI, PAN y PRD comparecieron ante la prensa para celebrar su victoria en Coahuila, minimizar el resultado en el Estado de México, echar culpas y sacudirse responsabilidades. Como lo escribió el periodista Elías Camhaji en el diario *El País*, la oposición se escudó en el triunfo de Manolo Jiménez para maquillar el golpe en el Estado de México y disipar las dudas sobre la firmeza de su alianza de cara a las presidenciales de 2024.

Ese día, el panista Marko Cortés, el priista Alejandro Moreno y el perredista Jesús Zambrano anunciaron a México que competirían unidos en la contienda del año siguiente, y que comenzarían a buscar método para definir la candidatura.

Pero, como ocurrió durante todo el sexenio, el posicionamiento fue nota en los medios apenas unas cuantas horas, pues esa misma noche, en el restaurante El Mayor, en el Centro Histórico, López Obrador dio inicio a la sucesión presidencial, con una cena en la que participaron la y los aspirantes a la candidatura de Morena, la dirigencia del partido y una veintena de gobernadores y gobernadoras de la 4T.

Una "locura" llamada plan C

López Obrador nunca abandonó la idea de hacer una reforma político-electoral, pero en el último tramo de su sexenio enfocó sus baterías en la reforma del Poder Judicial, que consideraba urgente después de que la Suprema Corte de Justicia de la Nación, presidida por Norma Piña, asestara varios golpes a su movimiento, invalidando la reforma energética y el plan B de reforma electoral.

Por eso, el 5 de febrero de 2024, el presidente hizo una última jugada maestra, apostando todo su capital político al llamado "plan C", una serie de iniciativas de reforma constitucional que condensaban su ideario, su herencia y sus prejuicios.

El plan C planteaba la desaparición de la Corte como se conocía hasta entonces, para sustituirla por una nueva cuyos nueve integrantes fueran electos mediante voto popular. Además, se planteaba la elección de magistrados electorales; la desaparición del Consejo de la Judicatura para crear un Tribunal de Disciplina Judicial, también electo por voto popular; la elección de jueces de distrito y de magistrados de circuito, y una renovación total del funcionamiento del tercer poder de la República.

El plan C sugería reformas constitucionales para desaparecer organismos autónomos como el Instituto Nacional de Transparencia y Acceso a la Información (INAI); el Instituto Federal de Telecomunicaciones (Ifetel); la Comisión Federal de Competencia Económica (Cofece) y el Consejo Nacional de Evaluación de la Política Social (Coneval), considerados "joyas" de la transición a la democracia.

En total, el presidente envió 20 iniciativas al Congreso, 18 de las cuales implicaban cambios en la Constitución, que incluían, además de los temas mencionados, una reforma de la Guardia Nacional, una sobre los derechos de los pueblos indígenas, una más sobre sistemas ferroviarios, una de empresas energéticas del Estado, una de protección animal, una que ampliaba aún más el catálogo de delitos graves; cambios en pensiones, salarios mínimos, vivienda, becas para jóvenes; una reforma que reforzaba las medidas de austeridad republicana y otra que prohibía la distribución de vapeadores y cigarrillos electrónicos.

Además, claro, de una nueva iniciativa de reforma político-electoral.

El plan C de AMLO se llamaba plan C por sus antecedentes: el plan A de abril y el plan B de diciembre de 2022. Pero en el paquete era una más de las iniciativas y, de hecho, fue la única que terminó relegada en la congeladora legislativa.

¿En qué consistía esta nueva iniciativa?

Primero, se planteaba reducir a la mitad el financiamiento público otorgado a los partidos políticos tanto para gasto anual ordinario como para gastos de campaña.

Segundo, se establecería un nuevo modelo de comunicación política, con una distribución diferente de los tiempos del Estado en radio y televisión que se otorgan a los partidos políticos y candidaturas independientes. Y, lo que resultaba más inquietante, se buscaba poner en la Constitución que la orden de suspender la propaganda gubernamental en periodo electoral se refería específicamente a publicidad contratada con recursos públicos en medios, y no a los pronunciamientos de funcionarios públicos. Es decir, se pretendía dar carta blanca a cualquier funcionario para pronunciarse sobre cualquier tema durante las campañas.

Tercero, planteaba cambiar el nombre del Instituto Nacional Electoral a Instituto Nacional de Elecciones y Consultas (INEC), y desaparecer los Organismos Públicos Locales Electorales (OPLE) de las 32 entidades para que el INEC absorbiera sus funciones, quedando a cargo de las elecciones federales y locales.

Cuarto, el Consejo General del INE tendría siete integrantes —y no los 11 del INE—, que serían electos por voto popular, al igual que los magistrados del Tribunal Electoral del Poder Judicial de la Federación, en el primer domingo de junio de 2025.

Quinto, se retomaba la idea de reducir las cámaras del Congreso de la Unión, a 300 diputados y 64 senadores, pero esta vez eliminando por completo la representación proporcional y dejando el principio de mayoría relativa como el único método de elección de representantes populares, incluso en los congresos de los estados.

Sexto, se sugería elevar a rango constitucional el uso de tecnologías de la información para implementar el voto electrónico.

Séptimo, se proponía reducir el número de integrantes de los congresos locales, con un máximo de 45 en el caso del Estado de México y 31 en la Ciudad de México, las entidades más pobladas. Y también se reduciría el número de regidurías en los ayuntamientos y concejales en las alcaldías de la capital.

Octavo, la iniciativa buscaba cambios en los ejercicios de democracia participativa impulsados por AMLO en su sexenio: la consulta popular y la consulta de revocación de mandato. Se reduciría del 40 al 30% el umbral de participación ciudadana para que una consulta fuera considerada válida. Se establecía que la consulta popular se realizaría el mismo día de las elecciones ordinarias del año en el que ésta fuera convocada; es decir, se corregía el error de hacerla en agosto, como ocurrió en 2021 con la supuesta consulta de "juicio a expresidentes". Y también se movía la fecha de la celebración de ejercicios de revocación de mandato para hacerlos el día de la elección federal intermedia, y no hasta abril del cuarto año de gobierno, como había ocurrido en 2022. También se bajaba del 40 al 30% el umbral de participación para hacer vinculante el resultado de la consulta de revocación.

La iniciativa enviada por López Obrador, que esta vez matizaba las críticas al INE contenidas en sus anteriores proyectos, sentenciaba:

> En conclusión, de aprobarse la presente iniciativa, México contará con un sistema electoral que otorgue a la ciudadanía la representatividad y pluralidad de su espectro político de manera fehaciente, garantizando una mayor equidad, equilibrio de poder, certeza en los procesos electorales, autenticidad de las elecciones y ejercicios de democracia directa; austeridad y eficiencia en el gasto público, así como la aplicación de los principios rectores de la función electoral: imparcialidad, independencia, legalidad, objetividad, certeza y máxima publicidad. El resultado esperado es contar con representantes legitimados por el voto popular que respondan a los intereses de la sociedad mexicana, e instituciones electorales, administrativas y jurisdiccionales a la altura de las expectativas y necesidades del pueblo mexicano.[16]

Para presentar su plan C, el presidente encabezó una ceremonia en el antiguo recinto parlamentario ubicado dentro del Palacio Nacional. Un salón cerrado al público desde que AMLO se fue a vivir allí, que fue sede del Congreso mexicano durante el siglo XIX, desde su apertura en 1829 y hasta poco antes del inicio del porfiriato. Un salón neoclásico, con alfombras rojas, escaños tallados en madera y paredes blancas adornadas con símbolos dorados de la logia masónica, a la que pertenecían muchos liberales que juraron, precisamente en ese recinto, la Constitución de 1857.

En su última conmemoración del aniversario de la Constitución, López Obrador se hizo acompañar de su esposa, Beatriz Gutiérrez Müller, y de integrantes de su gabinete que ocuparon los escaños, restaurados en 1972 para abrir el antiguo recinto parlamentario como parte del Museo del Palacio Nacional.

La presentación del plan C no sólo pretendía iniciar un proceso legislativo, justo al arranque del último periodo ordinario de la LXV Legislatura, cuyos miembros ya estaban más preocupados por las elecciones de junio que por su trabajo en el Congreso, sino que ponía en la agenda pública un menú de temas para las campañas electorales.

Algunos de los planteamientos del plan C sonaban tan descabellados para intelectuales, periodistas y líderes opositores (como la desaparición de siete organismos constitucionales autónomos; la elección de jueces, magistrados y ministros; la insistencia en militarizar la Guardia Nacional; transformar al INE y eliminar la representación proporcional) que incluso llegaron a creer que se trataba únicamente de una estrategia de distracción para favorecer a Morena en los comicios.

Pero, a la larga, el plan C resultó popular, pues las propuestas implicaban ahorros, combatían privilegios, reducían altas burocracias y propiciaban beneficios inmediatos y directos a la población.

Quienes pensaban que el presidente se había vuelto loco al presentar ese insólito paquete de iniciativas, cuando sólo le quedaban ocho meses en el poder, nuevamente se equivocaron. Muy pronto, el plan C se convirtió en la carta de navegación de las campañas de Morena y en la punta de lanza de la batalla definitiva de AMLO: la campaña presidencial de 2024.

Referencias:

[1] Instituto Nacional Electoral, voto particular del consejero José Roberto Ruiz Saldaña sobre el acuerdo de medidas de racionalidad y disciplina presupuestaria, 18 de febrero de 2019, https://ine.mx/sesion-ordinaria-del-consejo-general-18-febrero-2019/.

[2] Zedryk Raziel, "Renuncia director del INE denunciado por contrato millonario para taquizas", *Animal Político*, 4 de enero de 2021, https://www.animalpolitico.com/2021/01/renuncia-director-ine-contrato-millonario-taquizas.

[3] Instituto Nacional Electoral, "Reconoce INE labor de Bogart Montiel como director ejecutivo de administración", 4 de enero de 2021, https://centralelectoral.ine.mx/2021/01/04/reconoce-ine-labor-de-bogart-montiel-como-director-ejecutivo-de-administracion/.

[4] Iniciativa de reforma al artículo 41 constitucional suscrita por el diputado Sergio Gutiérrez Luna, *Gaceta Parlamentaria*, 26 de noviembre de 2019, https://gaceta.diputados.gob.mx/Gaceta/64/2019/nov/20191126-IX.html#Iniciativa18.

[5] "Proyecto de decreto por el que se reforman, derogan y adicionan diversos artículos de la Constitución Política de los Estados Unidos Mexicanos en materia electoral", *Gaceta Parlamentaria*, 28 de abril de 2022, https://gaceta.diputados.gob.mx/PDF/65/2022/abr/20220428-XI.pdf.

[6] Cumbre Global de la Democracia Electoral, "Pronunciamiento por el futuro de nuestras democracias", 22 de septiembre de 2022, https://www.idea.int/sites/default/files/Pronunciamiento%20espa%C3%B1ol.jpeg.

[7] Comisión de Venecia, "Mexico. Observations of the Government, on the Draft Opinion, on the Draft Constitutional Amendments Concerning the Electoral System", 24 de octubre de 2022, https://www.venice.coe.int/webforms/documents/default.aspx?pdffile=CDL-PI(2022)045-e.

[8] Zedryk Raziel, "Una encuesta del propio INE muestra que la mayoría de mexicanos respalda la reforma electoral de López Obrador, *El País*, 1 de noviembre de 2022, https://elpais.com/mexico/2022-11-02/una-encuesta-del-propio-ine-muestra-que-la-mayoria-de-mexicanos-respalda-la-reforma-electoral-de-lopez-obrador.html.

[9] Instituto Nacional Electoral, "En defensa de la democracia: José Woldenberg", 13 de noviembre de 2022, https://centralelectoral.ine.mx/2022/11/13/en-defensa-de-la-democracia-jose-woldenberg/.

[10] Iniciativas de reforma legal en materia electoral, *Gaceta Parlamentaria*, 6 de diciembre de 2022: Ley de Comunicación Social y Ley de Responsabilidades Administrativas, https://sil.gobernacion.gob.mx/Archivos/Documentos/2022/12/asun_4463191_20221206_1670387423.pdf; Ley General de Instituciones y Procedimientos Electorales, Ley General de Partidos Políticos, Ley Orgánica del Poder Judicial y Ley General de los Medios de Impugnación en Materia Electoral, https://sil.gobernacion.gob.mx/Archivos/Documentos/2022/12/asun_4463188_20221206_1670386878.pdf.

[11] Primer dictamen del "plan B" de reforma electoral de AMLO, *Gaceta Parlamentaria*, 6 de diciembre de 2022, https://sil.gobernacion.gob.mx/Archivos/Documentos/2022/12/asun_4463188_20221206_1670386878.pdf; segundo dictamen con las modificaciones introducidas de última hora por PVEM, PT y Morena, https://gaceta.diputados.gob.mx/PDF/65/2022/dic/20221206-C.pdf#page=2.

[12] Instituto Nacional Electoral, informe de la Secretaría Ejecutiva sobre la incidencia en la función electoral de las reformas del plan B, 25 de enero de 2023, https://repositoriodocumental.ine.mx/xmlui/bitstream/handle/123456789/147695/CGex202301-25-ip-1.pdf.

[13] Suprema Corte de Justicia de la Nación, sentencias que declaran la invalidez del plan B por violaciones al proceso legislativo: primera sentencia, 8 de mayo de 2023, https://www2.scjn.gob.mx/juridica/engroses/cerrados/Publico/Proyecto/AI29-2023Y_ACUM_LGCS_PROY_PLVP.pdf; segunda sentencia , 22 de junio de 2023, https://www.scjn.gob.mx/sites/default/files/proyectos_resolucion_scjn/documento/2023-06/A.I.%2071.pdf.

[14] Ernesto Núñez Albarrán, "'Larga vida al INE y a la democracia': Lorenzo Córdova adelanta su despedida del INE", *Animal Político*, 31 de marzo de 2023, https://animalpolitico.com/politica/ine-democracia-lorenzo-cordova-despedida.

15 Sala Superior del Tribunal Electoral del Poder Judicial de la Federación, Sentencia SUP-JE-1172/2003, que confirma la designación de Guadalupe Taddei y Jorge Montaño como consejera presidenta y consejero del INE, respectivamente, 19 de abril de 2023, https://www.te.gob.mx/sentenciasHTML/convertir/expediente/SUP-JE-1172-2023-.

16 "Iniciativa con proyecto de decreto por el que se reforman, adicionan y derogan diversas disposiciones de la Constitución Política de los Estados Unidos Mexicanos en materia electoral", Sistema de Información Legislativa de la Secretaría de Gobernación, 5 de febrero de 2024, https://sil.gobernacion.gob.mx/Archivos/Documentos/2024/02/asun_4696961_20240205_1707785640.pdf.

6

Las elecciones de 2024

La cena de El Mayor

Andrés Manuel López Obrador llegó alrededor de las 8 de la noche al restaurante El Mayor, ubicado en la esquina de las calles República de Argentina y Justo Sierra, a unos pasos del Colegio de San Ildefonso. Llovía y, sin embargo, el presidente caminó los 400 metros que separan el Palacio Nacional del sitio en el que había convocado a la plana mayor de Morena. El restaurante ofrece a sus comensales una rica gastronomía mexicana, pero su principal atractivo son las vistas privilegiadas del Templo Mayor y la Catedral Metropolitana.

Era lunes 5 de junio de 2023 y, contra su costumbre, López Obrador había decidido desvelarse y atender un asunto nocturno fuera de la sede del gobierno.

Lo esperaban ahí 22 gobernadoras y gobernadores emanados de Morena y partidos aliados; la gobernadora electa del Estado de México, Delfina Gómez; el dirigente nacional de Morena, Mario Delgado, y la secretaria general, Citlalli Hernández; el canciller Marcelo Ebrard; el secretario de Gobernación, Adán Augusto López; el senador Ricardo Monreal, y la jefa de gobierno de la Ciudad de México, Claudia Sheinbaum Pardo.

El presidente comenzó la reunión felicitando a la maestra Delfina Gómez por su triunfo en el Estado de México, y la puso como ejemplo de la esencia del movimiento: origen humilde, sencillez, cercanía con el pueblo y perseverancia.

Luego recordó a los presentes que, cuando dejó la dirigencia nacional del PRD, en 1999, para buscar la jefatura de gobierno del Distrito Federal, cometió el error de dejar suelto el proceso interno para elegir un nuevo Comité Ejecutivo Nacional, lo que derivó en una guerra fratricida entre Amalia García y Jesús Ortega; una auténtica lucha de mapaches contra tejones, con acarreo de votantes, compra del sufragio, relleno de urnas y otras anomalías que llevaron a un conflicto interno y a la pérdida de prestigio del entonces principal partido de la izquierda mexicana.

Según recuerda en su libro de memorias, López Obrador reunió a la cúpula morenista para no repetir un error así y hacer una propuesta —que todos los ahí reunidos asumieron como una orden— para encauzar la contienda por la candidatura presidencial.

> Les di a conocer una propuesta inspirada en el ideal democrático que busca la superación final de viejas y aberrantes prácticas como el autoritarismo, la imposición, los pactos tras bambalinas, en la oscuridad, y la intromisión de la figura presidencial mediante los arcaicos rituales del *tapado*, el *dedazo* y el *destape*.[1]

Otros relatos, como el del periodista Zedryk Raziel publicado en el diario *El País*, señalan que el presidente redactó personalmente las reglas de la contienda interna y las plasmó en un documento que leyó en la cena de El Mayor, y que pidió que fuera firmado esa misma noche por los cuatro aspirantes de Morena: Sheinbaum, Ebrard, Monreal y Adán Augusto.

Como si quisiera cuidar las formas, López Obrador convocó a la cena fuera de Palacio Nacional por tratarse de un asunto partidista y no de gobierno, pero pidió a los invitados que vistieran formal. Según la crónica de Raziel, AMLO comenzó la reunión diciéndoles que había pensado mucho en la sucesión y que llevaba consigo un documento que quería leerles.

> Todo desconcertaba. El gobernador de Baja California Sur, Víctor Castro, comentó en la mesa que era la segunda vez en su vida que usaba corbata. La gobernadora de Campeche, Layda Sansores, se extrañó porque nunca antes el presidente les había dado instrucciones de etiqueta. Había mucha expectación en el ambiente, que finalmente se distendió cuando todos vieron que López Obrador llegó vestido con ropa casual, y no con el traje que usa normalmente. El presidente, que llevaba una camisa de pana verde y un pantalón gris, se rio cuando vio el ambiente de formalidad y solemnidad. La gobernadora de Colima, Indira Vizcaíno, le dijo en tono de broma que, si no les hubiera dado indicaciones sobre la vestimenta, ella habría ido con tenis, y no con las zapatillas rojas que usaba.[2]

Transcurrió sólo una semana para que el documento de López Obrador se convirtiera en un acuerdo formal y legal del Consejo Nacional de Morena, en el que se plasmaron todas las reglas sugeridas por el presidente.

- Se adelantarían los tiempos del proceso electoral de 2024, al convocar a la selección de la candidatura de Morena en un plazo de tres meses, de forma tal que estuviera definida el 6 de septiembre de 2023. Para ello, el Consejo Nacional —y éste es uno de los pocos cambios que se hicieron al documento de AMLO— abriría un proceso extraordinario de elección de una "coordinadora o coordinador de la Defensa de la Transformación", y no de una precandidata o precandidato presidencial, para evitar problemas con la legislación electoral, que preveía el inicio de las precampañas legales hasta el mes de noviembre.
- Para este proceso, la dirigencia nacional de Morena invitaría a las cuatro personas mejor posicionadas. Y las dirigencias del Partido Verde y el Partido del Trabajo podrían incorporar otros participantes (uno por cada partido), de forma tal que el proceso se desarrollaría con seis aspirantes. Esta cláusula abrió la puerta al senador chiapaneco Manuel Velasco, del PVEM, y al diputado Gerardo Fernández Noroña, del PT, quienes también soñaban con la postulación.
- La definición de la Coordinación de la Defensa de la Transformación se tomaría a partir de encuestas y, por parte de Morena, sólo participarían los cuatro ya mencionados para evitar que alguien más "de forma oportunista" usara la encuesta para proyectarse hacia otro cargo de elección popular.
- Se les pidió expresamente a los participantes refrendar por escrito los principios de Morena y se les puso un conjunto de reglas que los obligaría a "apegarse en todo momento a la legalidad; actuar en forma institucional, disciplinada y democrática; respetar los principios de mandar obedeciendo y de que el poder público es para servir y no para servirse; abstenerse de realizar pactos con grupos de interés político, económico, mediático o delictivo; oponerse a toda forma de distorsión de la voluntad popular, como la compra o coacción del voto, el acarreo o inversión excesiva en publicidad; rechazar cualquier asociación con entidades extranjeras".
- Al registrarse para participar, se tenían que comprometer por escrito a aceptar el resultado de la encuesta y dar todo su apoyo a quien resultara ganador o ganadora.
- El proceso quedó a cargo del Consejo Nacional de Morena y las comisiones de Elecciones y de Encuestas.

- Se acordó levantar cinco encuestas con distintas casas, seleccionadas a partir de dos propuestas hechas por cada aspirante de empresas demoscópicas de prestigio.
- Para levantar la encuesta se definiría un cuestionario que se aplicaría a los ciudadanos, y, para su levantamiento, tendría que trabajarse en equipos conformados por un representante de la dirigencia de Morena, un encuestador de la casa demoscópica y un representante de cada aspirante.
- Los participantes quedaron obligados a manifestar su intención de participar a más tardar el viernes 16 de junio y renunciar a sus cargos en la misma fecha en la que se registraran ante la Comisión de Elecciones.
- El periodo de recorridos por el país, al que no podían llamar precampaña, iniciaría el lunes 19 de junio y concluiría el domingo 27 de agosto.
- Los levantamientos de la encuesta se llevarían a cabo entre el lunes 28 de agosto y el domingo 3 de septiembre, para dar a conocer los resultados el miércoles 6 de septiembre.
- Se estableció que los aspirantes debían comprometerse a actuar de forma austera, evitar el derroche, evitar excesos en gastos publicitarios y privilegiar el contacto con la gente y las asambleas informativas.
- Además, se los obligaba a evitar el debate público y las polémicas entre ellos y a no caer en confrontaciones personales. Se les ordenaba no incurrir en ningún acto de descalificación, desprestigio o agresión a otro competidor, y se les pedía alentar a sus simpatizantes a no usar el denuesto, el ataque, la calumnia y la violencia verbal en contra de sus rivales.
- Entre las reglas se fijaba la de no hacer pactos con "la reacción oligárquica", y otra que dejaba clara la postura de López Obrador frente a ciertos medios de comunicación: "evitarán participar en medios reaccionarios, conservadores, adversarios de la Cuarta Transformación y partidarios del viejo régimen".
- El acuerdo prohibía la participación de funcionarios públicos, gobernadores, legisladores o integrantes de las dirigencias en favor de alguna de las candidaturas.
- Finalmente, el acuerdo del Consejo Nacional de Morena retomaba la sugerencia del presidente de que la ganadora o ganador del proceso incorporara en su gabinete a quien quedara en segundo

lugar en la encuesta, que promoviera como próximos coordinadores parlamentarios de Morena a quienes quedaran en tercer y cuarto lugar, y que al resto se los invitara a ocupar candidaturas al Senado o la Cámara de Diputados.

El documento redactado por López Obrador fue aprobado por unanimidad en el Consejo Nacional, con pequeños cambios para incorporar eufemismos como "coordinación de defensa de la transformación", "coordinación de defensa del federalismo" o "coordinación de defensa de la representación popular", para no decir "candidatura presidencial", "coordinación de Morena en el Senado" o "coordinación de Morena en Cámara de Diputados".

El documento fue leído por Alfonso Durazo, quien era a su vez gobernador de Sonora y presidente del Consejo Nacional, en una conferencia de prensa celebrada al término de la sesión del órgano de dirección partidista, el domingo 11 de junio.

El plan de AMLO se ejecutó de inmediato: Marcelo Ebrard renunció a la Secretaría de Relaciones Exteriores el 12 de junio; un día después, Claudia Sheinbaum notificó al Congreso de la Ciudad de México su decisión de separarse de manera definitiva de la jefatura de gobierno a partir del 16 de junio; ese mismo día, Adán Augusto López renunció a la Secretaría de Gobernación y Ricardo Monreal pidió licencia al Senado de la República.

El desfile de las "corcholatas"

Pero la cena de El Mayor no fue la primera intervención de AMLO en el proceso de selección de la candidatura presidencial del oficialismo. Dos meses antes, en una reunión urgente con el grupo parlamentario de Morena en el Senado, el presidente aprovechó para calmar los ánimos de un proceso que, para ese momento, ya se había desbordado.

Desde finales de 2022, la sucesión había movilizado a los morenistas, en parte acicateados por el propio presidente, que habló del tema en muchas conferencias mañaneras, en las que acostumbraba presumir la existencia de buenos perfiles en la 4T, en comparación con la pobreza de cuadros en la oposición.

De hecho, fue él quien bautizó a la y los aspirantes a sucederlo como "corcholatas", en una conferencia que dio en Tabasco el 12 de julio de 2021.

"Eso es otra cosa también que me tiene tranquilo; hay muchos, mujeres y hombres, para el relevo, hay muchos. Todos los que están en el gabinete, gobernadores, todos tienen posibilidad, dirigentes parlamentarios, todos, todos tienen posibilidad, ahora sí que ya no hay tapados. Yo soy el destapador y mi corcholata favorita va a ser la del pueblo. Ésa es la regla. La gente va a decidir en su momento en forma libre, democrática, quién debe representarnos en lo que corresponde al movimiento progresista, liberal, con dimensión social, pero eso en su momento. Es un equipo de trabajo", dijo en aquella mañanera, cuando apenas acababan de terminar las elecciones federales intermedias.

Durante dos años, el presidente habló con toda naturalidad de las "corcholatas" y, con ello, terminó construyendo un relato popular con un mote pegajoso que muy pronto fue adoptado por periodistas y analistas políticos, y por los propios aspirantes a relevarlo.

Lo cierto es que, desde principios de 2023, las "corcholatas" comenzaron a promoverse y a crear equipos de trabajo para impulsar sus candidaturas.

Sin abandonar sus cargos de gobierno, Claudia Sheinbaum, Marcelo Ebrard y Adán Augusto López aprovechaban los fines de semana para hacer recorridos por el país y reunirse con la militancia de Morena.

De hecho, a la jefa de gobierno la carrera presidencial anticipada le hizo pasar un mal día, el sábado 7 de enero de 2023, cuando se registró un choque en la línea 3 del metro, entre las estaciones Potrero y La Raza. Mientras se reportaba la muerte de una persona por este percance —que dejó, además, 59 lesionados—, ella iba llegando a Morelia, Michoacán, donde impartiría una de sus acostumbradas conferencias de fin de semana en los estados, para comentar las "políticas exitosas" del gobierno de la capital.

Al enterarse del accidente, cerca de las 9:20 de la mañana, Sheinbaum decidió regresar a la Ciudad de México, y para ello usó un helicóptero del gobierno de Michoacán, cuyo titular, Alfredo Ramírez Bedolla, era uno de los promotores de su candidatura.

Sheinbaum era la favorita de la mayoría de los gobernadores, presidentes municipales y legisladores de Morena, y aparecía siempre en primer lugar de las encuestas, no sólo entre los aspirantes del oficialismo, sino con números muy superiores a los de cualquier precandidato de la oposición.

También era la favorita del presidente López Obrador.

A pesar de que él mismo alentó a su paisano Adán Augusto López cuando lo nombró secretario de Gobernación en 2021, y de que dijo respetar el derecho de Ebrard y Monreal a buscar la candidatura, sus decisiones, sus tiempos y sus reglas —impuestas en la cena de El Mayor— estaban diseñadas para favorecer a la jefa de gobierno.

Eso lo sabía Marcelo Ebrard, quien poco a poco fue perdiendo la paciencia y, en marzo, tomó la iniciativa lanzando un documental y un libro autobiográfico llamado *El camino de México* (Aguilar, 2023). El lanzamiento le sirvió de plataforma para difundir su experiencia política y su cercanía con AMLO tras 23 años de trabajar a su lado y, de paso, para dar entrevistas en las que le pedía a la dirigencia de Morena apurarse en la definición de reglas y plazos para el proceso interno.

El recorrido informal de las "corcholatas", no exento de rencillas e indirectas entre ellas, hizo que el presidente los reuniera el viernes 28 de abril en el Palacio Nacional, frente a todos los senadores del oficialismo, quienes se preparaban para una batalla legislativa contra la oposición.

Mientras PAN y PRI mantenían tomada la tribuna del Senado para evitar la aprobación de una decena de leyes secundarias en tiempo récord y sin discusión parlamentaria —al estilo de lo que había pasado en diciembre con el plan B—, López Obrador reunía a los senadores con los aspirantes presidenciales para invocar la unidad.

Como coincidencia curiosa, mientras AMLO se tomaba la foto en Palacio Nacional con Sheinbaum, Ebrard, Monreal y Adán Augusto, en la vieja casona de Xicoténcatl, antigua casa del Senado que se usaba como sede alterna ante la toma de tribuna en el recinto oficial, una legisladora panista se encadenaba a la Mesa Directiva para tratar de impedir la sesión: Xóchitl Gálvez, quien a la larga sería la candidata presidencial del frente opositor.

UN PROCESO AL MARGEN DE LA LEY, IMITADO POR LA OPOSICIÓN

La cena de El Mayor y los acuerdos del Consejo Nacional de Morena pasaron por alto un detalle: adelantar así la sucesión presidencial iba en contra de la Constitución y la ley, que en ese entonces señalaban claramente que las precampañas comenzarían hasta finales de noviembre de 2023, y penaban severamente los llamados "actos anticipados de precampaña y campaña", en los que incurrían las "corcholatas" cada vez que tenían un acto público o emitían algún mensaje en sus redes sociales.

Los acuerdos tomados por Morena en la sesión de su Consejo Nacional del 11 de junio fueron denunciados por la representación del PRD ante el INE; por el diputado de MC, Jorge Álvarez Máynez, y por la senadora panista Kenia López Rabadán, iniciando así una larga y compleja batalla jurídica que dio varias vueltas entre el INE y el TEPJF, instancias donde muy pronto surgieron dos posturas: consejeras y magistradas que intentaron frenar que los tiempos de la sucesión se adelantaran seis meses, y aquellos que cedieron a las presiones del gobierno y los partidos políticos.

El primer acuerdo para regular el activismo de las "corcholatas" lo diseñó la consejera electoral Claudia Zavala, una abogada formada en la UNAM y con una trayectoria que incluía cargos en el Tribunal Electoral, una consejería y la presidencia del Instituto Electoral de la Ciudad de México. Su nombramiento como consejera del INE se dio en 2017, junto con el de la consejera Dania Ravel y el consejero Jaime Rivera, con quienes terminó integrando un bloque de defensa de la autonomía de la autoridad electoral y de resistencia ante la postura de cercanía y afinidad con el régimen defendida por la nueva presidenta del INE, Guadalupe Taddei.

El 16 de junio, la Comisión de Quejas del INE, presidida por Claudia Zavala, aprobó un acuerdo que atendía las denuncias presentadas por PRD, MC y PAN, en el que se establecían límites al llamado "corcholata tour", que estaba por iniciar tres días después:

> Se ordena a Morena, así como a Claudia Sheinbaum Pardo, Adán Augusto López Hernández, Marcelo Luis Ebrard Casaubón, Ricardo Monreal Ávila, Manuel Velasco Coello y José Gerardo Rodolfo Fernández Noroña, que los actos que realicen en relación con lo establecido en el "Acuerdo del Consejo Nacional de Morena para que de manera imparcial, democrática, unitaria y transparente se logre profundizar y dar continuidad a la Cuarta Transformación de la vida pública de México", en las fechas y plazos que ahí se precisan, en todo tiempo se ajusten a los límites y parámetros constitucionales antes expuestos, recalcándoles la obligación de conducirse acorde a los principios de legalidad y equidad.[3]

El acuerdo ponía ocho reglas en concreto:

- Los discursos y mensajes que realicen no deberán contener directa o explícitamente llamados expresos al voto en contra o a favor de persona o fuerza política alguna.
- Los actos que emprendan las personas involucradas no deben tener como objetivo el obtener el respaldo para ser postuladas como precandidatas a un cargo de elección popular.

- La propaganda que, en el caso, se exponga en los actos que se lleven a cabo no debe tener el propósito de dar a conocer propuestas relacionadas con alguna aspiración de carácter electoral. Por el contrario, ésta deberá contener, de forma clara y visible, el proceso al que va dirigida, es decir, al proceso de selección de la Coordinación de la Defensa de la Transformación (CDT).
- En ningún momento deberán presentar plataforma de un partido político o coalición o promover a una persona para obtener una precandidatura o candidatura para contender en algún proceso de carácter electoral.
- En general, no deberán hacer manifestaciones explícitas o inequívocas respecto a una finalidad electoral, esto es, que se llame a votar a favor o en contra de una precandidatura o candidatura o partido político, se publicite una plataforma electoral o se posicione a alguien con el fin de obtener una precandidatura o candidatura.
- No podrán usar prerrogativas de acceso a tiempos de radio y televisión para dar difusión al proceso de selección de la CDT o las personas que participen en éste.
- Morena y todas las personas que participen como aspirantes para la selección de la CDT deberán proporcionar a este instituto, de manera semanal, un calendario, el cual deberá mostrar los recorridos de trabajo y actividades que tengan programados para la siguiente semana.
- Al tratarse de actividades partidistas de carácter ordinario, se deberá llevar un control de los recursos que utilicen tanto dicho partido como todas y cada una las personas que participen como aspirantes para la selección de la CDT, para que, en su momento, cumplan con sus informes del gasto ordinario, conforme a sus obligaciones en materia de fiscalización.

Como suele ocurrir con estos acuerdos, Morena se quejó de que el INE se metiera en su vida interna, consideró excesivas las reglas y las impugnó ante el Tribunal Electoral. En paralelo, la oposición siguió denunciando a las "corcholatas" por actos anticipados de precampaña y campaña, y la Comisión de Quejas y Denuncias del INE tuvo que emitir acuerdos similares el 28 de junio, el 5 de julio y el 15 de julio de 2023. Además, la Comisión de Fiscalización del INE, el 10 de julio, emitió lineamientos para monitorear y llevar a cabo visitas de verificación en los eventos, asambleas informativas y giras de las "corcholatas", con el ánimo de identificar actos y propaganda que pudieran violar las reglas emitidas en el acuerdo del 16 de junio.

Todo parecía encaminado a acotar el proceso interno iniciado por Morena a instancias de su líder real, el presidente López Obrador. Pero, justo en ese mes de junio, el primero de contienda entre las "corcholatas", las aguas comenzaron a moverse también en el frente opositor, donde los dirigentes del PAN, PRI y PRD decidieron copiar la estrategia de Morena, adelantar los tiempos de sus propios procesos y sumarse a la violación flagrante de la ley electoral.

Como en el caso de Morena, donde todo apuntaba a la simulación de un proceso para legitimar la candidatura de Claudia Sheinbaum, en la oposición la intención era darle un barniz democrático a la postulación de Xóchitl Gálvez, quien para ese momento ya era la favorita de los dirigentes partidistas y empresariales que encabezaban el frente opositor. Gálvez había hecho un trabajo de posicionamiento con la mira puesta en la jefatura de gobierno de la CDMX, pero la candidatura presidencial se le atrevesó en el camino, cuando el propio López Obrador la subió al ring. Todo comenzó en noviembre de 2022, en la Feria Internacional del Libro de Guadalajara, a la que Gálvez acudió como invitada a un foro sobre políticas públicas. Ahí, la senadora panista dijo que los programas sociales son insuficientes si no se acompañan con educación y empleos, lo que provocó que el presidente dijera, en una mañanera, que la panista había propuesto eliminar los programas del bienestar, incluida la muy popular pensión para adultos mayores. Las declaraciones de AMLO dieron pie a que Xóchitl aclarara que jamás sugirió eliminar las ayudas y exigiera al presidente su derecho de réplica en la mañanera, a lo que él se negó por considerar que sólo buscaba hacerse propaganda. La senadora escaló el tema y promovió un amparo ante un juez, que meses después ordenó a la presidencia de la República otorgar a la quejosa un espacio en la conferencia para exponer su punto. La madrugada del 12 de junio de 2023, con el amparo en el bolsillo, Xóchitl llegó al Zócalo, bajó de una camioneta y abordó una bicicleta para que los medios la vieran llegar pedaleando a Palacio Nacional, decidida a ejercer su derecho. En la calle de Moneda la esperaban simpatizantes de Morena, que le gritaron insultos, la llamaron "botarga" y se enfrentaron en una guerra de gritos y empujones con los panistas que acompañaban a la senadora. López Obrador se negó a acatar la resolución del juez e insistió en que la panista sólo quería hacerse famosa. Ella grabó un video y lo subió a sus redes sociales, afirmando que le habían cerrado la puerta de Palacio Nacional, pero se había abierto una puerta para ejercer el derecho de réplica. Además, prometió a sus seguidores que la puerta de Palacio la abriría de dentro hacia afuera, una vez que fuera presidenta. Con ese acto, la panista hidalguense se echó a la bolsa a los promotores y patrocinadores del frente opositor e inició su campaña presidencial. Sólo faltaba legitimarla con un proceso entre los partidos opositores a Morena.

Luego de muchos escarceos, salidas en falso y posicionamientos, los partidos anunciaron el 26 de junio la creación del Frente Amplio por México y convocaron a una especie de votación para seleccionar al responsable de construir dicho frente.

La convocatoria que registraron ante el INE los dirigentes de los partidos preveía cuatro etapas que, al igual que Morena, desembocaban en la elección de la candidata o candidato presidencial —en este caso disfrazado de "responsable de construir un frente amplio por México— a más tardar el 6 de septiembre.

Todo arrancaría el 4 de julio, con el registro de aspirantes, quienes debían cumplir una serie de requisitos antes de iniciar una gira de captación de firmas. Para pasar a la siguiente etapa, debían reunir 150 mil firmas en una aplicación electrónica.

De inicio, estas reglas provocaron la inconformidad y renuncia de personas que originalmente habían hecho pública su aspiración, como la senadora panista Lilly Téllez; el senador exmorenista y expanista, Germán Martínez, y la senadora priista Claudia Ruiz Massieu Salinas.

La segunda etapa consistía en un foro nacional y el levantamiento de una primera encuesta para seleccionar a los tres mejor posicionados. En una tercera etapa, las y los aspirantes irían a cinco foros regionales (uno por cada circunscripción) y se haría otro levantamiento de opinión entre el 27 y 30 de agosto.

El comité organizador del Frente Amplio, integrado por exconsejeros electorales y miembros de las dirigencias de los tres partidos, tenían prevista una cuarta etapa para el 3 de septiembre, la cual consistiría en una jornada de consulta directa a la ciudadanía que, combinada con la encuesta, determinaría a la ganadora o ganador.

Originalmente, una docena de aspirantes hicieron el primer registro, entre los que figuraban seis panistas: la senadora Xóchitl Gálvez, el diputado Santiago Creel, el diputado Gabriel Quadri, el exdiputado Jorge Luis Preciado, el exgobernador de Querétaro Ignacio Loyola y Francisco Javier García Cabeza de Vaca, exgobernador de Tamaulipas. Este último tuvo que hacer su registro a distancia por temor a ser detenido en la Ciudad de México por el proceso penal que existía en su contra.

También se registraron dos priistas: la senadora Beatriz Paredes y el exsecretario de Turismo, Enrique de la Madrid, así como dos perredistas: el senador y exjefe de gobierno, Miguel Ángel Mancera, y el exgobernador de Michoacán, Silvano Aureoles.

De ellos, sólo cuatro sobrevivieron al filtro de las 150 mil firmas: Xóchitl Gálvez, Santiago Creel, Beatriz Paredes y Enrique de la Madrid. Y sólo tres avanzaron a la encuesta final, según el anuncio del 15 de agosto: Gálvez, Creel y Paredes.

Todos en el frente opositor sabían que la candidata era Xóchitl Gálvez y que este proceso sólo buscaba legitimar la decisión de un grupo de empresarios y dirigentes partidistas (los mismos que en 2020 promovieron la creación de la alianza Va por México). Al igual que en Morena todo mundo sabía que la precandidata oficial era Claudia Sheinbaum, en el Frente se daba por descontado el triunfo de Xóchitl. Así que las declinaciones llegaron pronto.

El 21 de agosto, Santiago Creel anunció que declinaba en su intención de ser candidato a la presidencia. Para el abogado panista esto implicaba un tercer fracaso en esa aspiración: perdió la contienda interna frente a Felipe Calderón en 2005-2006; fue derrotado por Josefina Vázquez Mota en el proceso 2011-2012, y en esta ocasión las encuestas también le anunciaban que no sería el elegido.

Nueve días después, luego de una tensa reunión en las oficinas centrales del PRI, el dirigente de este partido, Alejandro Moreno, anunció el retiro de la senadora Beatriz Paredes de la última etapa del proceso y el respaldo del tricolor a la panista Xóchitl Gálvez. Por primera vez en 90 años, desde las elecciones presidenciales de 1934 (cuando compitió como Partido Nacional Revolucionario), el PRI no tendría un candidato en la boleta de la elección presidencial.

"Todo indica una ventaja amplia y consolidada por parte de nuestra compañera Xóchitl Gálvez y, en ese sentido y con toda la responsabilidad, debemos actuar con inteligencia y estrategia, porque primero está México. Por eso hemos tomado la decisión de respaldar la candidatura pública de Xóchitl Gálvez para encabezar el Frente Amplio por México", declaró Moreno ante la prensa aquel 30 de agosto, y se desvivió en elogios hacia Beatriz Paredes, quien minutos antes había pronunciado un discurso ante el Consejo Político Nacional del PRI.

"Era natural, como culminación de mi biografía política, que intentara la candidatura presidencial, para ser la primera presidenta de México, como también es natural, como demócrata que soy, y absolutamente consistente, que reconozca cuando los resultados no me favorecen", dijo Paredes ante la cúpula del partido que dirigió entre 2007 y 2011, poniendo punto final a una larga trayectoria política.

Paredes, quien a diferencia de Xóchitl Gálvez sí contaba con un programa, un ideario, una estrategia, una gran experiencia como gobernante y legisladora, y un pensamiento político lúcido, se hizo a un lado sin mayor estridencia y no volvió a aparecer en escena.

El proceso del Frente Amplio por México se interrumpió abruptamente antes de la jornada de consulta prevista para el 3 de septiembre. Xóchitl Gálvez fue declarada ganadora, tal como lo había previsto López Obrador desde el 3 de julio, cuando en una conferencia mañanera "destapó" a la hidalguense como candidata del "supremo poder conservador".

Desde mediados de junio, AMLO había dicho en su mañanera que él ya sabía quién iba a ser la candidata de la oposición, y aquel lunes 3 de julio por fin hizo la supuesta revelación.

"Desde luego, es un dedazo que llevaron a cabo a través de Claudio X. González. Él es quien decidió, previo consenso de los oligarcas y de acuerdo con intelectuales acomodaticios, intelectuales del régimen y medios de información o de manipulación... Ahora ni siquiera es un político, es un gerente, Claudio X. González, quien decide. Tengo toda la información de que llevó a cabo las consultas para que los represente, a ese grupo, Xóchitl Gálvez... Hace como 15 días, un mes, me enteré por mis gargantas profundas... Fue un proceso de consulta arriba, con los que no dan la cara pero actúan; los que aportan dinero para las campañas, para la guerra sucia; consulta con los dueños de los medios, con los intelectuales, desde luego, Aguilar Camín, Krauze, Castañeda... ¿Y por qué deciden en favor de la señora Xóchitl? Porque ellos suponen que, si nació en un pueblo, va a tener el apoyo del pueblo, y además es, en realidad, parte de ellos, no del pueblo, sino ella forma parte de los conservadores. Desde luego, no es de los de arriba, pero sí forma parte del mismo agrupamiento", sostuvo el presidente en una larga exposición.

A la larga, esto provocó denuncias en su contra, tanto por meterse en el proceso electoral, como por violencia política de género, al descalificar a una mujer asegurando que fue impuesta por un grupo de hombres.

El proceso del Frente Amplio por México terminó legitimando el "corcholata tour" de Morena, por lo menos desde la óptica de la mayoría de los magistrados del Tribunal Electoral, que, en sentencias del 11 de julio y del 19 de julio, decidieron validar los dos procesos y sus respectivos eufemismos: la selección de una "coordinadora de la Defensa de la

Transformación" y de una "responsable de construir el Frente Amplio por México".

Sólo la magistrada Janine Otálora se opuso a validar ambos procesos y sostuvo en todo momento que implicaban un fraude a la ley. En el caso del proceso del Frente Amplio, ella fue la autora de un proyecto que sugería invalidar la convocatoria, pero el resto (cuatro magistrados) votó en contra y, en cambio, hizo avanzar una sentencia que convalidaba los procesos que, en los hechos, implicaban adelantar las precampañas.

Adán Augusto: la precampaña más cara de 2023

En su sentencia, el Tribunal Electoral ordenó al INE volver a emitir lineamientos para prevenir la vulneración de la equidad en las elecciones presidenciales de 2024. Así, el Consejo General tuvo que emitir estas nuevas reglas en un acuerdo aprobado el 26 de julio, cuando ya había transcurrido un mes y medio del proceso interno en Morena y casi un mes en el del frente opositor.

Esos lineamientos contenían 63 reglas, de las cuales destacaban las que tenían que ver con el financiamiento de los procesos internos.

Al considerarse parte de sus actividades ordinarias, y no una precampaña propiamente dicha, los partidos políticos debían financiar esas actividades con su gasto ordinario y establecer criterios para que los participantes rindieran cuentas sobre sus ingresos y gastos.

El tope de gastos se fijó en 34.3 millones de pesos por contendiente, y los límites de aportaciones quedaron en 2.1 millones para los propios aspirantes y 537 mil pesos para simpatizantes y militantes de los partidos involucrados.[4]

A la larga, la fiscalización de las actividades de las "corcholatas" de Morena y de los aspirantes de la oposición le permitió al INE revelar severas irregularidades, principalmente en el oficialismo, donde el dirigente Mario Delgado se ufanaba de que sus cuatro aspirantes gastarían sólo los 5 millones de pesos que recibiría cada uno de parte del partido.

Así lo reportaron al INE en sus informes; sin embargo, la Unidad Técnica de Fiscalización detectó que los aspirantes del oficialismo habían tratado de ocultar al INE gastos por 59.5 millones de pesos, conforme a las siguientes cifras:

Candidatura	**Gasto reportado (millones de pesos)**	**Gasto no reportado (millones de pesos)**	**Gasto real (millones de pesos)**
Adán Augusto López	3.5	23.1	26.6
Claudia Sheinbaum	4.5	16.5	21
Marcelo Ebrard	4.3	9.7	14
Ricardo Monreal	4.1	4.1	8.2
Manuel Velasco	3.2	5.9	9.1
Gerardo Fernández Noroña	8.1	0.2	8.3
Total	27.7	59.5	87

El precandidato que más gastó, y que más trató de engañar al INE, fue el exsecretario de Gobernación, Adán Augusto López, quien se había burlado del proceso de fiscalización del INE mostrando a la prensa, durante una gira en el mes de junio, sus gastos escritos en una servilleta.

López, quien a la larga quedó en un lejano tercer lugar en la encuesta para definir la candidatura presidencial del oficialismo, ocultó al INE más de 17 millones de pesos gastados en anuncios espectaculares, con los que sus simpatizantes tapizaron carreteras y avenidas en todo el país, de los que él se deslindaba diciendo que no los había mandado poner. Ocultó también 5.8 millones de pesos ejercidos en eventos masivos y 107 mil pesos destinados a anuncios en internet.

Claudia Sheinbaum también intentó ocultarle gastos al INE: 8.6 millones ejercidos en eventos proselitistas y 7.6 millones detectados por los auditores en propaganda en vía pública, tal como lo revelé en *Animal Político*.[5]

En contraste, el petista Gerardo Fernández Noroña fue el que menos dinero gastó y quien menos dinero le ocultó al INE. Él reportó 8.1 millones de pesos y sólo se le detectaron 300 mil pesos no reportados a la autoridad electoral. Su precampaña fue ingeniosa y a raíz de suelo, y terminó ocupando el cuarto lugar en la encuesta, muy cerca de Adán Augusto y por encima de Ricardo Monreal y Manuel Velasco.

Igualmente, en el Frente Amplio por México las y los aspirantes trataron de ocultar sus gastos reales, según descubrió la Unidad de Fiscalización del INE, aunque con cifras significativamente menores a las de Morena y aliados.

Xóchitl Gálvez dijo que había gastado 1.7 millones de pesos, cuando en realidad gastó 4.5 millones de pesos. De los 2.8 millones de pesos que le ocultó al INE, la ganadora del proceso interno del Frente ejerció 2.3 millones en sitios de internet.[6]

Aunque en su dictamen original la Unidad Técnica de Fiscalización proponía multas por más de 100 millones de pesos en contra de los partidos políticos, el Consejo General terminó rebajándolas, a propuesta del presidente de la Comisión de Fiscalización, Jorge Montaño, tabasqueño cercano a Adán Augusto López.

El INE aprobó multas por los siguientes montos: Morena, 68 millones de pesos; Partido Verde, 8.5 millones; PAN, 6.8 millones; PRI, 1.6 millones; PT, 1.2 millones, y PRD, 1.1 millones de pesos. Éstas les fueron descontadas de sus prerrogativas del año siguiente, sin mayor consecuencia por haber vulnerado los principios constitucionales de legalidad y certeza que, se supone, deben regir la función electoral.

#EsClaudia

El 6 de septiembre de 2023, en un salón del World Trade Center (WTC) en la Ciudad de México, se reunió la cúpula de Morena, del PVEM y del PT para confirmar lo que todo mundo sabía con antelación, que Claudia Sheinbaum sería la candidata presidencial de la 4T.

Las cinco encuestas levantadas fueron ganadas por la exjefa de gobierno de la Ciudad de México con amplio margen, dejando al excanciller Marcelo Ebrard en segundo lugar.

En promedio, Sheinbaum obtuvo el 39.4% de las preferencias; Ebrard, 25.8%; Adán Augusto, 11.2%; Fernández Noroña, 10.6%; Velasco, 7.2%, y Monreal, 5.9 por ciento.

Al día siguiente, el presidente López Obrador volvió a convocar a la cúpula morenista en el restaurante El Mayor para entregarle el bastón de mando a la nueva coordinadora de la "Defensa de la Transformación" y pedir —nuevamente— unidad a los morenistas, especialmente a los derrotados.

Estaban ahí Adán Augusto López, Ricardo Monreal, Manuel Velasco y Gerardo Fernández Noroña, pero no el segundo lugar, Marcelo Ebrard.

El excanciller no acudió, pues quería dejar patente su inconformidad con el proceso, que consideraba inequitativo.

Una anécdota refleja cómo se desarrolló el proceso de selección dentro de Morena:

Ocurrió el viernes 18 de agosto, cuando el excanciller acudió a las oficinas del INE a pagar una multa de 10 mil pesos que le había sido impuesta por haber violado los lineamientos de la Comisión de Quejas, al haber hecho propuestas de gobierno antes de tiempo.

El pago de una multa absurda era, en realidad, un pretexto para encontrarse con las reporteras y reporteros de la fuente política, a quienes quería manifestarles su malestar por la existencia de una cargada oficial en favor de Claudia Sheinbaum, encabezada especialmente por Ariadna Montiel, secretaria de Bienestar del gobierno federal.

Para ese momento, el equipo de Ebrard ya había entregado a la Comisión de Honestidad de Morena 28 quejas en las que tenía documentada la injerencia de servidores de la nación y otros funcionarios públicos para favorecer a la exjefa de gobierno.

"Yo no me atrevería a decir algo así si no fuera una realidad. Donde tú preguntes, está sucediendo. Pensamos que eso se debe a la preocupación que tienen, o a la intención de incidir en un proceso cuando el mismo presidente nos ha dicho, y tengo la plena confianza en él, que de ninguna manera va a permitir eso", dijo Ebrard ante la prensa en la explanada del INE.

El aspirante señaló que las reglas de Morena y los lineamientos de la autoridad electoral prohibían tajantemente el uso de recursos públicos y la intervención de funcionarios en el proceso. Pero no sólo eso: Ebrard recordó que el propio López Obrador había incluido el uso de recursos públicos, estructuras de gobierno y programas sociales con fines político-electorales en el catálogo constitucional de delitos graves desde 2019.

"A todas las compañeras y compañeros de Bienestar, [quiero] decirles que Morena convirtió y elevó esas conductas a delito grave. Entonces, tenemos que entender que no es un juego, es una cosa seria", advirtió con evidente enfado ante los periodistas, quienes le pedían nombres y documentos que probaran dicha injerencia.

Al salir del INE, su malestar estalló, pues encontró en una avenida a un funcionario del gobierno de la Ciudad de México pintando una barda con la consigna #EsClaudia encima de un letrero previamente pintado de blanco en el que decía: "Mejor Marcelo".

"¿Por qué estás borrando mi barda?", encaró Ebrard al pintor, que lo ignoró y siguió trabajando.

El equipo del excanciller grabó la escena y la difundió en redes sociales.

"Salí del INE y que me encuentro a quienes se encargan de despintar cualquier apoyo en mi favor. Qué necesidad. Están muy desesperados por lo que veo", escribió Ebrard en un mensaje que subió a sus redes sociales.

Las denuncias de Ebrard fueron ignoradas por la dirigencia de Morena, que mantuvo el proceso interno conforme a los tiempos marcados en la convocatoria. Las encuestas se levantaron en los últimos días de agosto y los primeros de septiembre, y el miércoles 6 se llevó a cabo el evento de presentación de los resultados, con Mario Delgado y Alfonso Durazo como protagonistas del evento.

Congregados en un hotel cercano al WTC, los operadores de Ebrard velaron armas durante toda la mañana, mientras el aspirante exigía que su equipo pudiera revisar a detalle el contenido de las cajas donde se habían recabado las opiniones de las encuestas. En ese trance, la senadora Malú Mícher, representante de Ebrard ante la comisión organizadora, denunció que le fue prohibido el paso al lugar donde la comisión llevaba a cabo el conteo de las papeletas.

Por ello, en lugar de acudir al WTC a levantarle la mano a Sheinbaum, el excanciller ofreció una conferencia de prensa en la que exigió repetir el proceso ante el cúmulo de irregularidades.

"Ayer y hoy hemos encontrado, por desgracia, en las urnas, en las boletas, evidencias en una proporción superior. Por eso se tardó tanto todo el proceso. Nosotros afirmamos que esto debe reponerse, ya no tiene remedio", acusó, mientras un centenar de simpatizantes de su candidatura gritaban: "¡Fraude, fraude!".

El desconocimiento de los resultados era el punto culminante de un mes de denuncias y quejas por la inexistencia de un piso parejo en la contienda interna, pero lo cierto es que ni Ebrard ni su equipo pudieron probar que se hayan manipulado las encuestas o se hayan alterado las respuestas de los ciudadanos entrevistados por las cinco casas demoscópicas.

Aun así, el 10 de septiembre, Marcelo Ebrard impugnó el proceso ante la Comisión Nacional de Honestidad y Justicia de Morena, a la que entregó un documento de 41 páginas en el que pidió la nulidad. Su denuncia tenía cinco ejes:

- La afinidad de los integrantes de la Comisión de Encuestas de Morena con Claudia Sheinbaum; especialmente de la diputada Ivonne Cisneros Luján, quien meses antes de ser nombrada presidenta de dicha comisión había manifestado públicamente su simpatía con la jefa de gobierno. En este punto, también coincidía Gerardo Fernández Noroña, quien pidió la renuncia de Cisneros por su cercanía con Sheinbaum.
- La intervención de la Secretaría de Bienestar y de servidores de la nación en favor de la exjefa de gobierno, mediante volanteo, promoción y visitas casa por casa.

- El hecho de que el equipo de Sheinbaum contara con información privilegiada sobre los lugares en los que se levantarían las encuestas.
- La violación de la cadena de custodia de las urnas en las que se depositaron las más de 12 mil papeletas en las que se levantaron las encuestas.
- Coacción hacia las personas encuestadas mediante amenazas, violencia e intimidación.

La Comisión de Honestidad de Morena guardó en un cajón la denuncia de Ebrard, quien decidió apretar en su denuncia y mantener en vilo el proceso interno, negándose a reconocer el triunfo de Claudia Sheinbaum y permitiendo que creciera la especulación sobre su futuro político.

Mientras Sheinbaum trataba de arrancar sus actividades como "coordinadora nacional de la Defensa de la Transformación", normalizando la situación, Ebrard dejaba correr el bulo de que aceptaría la candidatura presidencial de Movimiento Ciudadano, el cual había decidido competir solo en las elecciones de 2024, pero enfrentaba dificultades para designar un candidato, pues el gobernador de Nuevo León, Samuel García, se había enredado en un litigio judicial con la oposición en el Congreso local.

El 18 de septiembre, Ebrard creó una asociación civil que llevaba el mismo nombre de su libro, El Camino de México, y anunció que recorrería el país. Ocho días después, presentó un juicio para la protección de los derechos políticos ante el Tribunal Electoral, por la omisión de la Comisión de Honestidad y Justicia de Morena.

Dos días después, el Tribunal ordenó a la instancia partidista aceptar la impugnación y revisar los alegatos, y no fue hasta el 30 de septiembre cuando la comisión dio entrada a la denuncia.

Según publicó el diario *Milenio*, la Comisión de Honestidad y Justicia no sólo admitió la impugnación de Ebrard, sino otras tres denuncias presentadas por morenistas en contra del excanciller, a quien acusaban de violar los estatutos de Morena y de levantar falsos a las personas acusadas.

En 10 días, la comisión dictaminó que las denuncias no ameritaban anular el proceso interno. Y, aunque Ebrard guardó silencio durante casi un mes, permitiendo que creciera la especulación pública sobre una fractura en Morena, finalmente reculó.

El 13 de noviembre se reunió con Sheinbaum, y después ofreció una conferencia de prensa en la que explicó que, luego de que ella aceptara que se investigaran y sancionaran las irregularidades dentro de las instancias partidistas, habían podido llegar a un entendimiento.

Ella promovería que el partido cediera al grupo de Marcelo posiciones en los órganos partidistas y candidaturas en las listas al Congreso, y cumpliría la palabra empeñada en El Mayor, de otorgar al segundo lugar una secretaría de Estado.

Él se quedaría en Morena a pesar de todo.

Ebrard puso fin a la minitrama justo un día después de que se cerrara el plazo en la convocatoria de MC para los interesados en competir por su candidatura, y cuando el líder del partido naranja, Dante Delgado, ya había descartado la posibilidad de postular al morenista.

Aun así, el hecho de que Marcelo estirara la liga sirvió para generar una tensión que acaparó el reflector y que nuevamente opacó a la oposición, que batallaba para posicionar a su candidata en la agenda pública.

El 14 de noviembre, el verdadero árbitro de la contienda en Morena festejó la decisión del precandidato derrotado y dio por terminado el episodio.

"Celebro la decisión que tomó Marcelo Ebrard, que ha demostrado ser un hombre responsable y consecuente. Es que, en esto, por más legítimo que sea el interés personal, siempre tiene que ponerse por delante el interés del pueblo, de la nación. Eso es la política: es servicio, es un apostolado, no es una actividad lucrativa", elogió López Obrador, al hablar sobre quien había sido su secretario de Relaciones Exteriores.

En los dos meses transcurridos en lo que algunos en Morena calificaban como "el berrinche de Ebrard", Morena y Claudia Sheinbaum prepararon la campaña.

Ella inició una gira nacional como coordinadora de la Defensa de la Transformación, para cerrar filas en Morena, el Partido Verde y el PT, e incluyó a la mayor parte de los perdedores en su equipo: Adán Augusto López, como coordinador político; Monreal, como coordinador de organización, y Fernández Noroña, como vocero.

El partido comenzó los procesos de elección de las nueve candidaturas a los gobiernos estatales que se elegirían en 2024, con especial atención a la Ciudad de México, donde la disputa entre Omar García Harfuch, secretario de Seguridad Ciudadana del gobierno de Sheinbaum, y Clara Brugada, alcaldesa de Iztapalapa, abrió otro frente interno.

En total, había 54 aspirantes, que participaron en las encuestas que levantó Morena en las nueve entidades. Pero las reglas del INE en materia de paridad complicaban la ecuación, pues todos los partidos y coaliciones debían postular al menos a cinco mujeres a las gubernaturas y a cuatro hombres.

Aunque las simpatías de la futura candidata presidencial estaban con su "superpolicía", el bastón de mando no le alcanzó para imponerlo como candidato en la capital pese a su primer lugar en las encuestas, y finalmente fue designada Clara Brugada por el criterio de paridad de género.

Donde Sheinbaum sí logró poner candidato fue en Tabasco, estado en el que Javier May disputó la candidatura con Octavio Romero y el equipo de Adán Augusto López, el exgobernador que había dejado el poder con varias cuentas pendientes.

El resto de las candidaturas eran previsibles: Eduardo Ramírez, en Chiapas; Margarita González Saravia, en Morelos; Alejandro Armenta, en Puebla; Rocío Nahle, en Veracruz; Joaquín *Huacho* Díaz Mena, en Yucatán; Alma Alcaraz, en Guanajuato, y Claudia Delgadillo, en Jalisco.

Las últimas dos fueron las únicas que, a la larga, terminaron perdiendo la elección.

El candidato "fosfo-fosfo"

Para el 20 de noviembre, día en el que formalmente iniciaron las precampañas del proceso electoral 2023-2024, se tenía claro que, por primera vez en la historia, México tendría una mujer presidenta: Claudia Sheinbaum Pardo o Xóchitl Gálvez Ruiz.

Resueltos los procesos internos de las dos grandes coaliciones, la única incógnita era Movimiento Ciudadano, donde la candidatura del gobernador de Nuevo León, Samuel García, se descarriló en medio de conflictos internos y un mal manejo de la licencia del gobernador ante el Congreso del estado, donde PAN y PRI cobraron venganza por la negativa de MC a sumarse a la alianza opositora, negándole al gobernador una salida en paz. No sólo existía la amenaza de una persecución jurídica en su contra, sino que trataron de imponerle como gobernador interino al magistrado presidente del Tribunal Superior de Justicia, Arturo Salinas Garza, jurista ligado al PAN.

Ante el fracaso de la candidatura de Samuel, quien sólo estuvo de licencia cinco días (del 30 de noviembre al 5 de diciembre), MC estuvo todo el primer mes de precampañas sin precandidato y tratando de construir un nuevo proyecto.

Finalmente, el 9 de enero de 2024 se difundió un video en el que aparecían Samuel García; su esposa, la influencer Mariana Rodríguez (con un chaleco naranja "fosfo-fosfo" y el teléfono celular a la mano), y el diputado

Jorge Álvarez Máynez, quien había sido el coordinador de la precampaña de Samuel.

Los tres emecistas departían como amigos en una mesa, en la que había tacos, cervezas Carta Blanca, caballitos con tequila y los restos de una taquiza que sirvió como preámbulo de un anuncio importante: el destape de Máynez como candidato del partido naranja a la presidencia de la República. Una escena que el gobernador de Jalisco, Enrique Alfaro, uno de los precursores de Movimiento Ciudadano, calificó en una frase: "Me da mucha pena".

El destape más frívolo de la historia fue sólo el arranque de la campaña más frívola de la historia, y una verdadera estampa de nuestros tiempos: se puede aspirar al cargo público de más alta responsabilidad en el país sin ideas ni un programa serio, pero sí con una poderosa agencia de comunicación —la jalisciense Eu-zên Consultores, dirigida por el ingenioso Rafael Valenzuela— y un bien montado aparato de propaganda especializado en redes sociales. No sólo eso, pueden alcanzarse, como lo hizo Máynez el 2 de junio de 2024, más de 6 millones 204 mil votos, equivalentes al 10.3% de la votación nacional.

Pese a su campaña insustancial, Máynez logró que MC cumpliera su objetivo al apostar por sí mismo: no perderse en la coalición opositora ni cargar con el desprestigio del PRI y del PAN.

La campaña de Máynez trató de posicionar la idea de "la nueva política", en contraste con la vieja política encarnada por las dos coaliciones: Sigamos Haciendo Historia (Morena-PVEM-PT) y Fuerza y Corazón por México (PAN-PRI-PRD).

El contraste no era sólo el de la postulación por un solo partido, Movimiento Ciudadano, al que se consideraba una fuerza emergente a pesar de ser la nueva versión del Partido Convergencia por la Democracia, una longeva fuerza fundada por el expriista Dante Delgado Rannauro.

Máynez era el único hombre en la boleta electoral, y la persona más joven en ella. Mientras Claudia Sheinbaum y Xóchitl Gálvez llegaban a la elección presidencial con 61 años de edad, el candidato de MC era un milenial de 38 años.

Nacido en Zacatecas, desarrolló su carrera política entre su estado natal, Jalisco y la Ciudad de México. Antes de afiliarse a MC en 2013, en Zacatecas tuvo un paso breve por el PRD y fue diputado local de la coalición PRI-PVEM-Nueva Alianza. Su ascenso en MC fue meteórico, pues en apenas dos años consiguió cargos en la dirección nacional del partido y una diputación federal en la LXIII Legislatura (2015-2018). En 2018, cuando MC decidió sumarse a una alianza con PAN y PRD para postular a Ricardo Anaya a la presidencia, Máynez se hizo a un lado de la estrategia nacional y se concentró en Jalisco, donde Enrique Alfaro ganó la gubernatura y se convirtió en la figura principal de MC.

En 2021, volvió a ser postulado como diputado federal de representación proporcional, y se convirtió en coordinador de la bancada de MC. Dante Delgado lo adoptó como uno de sus principales estrategas y confió en su decisión de no establecer coaliciones en 2024. Máynez fue un crítico absoluto de los procesos internos del oficialismo y del frente opositor, y personalmente se hizo responsable de interponer decenas de quejas y denuncias ante las autoridades electorales en contra de las precampañas adelantadas, en una lógica de dejar constancia de las irregularidades.

En la sucesión presidencial, primero figuró como coordinador de la precampaña de Samuel García y, al haberse frustrado ésta, terminó siendo el candidato.

Una mujer será presidenta

Los contrastes entre Claudia Sheinbaum Pardo y Xóchitl Gálvez Ruiz eran tantos como sus coincidencias biográficas.

Las dos estudiaron en la Universidad Nacional Autónoma de México (UNAM). Sheinbaum se graduó como licenciada en Física por la Facultad de Ciencias, y después hizo una maestría en Ingeniería de la Energía (UNAM) y un doctorado en Ingeniería Ambiental (UNAM-Universidad de Berkeley). Gálvez se graduó como ingeniera en Computación en la Facultad de Ingeniería y no desarrolló una vida académica.

Las dos nacieron en los años sesenta. Sheinbaum en junio de 1962 y Gálvez en febrero de 1963. Sheinbaum se crio en una familia de clase media de la capital del país y sus padres fueron destacados universitarios. Gálvez creció en Tepatepec, Hidalgo, donde sufrió múltiples carencias hasta que terminó la preparatoria y pudo mudarse a la Ciudad de México, donde vivió en un cuarto de azotea y trabajó para costear sus estudios universitarios.

En sus veinte, Sheinbaum se dedicó a la vida universitaria, participó en el Consejo Estudiantil (CEU) de 1986, se formó con líderes de izquierda en el movimiento en contra de las cuotas y viajó al extranjero para hacer un posgrado. Gálvez fundó una empresa de tecnología (High Tech Services) y creó la Fundación Porvenir, de ayuda a mujeres en zonas rurales e indígenas. Destacó como emprendedora y ganó diversos reconocimientos, incluido uno del Foro Económico Mundial de Davos, Suiza.

Ambas se casaron y tuvieron hijos. Y las dos tuvieron que sacudirse polémicas en las que se vieron involucrados familiares cercanos.

Sheinbaum enfrentó los "videoescándalos" que en 2004 implicaron a varios funcionarios del PRD, entre ellos a su esposo Carlos Ímaz, exdelegado de Tlalpan del que Sheinbaum se divorció en 2016. Gálvez tuvo que reconocer que su hermana Malinali Gálvez estaba acusada de secuestro, fue detenida en 2012 y recibió una condena de 89 años en prisión.

Las dos entraron de lleno a la política en el 2000, el año de la alternancia, cuando fueron invitadas a ocupar cargos públicos de relevancia. Claudia Sheinbaum fue invitada por el jefe de gobierno de la Ciudad de México, Andrés Manuel López Obrador, como secretaria de Medio Ambiente. Y Gálvez fue incorporada al equipo presidencial de Vicente Fox, como comisionada nacional para el Desarrollo de los Pueblos Indígenas.

Ambas hicieron carrera política en la Ciudad de México y fueron jefas delegacionales en el mismo periodo (2015-2018); Sheinbaum en Tlalpan y Gálvez en Miguel Hidalgo.

Las dos aspiraron a gobernar sus entidades. Sheinbaum sí logró ser jefa de gobierno de la capital, de 2018 a 2023, pero Gálvez perdió la elección de su natal Hidalgo, en 2010.

La única ventaja comparativa en el currículum de Xóchitl Gálvez quizás sea su experiencia como legisladora, pues en 2018 fue electa senadora de la República, donde aprendió el oficio de la política y la construcción de acuerdos. Sheinbaum, en cambio, sólo había ocupado cargos ejecutivos.

En los contrastes también se encuentra su militancia: mientras Sheinbaum se comprometió de lleno con el movimiento encabezado por López Obrador desde la campaña de 2006, y lo acompañó en la aventura del "gobierno legítimo", en la campaña de 2012 y en la fundación de Morena (2013-2014), de Xóchitl Gálvez puede afirmarse que su militancia en el PAN siempre fue relativa y distante. Fue candidata sin ser panista, y siempre renegó de algunos postulados fundamentales del PAN que ella consideraba de corte conservador. Siempre jugó como externa, sin adherirse totalmente al partido y sus causas, y ese sello también marcó su campaña presidencial.

Las biografías de ambas candidatas fueron exploradas a fondo por dos periodistas de larga y respetable trayectoria, que, en ambos casos, no ocultaron su simpatía personal. Los libros resultantes, en una nueva coincidencia, fueron publicados como parte de sus estrategias de campaña: *Claudia Sheinbaum: presidenta*, de Arturo Cano (Grijalbo, julio 2023), y *Xingona. Una mexicana contra el autoritarismo*, de Ivonne Melgar (Grijalbo, marzo 2024).

Con sus similitudes y diferencias, con sus virtudes y defectos, el hecho de que una mujer fuera a ganar la presidencia de la República en 2024 fue leído, en México y el mundo, como una buena noticia desde inicios del año, cuando se confirmaron ambas candidaturas.

El último desplante de Lorenzo Córdova

El primer mitin de la campaña de Xóchitl Gálvez ocurrió durante el periodo conocido como "intercampañas", el domingo 18 de febrero de 2024, y fue muy peculiar, pues no acudió la propia Xóchitl Gálvez, no había propaganda de los partidos y el orador principal fue el expresidente del INE Lorenzo Córdova Vianello.

Convocados por los grupos que habían organizado la "marea rosa" de noviembre de 2022 y febrero de 2023, miles de ciudadanos se congregaron en el Zócalo capitalino con el fin de repudiar el plan C de Andrés Manuel López Obrador. Éste, como se explicó en el capítulo 5, contenía una batería de iniciativas de reforma constitucional que modificaban la estructura y funcionamiento de la Suprema Corte de Justicia de la Nación, el Consejo de la Judicatura Federal, los juzgados y tribunales de circuito, el Tribunal Electoral y el INE, y ordenaba la desaparición del Instituto Nacional de Transparencia y Acceso a la Información, el Instituto Federal de Telecomunicaciones, la Comisión Federal de Competencia Económica y el Consejo Nacional de Evaluación de la Política Social.

Si la presentación del plan C, el 5 de febrero de 2024, fue *de facto* el primer acto de campaña del oficialismo, la llamada "marcha por la democracia" fue el primer acto proselitista del frente opositor.

La idea de manifestarse surgió desde enero entre los promotores de la marea rosa, cuando AMLO anunció que presentaría un último paquete de iniciativas de reforma constitucional y legal, pero terminó de fraguarse al día siguiente del aniversario de la Constitución.

Ese día, Lorenzo Córdova recibió la llamada de su amigo Ricardo Becerra, presidente del Instituto de Estudios para la Transición Democrática (IETD), quien le planteó la idea de ser el orador principal de un mitin en defensa de la democracia.

La concentración correría a cargo de las mismas organizaciones de la marea rosa: Sociedad Civil México, de Claudio X. González; Frente Cívico Nacional, de Guadalupe Acosta Naranjo y Emilio Álvarez Icaza; UNE México, de Juan Francisco Torres Landa, y Poder Ciudadano, de Gaby Sterling, entre otras. Organizaciones que, para mayor claridad sobre sus intenciones reales, habían participado como convocantes y organizadoras del Frente Amplio por México, responsable del proceso de encuestas del que surgió la candidatura de Xóchitl Gálvez.

La convocatoria se lanzó sin partidos y se pidió expresamente que Gálvez no se hiciera presente, pues aparecer en un mitin antes del arranque formal de la campaña presidencial pondría en riesgo su registro. Sin embargo, a la concentración acudieron los líderes del PAN y PRD, Marko Cortés y Jesús Zambrano. El líder del PRI, Alejandro Moreno, se disculpó porque estaba en un viaje al extranjero, pero mandó su apoyo en redes sociales.

El alcalde panista de Benito Juárez, Santiago Taboada, quien semanas más tarde se registraría como candidato de la coalición opositora al gobierno de la Ciudad de México, sí acudió, rodeado de simpatizantes panistas provenientes de las alcaldías entonces gobernadas por el PAN: Álvaro Obregón, Miguel Hidalgo, Tlalpan, Coyoacán y, desde luego, Benito Juárez.

El evento, que en todo momento se quiso promover como neutral y ajeno a las campañas, congregó a la crema y nata de lo que AMLO había definido desde 2021 como el Bloque Opositor Amplio: Claudio X. González, Enrique Krauze, María Amparo Casar, José Ramón Cossío, José Woldenberg, Emilio Álvarez Icaza, María Elena Morera, Fernando Belaunzarán, Margarita Zavala, Ana Lucía Medina y… Lorenzo Córdova.

El expresidente del INE pronunció un largo discurso en el que alertó sobre los efectos que tendrían las reformas del plan C: el desmantelamiento de las instituciones, la eliminación de los contrapesos, el retroceso en conquistas ciudadanas y, en resumen, un intento del régimen morenista por consolidar una restauración autoritaria.

"Que quede claro: no estamos aquí reunidos, en ejercicio de nuestros derechos constitucionales, para apoyar o criticar a ninguna candidatura, a ninguna campaña, a ningún partido o coalición; es más, no estamos aquí para criticar a ningún gobierno en sí. Estamos aquí reunidos para defender a la democracia y para decirle no a toda propuesta que busque desmantelar las conquistas que en ese sentido hemos alcanzado", señaló Córdova ante un Zócalo lleno de personas vestidas de blanco y rosa.

El exconsejero presidente aseguró que el plan C de AMLO ponía en riesgo las condiciones que permiten a la ciudadanía mexicana votar en libertad, en elecciones auténticas y equitativas; las instituciones de la democracia, como el INE y el Poder Judicial, y, finalmente, la Constitución misma.

"Hoy todo esto está bajo amenaza. Déjenme decirlo así: nos pasamos más de 40 años construyendo una escalera, cada vez más sólida, cada vez más robusta, cada vez más firme, para que quien tuviera los votos pudiera acceder al primer piso, y hoy, desde el poder, quien llegó a ese primer piso por la libre voluntad de la ciudadanía pretende destruir esa escalera para que nadie más pueda transitarla. No se vale destruir las condiciones, las reglas, los procedimientos y a las autoridades (el INE y el Tribunal Electoral), que nos han permitido la renovación pacífica del poder y la posibilidad de tener un altísimo nivel de alternancias en los gobiernos. No se vale exigir reglas de equidad y condiciones justas en la competencia política siendo oposición, y violarlas sistemáticamente siendo gobierno. Esa deslealtad hoy pone en peligro a nuestra democracia", afirmó en el momento más emotivo de su discurso.

Córdova, quien había dejado el INE en abril de 2023, cautivó a los asistentes de este primer mitin de la oposición de 2024, celebrado apenas cuatro meses antes de la elección. No era, sin embargo, una reaparición pública ni una sorpresiva postura anti-4T, pues el expresidente del INE llevaba ya más de 10 meses colaborando semanalmente con el portal *Latinus* y el diario *El Universal*, con una consistente línea crítica al régimen de López Obrador.

En su discurso, el también académico de la UNAM delineó la estrategia que, en su opinión, estaba siguiendo Morena para el desmantelamiento de las instituciones de la democracia; una estrategia que él mismo había vivido y contrarrestado como presidente del INE y que dividió en cinco puntos:

- Se las ha descalificado, acusándolas de actuar en contra del gobierno, del pueblo y de sus intereses. Se ha mentido sobre su costo, su actuación y resoluciones, por el simple hecho de que no se han subordinado a los intereses gubernamentales.
- Se ha hostigado y perseguido a sus integrantes. Se han paseado ataúdes con los nombres y las fotografías de quienes han encabezado esas instituciones, se han presentado denuncias penales en su contra, se les han iniciado juicios políticos y hasta se los ha amenazado con ir a sus domicilios.
- Se han hecho recortes brutales a sus presupuestos con la intención de asfixiarlos financieramente e impedir que cumplan de manera adecuada con sus funciones.
- Se las ha amenazado mediante la presentación de iniciativas de reformas constitucionales y legales que buscan desmantelarlas o limitarlas en sus funciones, como ahora mismo está ocurriendo.
- Finalmente, se ha intentado su captura, imponiendo como sus titulares no a personas capaces e independientes, sino a personeros

de los intereses del oficialismo, a correas de transmisión de la voluntad gubernamental.

"No se trata de falsas alarmas", insistió el exconsejero electoral. "Ahí están las iniciativas para demostrarlo. Se busca que las elecciones sean organizadas y la justicia impartida por funcionarios y jueces electos con el apoyo del partido mayoritario. Se buscan, pues, a jueces que respondan a un partido. Se busca desaparecer a los órganos autónomos para que sus estructuras sean absorbidas enteramente por el gobierno, es decir, lo que se pretende es desaparecer su autonomía para que sus tareas vuelvan al Ejecutivo, tal como ocurría hace 30 años, cuanto todas sus funciones (organizar las elecciones, vigilar la competencia económica, administrar las concesiones de radio y televisión, entregar la información pública, generar la estadística nacional y hasta definir las políticas monetarias) las realizaba una presidencia centralizadora y autoritaria. Y también se busca imponer una idea de Constitución en donde sólo tienen cabida ciertas ideas y posturas".

El mitin fue todo un éxito según sus organizadores, que aseguraron haber movilizado a 700 mil personas sólo en la Ciudad de México, mientras que el gobierno local difundió una cifra oficial de 90 mil asistentes.

Al día siguiente, López Obrador descalificó la manifestación, asegurando que fue una marcha en defensa de los ricos, los oligarcas y los corruptos.

"Dicen 'vamos a defender nuestra democracia', pero ¿cuál es la democracia de ellos? Pues la que funciona nada más como parapeto, cuando en realidad lo que había era el dominio de una oligarquía corrupta. La oligarquía es el gobierno de una minoría, el gobierno de los ricos; la democracia que ellos defienden es la del poder sin pueblo. Democracia es poder del pueblo, pero ellos quieren democracia sin pueblo, nada más para las minorías, por eso están enojados y por eso las campañas llamándome narcopresidente", dijo en su mañanera del lunes 19 de febrero.

Meses después, Lorenzo Córdova publicó su discurso en el Zócalo, junto con algunos de sus artículos de *El Universal*, en un libro al que tituló *La democracia constitucional en riesgo. Los autoritarios no descansan* (Cal y Arena, 2024), con una portada en la que aparece él frente a un Zócalo pletórico. A algunos de sus allegados el exconsejero les llegó a confesar que lo emocionó hablar ante la plaza más grande del país, y que esa experiencia le hizo entender la sed de poder de políticos como López Obrador.

La marea rosa volvió a movilizarse en mayo de 2024, esta vez abiertamente a favor de Xóchitl Gálvez, llenando otra vez el Zócalo en el cierre nacional de campaña de la candidata presidencial. Fue un "fuera máscaras" que dejó claro qué era la marea rosa. Sin embargo, la adhesión de esa parte de la sociedad civil a la campaña de Xóchitl Gálvez no se tradujo en candidaturas para los dirigentes de las organizaciones que conformaron el bloque, quienes fueron excluidos por los líderes del PAN, PRI y PRD, no sólo de las listas de aspirantes al Congreso, sino de las decisiones estratégicas de la campaña.

Córdova no volvió a aparecer en ningún acto de la oposición, y nunca se pronunció abiertamente en favor de las aspiraciones de Xóchitl Gálvez.

Después de su breve reaparición, aquel domingo de febrero, regresó a su cubículo en la UNAM y a sus colaboraciones en medios de comunicación, donde insistió una y otra vez en la narrativa del peligro de una "restauración autoritaria", y se concentró en un litigio por una cuestión que sí le quitaba el sueño: la mención de su nombre en uno de los libros de texto gratuitos de sexto grado de primaria del ciclo escolar 2023-2024, como ejemplo de discriminación y racismo. Todo por aquella llamada de 2015 en la que se burló de la manera de hablar de un líder indígena; una llamada privada que sostuvo con el secretario ejecutivo del INE, Edmundo Jacobo, interceptada ilegalmente, difundida en internet y usada frecuentemente en las conferencias mañaneras para descalificarlo.

Córdova tramitó un amparo en contra de esa decisión de la SEP, que colocaba su nombre junto con otros casos graves de discriminación y violaciones a los derechos humanos.

"De manera inconstitucional, inconvencional, falsa, injustificada, arbitraria, abusiva y dolosa, se afirma que cometí discriminación y violencia en contra de representantes de las naciones originarias por supuestamente haberme mofado de ellos en el 2015, cuando fui consejero presidente del Instituto Nacional Electoral. Lo anterior, en franca y clara contravención a mis derechos humanos", argumentó el exconsejero en el amparo, que le fue concedido en primera instancia por una jueza de distrito, pero impugnado por la Comisión Nacional de Libros de Texto Gratuitos.

La comisión argumentó que la intención de la cita contenida en el libro de texto no era violentar en lo personal la integridad de Lorenzo Córdova, sino mostrar un referente para educar sobre la manera en la que deben comportarse los funcionarios públicos. En su recurso, que llegó hasta la Suprema Corte de Justicia de la Nación, señaló:

> La declaración del entonces presidente del INE fue un acto contrario a los principios constitucionales y legales protectores a los derechos humanos y la no discriminación, que motivó que la Secretaría de Educación Pública tomara en consideración tal incidente para ejemplificar dicha violación en

> el contenido del libro de texto gratuito *Proyectos comunitarios*, [de] sexto grado de educación primaria, en aras de suministrar mayor información para lograr la concientización a la niñez mexicana respecto a los derechos humanos.

Córdova ganó el amparo en última instancia, en la Segunda Sala de la Suprema Corte, en agosto de 2025. En una sentencia redactada por el ministro Javier Laynez —una de las últimas aprobadas por la SCJN de la época anterior a la reforma judicial—, se ordenó a la SEP borrar la mención de la versión digital del libro *Proyectos comunitarios*, de sexto grado, y no volver a incluirla en ediciones posteriores.[7]

La elección más violenta de la historia

Las campañas electorales federales comenzaron el 1 de marzo y, para entonces, el proceso electoral ya se perfilaba como uno de los más violentos de la historia, con 16 asesinatos perpetrados entre septiembre de 2023 (inicio formal del proceso electoral) y febrero de 2024. En total, según el conteo del proyecto "Votar entre Balas", de las organizaciones Data Cívica y México Evalúa, y del medio *Animal Político*, en todo el proceso fueron asesinadas 36 personas que buscaban un cargo público. Y por las fechas en que ocurrieron los homicidios, éstos pueden clasificarse en tres categorías: cinco aspirantes (septiembre-diciembre), 16 precandidatos (enero-marzo), 14 candidatos (abril-junio) y un presidente municipal electo.

La cifra fue mayor a la registrada por el Instituto Nacional Electoral en 2021, cuando contabilizó 30 asesinatos confirmados (ocho aspirantes, 11 precandidatos y 11 candidatos). Y semejante a la de 2018, proceso en el que el INE pudo registrar 28 asesinatos confirmados, aunque otros estudios, como el de la consultora Etellekt, reportaron hasta 48 asesinatos de precandidatos y candidatos.

Data Cívica emitió un reporte del proceso electoral 2023-2024 en el que afirma que, según su metodología, éste registró más ataques a candidatos y políticos en general.

> El periodo electoral 2023-2024 fue más violento que los dos anteriores en donde hubo elecciones a nivel municipal, ya que durante el periodo electoral 2020-2021 contabilizamos 17 candidatos asesinados, 80 candidatos atacados (asesinados y candidatos que sufrieron otros tipos de ataques) y 141 candidatos, militantes de partidos políticos, funcionarios y familiares atacados.

En 2018 contabilizamos 22 candidatos asesinados, 66 candidatos atacados y 129 candidatas, militantes de partidos, funcionarios y familiares atacados. Mientras que en el periodo electoral 2023-2024, como ya mencionamos, contabilizamos 34 candidatos asesinados, 130 candidatos atacados y 349 candidatos, militantes de partidos, funcionarios y familiares atacados.

En el reporte de Data Cívica se registran 34 asesinatos, y no 36, porque su metodología no incluye un asesinato ocurrido con arma blanca, y no a balazos, y porque en el momento de su elaboración aún no se registraba el homicidio de un candidato electo, ocurrido después de la jornada electoral.[8]

En 2024 se confirmó una constante del fenómeno de la criminalidad durante los procesos electorales: la de una mayor violencia en la disputa por el poder municipal, pues es ahí donde ocurre la mayor parte de las agresiones y atentados.

De los 36 asesinatos registrados en el proceso 2023-2024, en 25 casos se trataba de aspirantes a una presidencia municipal, cinco a una regiduría y dos a una sindicatura. Sólo en cuatro casos las víctimas buscaban otro cargo: ya fuera una diputación federal, una diputación local o una senaduría.

En elecciones de las dimensiones de las de 2018, 2021 y 2024, cuando hubo una renovación casi total del poder municipal, la violencia siempre se incrementó. En el caso de 2024, se renovaron 1 803 ayuntamientos, con sus 14 429 regidurías, 1 976 sindicaturas y 431 cargos auxiliares. De las 32 entidades, sólo dos (Durango y Veracruz) no tuvieron elección municipal. Fue el escenario perfecto para que los grupos del crimen organizado buscaran afianzar su control territorial influyendo en las elecciones locales, ya fuera colocando candidatos o eliminando a quienes no convenían a sus intereses.

El reporte de Data Cívica concluye:

> Dado que los ataques de violencia político-electoral suceden sobre todo a nivel municipal, la concurrencia de estas elecciones aumentó el riesgo del ejercicio de este tipo de violencia. De acuerdo con nuestros análisis, una hipótesis que sostenemos es que este tipo de ataques suceden como parte de un proceso de gobernanza criminal, en el que los grupos del crimen organizado buscan influir en la toma de decisiones de la esfera política para garantizar sus redes de protección.

Otra explicación al incremento de la violencia a nivel municipal la dio la propia Rosa Icela Rodríguez, secretaria de Seguridad y Protección Ciudadana. Y no lo hizo en 2024, sino desde 2021, cuando, a petición del presidente López Obrador, apareció en una conferencia de prensa mañanera detallando la información recabada por las instancias de seguridad en torno a la violencia criminal. Ese día, además, presentó una estrategia de protección a candidatos que resultó fallida.

"Se heredó el partido de la delincuencia organizada y la delincuencia de cuello blanco. Hubo regiones del país donde decidían a los candidatos y hoy buscan seguir controlando mediante campañas de miedo. Para dar un ejemplo, de septiembre de 2020 a febrero de 2021 se han registrado 73 delitos relacionados con acontecimientos políticos, en los cuales lamentablemente hubo 64 personas víctimas de homicidio, en algunas regiones del país. A más de tres meses de la jornada, estamos trabajando para frenar el incremento de estos delitos, porque las organizaciones criminales buscan fortalecer su operación mediante la intimidación y el aumento de su influencia política", explicó la funcionaria, en una inédita conferencia de prensa, el 4 de marzo de 2021.

"Más de la mitad de los eventos de violencia política, como asesinatos y heridos, se han presentado en este periodo en siete entidades: Oaxaca, Guanajuato, Veracruz, Guerrero, Morelos, Baja California y Jalisco. Por otra parte, en los estados de Morelos, Guerrero, Michoacán, Oaxaca, Veracruz, Sinaloa y Jalisco, vemos más riesgo de que los aspirantes y candidatos tengan cooptación por parte de la delincuencia.

"La delincuencia organizada y la delincuencia de cuello blanco cuentan con un repertorio variado de acciones para incidir en estas elecciones, ya sea mediante estrategias de complicidad o de presiones violentas. Establecen campañas del miedo para intimidar a la clase política y al pueblo en general: asesinan, amenazan, cooptan, imponen y financian. Entre sus estrategias de violencia están el homicidio, los secuestros, la privación de la libertad, la intimidación de familias, la quema de domicilios y la extorsión. Cooptan, también, acercándose a los precandidatos, y se coluden con actores políticos de los partidos o gobiernos locales, y, desde antes del proceso electoral, ofrecen financiamiento o donativos en especie o les otorgan protección y personal, capital humano para sus campañas. En algunas regiones, el crimen designa candidatos de áreas completas de los municipios, tomando el control de las finanzas, y extorsionan o piden moches, diezmos, tanto a los gobiernos como a sus proveedores. En otros estados se ha dado el caso de que bloquean a candidatos o partidos políticos que no responden a sus intereses", detalló la secretaria.

Después de esa mañanera de marzo de 2021, Rosa Icela Rodríguez nunca volvió a presentar un informe tan sincero sobre la situación de violencia política en México. Todo lo contrario, el presidente se encargó de minimizar el asunto, como cuando dijo que "los del crimen organizado se habían portado bien" en la jornada electoral del 6 de junio de 2021, o cuando señaló, ya en 2024, que los estudios académicos y las coberturas periodísticas que alertaban sobre el incremento de la violencia política eran parte de los ataques al proyecto de la 4T.

Lo cierto es que las víctimas de asesinato se fueron acumulando día a día, desde el arranque formal y hasta después de la jornada electoral:

Wilman Monje, de MC, fue asesinado en Veracruz el 11 de octubre de 2023, y se convirtió en la primera víctima mortal del proceso electoral. Alejandro Lanuza Hernández, aspirante panista a presidente municipal de Salvatierra, Guanajuato, fue asesinado el 12 de octubre. Miguel Ángel Cruz Robles, aspirante de Morena a la presidencia municipal de Villa del Carbón, Estado de México, cayó el 28 de octubre. Jaime Dámaso Solís, panista, aspirante a presidente municipal de Zitala, Guerrero, el 24 de noviembre. Ricardo Taja Ramírez, de Morena, aspirante a presidente municipal de Acapulco, Guerrero, el 21 de diciembre.

En 2024, el primer aspirante asesinado fue Alfredo Giovanni Lezama, del PAN, aspirante a la presidencia municipal de Cuautla, Morelos, que fue atacado el 4 de enero. El priista David Rey González Moreno, quien buscaba la presidencia municipal de Suchiate, Chiapas, fue asesinado el 5 de enero. Ese mismo día, fue asesinado Sergio Hueso, aspirante de MC a la presidencia municipal de Armería, Colima. El 11 de enero fue asesinada la aspirante de MC a una regiduría en Unión de San Antonio, Jalisco, Miriam Nohemí Ríos. El 15 de enero asesinaron a Samantha Carolina Gomes Fonseca, militante de Morena que buscaba competir por una senaduría en la Ciudad de México. A Marcelino Ruiz, aspirante del PRD a presidente municipal de Atlixtac, Guerrero, lo mataron el 25 de enero, junto con su esposa Guadalupe Guzmán, quien era consejera estatal del PRD.

Jaime Vera Alanís, precandidato del PVEM a presidente municipal de Mascota, Jalisco, fue asesinado el 1 de febrero. Yair Martín Romero Segura, precandidato de Morena a una diputación federal en Ecatepec, Estado de México, el 10 de febrero. Manuel Hernández, aspirante de Morena a la diputación local del distrito de Misantla, Veracruz, el 15 de febrero. Miguel Ángel Reyes Zavala, precandidato de Morena a la presidencia municipal de Maravatío, Michoacán, fue asesinado el 26 de febrero. Y, el mismo día, en el mismo municipio, cayó el precandidato del PAN, Armando Pérez Luna.

Luego del arranque de las campañas federales, se registraron otros 20 casos; cinco en marzo, cinco en abril, siete en mayo y tres en junio:

Alfredo González Díaz, del PT, que buscaba ser presidente municipal de Atoyac de Álvarez, Guerrero, el 3 de marzo. Miguel Tomás Morales Patrón, de Morena, que buscaba la presidencia municipal de Chilapa, Guerrero, el 13 de marzo. Diego Pérez Méndez, del PRI, que buscaba la presidencia municipal de San Juan Cancuc, Chiapas, el 14 de marzo. Humberto Amezcua Bautista, del PRI, quien quería la presidencia municipal de Pihuamo, Jalisco, el 15 de marzo. Jaime González Pérez, candidato de Morena a la alcaldía de Alcatzingo, Puebla, el 23 de marzo.

Gisela Gaytán, candidata de Morena a presidenta municipal de Celaya, Guanajuato, el 1 de abril. Julián Bautista, priista que buscaba la reelección en Amatenango del Valle, Chiapas, el 9 de abril. Noé Ramos Ferretiz, del PAN, candidato a alcalde de Ciudad Mante, Tamaulipas, el 19 de abril. Alberto Antonio García, de Morena, candidato a presidente municipal de San José Independencia, Oaxaca, el 19 de abril. Francisco Sánchez Gaeta, del PVEM, regidor en funciones y candidato a síndico de Puerto Vallarta, Jalisco, el 27 de abril.

Mauro Hernández Velin, candidato a regidor en Benemérito de las Américas, Chiapas, del partido local Chiapas Unido, el 3 de mayo. Santos Moreno Cabada, candidato del PRI a regidor y gobernador indígena de la comunidad Cieneguita de Núñez, en Choix, Sinaloa, el 16 de mayo. Lucero López Maza, candidata a la presidencia municipal de La Concordia, Chiapas, del Partido Popular Chiapaneco, el 16 de mayo. Aníbal Zúñiga, candidato del PRI a regidor en Coyuca de Benítez, Guerrero, el 17 de mayo. Ricardo Arizmendi Reynoso, candidato suplente a la presidencia municipal de Cuautla, Morelos, por la alianza PAN-PRI-PRD, el 28 de mayo. José Alfredo Cabrera Barrientos, candidato del PRI a presidente municipal de Coyuca de Benítez, Guerrero, fue asesinado el miércoles 29 de mayo, en pleno cierre de campañas. Y Jorge Huerta Cabrera, candidato del PVEM a regidor en Izúcar de Matamoros, Puebla, el 31 de mayo.

El 1 de junio, un día antes de la jornada electoral, fue asesinado Israel Delgado Vega, candidato del PT a síndico de Cuitzeo, Michoacán.

La noche del 2 de junio, al cierre de las casillas y después de haber ganado las elecciones municipales en Santo Domingo Armenta, Oaxaca, fue asesinado el priista Yonis Atenógenes Baños Bustos. Los criminales fueron a buscarlo a su casa para matarlo.

Finalmente, el 16 de junio, en Copala, Guerrero, fue asesinado Salvador Villalba Flores, presidente municipal electo, que había ganado bajo las siglas del partido local México Avanza.

La violencia política en las elecciones de 2023-2024 se registró principalmente en 14 entidades: Guerrero, con ocho homicidios; Chiapas, cinco;

Jalisco, cuatro; Michoacán, tres; Guanajuato, dos; Veracruz, dos; Estado de México, dos; Morelos, dos; Puebla, dos; Oaxaca, dos; y Colima, Tamaulipas, Sinaloa y Ciudad de México con un caso cada entidad.

Por partido, Morena fue el más afectado, con 10 casos; el PRI tuvo ocho; el PAN, cinco; MC, tres; PVEM, tres; PT, dos; PRD, uno; la coalición PAN-PRI-PRD, uno; y tres partidos locales también un caso: Partido Popular Chiapaneco, Chiapas Unido y México Avanza, Guerrero.

El 25 de junio, en la conferencia mañanera, la secretaria de Seguridad, Rosa Icela Rodríguez negó que éste hubiera sido el proceso electoral más violento de la historia. Basándose en sus propios registros, disminuyó la cifra de aspirantes asesinados a sólo 12, y recordó que, en 2024, a diferencia de lo que pasó en otros procesos electorales, no hubo homicidios de candidatos a gobernador o candidatos a cargos federales.

"Hemos visto el interés de grupos opositores al régimen actual para generar alarma y la idea equivocada de que México vivió el proceso electoral más violento de la historia reciente. Pero esto no es así, se trata de campañas que pretenden desprestigiar al gobierno", concluyó la funcionaria en un simple balance que desconocía las graves advertencias que ella misma había hecho tres años antes sobre la injerencia de la delincuencia en los procesos electorales.

El sexenio de López Obrador terminó confirmando una espiral de violencia política que se ensañó con los municipios: 23 alcaldes en funciones y tres alcaldes electos fueron asesinados en su sexenio, y la gobernanza criminal se terminó imponiendo en ayuntamientos de estados como Michoacán, Oaxaca, Veracruz, Guerrero y Guanajuato, donde los alcaldes viven bajo el yugo de los cárteles, dueños reales del territorio.

El 2 de junio

La jornada electoral del domingo 2 de junio dejó algunas estampas para el anecdotario: desde la verbena en el Zócalo de la Ciudad de México por el triunfo de la primera mujer en ganar una elección presidencial; hasta la amarga noche de Xóchitl Gálvez que, además de su derrota, tuvo que aguantar las majaderías del dirigente del PAN, Marko Cortés, quien no sólo le regateó apoyos, *spots* y recursos, y la puso en manos de un partido desmovilizado y una coalición desangelada, sino que en la noche de la elección le reclamó en voz alta por haberle llamado a Claudia Sheinbaum para felicitarla.

Esa amarga noche de Xóchitl Gálvez incluyó una salida en falso, absolutamente innecesaria, para declararse ganadora de la elección con números alegres y disparatados, embaucada por los dirigentes de los partidos de la alianza, Cortés, Alejandro Moreno y Jesús Zambrano, quienes la convencieron de salir a cantar victoria para no desalentar a los representantes de los partidos en las casillas con las cifras de una casa encuestadora (Massive Caller), que la había engañado durante toda la campaña —y aun durante la jornada electoral— con números absolutamente fuera de la realidad.

A las 7 de la noche, Gálvez sorprendió a todo México cuando apareció ante la prensa en el hotel donde estaba el cuartel general del frente opositor, y dijo que habían ganado sus candidatos en estados donde en realidad estaban siendo vapuleados por Morena: Santiago Taboada, quien perdió frente a Clara Brugada en la Ciudad de México; José Yunes, que fue derrotado por Rocío Nahle en Veracruz; Lucy Meza, vencida en Morelos por la morenista Margarita González Sarabia; Renán Barrera, que perdió ante el candidato oficialista, Joaquín *Huacho* Díaz, en Yucatán, y Lalo Rivera, que se quedó casi 1 millón de votos detrás de Alejandro Armenta en Puebla.

"Por esos resultados y por los resultados de muchas elecciones de alcaldes y del Poder Legislativo, por esos resultados, está claro que ya ganamos", dijo Xóchitl Gálvez, con una sonrisa impostada, flanqueada por *Alito*, Cortés, Zambrano, Germán Martínez, Kenia López y Julen Rementería.

Sus acompañantes sellaron la escena festejando con el grito de "¡presidenta, presidenta!", que terminó siendo ridículo cuando fluyeron los resultados de la autoridad electoral.

A la confusión, los nervios y la tensión en el cuarto de guerra de Xóchitl abonó el retraso de la consejera presidenta del INE, Guadalupe Taddei, que, en lugar de dar a conocer los resultados del conteo rápido a las 11 de la noche, como se había comprometido, fue retrasando el anuncio: primero a las 11:30 y luego a las 11:50, cuando finalmente apareció en la cadena nacional.

El retraso de casi una hora para leer un acta que claramente dice que el comité asesor del conteo rápido tenía los resultados desde las 10:50 (hora del centro) tuvo varias explicaciones, todas ellas extraoficiales. El área de comunicación del INE aseguró que se decidió esperar a tener las estimaciones de las tres elecciones (presidencia de la República, Senado y Cámara de Diputados). Pero otros funcionarios del instituto aseguraron que Taddei hizo llamar a un notario para certificar que los resultados que iba a leer eran los que le dio el llamado Comité Técnico Asesor del Conteo Rápido del INE, y otras fuentes aseguran que quiso ensayar la lectura de los resultados antes de salir al aire.

Lo cierto es que ese retraso generó tensiones y confusión en los partidos, los equipos de las candidatas y los medios de comunicación. Y, en el caso de la alianza opositora, abrió un espacio para un primer reparto de reproches, reclamos y culpas por los magros resultados que, aun sin el anuncio del INE, ya eran evidentes en el Programa de Resultados Electorales Preliminares.

El conteo rápido dejó ver que la victoria de Claudia Sheinbaum era contundente, con una votación que oscilaría entre el 58.3 y el 60.7%, mientras que Xóchitl Gálvez tendría entre el 26.6 y el 28.6%; es decir, Claudia tenía una amplia ventaja de casi dos a uno.

Cuando apareció Taddei, y Xóchitl vio la realidad de sus resultados, pidió a su vocero de campaña, Maximiliano Cortázar, que la comunicara con Claudia Sheinbaum, quien casi de inmediato hizo público que había recibido la llamada de la candidata opositora para felicitarla por su triunfo. Eso enfureció al dirigente de Acción Nacional, quien salió del salón donde estaba reunido con los otros dirigentes y subió al piso reservado para la candidata y su equipo cercano. Entonces le reclamó porque, según él, la felicitación a Sheinbaum era un acto indigno luego de una campaña completamente inequitativa.

Así se lo contó Gálvez al periodista Roberto Zamarripa en una entrevista el 12 de junio de 2024, 10 días después de su derrota.

—El conteo rápido tiene una validez técnica absoluta, que no deja ninguna duda. Y en ese momento yo le marco a Claudia, yo lo decido, yo le pido a Max que me comunique con Claudia. Porque a mí me parece que en una democracia es tu deber reconocer tu derrota. Es lo ético, es lo que debe hacer un demócrata, y yo lo hago, y lo hago convencida. Le marco a Claudia y yo no le advierto que la haga pública; ella hace pública mi llamada y la ve Marko Cortés, seguramente en la tele, y ya sube bastante enojado. Nunca dijimos que yo no podía llamarle. Claudia agradece la llamada, yo la felicito. Ella dice: "Me acaba de felicitar Xóchitl", y no falta a la verdad, yo la felicité… Y después, cuando estamos escribiendo el discurso de reconocimiento de la derrota, yo tenía escrita la felicitación en el discurso y, en ese momento, Marko pide que se quite la parte de la felicitación, y se arma ahí un debate fuerte… Yo creo que muchos hombres, al igual que el presidente (AMLO), tienen que aprender a manejar su masculinidad. Muchos hombres creen que gritando, que ofendiendo a las mujeres, resuelven los problemas. Yo creo que también los hombres tienen que entender que las mujeres ejercemos la política de una manera distinta, y en mí lo correcto era felicitar a Claudia. No lo dudé. Eso no quiere decir que no señale toda la inequidad de la elección, pero de que estaban los votos esa noche, estaban los votos —narró Gálvez en la entrevista publicada en *Reforma*.

—¿Y te gritó Marko? —preguntó Zamarripa.

—Levantó la voz, de manera innecesaria, y fue muy reiterativo. Estaba ahí Juan, y Juan sí se le enfrentó muy duro, porque además era la segunda vez que ocurría. Había ocurrido en el primer debate… O sea, su forma de decir las cosas es altisonante, es levantando la voz. Nunca nos mentamos la madre, eso sí es falso. Y en ese sentido se quita del discurso la felicitación a Claudia y se deja la parte de reconocer su triunfo —añadió la candidata.

Cuando Xóchitl habla de Juan, se refiere a Juan Pardinas, exdirector editorial del periódico *Reforma*, quien se sumó a su equipo de campaña en 2023 y se convirtió en uno de sus principales asesores. Le tocó a él contener al dirigente panista y evitar que siguiera gritándole a Xóchitl.

Anécdotas aparte, el resultado fue apabullante.

Claudia Sheinbaum ganó la elección presidencial con 35 millones 924 mil votos (59.76%); una amplia ventaja de casi 20 millones de votos más que los de Xóchitl Gálvez, y de 32 puntos en términos porcentuales. La morenista se convirtió en la candidata presidencial más votada de la historia —con 5 millones de votos más que AMLO en 2018— y su triunfo jaló al resto de candidatas y candidatos de la coalición oficialista.

En la elección de diputados federales, con casi el 55% de los votos, la coalición Morena-PVEM-PT ganó 219 distritos, más 37 que Morena ganó en solitario; es decir, 256 distritos que le garantizaban al oficialismo la mayoría absoluta de 50% más uno en la Cámara de Diputados, incluso antes del reparto de las 200 diputaciones plurinominales. (La mayoría calificada de dos terceras partes la obtendría después, con una polémica asignación de plurinominales que se analizará más adelante).

En el Senado de la República, la coalición Morena-PVEM-PT ganó 19 entidades, más 10 que ganó Morena en solitario y una del Partido Verde. Es decir, sólo dos estados fueron ganados por la oposición (Aguascalientes y Querétaro). Eso le dio 60 senadurías de mayoría al oficialismo, más cuatro de primera minoría en las entidades donde quedaron en segundo lugar. Con esas 64 tenían asegurada, de entrada, la mitad del Senado. Pero, con el reparto de las senadurías de lista nacional y la "adquisición" de tres senadores que habían ganado bajo las siglas del PAN y el PRD, la 4T terminó haciéndose con la mayoría calificada también en la Cámara Alta.

En cuanto a las gubernaturas, Morena ganó siete de las nueve que se disputaron el 2 de junio: Ciudad de México, Chiapas, Morelos, Puebla, Tabasco y Veracruz (donde ya gobernaba) y le arrebató Yucatán al PAN. Con esos triunfos, la coalición Morena-PVEM-PT gobernaría 24 entidades. Este dato es más fácil de dimensionar si se considera que la última vez que el partido del presidente había tenido tantos gobiernos estatales fue en la primera mitad del sexenio de Ernesto Zedillo, en 1996, cuando el PRI aún era el partido mayoritario. Tras los resultados de 2024, Morena y sus aliados gobernarían a 93.1 millones de mexicanos a nivel estatal. Algo no visto en 30 años de transición y alternancias.

La oposición, en cambio, quedó en la lona: el PAN sólo gobernaría cuatro estados (Aguascalientes, Chihuahua, Querétaro y Guanajuato, que alcanzó a retener en los comicios). Movimiento Ciudadano mantuvo Jalisco tras una cerrada elección con Morena, y con ello conservó sus dos bastiones (Jalisco y Nuevo León), y el PRI quedó reducido a dos estados: Durango y Coahuila, que había ganado en 2022 y 2023.

Xóchitl Gálvez obtuvo 16 millones 502 mil votos en total (27.45%), y los partidos que la postularon registraron las votaciones más bajas de su historia: el PAN, 9.6 millones de sufragios; el PRI, 5.7 millones, y el PRD, 1.1 millones.

Desde esa noche se sabía que el PRD perdería el registro como partido político nacional, pues alcanzó apenas el 1.8% de la votación en la elección presidencial; el 2.2% en la elección de Senado, y el 2.4% en la de diputados federales. La ley exige que un partido obtenga al menos el 3% en alguna elección federal para seguir existiendo y, aunque el PRD dio una batalla legal para conservarlo, finalmente entró en proceso de liquidación.

En la elección de la Cámara de Diputados, la coalición opositora ganó solamente 39 de los 300 distritos, más tres que el PAN ganó en solitario, para un total de 42 del frente opositor. MC sólo pudo ganar un distrito en Jalisco y una candidata independiente ganó un distrito en Michoacán.

En el Senado de la República, el frente opositor sólo ganó Aguascalientes y Querétaro, pero obtuvo 25 senadurías de primera minoría en los estados donde quedó en segundo lugar.

Con todo, la presencia de la oposición en las cámaras del Congreso quedó reducida a una minoría incapaz de frenar cualquier reforma impulsada por el gobierno saliente de López Obrador o por la administración entrante de Claudia Sheinbaum, por lo que el plan C se convirtió en una posibilidad real prácticamente desde el final de la jornada electoral.

La noche del 2 de junio, Claudia Sheinbaum recibió una llamada del presidente López Obrador para felicitarla y ambos festejaron que los resultados le abrían la puerta a las reformas constitucionales planteadas desde febrero de 2024.

En su libro con apuntes sobre la sucesión presidencial, el cual publicó en 2025, lo narra así:

> El presidente me llamó para felicitarme. Le respondí con una frase sencilla, pero cargada de historia compartida: "Ganamos el plan C", es decir, la presidencia y la mayoría calificada en el Congreso. Reímos de felicidad. No sólo por la victoria, sino por lo que significaba para nuestro movimiento: el respaldo contundente al proyecto de transformación y el mandato popular de continuar con el cambio.[9]

Así lo dijo, también, en la celebración ante los simpatizantes de Morena que se reunieron la noche del 2 de junio en el Zócalo.

"De acuerdo con los resultados preliminares que ha dado a conocer el Instituto Nacional Electoral, la diferencia para la presidencia de la República es de más de 30 puntos. Y es importante dar a conocer que, aun considerando el rango más bajo que fue dado a conocer con estos resultados preliminares, hemos ganado la mayoría calificada en la Cámara de Diputados, y muy probablemente también en la Cámara de Senadores. Amigos y amigas: tengo claro que vamos a guardar el legado del presidente Andrés Manuel López Obrador. Tengo claro que la responsabilidad es enorme, pero cuando se tienen convicciones y amor al pueblo, es posible lograrlo todo", expresó antes de corear vivas a México, a la Cuarta Transformación y al presidente, que veía la escena desde los balcones del Palacio Nacional.

El Tribunal limpia la elección

El 13 de junio, la candidata y los partidos de la oposición plasmaron en tres recursos legales distintos todos los reclamos que hicieron durante la campaña sobe la inequidad en la contienda, la intervención del presidente y el uso de los programas sociales en favor de Sheinbaum, en lo que calificaron como una "elección de Estado".

Gálvez presentó un juicio para la protección de los derechos políticos de la ciudadanía, que el Tribunal registró con las siglas SUP-JDC-906/2024; el PAN y el PRD, prácticamente con el mismo documento de la candidata, presentaron un juicio de inconformidad (SUP-JIN-144/2024), y el PRI promovió el SUP-JIN-145/2024. Para entonces la alianza opositora ya estaba destruida y su estrategia legal en el periodo poselectoral fue endeble y desarticulada. Xóchitl no pidió la nulidad de los comicios, ni impugnó los resultados, pero sí pidió sancionar al presidente López Obrador. Los partidos, en cambio, sí pedían la nulidad.

Ante la multitud y variedad de los argumentos, la Sala Superior del TEPJF creó una comisión especial para analizar las impugnaciones, que recayó en los magistrados Felipe de la Mata y Felipe Fuentes, ya para entonces conocidos por ser condescendientes con el régimen.

Era imposible que, con una diferencia tan amplia, el Tribunal hiciera algo distinto a declarar la validez de la elección; sin embargo, la estrategia del litigio iniciado por la oposición perseguía el objetivo de sentar precedentes judiciales para sancionar la intervención del presidente en los comicios —prohibida en la Constitución—, el uso de los programas sociales y del aparato gubernamental en favor de la candidata ganadora.

En la demanda se argumentaban 10 agravios:

1. Violencia generalizada e intervención del crimen organizado.
2. Intervención de sindicatos.
3. Intervención indebida de servidores públicos (conferencias mañaneras; publicación del libro *Gracias*, del presidente Andrés Manuel López Obrador, en plena campaña; entrevistas y acciones de gobernadores de Morena y otros funcionarios del gobierno federal).
4. Uso indebido de programas sociales.
5. Coacción y compra de votos.
6. Actuar indebido de la Unidad Técnica de lo Contencioso Electoral del INE que, con sus omisiones, habría generado un "contexto de impunidad" para que los gobernantes de Morena operaran a sus anchas en favor de su partido.
7. Intervención de la consejera presidenta del INE, Guadalupe Taddei, para favorecer a Morena.
8. Indebida integración de la Sala Superior del Tribunal Electoral, que desde noviembre de 2023 operaba sólo con cinco de siete integrantes.
9. Adquisición de tiempo en radio y televisión.
10. Irregularidades ocurridas en las casillas.

En paralelo, el PRD y Movimiento Ciudadano presentaron 240 juicios de inconformidad en los que pedían anular igual número de casillas por presuntas irregularidades ocurridas durante la jornada electoral y en su integración, con funcionarios de mesa directiva que no cumplían los requisitos legales.

Pero los juicios no prosperaron. La comisión encabezada por los llamados Felipes (De la Mata y Fuentes) generó un proyecto de resolución el

24 de julio que se convirtió en sentencia el 12 de agosto, cuando la mayoría de las magistradas y magistrados declararon infundados los agravios y negaron la anulación de resultados en todas las casillas impugnadas.

Los magistrados tampoco concedieron a Xóchitl Gálvez y los partidos opositores la famosa sanción pública ejemplar que pretendían y, en cambio, rechazaron las acusaciones que se habían hecho sobre una elección de Estado. Vale la pena recordar cómo respondieron los magistrados a los agravios más graves en la sentencia definitiva del proceso electoral 2024.

> Respecto de la existencia de un contexto de violencia generalizada en todo el país o de la intervención del crimen organizado como factores determinantes para la nulidad de la elección presidencial, destacó que, del acervo probatorio, sólo se advirtieron referencias a situaciones de violencia aislada o focalizada, en su mayoría, en los ámbitos municipal o local, las cuales se basaron en opiniones subjetivas o en meras percepciones.
>
> […]
>
> Por cuanto hace a la presunta intervención sistemática y reiterada del titular del Poder Ejecutivo federal en el proceso electoral federal, se tuvo por no acreditada, en tanto que algunas de las manifestaciones se refirieron a acontecimientos aislados que, de acuerdo con la magnitud de la participación ciudadana y los resultados, no afectaron la elección.
>
> De igual manera, no se demostró una injerencia sistemática y reiterada de personas servidoras públicas (gubernaturas, la Comisión Nacional de Derechos Humanos, un ministro ahora en retiro de la Suprema Corte de Justicia de la Nación, una senadora, el secretario de Ciudad de México), ni el presunto uso indebido del Centro Nacional de Inteligencia, porque, en esencia, se trataron de hechos aislados.
>
> No se demostró la aplicación sesgada de los programas sociales, ni un desvío de recursos públicos para financiar la campaña de la candidata triunfadora y, por ende, no se acreditó la contravención a los principios constitucionales de equidad, neutralidad e imparcialidad.[10]

Aunque en los hechos no fue un proceso ejemplar, los magistrados Felipe de la Mata, Felipe Fuentes y la presidenta del Tribunal, Mónica Soto, se encargaron de que la elección quedara rechinando de limpia.

La sentencia fue aprobada por unanimidad, pero, al discutirla, la magistrada Janine Otálora dejó sobre la mesa serias advertencias sobre las tres irregularidades más graves del proceso electoral 2024.

1. El fraude a la ley con los procesos políticos adelantados de los que surgieron las candidaturas de Sheinbaum y Gálvez: "Estos procesos fueron el aviso de lo que serían los graves problemas de esta elección: acuerdos políticos por encima de las leyes, autoridades que evidenciaron sus dificultades para garantizar el cumplimiento de las normas del proceso electoral y un desgaste permanente en contra de la ciudadanía que soportó las campañas más largas en la historia de la vida democrática del país".
2. La indebida intervención del presidente de la República: "Las conferencias mañaneras fueron un espacio para atacar a la candidata de la oposición y para impulsar a la candidata de la filiación política del presidente. Esta intervención se materializó en más de 50 conferencias matutinas, en las que el número sólo se encuentra agravado por la influencia y poder que ejerce el titular del Ejecutivo. Estando constitucionalmente obligado a ejercer el cargo de forma neutral, para con ello permitir que la contienda fuese equitativa, el presidente mantuvo un actuar que contradijo las luchas que cuestionaron la intervención presidencial en las elecciones y que denunciaron ese abuso de poder como uno de los mayores males en nuestra naciente democracia".
3. La violencia e injerencia del crimen organizado: "Durante meses recibimos la noticia de que una persona más se sumaba a la lista de candidaturas asesinadas. La disputa por el poder en diferentes partes del país abandonó cualquier sentido de civilidad y nos hizo atestiguar de nueva cuenta que en el país hay decisiones que no son producto del diálogo, sino de la imposición a través de las armas… La conmoción y el miedo que la violencia genera, además del cruel daño que provoca, frustran la promesa democrática de un gobierno para personas que viven y disfrutan su libertad".[11]

Sobrerrepresentación: la llave que le abrió la puerta al plan C

La mañanera del miércoles 5 de junio comenzó con casi media hora de retraso. Poco antes de las 7, el presidente fue informado de la muerte de Rosalinda López Hernández, mujer tabasqueña, experredista y una de las fundadoras de Morena en el estado natal del presidente. Hermana del exsecretario de Gobernación, Adán Augusto López, Rosalinda se sumó al PRD desde antes del año 2000, cuando su hermano aún era priista. Tres días antes había sido electa senadora de la República por Tabasco, y su muerte obligó a llamar a su suplente para asumir el cargo. El presidente lucía cabizbajo cuando llegó al Salón de la Tesorería, alrededor de las 7:30; sin embargo, aquella conferencia duró tres horas y cuarto, y marcó el inicio de la última batalla de las elecciones de 2024, la batalla por la sobrerrepresentación.

Luego de varios informes de gobernadores sobre los avances del IMSS-Bienestar, cuando ya eran las 9, el presidente le dio la palabra a la secretaria de Gobernación, Luisa María Alcalde, la joven funcionaria que antes había sido secretaria el Trabajo y después se convertiría en dirigente nacional de Morena.

Apoyada en gráficos, la secretaria hizo una amplia explicación sobre los triunfos electorales del partido en el poder, basada en el Programa de Resultados Electorales Preliminares que el INE y los organismos locales habían hecho en todo el país. Primero, presentó los resultados de la elección presidencial; después, los de las nueve entidades donde se eligieron gubernaturas y, finalmente, las del Congreso.

En sus gráficos, la secretaria de Gobernación mostró no sólo cuántos distritos y estados había ganado cada partido y coalición en las elecciones de diputados y senadores, sino una estimación elaborada en su oficina sobre el número de diputados plurinominales y senadores de lista nacional que le correspondería a cada partido según los porcentajes de votación de cada fuerza política.

Así, lo que parecía una simple enumeración de resultados se convirtió muy pronto en polémica. La oposición y los analistas acusaron a Alcalde de invadir las atribuciones del INE por dar a conocer resultados electorales y, sobre todo, por incluir la proyección de diputados y senadores de representación proporcional, pues asignarlos es facultad exclusiva del instituto.

Los datos que dio a conocer Alcalde auguraban que Morena y aliados obtendrían 372 curules en la Cámara de Diputados, con lo que obtendrían la mayoría calificada de más de dos terceras partes, necesaria para hacer reformas constitucionales.

Cámara de Diputados, 2024 (según Segob)

Partido	**Mayoría relativa**	**Representación proporcional**	**Total**
Morena	161	86	247
PT	38	12	50
PVEM	57	18	75

Cámara de Diputados, 2024 (según Segob) *continúa…*

Partido	Mayoría relativa	Representación proporcional	Total
PRI	9	24	33
PRD	1	0	1
PAN	33	37	70
MC	0	23	23
Independiente	1	0	1
Total	300	200	500

En el caso del Senado, los números de la funcionaria preveían que la coalición Morena-PVEM-PT obtendrían 83 senadores, lo que les daría la mayoría absoluta (la mitad más uno), pero se quedarían a tres escaños de la mayoría calificada.

Senado de la República 2024 (según Segob)

Partido	Mayoría relativa	Primera minoría	Representación proporcional	Total
Morena	44	2	14	60
PT	7	0	2	9
PVEM	9	2	3	14
PRI	0	13	4	17
PRD	0	2	0	2
PAN	4	12	6	22
MC	0	1	3	4
Total	64	32	32	128

El pronóstico de la funcionaria indignó a la oposición, a exconsejeros electorales y expertos, pero lo cierto es que los números con los que Luisa María Alcalde anticipó que la 4T obtendría la mayoría calificada se encontraban dentro de los rangos que ya había dado a conocer el INE la noche del 2 de junio, cuando Guadalupe Taddei leyó los resultados del ejercicio de conteo rápido.

Morena: entre 41.2 y 42.8% de la votación, lo que representa entre 233 y 251 diputaciones.

PVEM: entre 8.1 y 9.1% de la votación, lo que representa entre 67 y 77 diputaciones.

PT: entre 5.3 y 6.1% de la votación, lo que representa entre 46 y 52 diputaciones.

Es decir, el INE ya había hecho un primer cálculo de asignación de curules con base en los rangos mínimos y máximos de votación obtenida por cada fuerza política, y Taddei ya había predicho que la coalición gobernante obtendría mínimo 346 diputaciones y máximo 379, cifras que rebasaban los 336 diputados que conforman la mayoría calificada.

Lo mismo pasaba en el Senado, en cuyo caso las estimaciones del conteo rápido advertían el siguiente escenario para la coalición oficialista:

Morena: entre 41.9 y 44%, lo que representa entre 57 y 60 senadurías.

PVEM: entre 8.6 y 9.8%, lo que representa entre 10 y 15 senadurías.

PT: entre 5.3 y 6.5%, lo que representa entre nueve y 13 senadurías.

Según esos números, la coalición obtendría mínimo 76 senadurías y máximo 88, pero, dadas las reglas de asignación de escaños, ahí no había mayor discusión: la conformación de la siguiente legislatura en la Cámara Alta dependería, a la larga, de arreglos políticos, y no era una discusión numérica.

En el caso de la Cámara de Diputados, el debate público giró en torno a los criterios que debía seguir el INE para aplicar los límites de sobrerrepresentación a la hora de asignar las plurinominales.

El artículo 54 de la Constitución establece dos límites: que ningún partido obtenga por sí mismo más de 300 diputaciones por ambos principios, y que a ningún partido se le asigne un número de diputados de representación proporcional que represente un porcentaje total de la Cámara que exceda en ocho puntos su porcentaje de votación nacional emitida.

Mientras el oficialismo y el INE defendieron que se aplicara el tope máximo de 8% por partido, la oposición y los especialistas aseguraban que se debía aplicar por coalición.

Y es que, de aplicarse así, la coalición Morena-PVEM-PT no alcanzaría mayoría calificada, pues su votación total en la elección de diputados fue de 55%, por lo que obtendría máximo 63% de las curules, y no el 74% previsto por Luisa María Alcalde.

El debate público en torno a estos números se tornó ríspido y polarizó nuevamente a la clase política y a los analistas. Del lado del oficialismo, se defendió que las proyecciones se hacían bajo una interpretación literal de la

Constitución, respetando los límites a la sobrerrepresentación establecidos textualmente en el artículo 54. Con ese discurso, la secretaria de Gobernación apareció en posteriores mañaneras para actualizar sus escenarios de asignación de pluris, que el INE haría en agosto, una vez concluidos los juicios de inconformidad.

Del lado de la oposición, el exconsejero del INE, Ciro Murayama, nuevamente se puso al frente de la ofensiva, con una serie de artículos como el que publicó el 7 de junio en la revista *Nexos*, titulado "Sobrerrepresentación 2024: la trampa para abatir la democracia".[12]

Murayama argumentó que el límite del 8% debía aplicarse por coaliciones, y no por partidos, pues eso generaría una grave distorsión: mientras la coalición Morena-PVEM-PT se haría con el 72.8% de la Cámara con el 54.7% de la votación, la coalición PAN-PRI-PRD se quedaría sólo con 27.2% de la Cámara a pesar de haber obtenido el 44% de los votos. Es decir, la sobrerrepresentación del oficialismo se basaría en una subrepresentación de la oposición. El exconsejero señaló:

> Permitir una sobrerrepresentación por encima del límite constitucional, para construir una mayoría artificial y tramposamente una mayoría calificada en la Cámara de Diputados, puede ser la antesala de la demolición del orden constitucional vigente, que considera la separación de poderes, la autonomía de las autoridades electorales y la independencia de los poderes Legislativo y Judicial frente al Ejecutivo. Es el régimen democrático lo que se pondría en grave peligro.

El INE entró al tema hasta el 17 de junio, cuando emitió un comunicado en el que advirtió que asignaría las diputaciones de representación proporcional conforme a la Constitución y a un acuerdo aprobado desde el 7 de diciembre de 2023, en el que se estableció que el límite del 8% se aplicaría por partido político nacional, descartando la posibilidad de aplicar el tope a las coaliciones.

Dos veces más, la consejera presidenta habló sobre el tema para advertir que el INE asignaría "conforme a sus reglas previas" (27 de junio) y "apegándose 100% a la Constitución" (31 de julio). Y es que la presión de exconsejeros y exmagistrados electorales, líderes de oposición y expertos electorales fue creciendo; incluso se sugirió que el INE debía hacer una "interpretación teleológica" de la Constitución y la ley, es decir, analizar el contexto histórico y la intención original del legislador al momento de crear el límite del 8 por ciento.

Incluso, un observatorio ciudadano del que formaban parte el exministro José Ramón Cossío, la exconsejera electoral María Marván y el experto Jorge Alcocer, entregó al INE un documento en el que argumentaban que el límite de máximo 300 diputaciones por ambos principios no sólo debía aplicarse a partidos, sino a coaliciones.

De manera proporcional, la presión del gobierno aumentó, e incluso Claudia Sheinbaum dedicó al tema un párrafo de su discurso cuando fue al Tribunal Electoral a recoger su constancia de mayoría, advirtiendo que la asignación debía hacerse conforme al dictado textual de la Constitución.

"El 2 de junio el pueblo de México también plasmó su voluntad para la composición del Congreso de la Unión, y es clara la norma electoral en la asignación de los legisladores de mayoría relativa y de representación proporcional. Estoy convencida de que las y los titulares del Poder Judicial en materia electoral conocen a profundidad este tema, porque así han actuado en pasadas elecciones, y sabrán respetar también la Constitución, las leyes y la voluntad del pueblo", dijo aquel 15 de agosto, en una ceremonia a la que acudieron también los consejeros y consejeras del INE.

El 19 de agosto, Sheinbaum volvió al tema en una de sus conferencias de prensa que ofrecía ya instalada en su oficina de transición, ubicada en una casa alquilada en la alcaldía Iztapalapa.

"El instituto electoral y el Tribunal no tienen más que cumplir la ley como viene", afirmó la presidenta electa.

Al día siguiente, fue el presidente quien pidió al INE no dejarse presionar y ajustarse a la Constitución y a la Ley General de Instituciones y Procedimientos Electorales, que establecen que el límite del 8% se aplique por partido y no por coalición.

—Que no se vaya a cometer, por presiones, la barbaridad de modificar la fórmula y violar la Constitución y la ley —dijo.

—¿Qué presiones? —le cuestionó un reportero.

—No sabemos, pero son capaces de muchas cosas, cañonazos ya no, ésos son de la época de Obregón, pero… es que hay que estar muy pendientes. Mucho ojo para que no actúen como lo hacían antes y hasta hace poco —sugirió.

En ese contexto, el 21 de agosto fue convocada la Comisión de Prerrogativas y Partidos Políticos del INE a una sesión de carácter "extraordinaria y urgente", para conocer y aprobar la propuesta del área técnica, en la que se hacía una lectura textual de la Constitución y la LGIPE.

"Ningún partido político podrá contar con más de 300 diputados por ambos principios. En ningún caso, un partido político podrá contar con un número de diputados por ambos principios que representen un porcentaje del total de la Cámara que exceda en ocho puntos su porcentaje de votación nacional emitida", establece el artículo 15 de la LGIPE.

Así, la propuesta de distribución de curules y escaños otorgaba mayoría calificada a Morena-PVEM-PT en la Cámara de Diputados (con 364 diputaciones) y mayoría absoluta en el Senado (con 83 senadurías).

El proyecto de asignación fue aprobado por los cinco integrantes de la comisión: Uuc-kib Espadas, presidente de ésta; Dania Ravel, Norma Irene de la Cruz, Carla Humphrey y Arturo Castillo.

Aun así, el pleno del Consejo General llegó dividido a la sesión en la que se aprobaría la asignación definitiva, pues, de último momento, la consejera Claudia Zavala hizo una propuesta alternativa, que no otorgaba mayoría calificada a Morena y aliados en Diputados, pero tampoco se alineaba con los argumentos de los exconsejeros electorales y académicos que, durante mes y medio, le habían exigido al INE aplicar el 8% a coaliciones.

En el documento que la consejera Zavala hizo llegar a la presidencia del Consejo General la noche del jueves 22 de agosto para incluirse en la discusión del día siguiente, cuestionaba la forma en la que se ha interpretado la fracción V del artículo 54 constitucional, que a su vez se reproduce de forma textual en la LGIPE. Según la consejera, la disposición ha sido leída durante décadas por las autoridades electorales como un tope máximo a la sobrerrepresentación de ocho puntos adicionales a la votación nacional obtenida por cada partido político. Por ejemplo, si un partido obtiene el 43% de la votación, podrá tener máximo el 51% de las curules en la Cámara de Diputados. Y, según Zavala, éste es el origen de las distorsiones del sistema de representación legislativa:

> Hasta ahora, el enunciado "ocho puntos a su porcentaje de votación nacional emitida" se había leído como el equivalente a ocho puntos porcentuales de la totalidad de la votación nacional emitida y, sin reparar en la proporcionalidad buscada, se han sumado ocho puntos porcentuales de la totalidad de la votación nacional emitida al porcentaje de votación nacional emitida de cada partido. Esto ha llevado a que, en los últimos procesos electorales federales, por ejemplo, si un partido político obtuvo el 8% de la votación nacional emitida, se le sumen los ocho puntos porcentuales de la totalidad de la votación nacional emitida, para resultar en un 16% del total de votación, lo cual, al desarrollar la fórmula de asignación, genera una distorsión entre el número de votos obtenidos y las curules determinadas para cada partido político, al sobrerrepresentar al partido en el doble de la votación efectivamente recibida.

Zavala argumentó que estas distorsiones terminan beneficiando a los partidos más votados, cuando el objetivo original de la representación proporcional era moderar al partido mayoritario para dar acceso a las minorías al Poder Legislativo.

En su interpretación, Zavala sostuvo que el 8% de límite a la sobrerrepresentación no debe calcularse respecto de la votación nacional emitida total, sino de la votación nacional de cada fuerza política, lo que cambiaba de manera radical la asignación que pretendía hacer el INE de Taddei.

Por ejemplo, en el proyecto de la comisión se sumaban ocho puntos a los porcentajes de votación de cada partido y, así, se establecía que el límite para Morena (con una votación nacional emitida del 43.59%) sería del 51.59% de la Cámara; es decir, 257 curules. En el cálculo de Zavala, en cambio, el 8% de la votación nacional de Morena (43.59) equivale a 3.48 puntos, que son los que se deberían de sumar para obtener su límite de sobrerrepresentación (43.49 + 3.48 = 46.97%). En esta fórmula, el máximo de curules a las que podría tener acceso Morena era 235.

Al aplicar esta fórmula, Zavala proponía una asignación distinta a la del dictamen, lo que se traducía en una distribución diferente de la Cámara de Diputados, en la que Morena y aliados no alcanzaban la mayoría calificada y los partidos de oposición alcanzaban más diputaciones de representación proporcional.

Comparativo entre el dictamen INE y la propuesta Claudia Zavala

Partido	**Diputados de mayoría relativa**	**Diputados de RP, proyecto INE**	**Curules totales, proyecto INE**	**Diputados de RP, proyecto Zavala**	**Curules totales, proyecto Zavala**
Morena	161	75	236	53	214
PVEM	57	20	77	8	65
PT	38	13	51	0	38
PAN	32	40	72	60	92
PRI	9	26	35	40	49
MC	1	26	27	39	40
PRD	1	0	1	0	1
Independiente	1	0	1	0	1
Total	300	200	500	200	500

La propuesta sacó de quicio al representante de Morena en el Consejo General del INE, Sergio Gutiérrez Luna, quien amenazó con promover un juicio político en contra de quien acompañara la propuesta de la consejera Zavala.

Con una ya larga historia de confrontaciones con el INE en la herradura de la democracia, Gutiérrez Luna acusó de incongruentes a las consejeras y consejeros que ya en elecciones anteriores, como la de 2018 y 2021, habían hecho la asignación de pluris conforme a una lectura textual de la Constitución y la LGIPE, y fue entonces cuando lanzó su advertencia.

"Aquí en esta mesa hay dos consejeras y un consejero que están en su tercer proceso electoral. De ellos tres, sólo la consejera Dania Ravel tuvo congruencia; la consejera Zavala y el consejero Rivera, en las ocasiones anteriores, votaron por acuerdos similares al que hoy se pone a nuestra consideración, donde se aplicaba una fórmula constitucional y legal. Evidente para nosotros que esa incongruencia tiene un motivo político: favorecer el reclamo, sin sustento, sin fundamento, de una coalición encabezada por el PAN", acusó.

Se refirió luego al consejero Martín Faz Mora, quien llegó al INE en 2020 y para ese momento ya formaba parte del bloque de consejeros críticos de la cercanía de Taddei con Morena:

"Quiero leer lo que dijo el consejero Faz, que, aunque no lleva tres procesos electorales, es su segundo proceso electoral, y esto dijo en el 2021: 'El acuerdo que hoy se pone a consideración de este pleno se constriñe a las atribuciones que como autoridad administrativa tiene este instituto de asignación de diputaciones por el principio de representación proporcional, así como lo señalado por la autoridad jurisdiccional respecto de que es atribución de la autoridad administrativa que la asignación de representación proporcional se ajuste a los parámetros constitucionales'. Eso dijo usted, consejero Faz. ¿Qué dice ahora?, ¿cambia de opinión para favorecer a una coalición? Eso tiene una responsabilidad. Y yo me pregunto si puede ser así de fácil que consejeras y consejeros no sean congruentes y consecuentes y no observen la Constitución y no pase nada. Qué fácil tener una historia de precedentes, qué fácil tener una historia donde ustedes mismos han votado en otro sentido y hoy se doblen al Partido Acción Nacional bajo argumentos que no resisten el menor análisis jurídico. No hay que ser docto en el derecho, sólo hay que leer la Constitución. ¿Qué va a decir al respecto, consejero Faz?, ¿que se dobló?, ¿por qué cambió de opinión de algo que usted dijo y que le acabo de leer? Eso se llama incongruencia. Y yo me pregunto, y habremos de analizarlo, si esa actitud no actualiza, volviendo a la Constitución, la hipótesis del artículo 110: juicio político", aventuró el morenista.

La amenaza fue considerada excesiva y respondida de inmediato, en la misma sesión, por los consejeros Uuc-kib Espadas, Jaime Rivera, Arturo Castillo, Dania Ravel y Claudia Zavala. En cambio, la presidenta del Consejo, Guadalupe Taddei, dejó pasar la amenaza de su amigo Gutiérrez Luna en contra de un consejero.

La amenaza tampoco le gustó al representante del PT, Gerardo Fernández Noroña, quien lamentó la rudeza de su compañero y quiso matizar la postura del oficialismo respecto al INE.

"Yo quisiera plantear, primero, mi respeto al sentido del voto de los consejeros y consejeras. Yo creo que hubo una rudeza innecesaria de mi compañero Sergio Gutiérrez, porque los podemos acusar de incongruencia, pero no vamos a proceder contra ninguno, ni vamos a demoler al INE tampoco. Si cuando cambió de IFE a INE no lo demolieron, pues es un proceso de transformación de la institución y va a seguir habiendo un órgano electoral independiente, autónomo, que organice las elecciones. Eso va a ser así. Nuestra vocación democrática es muy sólida", afirmó Noroña, para sorpresa de los presentes.

Al final, el dictamen fue aprobado con siete votos a favor y cuatro en contra, como se proponía; es decir, con una asignación de pluris que se traducía en una mayoría calificada para Morena y aliados en la Cámara de Diputados.

En favor de la asignación alternativa sugerida por Claudia Zavala votaron, además de ella, la consejera Dania Ravel y los consejeros Martín Faz y Jaime Rivera.

Ese mismo día, el Consejo General del INE aprobó, sin mayor discusión, la asignación de las 32 senadurías de representación proporcional, con lo que también quedó conformada la integración del Senado para la LXVI Legislatura, que iniciaría el 1 de septiembre. Tras el reparto, Morena y aliados lograron finalmente 83 escaños, tres menos de los 86 necesarios para las dos terceras partes.

Conformación original del Senado, 2024

Partido	**Senadurías de mayoría relativa y de primera minoría**	**Senadurías de representación proporcional asignadas por el INE**	**Total**
Morena	46	14	60
PVEM	11	3	14
PT	7	2	9

Conformación original del Senado, 2024 *continúa…*

Partido	**Senadurías de mayoría relativa y de primera minoría**	**Senadurías de representación proporcional asignadas por el INE**	**Total**
PAN	16	6	22
PRI	12	4	16
MC	2	3	5
PRD	2	0	2
Total	64	32	128

Aunque el acuerdo de asignación de las diputaciones y senadurías de representación proporcional fue impugnado por la oposición, el Tribunal Electoral terminó avalando la decisión hecha por el INE y dio luz verde a la sobrerrepresentación y, con ello, a la mayoría calificada de la coalición gobernante. Nuevamente, en la sesión del 28 de agosto, en la que se avalaron los acuerdos del INE, la magistrada Janine Otálora levantó la voz, afirmando que avalar la sobrerrepresentación de Morena y sus aliados distorsionaba la votación real emitida el 2 de junio. Pero esta vez se quedó sola. La sentencia que le dio en definitiva las mayorías a la coalición gobernante fue aprobada por cinco integrantes de la Sala Superior: Mónica Soto, presidenta; Felipe de la Mata, Felipe Fuentes y Reyes Rodríguez.

Esto abrió las puertas a las reformas constitucionales del plan C en San Lázaro, por lo que sólo le restaba a la 4T conseguir tres senadores en la Cámara Alta para hacerlo posible.

Cómo arrebatarle tres senadores a la oposición

Miguel Ángel Yunes Linares es uno de los políticos más habilidosos, pero también más polémicos, de este país. Con un largo historial de controversias, escándalos y traiciones, ha logrado sobrevivir a la caída del PRI, el partido donde inició su carrera; la defenestración del PAN, el partido que lo hizo gobernador de su natal Veracruz; y el ascenso de Morena, el partido que alguna vez prometió meterlo a la cárcel.

Nacido en 1952, militó en el PRI desde los 17 años y se separó de él en 2005. Fue agente del Ministerio Público en los años setenta, presidente del

Tribunal Fiscal de Veracruz, diputado local en el Congreso de Veracruz y secretario de Gobierno de Patricio Chirinos Calero, otro polémico priista que gobernó Veracruz de 1992 a 1998.

A nivel federal, fue diputado de 1991 a 1994; director de Prevención y Readaptación Social de la Secretaría de Gobernación, en 1999; representante del PRI ante el IFE en el año 2000 (donde se hizo famoso por amenazar a los entonces consejeros José Woldenberg y Alonso Lujambio por promover una multa millonaria en contra del PRI por el desvío de dinero de Pemex a la campaña presidencial de Francisco Labastida) y nuevamente diputado de 2003 a 2005.

En 2005, junto con Elba Esther Gordillo, encabezó la ofensiva de un grupo de militantes del PRI en contra de su líder nacional, Roberto Madrazo, quien usó la dirigencia para hacerse con la candidatura presidencial priista en 2006.

Yunes fue el operador de la alianza *de facto* entre Elba Esther Gordillo y el panista Felipe Calderón, quien no habría ganado las elecciones de 2006 sin el apoyo de "la Maestra" y su grupo de priistas disidentes.

El PAN recompensó la traición de Yunes al PRI con dos cargos en el gobierno federal: subsecretario de Prevención de la Secretaría de Seguridad Pública, en el último año del sexenio de Vicente Fox, y director general del Instituto de Seguridad y Servicios Sociales de los Trabajadores del Estado (ISSSTE) en los primeros cuatro años del sexenio de Calderón.

En 2010, el PAN lo hizo candidato a la gubernatura de Veracruz, que perdió frente al priista Javier Duarte. En 2015 fue electo diputado federal del PAN y, en 2016, otra vez fue candidato a gobernador. Ganó esas elecciones y estuvo al frente del estado en una "minigubernatura" de dos años, pues una reforma acortó el periodo de gobierno para homologar la elección de Veracruz con la federal de 2018.

Sus polémicas políticas y personales incluyen acusaciones de enriquecimiento ilícito en 2013, y pederastia en 2006, cuando la periodista Lydia Cacho incluyó su nombre en la lista de políticos señalados por las víctimas que dieron su testimonio en el libro *Los demonios del edén* (Grijalbo, 2005).

En las elecciones de 2018, impulsó la candidatura de su hijo Miguel Ángel Yunes Márquez para sucederlo en la gubernatura de Veracruz. Su hijo había sido dos veces presidente municipal de Boca del Río, de 2008 a 2010, y de 2014 a 2017, y gozaba de buenos niveles de popularidad en el estado. Pero la sucesión familiar se frustró por el triunfo de Morena, cuyo candidato, Cuitláhuac García, ganó con amplio margen bajo el cobijo de la exitosa campaña presidencial de López Obrador. Fue en esa campaña, precisamente, cuando AMLO y Cuitláhuac denunciaron que la transición casi monárquica que pretendía hacer el PAN buscaba ocultar supuestos desfalcos al erario cometidos por el gobernador Yunes y su equipo. Y prometieron investigarlo y denunciarlo.

Incluso en la campaña de 2024, cuando estaba por concluir su mandato, Cuitláhuac García pidió a la Fiscalía General de la República acelerar las investigaciones por las múltiples denuncias que se presentaron en contra del exgobernador.

Ese año, Yunes Linares logró que el PAN le diera la candidatura de primera fórmula al Senado en Veracruz como patrimonio familiar, pues el candidato propietario sería su hijo, Miguel Ángel Yunes Márquez, y él iría como suplente.

Morena ganó la elección en Veracruz, pero ellos entraron como fórmula de primera minoría al Senado, ya que la coalición PAN-PRI-PRD quedó en segundo lugar en el estado.

Con esos antecedentes, no es extraño que los Yunes hayan sido los elegidos de Adán Augusto López, quien ya se perfilaba como coordinador de la bancada de Morena en el Senado, para provocar una fuga en el frente opositor, la escisión que necesitaba el régimen para hacerse con la mayoría calificada.

★ ★ ★

En el aciago verano de 2024, entre la calificación de las elecciones federales, el inicio de la transición y la asignación de las diputaciones y senadurías de representación proporcional por parte del INE, Adán Augusto López se convirtió en el operador principal de la estrategia para que el plan C fuera posible también en el Senado.

Primero, trabajó en los dos senadores de primera minoría que había ganado el PRD, como parte de la alianza Fuerza y Corazón por México, en los estados de Michoacán y Tabasco.

No le fue difícil al exsecretario de Gobernación convencer a dos legisladores que muy pronto se quedarían sin el cobijo de un partido político nacional: la michoacana Araceli Saucedo y el tabasqueño José Sabino Herrera Dagdug. Ella militaba en el PRD desde 2002, había sido regidora en el municipio de Salvador Escalante, diputada federal y diputada local. Él era empresario ganadero y había sido diputado local en Tabasco y presidente municipal de Huimanguillo.

Aunque en su momento el líder del PRD, Jesús Zambrano, aseguró que los perredistas se mantendrían firmes en el frente opositor, el 28 de agosto, tres días antes del inicio de la nueva legislatura, Saucedo y Herrera aparecieron en una conferencia de prensa con la presidenta electa, Claudia Sheinbaum, quien gustosa les abrió las puertas de la Cuarta Transformación.

La LXVI Legislatura, producto de las elecciones del 2 de junio, se instaló el 29 de agosto de 2024, con Gerardo Fernández Noroña como presidente de la Mesa Directiva del Senado, y Adán Augusto López Hernández como coordinador de Morena y presidente de la Junta de Coordinación Política.

En la Cámara de Diputados, la presidencia de la Mesa Directiva recayó en Ifigenia Martínez, la veterana luchadora de izquierda que tendría como última misión ponerle la banda presidencial a la primera mujer presidenta, el 1 de octubre. Ricardo Monreal fue anunciado como coordinador de Morena y presidente de la Junta de Coordinación Política en San Lázaro.

Le quedaba sólo un mes al sexenio de Andrés Manuel López Obrador, quien quería irse del poder victorioso, dejándole a su sucesora la herencia del plan C aprobado en su reforma fundamental, la más preciada por AMLO y el "movimiento": la reforma judicial que abriría la puerta a la primera elección de jueces, magistrados y ministros.

Los dictámenes de las reformas del plan C estaban listos, pues Morena apuró su trámite durante el mes de agosto en las comisiones de la Cámara de Diputados. Con 364 diputados federales y 85 senadores, a Morena y aliados sólo les faltaba un senador para aprobar las reformas constitucionales en ambas cámaras. Ese voto tenía que provenir de la oposición, y sería del senador panista Miguel Ángel Yunes Márquez.

Referencias:

1 Andrés Manuel López Obrador, *¡Gracias!*, Planeta, Ciudad de México, 2024, p. 505.

2 Zedryk Raziel, "Presidente y director de campaña: las reglas de la sucesión en Morena fueron redactadas por López Obrador en Palacio Nacional", *El País*, 15 de julio de 2023, https://elpais.com/mexico/2023-07-15/presidente-y-director-de-campana-las-reglas-de-la-sucesion-en-morena-fueron-redactadas-por-lopez-obrador-en-palacio-nacional.html.

3 Instituto Nacional Electoral, Acuerdo ACQyD-INE-104/2023 de la Comisión de Quejas y Denuncias, 16 de junio de 2023, https://repositoriodocumental.ine.mx/xmlui/bitstream/handle/123456789/152031/ACQyD-ine-104-2023-PES-268-2023.pdf?sequence=1&isAllowed=y.

4 Instituto Nacional Electoral, "Lineamientos generales para regular y fiscalizar los procesos, actos, actividades y propaganda realizados en los procesos políticos", 26 de julio de 2023, https://repositoriodocumental.ine.mx/xmlui/bitstream/handle/123456789/152606/CGex202307-26-ap-2-Lineamiento.pdf.

5 Ernesto Núñez Albarrán, "INE detecta 60 millones de pesos no reportados en la interna de Morrena", *Animal Político*, 30 de noviembre de 2023, https://animalpolitico.com/elecciones-2024/picalenguas/ine-gastos-no-reportados-interna-morena.

6 Ernesto Núñez Albarrán, "Xóchitl Gálvez ocultó al INE 2.8 millones de pesos en su búsqueda de la candidatura del Frente", *Animal Político*, 1 de diciembre de 2023, https://animalpolitico.com/elecciones-2024/presidencia/xochitl-galvez-oculto-gasto-ine-candidatura-frente.

7 Segunda Sala de la Suprema Corte de Justicia de la Nación, Amparo en revisión 63/2025, agosto de 2025, https://www.scjn.gob.mx/sites/default/files/listas/documento_dos/2025-07/ADR%2063-2025.pdf.

8 "Votar entre balas. Entendiendo la violencia político-criminal en México", Data Cívica, México Evalúa y *Animal Político*, abril de 2024, https://votar-entre-balas.datacivica.org/.

9 Claudia Sheinbaum Pardo, *Diario de una transición histórica*, Planeta, Ciudad de México, 2025.

10 Tribunal Electoral del Poder Judicial de la Federación, "Dictamen relativo al cómputo final de la elección de la presidencia de los Estados Unidos Mexicanos, la declaración de validez de la elección y declaración de presidenta electa", 14 de agosto de 2024, https://www.te.gob.mx/media/files/DICTAMEN-v2.pdf.

11 Intervención de la magistrada Janine Otálora en la sesión de la Sala Superior del TEPJF durante la calificación de la elección presidencial, 14 de agosto de 2024, https://www.janineotalora.com/2024/08/intervencion-sobre-la-validez-de-la.html.

12 Ciro Murayama, "Sobrerrepresentación 2024: la trampa para abatir la democracia", *Nexos*, 7 de junio de 2024, https://redaccion.nexos.com.mx/sobrerrepresentacion-2024-la-trampa-para-abatir-la-democracia/.

7

La elección judicial

Anatomía de una traición

Miguel Ángel Yunes Márquez apareció en el Senado el martes 3 de septiembre de 2024, como uno más de los 22 integrantes de la bancada panista de la LXVI Legislatura. Vestía un traje oscuro, camisa blanca y corbata roja. Como los otros senadores y senadoras del PAN, compareció ante la prensa en el patio de la Cámara Alta, junto con el dirigente panista, Marko Cortés, y la coordinadora parlamentaria, Guadalupe Murguía. Fue ella quien leyó el posicionamiento en el que Acción Nacional juraba votar en bloque en contra de la reforma judicial propuesta por Andrés Manuel López Obrador.[1]

"Votamos en contra porque esta iniciativa, probable minuta, significa el sometimiento y la cooptación al Poder Judicial de la Federación. Queremos un Poder Judicial fuerte, independiente, autónomo, que resuelva conforme a nuestra Constitución, conforme a las leyes, y no por presiones del gobierno federal, no por presiones políticas o de diversos intereses; no, desde luego, por injerencias de grupos de delincuencia organizada", leyó. Y a continuación les dio la palabra a todos y cada uno de los integrantes de la bancada para que hicieran ahí mismo el compromiso público de asistir a la sesión donde se discutiría la reforma y votar en contra.

"Soy Miguel Ángel Yunes Márquez, senador por Veracruz. Estaré presente en la sesión y votaré en contra de la reforma al Poder Judicial", dijo en su turno el futuro traidor.

La idea de que las 11 senadoras y los 11 senadores panistas tomaran la palabra para comprometerse explícitamente fue del senador Ricardo Anaya. El exdirigente y excandidato presidencial reapareció en la escena pública al inicio de la legislatura, una vez electo senador y con fuero constitucional, tras seis años de retiro obligado por las investigaciones que abrió el gobierno de Enrique Peña Nieto en su contra y que continuaron durante el sexenio de López Obrador.

La intención era evitar que de las filas de Acción Nacional saliera el voto que le diera a Morena la mayoría calificada.

Para ese momento, eran muchas las versiones que señalaban que el gobierno federal y el senador Adán Augusto López ejercían presiones en contra de determinados senadores de la oposición; no había bastado con "convencer" a una senadora y a un senador electos del PRD, que en días pasados habían anunciado su adhesión a la bancada morenista. Faltaba un voto para llegar a la cifra de 86 senadores y lograr las dos terceras partes requeridas para aprobar cualquier reforma a la Constitución. Y ese voto tendría que salir de los 22 panistas, los 15 priistas o los seis de MC.

En los medios se mencionaba principalmente a tres potenciales "traidores".

El priista Manlio Fabio Beltrones, un veterano político que había sido funcionario de la Secretaría de Gobernación y discípulo de Fernando Gutiérrez Barrios (un legendario expolicía y político de la vieja guardia priista). Manlio había sido gobernador de Sonora, diputado, senador, presidente de ambas cámaras, presidente del PRI, y contaba con un largo historial de acusaciones y señalamientos de enriquecimiento inexplicable.

El segundo era el panista Mauricio Vila, quien acababa de dejar la gubernatura de Yucatán en manos de Morena y a quien se le atribuía una gran cercanía con AMLO por sus acuerdos para la construcción del Tren Maya.

Finalmente, se mencionaba a Miguel Ángel Yunes Márquez, sobre quien pesaban denuncias penales, como las que enfrentaban su padre, Miguel Ángel Yunes Linares, y su hermano, Fernando Yunes.

Por eso, según planteó Ricardo Anaya al grupo parlamentario, no bastaba con una foto de los 22 senadores respaldando el pronunciamiento leído por la coordinadora Guadalupe Murguía. Era menester, además, que cada quien se comprometiera de viva voz.

Un día antes de ese pronunciamiento, afuera del Senado, había ocurrido una manifestación de jóvenes y trabajadores del Poder Judicial para exigirles al PAN, al PRI y a MC que no se doblaran, pues de los 43 votos opositores dependía que no se aprobara la reforma de López Obrador.

Ese 3 de septiembre, la Cámara de Diputados aprobó la reforma en un proceso legislativo exprés, desaseado, y en un centro deportivo habilitado como recinto alterno, pues el Palacio Legislativo de San Lázaro había sido tomado por la Asociación Nacional de Magistrados de Circuito y Jueces de Distrito del Poder Judicial de la Federación (Jufed), la cual protagonizó una férrea oposición a la reforma.

El Senado era la última trinchera en la defensa del Poder Judicial tal como se había conocido hasta entonces, con sus virtudes y defectos, su autonomía constitucional y relativa independencia respecto del gobierno, pero también con sus excesos, su despilfarro, su acceso elitista a la justicia, su corrupción y su nepotismo. La propia Norma Piña, presidenta de la Suprema Corte, había revelado, en un informe dado a conocer en plena discusión sobre la iniciativa de AMLO, un dato que era oro puro para los promotores de la reforma y que fue usado como argumento letal en la recta final de su aprobación: el 37.4% de los trabajadores del Poder Judicial tenían al menos un familiar laborando en la misma instancia.[2]

Morena se tardó 17 horas en discutir y aprobar la reforma constitucional en la Cámara de Diputados; el trámite lo iniciaron la noche del domingo 1 de septiembre, apenas instalada la nueva legislatura, y que debieron interrumpir por la toma de San Lázaro por parte de la Jufed. El proceso tuvo que concluirse la madrugada del 4 de septiembre, en la Sala de Armas de la Ciudad Deportiva Magdalena Mixhuca, con los diputados oficialistas, comandados por Ricardo Monreal, resguardados por policías antimotines y vallas metálicas.

En una detallada crónica de ese día, los periodistas Neldy San Martín y Alexis Ortiz relataron así los hechos en el portal *Animal Político*:

> Los morenistas no dudaron en usar la aplanadora y aprobar la reforma prioritaria del presidente Andrés Manuel López Obrador, pese a que afuera estudiantes mantenían una protesta y la Cámara de Diputados estuvo todo el día tomada en sus accesos por quienes trabajan en juzgados federales. Con todo y estas protestas, Morena puso a debate la reforma judicial durante un total de 17 horas. Aunque había más de 1 600 reservas, acordaron que sólo debatirían 68 y se aprobaron tres, una de Morena, otra del PT y una más del PVEM. La discusión se extendió por más de 11 horas sólo en lo general, con más de seis rondas de posicionamientos de diputadas y diputados, y sumó seis horas más al entrar al detalle de los artículos reservados de la reforma.[3]

Con una sobrada mayoría calificada, derivada de la sobrerrepresentación en la Cámara de Diputados otorgada por el INE, las bancadas de Morena, PT y Verde aprobaron el dictamen con 359 votos a favor. Salvada esa aduana, la operación política del régimen se concentró en el Senado, a donde se trasladaron las manifestaciones de la Jufed y algunos estudiantes de Derecho opositores a la reforma.

"Creo que las manifestaciones públicas, particularmente de los jóvenes, han surtido un efecto muy importante en el ánimo de las y los legisladores, y creo que hay que recordarle a la gente que Morena no tiene la mayoría calificada en el Senado de la República, que la mayoría calificada sólo la podrían construir si uno de los 43 se dobla o se vende. Yo confío, tengo la impresión de que estamos firmes los 43, de que no habrá mayoría calificada", declaró Ricardo Anaya el jueves 5 de septiembre, en medio de los preparativos para la discusión de la reforma judicial en el pleno del Senado.

Morena alistaba su mayoría en las comisiones que procesarían el dictamen y tomó la previsión de aprobar un acuerdo para permitir que el pleno pudiera sesionar en una sede alterna en caso de que fuera necesario. Al mismo tiempo, crecían los rumores sobre las supuestas presiones a los legisladores de oposición.

"Entrar en los detalles, por respeto a quienes han recibido las presiones, no sería ético de mi parte. Lo que les puedo decir es que el régimen sabe apretar, aprieta muy duro, y los que han recibido las presiones nos lo han compartido; a mí me lo han compartido en la confianza y los noto firmes, los noto valientes, listos para dar esta batalla por el país; insisto, lo mejor que le podría pasar a México, pero inclusive al próximo gobierno, es que esta reforma no se apruebe", se extendió Anaya en la misma entrevista ofrecida cinco días antes de que sesionara el pleno.

Para ese momento, el PAN había tomado otra previsión: citó a los suplentes de los 22 integrantes del grupo parlamentario para estar presentes en la Ciudad de México, en el recinto legislativo, listos en caso de que debieran asumir el cargo para votar contra la reforma si el propietario del escaño decidiera ausentarse. Además, según reveló Marko Cortés, los propietarios del escaño firmaron sus licencias y las dejaron en resguardo de la coordinadora Guadalupe Murguía.

"No vaya a ser que uno de los senadores y senadoras no llegue por alguna razón", justificó Cortés.

El problema con Yunes consistía en que su suplente era su padre, el astuto y controvertido exgobernador que, en sólo dos años al frente de Veracruz (2016-2018), había dejado una estela de escándalos y casos de probable corrupción.

"Todos los senadores de oposición, que realmente queremos que esto no pase, no podemos ausentarnos. La ausencia es traición. Quien ese día se ausente por cualquier razón, la más importante, está traicionando a México en la votación, que seguramente va a ser la más importante de esta legislatura, y por lo tanto hay que tomar todas las medidas. Y nosotros como PAN lo que estamos dando es una garantía doble. Va a estar el propietario y, por si se ocupa, que esperemos no, el suplente", afirmó el dirigente panista, quien unos días después tuvo que tragarse sus palabras.

El fin de semana del 7 y 8 de septiembre, Yunes Márquez cortó la comunicación con su grupo parlamentario, mientras su padre abría las negociaciones con los senadores de Morena. El lunes 9, el senador veracruzano dejó de contestar las llamadas de Guadalupe Murguía, Ricardo Anaya y Marko Cortés, quienes comenzaron a dudar de su palabra.

El martes 10 de septiembre, cuando el pleno del Senado se alistaba para discutir y aprobar la minuta enviada por la Cámara de Diputados, Yunes Márquez solicitó licencia al cargo, argumentando problemas de salud que lo habían obligado a hospitalizarse. En su lugar, apareció en el recinto su padre, Miguel Ángel Yunes Linares, con una corbata irónicamente azul.

Pero antes ocurrió un episodio que ya vaticinaba la aprobación de la reforma y dejaba ver hasta dónde estaban dispuestos a llegar el gobierno y su partido para sacar adelante el proyecto de López Obrador.

La sesión comenzó con el protocolo de rigor, presidida por el ahora morenista Gerardo Fernández Noroña, impecablemente vestido con un traje oscuro, camisa blanca y corbata roja. Antes de entrar al tema de la reforma judicial, puso a discusión del pleno la creación de una comisión de seguimiento de la Agenda 2030, un acuerdo sin mayor relevancia que, sin embargo, fue aprovechado por la bancada de Movimiento Ciudadano para denunciar que, horas antes, habían sido detenidos en Campeche el senador Daniel Barreda, uno de los seis integrantes de la bancada, y su padre. Esto significaba que MC estaría incompleto y, con esa sola ausencia, Morena y aliados alcanzarían mayoría calificada del pleno con sus 85 senadores.

"Yo quiero pensar que hay voces sensatas en la mayoría, que entienden la gravedad de lo que está ocurriendo en el estado de Campeche y que van a ser solidarios con un asunto de esta naturaleza, porque hoy le pasa a nuestro compañero Daniel Barreda y mañana le va a pasar a cualquiera de nosotros. Si ustedes tienen una mayoría para aprobar la reforma al Poder Judicial, ejérzanla con todas las de la ley, eso les corresponde, pero no a la mala, no utilizando las mañas del viejo régimen, no utilizando la fuerza del Estado para vulnerar los derechos políticos de las y los mexicanos, incluidos los miembros de este cuerpo colegiado. Presidente, le demandamos, respetuosamente, una respuesta; le demandamos su intervención inmediata con las autoridades correspondientes", denunció desde la tribuna Clemente

Castañeda, coordinador de MC, acompañado de sus compañeras de bancada Alejandra Barrales, Amalia García y Luis Donaldo Colosio Riojas.

El senador acusó a la gobernadora Layda Sansores de haber ordenado la detención de su senador y su padre, desempolvando un viejo expediente judicial, para impedir que estuviera presente en la sesión, y exigió a Fernández Noroña suspender inmediatamente los trabajos hasta que apareciera Daniel Barreda; en resumen, actuar como presidente del Senado y garantizar la seguridad de uno de sus integrantes.

La denuncia de Clemente Castañeda estremeció a toda la oposición, que veía cumplida la amenaza de que al menos uno de los 43 senadores no oficialistas se ausentaría o votaría en contra.

"Nos sumamos, como grupo parlamentario de Acción Nacional, a la petición que hace el grupo de Movimiento Ciudadano. Y condenamos energéticamente las amenazas, la extorsión, las presiones que han sufrido senadoras y senadores de oposición para no estar en esta sesión o cambiar el sentido de su voto", expuso desde su escaño la coordinadora panista, Guadalupe Murguía.

Los ánimos se caldearon, y Fernández Noroña batallaba para mantener el orden en la sesión, hasta que intervino el coordinador de Morena, Adán Augusto López, para decirle a la asamblea que él acababa de hablar con Daniel Barreda y que estaba seguro de que se encontraba bien.

"Es evidente que con mentiras se intenta retrasar el debate. Quiero decirle, con todo respeto, al senador Castañeda, que miente cuando dice que el padre de Daniel Barreda está detenido, que el mismo senador ha sido detenido, eso es absolutamente falso. Un servidor habló directamente a la Fiscalía del estado de Campeche, hablé al Tribunal Superior de Justicia, y niegan que este hecho se haya dado, no hay ninguna orden de aprehensión ni orden de investigación en contra del padre del senador Daniel Barreda. Yo sí sé dónde está el senador Barreda, porque acabo de hablar con él por teléfono, y me dijo que él no está detenido", aclaró Adán Augusto, jactándose del control que ejercía no sólo sobre los senadores de los partidos del oficialismo, sino sobre algunos legisladores de la oposición.

El asunto Daniel Barreda provocó una discusión de una hora, en la que intervinieron los dirigentes del PRI, Alejandro Moreno, y del PAN, Marko Cortés, para denunciar las presiones de las que estaban siendo objeto sus senadores. Se puso a votación decretar un receso para aclarar la situación legal del senador de MC, e incluso se le pidió a Fernández Noroña encabezar una comisión que viajara en ese mismo momento a Campeche para aclarar las cosas.

"Yo estoy listo, agarramos unos calzones y unos calcetines y nos vamos en este momento a Campeche, no tengo ningún problema con eso. Es un asunto de vital importancia para la República y lo conmino, respetuosamente, a usted, a la mayoría, por supuesto con todo respeto al presidente de la Mesa Directiva, a que nos tomemos este asunto como un tema prioritario", propuso Clemente Castañeda.

Pero nada de eso concedió la mayoría. En votación nominal, 83 senadores de Morena, PT y PVEM rechazaron el receso, mientras que 41 de la oposición lo aprobaron. La votación era indicativa de la fuerza del oficialismo, pero también daba cuenta de la ausencia de dos senadores de la oposición.

Antes de dar paso al dictamen de reformas constitucionales al Poder Judicial, Fernández Noroña dijo que iría con Clemente Castañeda a hacer llamadas a la Fiscalía de Campeche y a la Fiscalía General de la República para que se convenciera de que su senador no estaba detenido. El dictamen quedó de primera lectura y, a continuación, se hizo constar la solicitud de licencia del panista Yunes Márquez.

Antes de ser votada, el líder del PAN, Marko Cortés, pidió la palabra y, sin mayor preámbulo, lamentó la traición de su compañero de partido.

"Cómo lamento que la primera intervención en la tribuna de un servidor sea para referirme a la adquisición indebida, ilegítima, de una mayoría calificada que el pueblo de México no le dio a Morena, PT, Verde. Ustedes no tuvieron mayoría calificada. Lo primero que hicieron fue cooptar, convencer o adquirir, con los adjetivos que esto tenga, a una senadora del PRD y otro del mismo partido. Posteriormente, sin ningún recato, comenzaron a hacer averiguaciones previas e investigaciones contra varias y varios compañeros de la oposición. Varias y varios compañeros fueron llamados desde sus gobiernos estatales. Varias y varios fueron presionados, a varias y a varios se les hicieron ofertas inconfesables.

"Es evidente, es claro, es burdo que el senador Miguel Ángel Yunes Márquez no se presentó a esta cámara por las enormes presiones que ha tenido su familia. Han presionado a uno de sus hermanos que quiere ser diputado local con orden de aprehensión. Han abierto investigaciones contra su madre, contra su padre y contra otro de los hermanos y contra él mismo. La prueba plena es que no querían siquiera que tomara protesta como senador de la República. Vino, toma protesta y ahora lo amedrentan. Aquí la pregunta a esta mayoría legislativa y a este régimen es ¿ése es el pacto de impunidad? 'Pide licencia, auséntate a cambio de impunidad si es que hubiera algo que juzgar'. Yo lo digo como presidente de mi partido y como senador de la República: Yunes Márquez era un firme liderazgo que combatía el régimen autoritario; nunca se le dobló a Cuitláhuac García a pesar de que lo amedrentaron, a pesar de que al secretario de Gobierno del anterior gobernador, su padre, lo metieron a la cárcel. Miguel Ángel Yunes Márquez nunca se dobló, por eso lo hicimos candidato a senador, porque era un ferviente opositor. ¡Vaya tristeza! ¡Vaya decepción! ¡Vaya pena al pueblo de México!", expuso Marko Cortés, dejando mudos a los 40 senadores opositores que lo escuchaban.

La licencia se aprobó por mayoría y, minutos después, se llamó al suplente para rendir protesta.

Miguel Ángel Yunes Linares apareció poco antes de la 1 de la tarde en el salón de plenos. Visiblemente nervioso, bajó por el pasillo del lado derecho, el que está cerca de la bancada oficialista, en medio de aplausos de los senadores de Morena y expresiones de repudio de la oposición.

"¡Traidor, traidor, traidor!", le gritaban senadores del PAN y el PRI, los partidos en los que antes había militado.

Adán Augusto López lo recibió con un abrazo; Fernández Noroña le tomó la protesta, lo felicitó y le pidió que tomara el lugar que le habían asignado para integrarse de inmediato a los trabajos de la Cámara Alta. No lo sentaron entre los escaños del PAN, sino entre los morenistas, que con el puño izquierdo en alto comenzaron a celebrar.

"¡Sí se pudo, sí se pudo!", arengaron, en respuesta a los gritos de la oposición.

Yunes Linares pidió la palabra por alusiones personales, y Noroña se la concedió sin titubeos.

Su presencia en la tribuna desató la ira de los panistas, que volvieron a gritarle "¡traidor!".

"Lamento este nivel de debate, vengo a representar, temporalmente, a Miguel Ángel Yunes Márquez, y he pedido el uso de la palabra porque se le aludió y se le agredió por Marko Cortés", comenzó Yunes su intervención, pero fue interrumpido a gritos.

Fernández Noroña llamó al orden a los panistas, levantó la voz, les pidió guardar silencio, les exigió callarse. Mientras Yunes Linares arremetía contra Marko Cortés.

"Lo más antidemocrático es pretender linchar a un legislador por ejercer su libertad. Miguel no ha dicho en qué sentido va su voto, y esta mañana Marko Cortés ya lo ha amenazado de expulsión. No, Marko, no eres el dueño del Partido Acción Nacional, no puedes expulsar absolutamente a nadie, si acaso serás expulsado tú por lo que le fallaste al PAN, porque, en lugar de estar trabajando para recuperar los votos que perdiste, estás aquí cómodamente sentado como legislador plurinominal reclamando una mayoría que tú no lograste. Hoy sigues reclamando sobrerrepresentación en lugar de estar trabajando en la calle para que la gente vuelva a confiar en Acción Nacional. No, a nosotros nadie nos regaló la senaduría ni las diputaciones, las hemos ganado en la calle y luchando durante años contra el gobierno.

"Y que quede perfectamente claro: no ha habido ninguna negociación con el gobierno federal; a Miguel lo persiguieron y Miguel lo que hizo fue defenderse con las armas de la ley; acudió al amparo, acudió al Tribunal Electoral y vino con valor y con gallardía aquí, a este Senado, a solicitar su licencia y a rendir protesta: ésa es la realidad. A Fernando lo persiguieron y Fernando acudió a la ley; no hemos negociado absolutamente nada, pero nadie nos va a obligar a votar en favor o en contra de una ley salvo que nosotros en nuestra convicción tengamos la certeza", expuso Yunes Linares en medio de la gritería, denunciando a Marko Cortés por haber obligado a los panistas a presentarse ante la prensa a comprometer su voto sin siquiera conocer el dictamen.

Marko Cortés pidió la palabra por alusiones, y Noroña se la concedió, mientras los panistas seguían gritando: "¡Traidor, cobarde, vendido!".

—Miguel: no estás traicionando al PAN; de hecho, tú y yo éramos diputados en el 2003 cuando eras parte del PRI y del grupo cercano de Elba Esther Gordillo, y decidiste sumarte desde aquel momento. El PAN te hizo gobernador, a tus hijos, senador a uno, al otro diputado federal, diputado local. El PAN les dio todo, pero no estás traicionando al PAN, querido Miguel, estás traicionando al pueblo de México que votó por un contrapeso —le reclamó el líder panista.

—A ver, Marko. Si no nos hemos doblegado nunca frente al poder, menos nos vamos a doblegar frente a ti. No tienes ninguna autoridad, absolutamente ninguna autoridad moral… No, ningún vendido, ningún cobarde; aquí estamos enfrentando la situación, no tenemos ningún empacho en decirlo. Si Marko quiere hablar de este tema, encantado de la vida de hacerlo, pero no con amenazas de expulsión, no con amenazas de este tipo. Nosotros a eso no cedemos, no nos hemos doblado frente al gobierno y no nos doblaremos ante ti —respondió Yunes.

—Nadie puede creer, en su sano juicio, que no hubo una presión indebida, corruptora, del gobierno contra la familia Yunes Márquez. Es evidente que hubo un pacto de impunidad. Es evidente que se acabó la persecución. Es evidente que Fernando Yunes va a poder tomar protesta como diputado local, porque sabíamos que tiene una orden de aprehensión y también tenía que estar fuera del país como ocurrió con otro perseguido político, como es el senador Ricardo Anaya. Es evidente, Miguel; no hay que tratar de venir aquí a defender lo indefendible. Hubiera sido más decente, querido amigo, que nos hubieras tomado la llamada y nos hubieras dicho: "Voy a traicionarlos" —le contestó Marko Cortés.

Antes de concluir, el dirigente del PAN hizo una última petición a su aún compañero de partido.

—Recuerdo cuando fuimos al café de La Parroquia, querido Miguel, hace poco, a defender previamente a tu hijo en una rueda de prensa. Ahí estuve ante la persecución, a señalar a Cuitláhuac, a señalar a la hoy gobernadora electa, juntos. Que tú me dijiste: "Vamos a La Parroquia, vas a ver qué buena sensación de la gente". No sé ahora, querido Miguel, si vayas a poder presentarte en La Parroquia, porque tal vez te van a decir "traidor", traidor no al PAN, te van a decir traidor a la patria. Querido Miguel: yo pediría disculpas, y lo hago de frente a toda la nación, pediría disculpas por cualquier agravio que haya dicho o esté diciendo, siempre y cuando votes con nosotros en contra de la reforma al Poder Judicial —suplicó.

El debate concluyó así, y el presidente del Senado levantó la sesión y convocó a una siguiente que se celebraría a las 2:30 de la tarde, para discutir y votar el dictamen.

Entre ambas sesiones, Yunes Linares salió a dar una rueda de prensa; lo hizo acompañado de dos de los senadores morenistas de peor fama pública: el tabasqueño Óscar Cantón Zetina y el guerrerense Félix Salgado Macedonio. Respondió tres preguntas y anunció que su hijo regresaría esa misma tarde al escaño para votar la reforma judicial.

Cuando la segunda sesión ya había comenzado, y cinco senadores habían presentado sus votos particulares en contra de la reforma judicial, algunos de los manifestantes que estaban en la calle lograron entrar al Senado, recorrieron algunos pasillos, subieron hasta los balcones del salón de plenos, rompieron una puerta de cristal, se enfrentaron con el personal de resguardo que intentó detenerlos rociándolos con el polvo de los extintores, y una docena de ellos llegó al interior del salón. Morena acusó que ese asalto había sido propiciado por senadores de la oposición, que les dieron acceso al recinto.

La periodista Beatriz Guillén, del diario *El País*, describió así la escena:

> A las 16:20 horas, decenas de manifestantes del Poder Judicial han empezado a subir las escaleras principales del Senado sin encontrar ninguna opo-

> sición. Después de días de plantón fuera de la sede, esta tarde simplemente han traspasado la valla. En sólo unos minutos han desplegado una gran bandera de México en el patio del inmueble y se han dividido. Un grupo ha subido rápido a la zona alta de la sala de sesiones y otro ha empezado a tratar de entrar por la fuerza en la planta baja. "Tenemos la información de que ingresó un número de manifestantes a este inmueble", ha interrumpido Noroña la discusión legislativa. Los senadores de Morena y sus aliados han abandonado el inmueble por la puerta trasera.[4]

Fernández Noroña echó mano de la previsión que había tomado: declaró un nuevo receso y convocó a los senadores para reanudar la sesión en la sede alterna, ubicada en el antiguo recinto del Senado, en la calle Xicoténcatl del Centro Histórico, donde previamente el gobierno de la Ciudad de México había desplegado a cientos de policías, que durante horas repelieron a los manifestantes.

"Este día, la Cámara de Senadores fue objeto de una irrupción violenta por personas ajenas a los trabajos camarales, situación que vulneró la soberanía y seguridad que asiste al Senado de la República y a su recinto, haciendo imposible que las labores senatoriales se desarrollaran en un lapso de más de dos horas. Se presentó un intento de golpe que buscaba generar vacío en el ejercicio del Poder Legislativo, afectando de esta manera las instituciones democráticas del Estado mexicano, situación que no puede ser tolerada de forma alguna por cualquiera de las y los integrantes de este pleno. Quiero dejar constancia de tan injustificables hechos que vulneran y violentan la soberanía del Poder Legislativo y del Senado de la República", expuso Fernández Noroña apenas reiniciada la sesión.

El resto fue trámite: subieron a tribuna seis senadores a presentar votos particulares.

La bancada de MC, a través de Luis Donaldo Colosio y Clemente Castañeda, insistió en que su compañero Daniel Barreda estaba retenido en una sala de juicios orales en Campeche.

Y el recién reincorporado Miguel Ángel Yunes Márquez pidió la palabra para encarar a los panistas.

"En la decisión más difícil de mi vida, he determinado dar mi voto a favor del dictamen para crear un nuevo modelo de impartición de justicia. Y termino con lo siguiente: no traiciona quien actúa de acuerdo con sus principios, se requiere más valor para ir en contra de la corriente que montarse en ella, el tiempo dirá", expresó, tras lo cual desató nuevamente una lluvia de gritos y aspavientos, pero ya no entre los escaños del PAN, donde simplemente lo ignoraron, sino en Morena, donde le festejaron el discurso poniéndose de pie, con aplausos y el grito de "¡México, México, México!".

Los seis grupos parlamentarios tuvieron un turno de 10 minutos cada uno para posicionarse respecto a la reforma a discusión; 10 legisladores intervinieron en el debate en lo general, y 82, en el debate en lo particular, para presentar reservas que fueron desechadas o retiradas.

Luego de ocho horas, se puso a votación el dictamen que, a falta de la pizarra electrónica de la sede oficial, se realizó de viva voz desde los escaños.

"Gerardo Fernández Noroña, de Morena: que todo el que se queje con justicia tenga un tribunal que lo ampare y lo defienda contra el fuerte y el arbitrario. José María Morelos y Pavón, el Siervo de la Nación, estaría con nosotros, en favor", dijo el presidente del Senado al emitir su voto, con lo cual provocó quejas de la oposición, que consideró una burla sus palabras, no apropiadas para quien debería representar a toda la Cámara, y no sólo a su bancada.

No fue el único senador de Morena que aprovechó el momento de su voto para pronunciar un minidiscurso. Algunos gritaron vivas en favor de López Obrador y Claudia Sheinbaum. Otros arengaron a favor de la justicia y, por supuesto, dijeron hacer esta reforma en nombre del pueblo, por el pueblo y para el pueblo.

Al final, votaron 86 senadores a favor, incluido Yunes Márquez. Y la oposición emitió 41 votos en contra, pues no sólo perdió el de Yunes, sino que Daniel Barreda nunca pudo salir de Campeche para asistir a la sesión.

"Hay mayoría calificada... Te hemos cumplido, pueblo de México", informó Fernández Noroña a la asamblea, sin ocultar su alegría.

El trámite de ratificación en al menos 17 legislaturas locales que se exige para una reforma constitucional se consiguió en apenas 21 horas, gracias a las mayorías conseguidas por Morena en una veintena de estados. Sólo Querétaro, cuyo congreso estaba dominado por el PAN, votó en contra.

En la conferencia mañanera del miércoles 11 de septiembre, López Obrador apareció feliz, acompañado de su esposa Beatriz Gutiérrez Müller, a quien había quedado de invitar para despedirse de la prensa antes de concluir el sexenio. Durante dos horas, la esposa del presidente tuvo un intercambio con los asistentes cotidianos a la mañanera, un grupo de youtubers que actuaban como fanáticos del movimiento lopezobradorista que, por instrucciones del vocero Jesús Ramírez Cuevas, siempre tenían preferencia para hacer preguntas a modo.

El intercambio con Gutiérrez Müller, por momentos cursi, concluyó hasta que la periodista Jésica Zermeño, de Univision, logró que le dieran la palabra para hacer las preguntas indicadas.

—Esta reforma se aprobó gracias a votos que en otros momentos nunca hubiéramos pensado que estuvieran del lado de la izquierda, por ejemplo, los del Partido Verde, algunos representantes del PRI, pero por supuesto que el que más ha llamado la atención tiene que ver con un voto que viene del Partido Acción Nacional, de Miguel Ángel Yunes Linares... bueno, de su hijo... Y quiero yo repetirle lo que ya Lydia Cacho dijo sobre su padre, sobre el exgobernador, sobre este voto que le dio a favor de la reforma judicial. Dice: "Éste es Miguel Ángel Yunes, padre, el hombre que amenazó con armas a mi editor para que no publicase *Los demonios del Edén*, el amigo del pederasta Jean Succar Kuri y del blanqueador del dinero de Kamel Nacif. Partido Morena le aplaude y negocia con este criminal a cambio de un voto. Alianzas imperdonables que hacen historia". Presidente: ¿qué decir para que muchos de nosotros no creamos que se hizo un pacto de impunidad a cambio de votos por esta reforma? —cuestionó la periodista.

—Pues es una decisión que tomaron los legisladores y, diría, de manera libre. Esto no deja satisfechos a muchos, a otros sí les agrada que se haya aprobado esta reforma al Poder Judicial. Yo estoy en los últimos, a mí me agrada —respondió el presidente.

—¿Aprobarla con este voto? —insistió Zermeño.

—Sí, con cualquier voto, porque creo que es importantísimo el terminar con la corrupción y con la impunidad. Y se va a avanzar mucho cuando sea el pueblo de manera libre, el pueblo de México, el que elija a los jueces, a los magistrados, a los ministros, creo que vamos a avanzar en México y vamos a dar un ejemplo al mundo —se defendió el presidente.

—Usted ha mencionado en varias ocasiones, ha catalogado a Miguel Ángel Yunes padre como alguien corrupto. ¿Qué se negoció con él, señor presidente?

—Tengo diferencias con él, son públicas, notorias, como tengo diferencias con muchos otros, pero siempre en la política hay que optar entre inconvenientes y buscar el equilibrio entre la eficacia y los principios.

—Usted siempre ha dicho que su gobierno es transparente. ¿Qué se negoció con Miguel Ángel Yunes?

—Nada, nada absolutamente. Yo creo que fue...

—¿Su punto de vista?

—Sí, nada... ¿Y saben por qué se piensa que hubo una negociación? Porque ése es uno de los problemas que tienen los conservadores y sus voceros, creen que somos iguales a ellos. Le podría decir que no hablé con el señor Yunes, ni con su hijo.

—¿El senador Adán Augusto habló con él?

—Sí, posiblemente, claro, porque a él le corresponde, él es legislador, ése es su trabajo. Yo envié una iniciativa de reforma a la Constitución y son los legisladores los que tienen que hacer su trabajo. Deberían también los oligarcas que se sentían los dueños de México, y sus voceros, buscar otra interpretación que no fuese tan simplista, de toma y daca, el de la moneda de cambio, la relación mafiosa. ¿Por qué no? ¿Por qué no se interpreta de otra forma?

—¿El senador le ha dicho que habló con él?

—Sí.

—¿Y qué habló con él?

—No sé, no sé, pero puede haberse dado esa conversación, es su trabajo de él. ¿Cómo no va a hablar un dirigente de un grupo parlamentario cuando se está buscando tener los votos para aprobar una reforma constitucional?

El presidente trajo a cuento a uno de sus villanos favoritos, Claudio X. González, y recordó que él, a nombre de un grupo de empresarios, dirigía las estrategias, negociaciones y acuerdos del PRI-PAN-PRD. Además, mencionó la manera en la que Marko Cortés negoció con el PRI una serie de posiciones en Coahuila a cambio de que el PAN apoyara la candidatura del priista Manolo Jiménez en las elecciones de 2023. Un escándalo que estalló en plena precampaña de Xóchitl Gálvez y que dejó mal parada a la oposición en su conjunto. Para llevar la conversación a sus terrenos, AMLO pidió a Jesús Ramírez poner en la pantalla el acuerdo que el propio Marko Cortés hizo público a finales de 2023. Pero la periodista insistió.

—Sí, pero ante esta visión digamos pragmática, donde usted dice que no le informó Adán Augusto López qué fue lo que habló con Miguel Ángel Yunes, un encubridor de pederastas según la periodista Lydia Cacho, algunos pueden decir que la aprobación de la reforma judicial fue un "haiga sido como haiga sido" —cuestionó Zermeño.

—Lo que se tiene que pensar es que hace falta esta reforma —respondió López Obrador.

—¿No importa cómo se vote y cómo se obtengan los votos?

—Sí importa, porque en política los medios son fines; no es como lo definió Maquiavelo que el fin justificaba los medios, no.

—¿Y no fue éste el caso?

—No, no, no, fueron cuestiones políticas. Mire, en la vida hay quienes cambian de parecer.

—¿Y usted cree que Miguel Ángel Yunes Linares se dio cuenta de las virtudes de la reforma judicial?

—Sí, sí, sí, cambió… No virtudes, sino sencillamente él es un político y consideró que era conveniente actuar de esa manera. Y no necesariamente estaba a cambio una cantidad de dinero o una amenaza. Él es fuerte, yo lo he enfrentado, y no es de los que se deja amedrentar, no. ¿Qué fue? Pues una decisión política, así —dijo el presidente para tratar de zanjar la discusión.

Pero la periodista no quitó el dedo del renglón.

—Entonces, ante la votación del senador Miguel Ángel Yunes Márquez ayer, ¿Morena le abre las puertas ante este cambio de parecer sobre la reforma? —preguntó Zermeño.

—Yo no sé, no sé, porque lo de ayer no fue un asunto estrictamente partidista, es un asunto que tiene que ver con lo legislativo —contestó AMLO.

—Entonces, ¿no le hace una invitación usted a Yunes?

—No, no. Y yo creo que él tiene bastante claro que no se trata de una alianza, de un acuerdo con el gobierno que yo represento.

—¿Por qué cree que lo tiene claro?

—Porque sabe, creo yo, como muchos mexicanos, porque hasta mis adversarios me conocen, que yo no transo, que yo no establezco relaciones de complicidad con nadie.

Dos días después de ese intercambio, el Congreso hizo la declaratoria de reforma constitucional con las minutas de aprobación de 23 congresos locales. El 15 de septiembre, día en que AMLO daría su último Grito de Independencia como presidente, pudo firmar el decreto de reforma constitucional. Lo hizo en Palacio Nacional y lo publicitó en el canal de YouTube de la Presidencia, a través de un video en el que aparece sentado al lado de la presidenta electa Claudia Sheinbaum. En su mensaje, el presidente hizo una nueva defensa de su visión de la democracia. La democracia, según la Cuarta Transformación.

"Que se acabe la simulación, porque se hablaba de que vivíamos en democracia, pero no. Dominaba una oligarquía, eran los que mandaban, los de mero arriba con fachada de democracia, había simulación. Ahora es distinto. Ahora sí es el pueblo el que manda, el pueblo es el que decide y se lleva a la práctica lo que establece el artículo 39 de nuestra Constitución: que el pueblo tiene en todo momento el derecho de cambiar la forma de su gobierno; el poder dimana del pueblo, dice la Constitución, y se instituye en su beneficio", expuso el presidente antes de firmar al decreto, con una sonriente Claudia Sheinbaum a su lado, que, en una breve intervención al final del video de siete minutos, celebró que la firma del decreto ocurriese el mismo día del Grito de Independencia, el último de AMLO.

"Con el pueblo todo, sin el pueblo nada", concluyó la presidenta electa.

Un año después, ya como titular del Poder Ejecutivo, Claudia Sheinbaum relató en su libro sobre la transición cómo vivió aquel momento, dejando claro —contrario a lo que algunos opositores y analistas afirmaban— que ella también respaldaba la reforma judicial y la elección de jueces, magistrados y ministros mediante voto popular. Además, en su *Diario*, la presidenta expuso su visión del papel que le tocaba jugar como responsable de la continuación del proyecto lopezobradorista, a lo que ella llamaba "el segundo piso de la Cuarta Transformación".

> El último Grito de Independencia del presidente AMLO fue una fiesta popular, llena de alegría y melancolía. Nos colocaron en el segundo balcón a la izquierda del presidencial. Estuve con Jesús, mi esposo. Al final del grito, después de los fuegos artificiales, la gente coreaba "no te vayas" y él, nuevamente generoso, me señaló. Regresé la señal: "es él". Yo sólo le devolví el gesto. Él es el origen. Nosotros, la continuidad.[5]

La reforma entró en vigor al día siguiente, con lo cual dio inicio un inédito y complejo proceso electoral, el último de AMLO y el primero de Sheinbaum. Al Instituto Nacional Electoral se le darían ocho meses y 6 mil millones de pesos para organizar la primera elección de cargos judiciales de la historia, una insólita aventura en la que ningún país había incursionado, al menos no una democracia de las dimensiones de la mexicana.

Incertidumbre en las reglas

El lunes 23 de septiembre, el Consejo General del INE sesionó para emitir la declaratoria de inicio de lo que, en el lenguaje jurídico-electoral, se conoció desde entonces como "proceso electoral extraordinario para la elección de diversos cargos del Poder Judicial de la Federación 2024-2025". El acuerdo establecía cinco etapas: *1)* preparación de la elección (que iniciaba ese día con la aprobación del acuerdo); *2)* jornada electoral (prevista para el 1 de junio de 2025); *3)* cómputo de la elección, publicación de resultados y entrega de constancias de mayoría; *4)* declaración de validez y envío de resultados al Tribunal Electoral; *5)* resolución de impugnaciones en dicho tribunal.

Desde el día uno, la elección judicial implicó un reto jurídico y logístico para las autoridades electorales, que encontraron en el decreto de reforma constitucional, firmado por AMLO, una confusa y contradictoria carta de navegación comprimida en 12 artículos transitorios, en los que se establecía cuántos cargos se habrían de elegir, la fecha de la primera elección, la forma de procesar las candidaturas, el diseño de las boletas electorales y los plazos para la remoción de las personas que en ese momento ocupaban los cargos que habrían de elegirse, entre muchos otros detalles.

Una primera diferencia respecto a los procesos electorales a los que el INE estaba acostumbrado era la exclusión de los partidos políticos del proceso, lo que implicó que el Consejo General sesionara sin los representantes de los seis partidos con registro nacional ni los representantes del Poder Legislativo, los cuales, en los hechos, le dan un asiento adicional a cada partido en la llamada "herradura de la democracia". Así, el INE sesionó durante ocho meses con prácticamente dos consejos: uno con partidos, para tratar los asuntos ordinarios del INE, y otro sin partidos, para tratar los asuntos de la elección judicial. Este diseño se replicó en los 32 consejos locales, los 300 consejos distritales y en las casillas, donde por primera vez la jornada electoral transcurriría sin la vigilancia de los partidos.

El primer transitorio daba la pauta para dimensionar el proceso que habría de organizar el INE, apenas unos meses después de haber concluido la elección federal de 2024.[6]

Una elección de 881 cargos federales: cinco ministras y cuatro ministros de la SCJN; una magistrada y un magistrado de la Sala Superior del Tribunal Electoral (se decidió que los cinco en funciones se quedarían hasta 2027 en el cargo); 15 magistraturas de las salas regionales del Tribunal Electoral (tres por cada circunscripción); tres magistradas y dos magistrados del Tribunal de Disciplina Judicial, que sustituiría al antiguo Consejo de la Judicatura Federal; 464 magistraturas de tribunal de circuito y 386 jueces y juezas de distrito.

Una megaelección con dos plazos estrictos: la jornada electoral debía ocurrir el primer domingo de junio de 2025, y las personas electas tendrían que tomar posesión el 1 de septiembre de ese mismo año.

En los transitorios también se establecía que las personas que estuvieran en funciones en los cargos a elegir podrían optar por participar en la elección extraordinaria, por lo que serían incluidas automáticamente en los listados de candidaturas, a menos que hicieran explícita su declinación. En el caso de la Suprema Corte, esto abrió la puerta para que se postularan las tres ministras ligadas al lopezobradorismo: Lenia Batres, Yasmín Esquivel y

Loretta Ortiz, quienes adelantaron su campaña y se promovieron en medios y redes sociales, pagando entrevistas e inventándose eventos para visitar los estados de la República. Un activismo anticipado que hubiera ameritado la pérdida del registro como candidatas y que el INE decidió tolerar aplicándoles sanciones mínimas.

Presidenta con A

El 1 de octubre, un año después de haberle dado el bastón de mando del movimiento, Andrés Manuel López Obrador entregó el poder a Claudia Sheinbaum en una sesión de Congreso General en la Cámara de Diputados. Ifigenia Martínez, una de las precursoras de la izquierda mexicana, que para entonces tenía 99 años, presidió la sesión. Débil, con un tanque de oxígeno al lado y recién salida del hospital, Ifigenia usó su último aliento de vida para consumar el momento histórico: la llegada de una mujer a la presidencia de la República. Vestida de rojo y asistida por un funcionario de servicios parlamentarios, la presidenta de la Mesa Directiva de la Cámara de Diputados leyó, con cierta dificultad, dos párrafos que anunciaban la presencia de la nueva presidenta.

"En este acto, de conformidad con lo que establece el artículo 87 constitucional, la doctora Claudia Sheinbaum Pardo rendirá protesta como presidenta de la República ante el Congreso de la Unión", proclamó la diputada.

"Honorable Congreso de la Unión, pueblo de México: protesto guardar y hacer guardar la Constitución Política de los Estados Unidos Mexicanos y las leyes que de ella emanen, y desempeñar leal y patrióticamente el cargo de presidenta de la República que el pueblo me ha conferido, mirando en todo por el bien y prosperidad de la Unión. Y, si así no lo hiciere, que la nación me lo demande", leyó Sheinbaum la protesta legal.

Segundos después, el silencio se rompió con gritos de "¡presidenta, presidenta!" y un coro de diputados morenistas que lanzaron el que había sido su nuevo clamor de batalla desde 2023: "¡Es un honor estar con Claudia hoy!". La consigna era una adaptación del lema "Es un honor estar con Obrador" que voceaban los simpatizantes de AMLO desde 2004 y 2006, tiempos del desafuero y del "fraude" que le impidió llegar a la presidencia.

En el presídium, flanqueando a Ifigenia y a Claudia, estaban el presidente del Senado, Gerardo Fernández Noroña, ataviado con el saco boliviano que usaba en ceremonias especiales; López Obrador, de traje oscuro; y la presidenta de la Suprema Corte de Justicia de la Nación, Norma Piña, pues al nuevo régimen no le quedó más remedio que invitarla a una ceremonia en la que debían estar presentes los tres Poderes de la Unión. La ministra se puso de pie, pero no aplaudió, y se veía sumamente incómoda, rodeada de los legisladores que habían aprobado la reforma que la obligaría a dejar el cargo el siguiente año.

Después de leer su toma de protesta, Sheinbaum se acercó a Ifigenia, que se puso de pie durante unos cuantos segundos mientras López Obrador le entregaba la banda presidencial.

"Te la paso a ti, y tú se la das a ella", se alcanzó a escuchar la voz de AMLO, quien al mismo tiempo ayudaba a Ifigenia a regresar a su asiento.

Una cadete del Ejército auxilió a Sheinbaum para colocarse la banda, que contrastaba sobre su vestido blanco.

Ya investida, Sheinbaum pronunció su primer discurso como presidenta, en el que elogió a AMLO, hizo un recuento de lo logrado en su sexenio y anunció que su gobierno sería la continuidad de la Cuarta Transformación, el segundo piso. Pidió que la llamaran presidenta con A y dedicó tres párrafos a la controvertida reforma judicial, que, para decepción de los críticos y opositores, no dejaban ver ni la más mínima intención de modificar el designio de López Obrador.

"Habrá Estado de derecho. La reciente reforma constitucional al Poder Judicial que marca la elección por voto popular de jueces, magistrados y ministros significa más autonomía e independencia del Poder Judicial. Piénsenlo sólo por un momento: si el objetivo hubiera sido que la presidenta controlara la Suprema Corte, hubiéramos hecho una reforma al estilo Zedillo. No, eso es autoritarismo, nosotros somos demócratas. Queremos que se termine la corrupción en el Poder Judicial, es un proceso en donde habrá una convocatoria única, un comité de selección de candidatas y candidatos para garantizar que cumplan los requisitos. ¿Y quién decidirá? Será la gente, será el pueblo. ¿Cómo va a ser autoritaria una decisión que en esencia es democrática y permite que el pueblo decida? Estoy segura de que, en unos años, todas y todos estaremos convencidos de que esta reforma es lo mejor. Aprovecho para decirles a las y los trabajadores del Poder Judicial que sus derechos y salarios están totalmente salvaguardados", anunció la presidenta.

Después de la ceremonia en el Congreso, Sheinbaum se trasladó a Palacio Nacional, donde hubo una comida con los jefes de Estado y representantes de los países que habían acudido al cambio de poderes. Por la tarde, protagonizó una ceremonia en la que las autoridades de 70 pueblos indígenas y el pueblo afromexicano le entregaron el bastón de mando. Bajo el mismo guion de la secuencia de AMLO en 2018, Sheinbaum aprovechó la "toma de protesta ante el pueblo de México" para leer 100 compromisos; en el número 8, volvió a referirse a la elección de jueces.

"Ya se aprobó la reforma judicial. En unos días, el Senado de la República va a emitir la convocatoria, porque la elección es en junio del 2025. Como lo dije en el Congreso, lo que queremos es más independencia y autonomía del Poder Judicial, erradicar la corrupción. Además, ya el Ejecutivo se elige democráticamente, el Legislativo se elige democráticamente; ahora le toca al Poder Judicial ser elegido democráticamente. Con el pueblo, todo; sin el pueblo, nada", insistió, adoptando el lenguaje y el concepto lopezobradorista de democracia.

Al día siguiente, la presidenta ofreció su primera conferencia mañanera y comenzó formalmente su gobierno. Tres días después, el 5 de octubre, se anunció la muerte de la maestra Ifigenia Martínez, la mujer que le había entregado la banda presidencial y la fundadora de la corriente de izquierda que en 1987 rompió con el PRI, en 1988 creó el Frente Democrático Nacional y en 1989 fundó el Partido de la Revolución Democrática; todo, al lado de Cuauhtémoc Cárdenas y Porfirio Muñoz Ledo, quien falleció en julio de 2023. De los tres iniciadores del movimiento que terminó llevando a AMLO y a Sheinbaum al poder, sólo Cárdenas podría atestiguar el nuevo gobierno, pero no fue invitado a la ceremonia en el Congreso.

La noche del 5 de octubre, al expresar sus condolencias, Sheinbaum reveló que el 2 de junio había votado por la maestra Ifigenia en la elección presidencial. Un acto simbólico. En los hechos, el legado de los tres fundadores de una izquierda democrática que le dio sentido y vida a la transición mexicana hacia la democracia ya había sido olvidado por sus herederos.

El último intento por evitar la elección

En octubre, la preparación de la elección judicial se vio interrumpida por nuevas controversias legales.

En primer lugar, más de 100 suspensiones otorgadas por diversos jueces a favor de ciudadanos —y otros jueces— que impugnaron la declaratoria de inicio del proceso electoral hecha por el INE el 23 de septiembre. Los amparos generaron que algunas consejeras y consejeros pidieran a Guadalupe Taddei hacer una pausa en el proceso, pues sus actuaciones implicaban violar resoluciones judiciales, lo que se traduciría en amonestaciones, multas y otras sanciones. Ante estos hechos, el INE determinó silenciosamente no avanzar en los trabajos de la elección y, por iniciativa de Taddei, solicitó al Tribunal Electoral una acción declarativa que le diera luz verde para seguir adelante con el proceso. Esta resolución fue otorgada por el Tribunal el 23 de octubre.

"Procede la acción declarativa solicitada por el INE y es constitucionalmente inviable suspender los actos vinculados con el desarrollo de los procedimientos electorales a cargo de esa autoridad respecto del proceso electoral extraordinario del Poder Judicial de la Federación 2024-2025", resolvió la Sala Superior.[7]

El segundo escollo legal era más serio y derivaba de las controversias constitucionales que promovieron los partidos políticos en contra de la reforma judicial, que fueron admitidas por la Suprema Corte de Justicia de la Nación y dirigidas a la ponencia del ministro Juan Luis González Alcántara Carrancá. Éste elaboró un proyecto de sentencia que invalidaba una parte de la reforma aprobada en septiembre en el Congreso, con todas las deficiencias legislativas documentadas por periodistas y académicos, y denunciadas por la oposición. La acción de inconstitucionalidad presentada por PAN, PRI, Movimiento Ciudadano, diputados del Congreso de Zacatecas y el partido local Unidad Democrática de Coahuila planteaba echar para atrás la elección del Poder Judicial por voto directo, y dio pie al último debate público sobre la reforma judicial, ya con Claudia Sheinbaum en el poder.

Durante todo el mes de octubre, se dieron diversos pronunciamientos sobre la pertinencia de elegir a jueces, magistrados y ministros, con Morena y sus afines a favor del proceso. La oposición, junto con una buena parte de la academia y la comentocracia, claramente estaba en contra de lo que consideraba una maniobra regresiva, la cual, según los más críticos, lejos de robustecer la democracia, daría pie a la captura total del Poder Judicial por parte del oficialismo. Nuevamente, como había ocurrido en todo el sexenio de AMLO, dos visiones de la democracia se confrontaban en un debate público polarizado, sin puentes ni puntos de encuentro.

Los ánimos se exacerbaron en la última semana de octubre, cuando Morena ejecutó una reforma para blindar el plan C, que se conoció como "supremacía constitucional". Ésta consistió en modificar los artículos 105 y 107 de la carta magna para impedir que la Corte pudiera revisar o invalidar reformas constitucionales aprobadas por el Congreso de la Unión. La reforma de "supremacía constitucional" se procesó en tiempo récord: fue presentada el 22 de octubre por los coordinadores de Morena en las dos cámaras: el senador Adán Augusto López y el diputado Ricardo Monreal. El 24 de octubre se aprobó en el Senado y, al día siguiente, la minuta se procesó en comisiones de la Cámara de Diputados. El 30 por la mañana la aprobó el pleno de la Cámara de Diputados y la envió a los congresos de los estados. En cuestión de horas, 17 legislaturas le dieron su aval para que el Congreso de la Unión hiciera la declaratoria de reforma constitucional. El 31 de octubre, la presidenta Sheinbaum publicó el decreto de reforma en una edición vespertina del *Diario Oficial de la Federación*.[8]

En ese contexto, el proyecto de González Alcántara se dio a conocer el 27 de octubre, como una última rendija para una solución intermedia. El ministro ponente sugirió mantener la elección de ministras y ministros de la Suprema Corte, magistradas y magistrados del Tribunal Electoral del Poder Judicial de la Federación, y las cinco magistraturas del nuevo Tribunal de Disciplina Judicial; excluyendo a los tribunales de circuito y a los juzgados de distrito, que no sólo representaban el grueso de los cargos a elegir (850 de los 881 previstos), sino las capas donde se concentraba la mayor parte de los funcionarios de carrera judicial. El proyecto se dio a conocer al tiempo que se anunciaron las renuncias (válidas a partir de septiembre del siguiente año) de los ocho ministros y ministras no incondicionales del oficialismo, quienes decidieron no aceptar la postulación automática para ser electos, a diferencia de lo que hicieron Lenia Batres, Yasmín Esquivel y Loretta Ortiz.

La propuesta fue rechazada por el nuevo gobierno, que criticó que se pretendiera poner una renuncia como moneda de cambio para no ir a la elección total del Poder Judicial. La presidenta Sheinbaum, quien no había cumplido aún su primer mes en el poder, descalificó varias veces la propuesta del ministro en la "conferencia del pueblo" (así quiso rebautizar las mañaneras de López Obrador). Sheinbaum criticó que se hubiese admitido un recurso promovido por los tres partidos políticos de la oposición para echar atrás una reforma constitucional ya aprobada, pues, según ella, los partidos sólo podían acudir al Tribunal Electoral. Además, cuestionó que la Corte pretendiera modificar una reforma constitucional en lugar de invalidarla, pues el proyecto de González Alcántara validaba el proceso legislativo, pero sugería cambiar los términos de la reforma.

"La Constitución dice que los únicos que pueden reformar la Constitución son la mayoría calificada de la Cámara de Diputados, la mayoría calificada del Senado y la mayoría de los Congresos, a través de un procedimiento. En ningún lugar la Constitución dice: 'La Corte puede legislar sobre las reformas constitucionales'. Entonces, a ver si estos ocho ministros y ministras están dispuestos a violar el artículo 135 de la Constitución… Dicen que 'la presidenta es una autoritaria, que es antidemocrática', pero nosotros lo único que estamos haciendo es cumplir con la Constitución. Entonces, la Corte hace esa propuesta, pero el problema es que están legislando, están cambiando la Constitución, porque ya es constitucional la reforma al Poder Judicial. La Corte puede decir: 'Se realizaron mal estos procedimientos', eso sí podría, o sea, el procedimiento con el cual se cambió. Pero eso no dice la propuesta del ministro Alcántara. Lo que dice es: 'Les hago una nueva propuesta de Constitución, de reforma al Poder Judicial'. Entonces, ¿quiénes son los autoritarios? O sea, ocho personas pretenden cambiar una reforma sobre el pueblo de México, sobre el Constituyente. ¿Sí se dan cuenta de la magnitud? Yo por eso digo: vamos a esperar a ver cómo votan las ministras y los ministros, y sobre eso ya platicaremos la próxima semana. Pero ése es el fondo", enfatizó la presidenta en su conferencia del 30 de octubre.

En efecto, el 5 de noviembre el asunto se discutió en la Suprema Corte, a donde acudieron decenas de manifestantes para pedirles a los ocho ministros que no comulgaban con la reforma que se mantuvieran firmes y votaran a favor del proyecto de González Alcántara. Morena y el gobierno tenían tres votos, pero necesitaban uno más, pues las sentencias en acciones de inconstitucionalidad requieren precisamente de ocho votos para ser validadas.

El proyecto de sentencia, de 366 páginas, declaraba parcialmente procedente y parcialmente fundada la acción de inconstitucionalidad, e invalidaba algunas reformas hechas a 11 artículos de la Constitución y siete artículos transitorios.[9]

En la discusión, el ministro ponente argumentó que el decreto de reforma judicial contenía, claramente, múltiples aspectos de materia electoral, por lo que los partidos políticos promoventes de la acción de inconstitucionalidad tenían un interés legítimo, lo cual justificaba admitir su recurso. Esto fue secundado por la mayoría. Sin embargo, al discutirse la procedencia, el ministro Alberto Pérez Dayán argumentó que la Suprema Corte no tenía facultades para revisar el contenido de las reformas constitucionales y anunció su voto en contra, con lo que quedaron incompletos los ocho votos necesarios para aprobar el proyecto de González Alcántara.

"No coincido con la propuesta sobre una nueva reflexión, convencido de que esta acción de inconstitucionalidad a partir de sus precedentes debe considerarse improcedente y sobreseer en la misma. No estoy de ninguna manera ajeno a las consecuencias que habrá de producir la reforma constitucional cuestionada principalmente en el ámbito público de la seguridad jurídica, en el tema de la división de poderes y en los principios de la independencia judicial; tampoco las que producirá en el ámbito personal de los juzgadores, la afectación concreta a miles de personas que con su ejecución verán lastimosamente truncados sus esfuerzos de superación y compromiso por una nación más justa; desde luego que lo sé e incluso lo resiento personalmente, a mí también me toca. Sin embargo, sostengo que existen otras vías que protegen esos anhelos y que tienen como eje principal no el combate de normas electorales, sino el reconocimiento y protección de los derechos humanos que la propia Constitución federal y los tratados internacionales que el Estado mexicano ha suscrito han protegido [*sic*]", argumentó el ministro.

De inmediato fue llamado traidor en redes sociales y entre los manifestantes que velaban armas afuera de la Corte.

Ajeno al ruido mediático que provocó, Pérez Dayán cerró su intervención con una justificación que quedó para la historia, la cual vale la pena reproducir textualmente:

"Aceptando con el proyecto que los actores tienen legitimación para promover una acción de inconstitucionalidad, porque así se lo permite precisamente la Constitución, la aquí analizada es, en mi concepto, total y absolutamente improcedente, y ello conduce a sobreseer en ella conforme a los precedentes a los que me he referido; por más que me traté de convencer a mí mismo de lo contrario, resolver en el sentido que propone la propuesta sería, lo digo con todo respeto y exclusivamente en el fuero de mi propia persona, responder a una insensatez, llevada irresponsablemente al texto supremo, con otra insensatez equivalente, al forzar el ejercicio de una facultad que no me fue conferida en el conocimiento de una acción de inconstitucionalidad".

La última oportunidad de impedir la elección judicial murió con esa intervención y con la votación de siete a favor y cuatro en contra de la procedencia de la acción de inconstitucionalidad. Faltó un voto. Todavía después de esa votación, se declaró un receso de hora y media para analizar un último recurso e intento del ministro González Alcántara, quien puso a consideración de sus pares si, dadas las nuevas disposiciones emanadas, precisamente, de la reforma judicial, no debería aplicarse lo que ésta dice textualmente: "Las resoluciones de la Suprema Corte sólo podrán declarar la invalidez de las normas impugnadas siempre que fueren aprobadas por una mayoría de cuando menos seis votos". Seis, y no ocho.

La propuesta fue rechazada después del receso con seis votos de tres ministras y tres ministros, quienes argumentaron que, mientras haya un pleno de 11 miembros, se requiere una mayoría calificada de ocho votos para aprobar una acción de inconstitucionalidad. El último intento sólo fue apoyado por la ministra presidenta, Norma Piña, por Javier Laynez, Alfredo Gutiérrez Ortiz Mena, Margarita Ríos Farjat y por el propio González Alcántara.

El final de la sesión fue confuso y atropellado, y todo acabó a las 5 de la tarde.

La noche de ese mismo martes 5 de noviembre, Donald Trump ganó las elecciones presidenciales en Estados Unidos, con lo que se confirmaba su regreso a la Casa Blanca el 20 de enero de 2025, para un nuevo periodo de gobierno.

Al día siguiente, la presidenta Sheinbaum celebró la resolución de la Corte.

"Estamos muy contentos, estoy contenta. El día de ayer triunfó el pueblo de México y ganó la fuerza de la razón, la cordura frente a la irracionalidad. La elección de jueces, ministras, ministros, magistradas, magistrados va el 1 de junio del 2025. La transformación del país es profunda para bien de todas y todos los mexicanos. Fue un buen día", sentenció.

La oposición denunció presiones al ministro Pérez Dayán para alinearse con las tres ministras de la 4T: Batres, Esquivel y Ortiz. Pero, un mes después de la sesión, el diario *El País* reveló que el ministro había sostenido conversaciones con el senador Adán Augusto López y la propia presidenta, Claudia Sheinbaum, antes del 5 de noviembre, en las que habría acordado el sentido de su voto.[10]

También se habló de una embajada como probable recompensa, pero el ministro llegó hasta el final de su encargo, el último día de agosto de 2025, sin haber sido propuesto para ninguna misión diplomática. Cuatro meses después de dejar la Corte, Pérez Dayán reapareció públicamente en la Feria Internacional del Libro de Guadalajara, donde fue increpado por una asistente, que simplemente le preguntó: "¿Valió la pena cambiar su voto?".

COMITÉS DE EVALUACIÓN: CÓMO FILTRAR 11 MIL CANDIDATURAS

En medio de las controversias, el Senado de la República publicó una convocatoria el 15 de octubre para que los tres Poderes de la Unión conformaran comités de evaluación para filtrar las solicitudes de las personas que se postularían a los 881 cargos a elegir. Los comités debían componerse de cinco personas "de reconocido prestigio en la actividad jurídica" y, desde su conformación, se anticipó el trabajo que cada uno llevaría a cabo. Mientras que en el Poder Ejecutivo y el Legislativo se incluyeron perfiles políticos favorables a la elección, en el Poder Judicial se optó por perfiles técnicos y personas de carrera judicial que habían sido críticas a la reforma.

En el comité del gobierno se incluyó al exministro Arturo Zaldívar, al abogado Javier Quijano (defensor de AMLO en el proceso de desafuero de 2004) y a las abogadas Vanessa Romero (cercana a la presidenta Claudia Sheinbaum), Mary Cruz Cortés e Isabel Inés Romero. El comité del Poder Legislativo se aprobó con los votos de Morena, PVEM y PT, y quedó integrado por personas que en el pasado habían sido apoyadas por el oficialismo para ocupar otras posiciones políticas en sus estados: Ana Patricia Briseño, Norberto García Repper, Maribel Méndez de Lara, Maday Merino y Gabriela Sánchez.

En el comité del Poder Judicial fueron designadas la directora del Instituto de Investigaciones Jurídicas de la UNAM, Mónica González; la presidenta de la Asociación Mexicana de Juzgadores, María Elena Molina de la Puente (una de las personas más críticas de la reforma judicial); Luis Enrique Pereda, de la Barra de Abogados; la magistrada en funciones Emma Meza, y el magistrado Wilfrido Castañón.

Los comités tendrían a su cargo cuatro funciones:

1. Publicar la convocatoria para participar en el proceso de evaluación y selección de postulaciones.
2. Integrar las listas de las personas que cumplieran con los requisitos constitucionales de elegibilidad.
3. Evaluar la idoneidad de los aspirantes, incluyendo la posibilidad de entrevistarlos y determinar a los mejor calificados: 10 para los cargos de la Suprema Corte (SCJN), el Tribunal Electoral (TEPJF) y el Tribunal de Disciplina Judicial (TDJ), y seis para las magistraturas de tribunales de circuito y juzgados de distrito.
4. Depurar los listados mediante insaculación pública para ajustarlos al número de postulaciones para cada cargo por cada poder: tres para cada cargo de ministra o ministro de la SCJN, tres para cada vacante de la Sala Superior del TEPJF, tres para cada magistratura del TDJ, tres para cada cargo de las salas regionales del TEPJF, dos para cada cargo de magistraturas de tribunales de circuito y dos para cada cargo de juzgados de distrito.

El 31 de octubre se instalaron los tres comités, el 4 de noviembre se emitieron las convocatorias y el 24 de noviembre comenzó la inscripción de candidaturas. La ruta indicaba que el 15 de diciembre los comités de evaluación verificarían la documentación de los aspirantes; el 31 de enero aplicarían el primer filtro para seleccionar a los más idóneos, y el 5 de febrero cada comité insacularía a los finalistas para llegar a las candidaturas finales, de forma tal que el Senado pudiera entregar los listados de candidaturas al INE a más tardar el 12 de febrero. El 30 de marzo iniciarían las campañas (que durarían 60 días), concluirían el miércoles 28 de mayo, y la jornada electoral se llevaría a cabo el domingo 1 de junio.

En enero, el comité del Poder Judicial suspendió sus actividades en acatamiento de otro amparo otorgado por una jueza en contra del proceso. El Tribunal Electoral le ordenó continuar, pero una resolución de la Corte avaló el acuerdo del comité, por lo que sus tareas, ya en la recta final de la selección de candidaturas, fueron asumidas por el Senado. La Corte, aún bajo el control de Norma Piña, rechazó los listados de candidaturas, lo que generó un nuevo conflicto entre poderes.

"Hoy la SCJN rechazó el listado; no tienen vergüenza, están condenados a la intranscendencia por su irresponsabilidad y falta de ética, porque es el listado que ellos hicieron en su comité de evaluación", expresó el presidente del Senado, Gerardo Fernández Noroña, el 5 de febrero, día límite para llevar a cabo la insaculación.

El aguerrido Noroña era un veterano activista de izquierda forjado en la resistencia antipriista de los años noventa, famoso, entre otras cosas, por manifestarse frente al presidente Ernesto Zedillo en pleno auge de las políticas neoliberales, acostándose en plena calle para impedirle el paso; por encabezar las protestas contra el fraude electoral de 2006 y por haber llamado narcotraficante a Genaro García Luna durante una comparecencia en San Lázaro (cuando aún era el poderoso secretario de Seguridad Pública de Felipe Calderón y no el convicto que hoy es, sentenciado en Estados Unidos por haber colaborado con el Cártel de Sinaloa). El perfil de Fernández Noroña marcó la elección judicial, pues, como presidente del Senado, le tocaba encabezar la preparación del proceso.

El debate se volvió ríspido en los días que precedieron a la insaculación de los aspirantes, un complejo proceso que implicó filtrar más de 11 mil candidaturas que llegaron a los comités de evaluación; de éstas, 8 mil 626 fueron consideradas elegibles.

Pese a las resistencias de la presidenta de la Corte y de la Jufed, hubo tómbola y sorteo, y el 12 de febrero Fernández Noroña llevó al INE las carpetas con las mil 416 candidaturas del Poder Legislativo, mil 430 del Poder Ejecutivo y 955 del Poder Judicial. A esas candidaturas se sumarían las personas juzgadoras en funciones que manifestaron por escrito su intención de participar en la elección.

El presidente del Senado anticipó ese día su rechazo a cualquier fallo de la SCJN que buscara frenar o aplazar la elección judicial.

"La Corte puede resolver que el sol no salga mañana, y el sol va a salir. Lo que la Constitución dice es que no procede un amparo en materia electoral; además, hicimos la reforma de supremacía constitucional; desconozco cualquier fallo contra el marco constitucional de los ministros facciosos del Poder Judicial", profirió Noroña con enfado, ante la insistencia de reporteras que le pedían explorar el escenario de una nueva controversia con la Corte aún en funciones.

¿Y A POCO DE ESE TAMAÑO VAN A SER LAS BOLETAS?

Para entonces, el INE libraba sus propias batallas, internas y externas, para hacer posible la elección judicial.

En noviembre, la Cámara de Diputados aprobó el Presupuesto de Egresos de la Federación y, como ya era costumbre, aplicó un severo recorte a la solicitud hecha por el INE, que originalmente había requerido 13 mil 205 millones de pesos para la elección judicial.

Si Lorenzo Córdova se quejó de los recortes aplicados por los diputados entre 2019 y 2022, el de 2025 sería un recorte extremo, pues también la solicitud presupuestal era la más alta en la historia del órgano electoral: 40 mil 474 millones de pesos, que incluía 7 mil 354 millones para las prerrogativas que el INE entrega directamente a los partidos políticos, alrededor de 4 mil 620 millones para una posible consulta popular (que no iba a ocurrir, pero que el instituto solicitaba de manera precautoria), 15 mil 295 millones de pesos para el gasto operativo del año y 13 mil 205 millones para la elección judicial.

La Cámara sólo otorgó 27 mil millones de pesos, de los cuales 7 mil 354 millones correspondían al gasto ordinario de los partidos y eran intocables. Los diputados sugirieron al instituto que, de los 20 mil millones restantes, dedicaran 11 mil millones a su gasto operativo y 9 mil millones a la elección judicial.

Pero técnicamente eso era imposible y los consejeros tuvieron que ajustar las partidas, redistribuir el gasto y, ante el recorte, elaborar un nuevo presupuesto para 2025. Así, el Consejo General aprobó destinar únicamente 6 mil 219 millones de pesos a la elección, eliminando proyectos y, lo que más dolería a Morena y al gobierno, reduciendo el número de casillas, tal como había ocurrido en la consulta popular de 2021 y la de revocación de mandato de 2022.

Ya en enero de 2025, la propia Guadalupe Taddei se dio cuenta de que, aun con esos ajustes, los recursos no alcanzarían para llevar a cabo una elección de la magnitud que se planteaba, y accedió a que el Consejo General discutiera un acuerdo para solicitar formalmente una ampliación presupuestal al gobierno. Pero antes acudirían directamente a Palacio Nacional a explicarle la situación a la presidenta Claudia Sheinbaum.

La reunión ocurrió el viernes 10 de enero, y la presidenta recibió a las 11 consejeras y consejeros acompañada de la secretaria de Gobernación, Rosa Icela Rodríguez. Sentadas en una mesa señorial de uno de los salones, las consejeras expusieron a Sheinbaum los planes originales que tenían para la elección, con los 13 mil 205 millones de pesos que habían solicitado inicialmente.

La presidenta escuchó que, en lugar de 172 mil casillas programadas para garantizar que cada ciudadano tuviera una urna cerca de su domicilio, se instalarían sólo 73 mil 850 casillas. El documento expuesto a Sheinbaum detallaba las reducciones en el personal de campo que hace posible una elección: los supervisores electorales (SE), de 7 mil 251 a 3 mil 121, y los capacitadores asistentes electorales (CAE), de 43 mil 362 a 18 mil 569. Esto quería decir que el tramo de control de cada CAE aumentaría de cuatro casillas para 750 electores a cuatro casillas seccionales para hasta 4 mil electores. Un dato técnico pero importante en función del grado de certeza que podría imprimírsele al proceso.

También se expusieron algunos de los proyectos previstos originalmente que tendrían que cancelarse, como una plataforma digital para capacitación, los diálogos universitarios para la promoción del proceso, la votación de mexicanos en el extranjero y, lo que resultaba paradójico, la votación desde centros penitenciarios para personas en prisión preventiva, algunas de las más afectadas por el sistema judicial deficiente y corrupto.

Luego pasaron al tema de las boletas electorales, cuyo diseño acababa de ser aprobado por el Consejo General sólo para cuatro de las seis elecciones previstas en el ámbito federal: ministras y ministros de la Suprema Corte, magistraturas del Tribunal de Disciplina Judicial, magistraturas de la Sala Superior del Tribunal Electoral y de las cinco salas regionales del Tribunal Electoral. En ese momento aún estaban pendientes las dos boletas más complicadas: para elegir magistraturas de tribunal de circuito y jueces de distrito. En todos los casos, el INE había cotizado originalmente boletas tamaño carta, doble carta y cuádruple carta, y con el recorte presupuestal los tamaños se reducían a media carta y carta.

Sheinbaum sintió curiosidad por conocer las papeletas en las que millones de ciudadanas y ciudadanos votarían el domingo 1 de junio. La consejera Carla Humphrey, que iba preparada, sacó de un fólder el prototipo para la elección de ministras y ministros, y lo puso en manos de la presidenta. La boleta, impresa en color morado, contenía dos bloques con 84 filas en las que aparecerían 48 candidaturas de mujeres y 32 candidaturas de hombres a la Suprema Corte de Justicia de la Nación, con un pequeño recuadro que indicaba qué poder del Estado postulaba cada candidatura y, hasta arriba, cinco casillas para que el elector escribiera el número correspondiente a cinco mujeres y cuatro casillas para señalar a sus candidatos hombres. Una verdadera prueba de geometría para el electorado.

Cuando la presidenta tuvo en sus manos el prototipo de boleta electoral, acercó la cara al papel, forzó la vista y luego volteó a ver a las consejeras.

—¿Y de este tamaño van a ser las boletas? —preguntó.

—Y ésta es una de las más sencillas, presidenta —acotó la consejera Claudia Zavala.

—¿Y no hay manera de que sean un poco más grandes? —volvió a preguntar Sheinbaum.

Las consejeras explicaron que uno de los proyectos afectados por el recorte presupuestal era el de producción, almacenamiento y distribución de boletas, documentos y materiales electorales, que tuvo que abaratarse calculando boletas tamaño media carta y carta, en lugar de los tamaños originalmente previstos, que permitían una mejor visualización a los electores.

La reunión duró casi dos horas, fue cordial, e incluso la presidenta dio un breve paseo con las consejeras y consejeros por los pasillos del Palacio Nacional. Sirvió, para romper el hielo, que la presidenta ya conociera al menos a dos de las consejeras del odiado INE: Claudia Zavala y Carla Humphrey, quienes habían sido consejeras locales en el Instituto Electoral de la Ciudad de México en las elecciones de 2015, cuando Sheinbaum contendió por la alcaldía Tlalpan.

En un momento del recorrido, las condujo al Salón de Embajadores y a los balcones del palacio. Sheinbaum dirigió la vista a la plaza y les recordó que el domingo siguiente, 12 de enero, habría un mitin para hablar sobre la relación de México con Estados Unidos en la víspera de la toma de protesta de Donald Trump, prevista para el 20 de ese mes.

"Acá las espero", les dijo entre risas.

Al salir de la reunión, Guadalupe Taddei informó que la presidenta Sheinbaum les garantizó que habría una ampliación presupuestal de al menos 800 millones de pesos para garantizar la calidad y legitimidad del proceso.

"Tenemos la garantía en este momento de que va a haber un recurso adicional, y eso abre caminos distintos en la aplicación de recursos en el instituto. Ésa es la garantía que en este momento nos dan, así hay que recibirla y esperarla, en el momento en el que se definan sus propias posibilidades de depositarse, yo creo que en este mes tendremos un primer adelanto", aseguró la consejera presidenta.

Seis días después, el INE aprobó solicitar una ampliación de mil 511 millones de pesos, de los cuales la Secretaría de Hacienda terminó entregándole sólo los 800 millones comprometidos por la presidenta en aquella reunión. Esos recursos provenían de los fideicomisos del Poder Judicial, que por mandato de la reforma constitucional fueron entregados por la Corte a la Tesorería de la Federación.

Con ese dinero, el INE pudo ampliar el número de casillas, pero sólo a 84 mil, lo que no satisfacía la demanda de Morena de cubrir todo el territorio nacional, pues seguían siendo menos de la mitad de las instaladas en 2024 para elegir los poderes Ejecutivo y Legislativo.

En medio de las discusiones presupuestales, la consejera presidenta del INE dijo, en el programa de radio de Ciro Gómez Leyva, que el INE preveía una participación de máximo 15% de los electores, lo que significaba una tercera parte de la participación registrada en 2024. El cálculo de Guadalupe Taddei resultaba desalentador para los organizadores del proceso, que, con toda razón, se preguntaban ¿y para qué tanto esfuerzo y tantos recursos? A la larga, Taddei tendría razón, pues el 1 de junio sólo participó el 13% de los 99.7 millones de ciudadanos convocados.

El escrutinio y cómputo fuera de las casillas, otro efecto de la austeridad

Por el recorte, los plazos reducidos, las controversias legales y las múltiples imperfecciones y situaciones no previstas en la reforma constitucional, la elección del Poder Judicial tuvo otras deficiencias. Para enfrentarlas, el INE tuvo que aprobar 185 acuerdos en el Consejo General, que iban desde el diseño de boletas electorales que por primera vez no tendrían logotipos de partidos políticos, sino listas de nombres y recuadros, hasta la elaboración de un marco geográfico que tratara de empatar los distritos electorales con los distritos judiciales.

Muchos de esos acuerdos fueron impugnados ante el Tribunal Electoral, que aprobó más de 30 sentencias relacionadas con los preparativos de la elección judicial. Así, la de 2025 no sólo fue la elección más compleja en la historia del INE, sino también la más litigiosa.

Uno de los acuerdos más polémicos se aprobó el 5 de enero, cuando el INE emitió el modelo de casilla seccional que se usaría en la jornada del 1 de junio. En él se estableció —por primera vez en la historia electoral reciente— que los ciudadanos habilitados como funcionarios de casilla no harían el escrutinio y cómputo de los votos la misma noche de la jornada, sino que éstos serían clasificados, contados, metidos en bolsas y trasladados a los consejos distritales, para que allí se hiciera el cómputo. En el acuerdo se lee:

> Luego del cierre de la votación, las personas funcionarias de mesas directivas de casillas seccionales realizarán únicamente la clasificación y conteo de votos, sin que se haga el escrutinio y cómputo por candidatura. Asimismo, para el embalaje de boletas sobrantes, se habilitarán las personas funcionarias de casilla necesarias. Lo anterior tiene como propósito reducir el tiempo de preparación del expediente para su pronta entrega a los consejos distritales, quienes [serán] responsables de realizar el cómputo en las instalaciones de la sede distrital.[11]

Esta novedad era obligada por la complejidad de la elección y la falta de recursos, pues en lugar de prever casillas de máximo 750 electores, como en un proceso convencional, en este proceso el INE tuvo que prever hasta 2 mil 250 electores por casilla, debido a la reducción de los centros de votación.

Además, en lugar de colocar una urna para cada tipo de elección con el color distintivo de cada boleta, en las casillas de la elección judicial el INE acordó instalar una sola urna al centro, en la que se depositarían todas las boletas, independientemente de que el voto fuera por ministro, magistrado o juez, y lo mismo si se trataba de elección federal o local. Cada urna tendría capacidad para recibir mil 500 votos y, en caso de llenarse, sería sustituida por una urna nueva.

En un proceso electoral basado en la desconfianza, como el mexicano, esta operación implicaba dejar por escrito instrucciones tan precisas como las siguientes:

El cambio de urna se realizará cuando se encuentre a su máxima capacidad de votos, conforme lo siguiente:

- La persona escrutadora llevará la urna llena a la mesa directiva de casilla, donde se tendrá también la urna vacía.
- Retirará el forro a la urna llena y se lo colocará a la urna vacía.
- Se sellará la ranura de la urna con una tira de cinta de seguridad; quedará bajo resguardo de la mesa directiva de casilla a la vista de todas las personas.
- Una vez hecho esto, se instalará otra urna vacía con el forro colocado.
- Se reanudará la colocación de votos en la urna única con forro.
- Se asentará en el reverso de la hoja de incidentes la hora en que se colocó una nueva urna vacía debido a que la anterior se llenó de votos.

Se recomienda tener urnas vacías armadas suficientes, antes de realizar el reemplazo, para evitar demoras en la sustitución durante la jornada electoral extraordinaria.

Al final de la votación, los funcionarios de casilla deberían clasificar y contar los votos, conforme a los colores asignados a cada boleta: morado para los ministros y ministras de la SCJN, verde agua para el Tribunal de Disciplina Judicial, azul para la Sala Superior del Tribunal Electoral, salmón para las salas regionales del Tribunal Electoral, rosa para los tribunales de circuito y amarillo para los juzgados de distrito. Cada color se metería en una bolsa diferente; éstas se sellarían y se trasladarían a los consejos distritales.

En un país acostumbrado a que en la noche de la elección se publiquen mantas en las casillas indicando cuántos votos obtuvo cada candidato, en esta ocasión sólo se indicaría cuántos votos se emitieron por cada uno de los cargos a elegir.

Un factor adicional haría aún más complejo el proceso: la aprobación de reformas constitucionales en 19 entidades, que ordenaban llevar a cabo la elección judicial local, incluidos Durango y Veracruz, donde además habría elecciones municipales el mismo día.

En total, el 1 de junio se elegirían mil 800 cargos locales además de los 881 cargos judiciales federales, lo que implicaba un reto logístico en las 19 entidades con comicios concurrentes: Aguascalientes (65 cargos), Baja California (171), Chihuahua (305), Ciudad de México (133), Coahuila (106), Colima (46), Durango (49), Estado de México (89), Michoacán (112), Nayarit (49), Quintana Roo (138), San Luis Potosí (87), Sonora (50),

Tabasco (72), Tamaulipas (147), Tlaxcala (36), Veracruz (98), Yucatán (14) y Zacatecas (33).

Como las entidades renovarían su Tribunal Superior de Justicia, sus tribunales electorales, tribunales de circuito o distintos juzgados, dependiendo de la reforma aprobada en cada caso, el número de boletas variaba: desde tres boletas para cargos locales en la Ciudad de México, hasta siete en estados como Chihuahua o Tlaxcala. Esto, sumado a las seis boletas de la elección federal, implicaba que un ciudadano de Chihuahua pudiera recibir hasta 13 boletas diferentes para emitir sus sufragios.

El tiempo previsto por el INE para que cada ciudadano emitiera su sufragio, calculado en un minuto en elecciones convencionales, se duplicó a dos minutos en algunos de los simulacros que hizo la autoridad electoral.

La campaña del acordeón: resultados predeterminados

El domingo 30 de marzo comenzaron las campañas, que también traían consigo algunas novedades; básicamente, un amplio catálogo de restricciones para las 3 mil 400 candidatas y candidatos federales y las 3 mil 366 candidaturas a nivel local.

Al buscarse campañas austeras, la autoridad electoral fijó topes de gasto irrisorios si se comparan con el gasto que evidentemente ya habían hecho algunos candidatos, incluso antes del arranque de campañas: 1 millón 468 mil pesos para candidatos a ministro, magistrado del Tribunal Electoral y del Tribunal de Disciplina Judicial; 881 mil pesos para magistrados de sala regional del Tribunal Electoral; 443 mil pesos para magistrados de tribunal de circuito y 220 mil pesos para candidatos a juzgados de distrito.

Las reglas impuestas desde el origen de la reforma judicial impusieron prohibiciones como imprimir propaganda en papel, realizar encuestas propias y difundirlas, contratar espacios publicitarios en radio, televisión e internet, o colocar anuncios en espectaculares, bardas, vallas, parabuses y cualquier tipo de mobiliario urbano.

Todo eso contribuyó a que las campañas fueran inexistentes para la ciudadanía, que de por sí nunca mostró mayor interés por elegir a sus jueces. Así lo reflejaron las encuestas previas a la jornada electoral. Según Buendía & Márquez, en mayo de 2025 apenas la mitad de la población conocía la fecha de la elección, el 50% tenía interés en el proceso y sólo el 37% manifestaba que "seguramente iría a votar".

"La primera elección popular del Poder Judicial enfrenta un déficit de conocimiento y un caudal participativo todavía incierto. El reto de convertir esta novedad institucional en una cita cívica atractiva sigue presente", advertía su estudio.

La encuesta de Alejandro Moreno para *El Financiero*, publicada el 7 de mayo, indicaba que el 41% estaba algo o muy interesado en la elección, mientras que el 58% se dijo poco o nada interesado. Sólo el 34% conocía la fecha de los comicios y el 50% decía haber visto las campañas de la elección judicial.

Aunque se buscó la austeridad, el informe de fiscalización del INE, al final del proceso, indicó que las candidatas y candidatos a nivel federal registraron gastos por más de 122 millones de pesos en total, mientras que las candidaturas locales gastaron 68.3 millones de pesos.

El INE obligó a los más de 7 mil candidatos a presentar informes de ingresos y egresos y a registrar todos sus eventos y recorridos, así como los gastos personales de transporte, comidas, hospedajes y otros viáticos. La fiscalización de la autoridad electoral detectó irregularidades mínimas que derivaron en multas por un total de 18 millones de pesos (10 millones en la elección federal y 8 millones en la local), con sanciones individuales de máximo 200 mil pesos para las candidaturas más infractoras. Multas que, tres meses después, fueron reducidas por el Tribunal Electoral.

Tanto el INE como el Tribunal invirtieron horas y días en la elección judicial, con minuciosos procedimientos y largas discusiones por la aplicación de las reglas, como si se tratara de una elección ordinaria, con competencia real entre las candidaturas que se peleaban el voto ciudadano.

Pero lo cierto es que la elección se estaba tomando en otro sitio, por lo menos en lo que se refiere a los 31 cargos más relevantes del proceso: los nueve ministros y ministras de la Suprema Corte, las cinco magistraturas del Tribunal de Disciplina Judicial, las dos magistraturas de la Sala Superior del Tribunal Electoral y las 15 magistraturas de las cinco salas regionales del Tribunal Electoral.

En abril, operadores políticos de Morena crearon el sitio *Poder Judicial 4T*, en el que se indicaba cómo votar en cada una de las boletas. La página mostraba las boletas con el número de las candidaturas que debían votarse y los nombres subrayados. Además, se invitaba a descargar esas muestras, imprimirlas, fotocopiarlas y distribuirlas.

De ahí surgieron las guías de voto o "acordeones" que los militantes de Morena distribuyeron entre la población, en ciudades y pueblos, para dejarle claro a su base cómo debía votar.

La "operación acordeón" se replicó en los estados con algunas candidaturas locales que los dirigentes de Morena habían decidido impulsar.

La principal prueba de que la elección judicial tenía resultados predeterminados fueron los propios resultados, que coincidían casi al 100% con las guías de voto elaboradas por Morena y, en especial, con las que se difundieron en el sitio *Poder Judicial 4T*.

Para la Suprema Corte de Justicia, las personas señaladas en los acordeones, que finalmente terminaron ganando la elección, eran las tres ministras en funciones, Lenia Batres, Yasmín Esquivel y Loretta Ortiz; la exconsejera jurídica de la Presidencia, María Estela Ríos, y la fiscal en materia de Derechos Humanos de la FGR, Sara Irene Herrerías. Entre los hombres, los cuatro beneficiados de la operación acordeón eran el abogado oaxaqueño Hugo Aguilar, quien a la larga fue el más votado y se convirtió en ministro presidente; el excomisionado de Transparencia de la Ciudad de México, Arístides Guerrero García; el académico Giovanni Azael Figueroa Mejía, y el exmagistrado del Tribunal de Justicia Administrativa de la Ciudad de México, Irving Espinosa Betanzo.

En el caso del Tribunal de Disciplina Judicial, los acordeones señalaban a tres personas cercanísimas a López Obrador y que ya se desempeñaban en el Consejo de la Judicatura: la abogada queretana Celia Maya, el veterano jurista Bernardo Bátiz y la abogada oaxaqueña Verónica de Gyvés Zárate. Los otros dos beneficiados por la operación acordeón, que a la larga resultaron electos, fueron Indira Isabel García y Rufino H. León Tovar.

Para las dos vacantes de la Sala Superior del Tribunal Electoral, los acordeones indicaban que había que votar por la exmagistrada de sala regional Claudia Valle y el expresidente del Tribunal Electoral de Chiapas, Gilberto de Guzmán Bátiz, quienes también ganaron.

Para las cinco salas regionales, la página *Poder Judicial 4T* mostraba cinco modelos distintos de acordeón, uno por cada una de las circunscripciones. En este caso, se confirmó que 12 de las 15 personas ganadoras habían sido promovidas en los acordeones.

En las salas regionales primera, tercera y cuarta, la efectividad del acordeón fue total. Sala Guadalajara: Rebeca Barrera Amador, Irina Graciela Cervantes Bravo y Sergio Arturo Guerrero Olvera. Sala Xalapa: Roselia Bustillo Marín, Eva Barrientos Zepeda y José Antonio Troncoso Ávila. Sala Ciudad de México: María Cecilia Guevara y Herrera, Ixel Mendoza Aragón y José Luis Ceballos Daza.

En la Sala Regional quinta, con sede en Toluca, llegaron dos candidatas del acordeón: Nereida Berenice Ávalos Vázquez y Marcela Elena

Fernández Domínguez. Sólo el tercer ganador, Omar Hernández Esquivel, no estaba en el acordeón oficial, y quien sí aparecía en las guías de voto, Fernando Ramírez Barrios, se quedó a 40 mil votos del ganador.

En la segunda Sala Regional, con sede en Monterrey, sólo una de las candidatas del acordeón llegó al cargo: María Guadalupe Vázquez Orozco. Las otras dos, Eusebia González y Ernesto Camacho Ochoa, perdieron los comicios y en su lugar ganaron Ivett Figueroa Gámez y Sergio Díaz Rendón, no mencionados en los acordeones de Morena.

Investigaciones hechas por los periodistas de *Animal Político*, en el marco del Observatorio Judicial de la Universidad Iberoamericana, coordinado por Ana Laura Magaloni, revelaron después que lo mismo ocurrió en los 19 estados donde hubo elecciones locales para renovar tribunales superiores de justicia y otras instancias del Poder Judicial. Los gobernadores de los 15 estados pertenecientes a Morena y sus aliados operaron en favor de los 31 candidatos federales señalados en los acordeones, pero también en favor de sus predilectos para los cargos locales.

Sin embargo, el verdadero hallazgo de esta investigación fue que lo mismo ocurrió en los cuatro estados gobernados por la oposición en los que hubo elecciones judiciales locales: Aguascalientes y Chihuahua, con gobernadoras del PAN, y Coahuila y Durango, con mandatarios emanados del PRI.

Teresa Jiménez, en Aguascalientes, y María Eugenia Campos, en Chihuahua, colocaron a operadores y exfuncionarios de sus gobiernos en el Tribunal Superior de Justicia, el Tribunal de Disciplina Judicial local y en magistraturas y juzgados locales. Lo mismo hicieron los priistas Manolo Jiménez, en Coahuila, y Esteban Villegas, en Durango, primero promoviendo las reformas constitucionales en sus estados, luego operando listas y planillas de candidaturas afines y, finalmente, creando sus propios acordeones para que sus allegados resultaran electos. En el caso de Durango se llegó al extremo de pactar las mismas candidaturas, para que los tres poderes postularan exactamente los mismos nombres en sus planillas, que, originalmente, debieron ser distintas. No en vano, Coahuila y Durango, siendo priistas, fueron dos de los estados con mayor participación ciudadana en la elección judicial del 1 de junio, con niveles cercanos al 20%, cuando a nivel nacional ésta se quedó en el 13 por ciento.

El informe del Observatorio Ibero sobre el Sistema de Justicia concluyó:

> La operación de los acordeones locales es clave para entender la nueva geografía del control judicial. Los gobernadores y partidos diseñaron sus propias

guías, operando la elección local. Los tribunales superiores de justicia y los nuevos tribunales de disciplina locales fueron ganados en su totalidad por los candidatos alineados con los ejecutivos estatales. El análisis de perfiles de los ganadores locales documentó la presencia de numerosos exconsejeros jurídicos o colaboradores directos de los propios gobernadores. Esta captura silenciosa se observó en estados gobernados tanto por el partido en el poder como por partidos de oposición. La elección judicial, por lo tanto, funcionó como un mapa del control político territorial, asegurando la fidelidad de los poderes judiciales locales al poder ejecutivo estatal.[12]

En el INE, el consejero Martín Faz se dio a la tarea de contabilizar la magnitud de la operación acordeón. Según sus estimaciones, la efectividad del acordeón llevó a que en 43 mil casillas, de las 84 mil instaladas, las candidaturas previamente seleccionadas y colocadas en el acordeón fueran exactamente las ganadoras y que, en el resto, se votara al menos por una de las candidaturas señaladas. En el caso del Tribunal de Disciplina Judicial se llegó al absurdo de que en el 90.39% de las casillas obtuvieron la mayoría de los votos de tres a cinco candidaturas del acordeón. Es decir, en nueve de cada 10 casillas la ciudadanía votó de forma idéntica, en una boleta en la que había 38 candidaturas y 174 mil 420 combinaciones posibles para votar.

El INE detectó y recuperó en terreno hasta 47 versiones distintas de acordeón, pero falló a la hora de acreditar la participación de funcionarios de gobierno, el uso de recursos públicos o el condicionamiento de programas sociales para presionar el voto conforme a las guías distribuidas.

Otra de las anomalías que llamó la atención de los especialistas fue la cantidad inédita de personas que solicitaron al INE registrarse como observadores electorales. Hasta 3 mil 300 en un solo día.

Según cifras del instituto, en total se recibieron 316 mil 430 solicitudes, de las cuales se aprobaron 170 mil 360 y se rechazaron más de 146 mil, entre otras cosas, porque en el proceso de verificación el personal del INE detectó a muchos militantes de Morena y otros partidos que querían hacerse pasar por observadores. Al final, el INE de Taddei minimizó los hechos y convirtió la extraña afluencia de observadores en una más de las supuestas virtudes de la elección judicial.

Lo cierto es que las cifras no cuadraban, ni por tratarse de una elección de escaso interés y baja participación, ni por los antecedentes históricos. En las presidenciales de 2018, que despertaron un gran entusiasmo social, el INE recibió apenas 38 mil 353 solicitudes para ser observador, y aprobó 32 mil 548.

En 2024, en la elección de Sheinbaum, fueron 34 mil solicitudes y 25 mil las aprobadas. En la elección judicial de 2025, ignorada por la mayoría de los ciudadanos, el interés por ser observador se multiplicó por 10, lo que generó la sospecha de que detrás de cada presunto observador hubiera en realidad un operador del oficialismo.

El 1 de junio, un viaje al pasado

El reparto de acordeones fue un escándalo que precedió una jornada electoral plagada de irregularidades y con una escasa participación de la ciudadanía.

Todavía un día antes de la votación, seguían llegando al INE denuncias por el reparto de acordeones, que fueron minimizadas por la consejera presidenta Guadalupe Taddei, quien no sólo no condenó esta práctica, sino que justificó el hecho de que la ciudadanía acudiera a votar equipada con una guía de voto.

"Al ser esta cantidad de votos, por supuesto que podemos llevar nuestras propias notas. No permitamos que nadie nos diga por quién votar, eso no lo podemos permitir, pero tampoco nos tratemos como gente que, porque recibe una boleta, un acordeón, ciegamente obedecerá lo que diga ese acordeón", dijo la presidenta del INE durante la inauguración de la sala de prensa que se habilitó en la sede del instituto, y cuando faltaban 18 horas para la apertura de las casillas.

En la víspera, la presidenta Claudia Sheinbaum lanzó una invitación a la ciudadanía para participar en esta elección inédita.

"Quienes desean que se mantenga el régimen de corrupción y privilegios en el Poder Judicial dicen que esta elección está amañada o dicen también que es para que un partido político se apropie de la Suprema Corte, o también dicen que es para que la presidenta ponga a modo a los ministros y ministras. Nada más falso", sostuvo en el video difundido en sus redes sociales.

En contraparte, los dirigentes del PAN y PRI mantuvieron la descalificación a las elecciones y llamaron a sus simpatizantes a no participar. En la misma sintonía, pero en un tono más radical, algunas organizaciones convocaron a una marcha nacional en protesta por "la captura del Poder Judicial", y promovieron la no participación en redes sociales usando etiquetas como #NoAlFraudeJudicial, #DomingoNegro y #YoNoVoto. Convocaron a la ciudadanía a manifestarse a las 11 de la mañana en el Ángel de la Independencia, pero asistieron apenas unos cuantos.

Las 84 mil casillas programadas comenzaron a abrirse desde las 8 de la mañana, con incidentes menores. Sólo 16 casillas no pudieron instalarse y en 50 se tuvo que suspender la votación en algún momento del día. Por la noche, Guadalupe Taddei dijo que había sido una jornada exitosa y dio a conocer estimaciones de participación que fluctuaban entre el 12.57 y el 13.32% de los electores.

En los siguientes días, se conocería que detrás de esa aparente tranquilidad y en medio del desaire ciudadano, ocurrieron graves irregularidades que llevaron al INE a invalidar 818 casillas y que propiciaron que cinco de 11 integrantes del Consejo General votaran por invalidar los comicios.

En una sesión celebrada el 15 de junio, convocada para declarar la validez de la elección de ministras y ministros de la Suprema Corte, las consejeras y consejeros hicieron su propio relato de la polémica elección, con un sinfín de referencias al paleolítico electoral. Casillas con más votos que votantes, casillas "zapato" o con todos los sufragios por un solo candidato, boletas que no se doblaron pero aparecieron marcadas en los cómputos, robo de paquetes electorales, coacción del voto y el reparto masivo de acordeones fueron algunas de las prácticas documentadas y expuestas por los consejeros Martín Faz, Arturo Castillo, Jaime Rivera, Claudia Zavala, Dania Ravel y Carla Humphrey.

"Encontrar esas evidencias y huellas de fraude fue para mí como un viaje al pasado", afirmó el consejero Jaime Rivera. Él calculó que en ciertas casillas se encontró una cantidad de votos que sólo habrían podido depositarse si la jornada electoral hubiese durado 29 horas.

"En esta elección vimos renacer muchas conductas que yo pensé que estaban enterradas en el pasado, conductas que a mí no me tocó vivir en mi juventud, pero que personas mayores que yo sí las vivieron. Estos actos mancharán para siempre el sistema electoral mexicano y recuerdan los tiempos en los que se hablaba de 'ratón loco', 'urnas embarazadas', 'casillas zapato' y 'boletas planchadas'", expuso la consejera Dania Ravel.

"Ha sido lamentable constatar que, en este primer ejercicio de elección popular de personas juzgadoras, se haya registrado una serie de prácticas y conductas corruptas y antidemocráticas, realizadas bajo formas organizadas y eventualmente financiadas con recursos cuya procedencia desconocemos", admitió la consejera Claudia Zavala, quien enfatizó que todos los hallazgos dejaban ver una sofisticada y costosa operación para inducir los resultados en favor de las candidaturas del acordeón.

"Existe un importante cúmulo de indicios que documentan posibles irregularidades graves y generalizadas, que desde mi perspectiva generan una duda razonable sobre su validez, de ahí que proponga no declarar la validez", explicó el consejero Arturo Castillo, autor de la propuesta que, de ser aprobada, habría marcado un antecedente en la historia de la elección judicial.

La consejera Carla Humphrey también hizo un breve recuento de las malas prácticas ocurridas el 1 de junio:

"Casillas con altísima participación ciudadana, el fenómeno oprobioso de las boletas sin señales de dobleces, la desaparición de los listados nominales de casilla, la misma caligrafía en diversas boletas con idéntica secuencia numérica, el robo de paquetes electorales enteros de los mismos domicilios de las presidencias de las mesas directivas de casilla y los acordeones a las puertas de las casillas o en redes sociales", resumió en una esclarecedora participación que, sin embargo, no correspondió con el sentido de su voto.

Al final, como había ocurrido un año antes con la aprobación de la sobrerrepresentación a favor de Morena, la consejera Humphrey se sumó al grupo de Guadalupe Taddei y otorgó el sexto voto, necesario para declarar la validez de la elección.

La consejera presidenta desestimó los argumentos de sus colegas y la propuesta de Castillo; defendió la limpieza y legalidad del proceso y el trabajo de la estructura del INE. Con ella votaron por aprobar la declaración de validez de la elección de las ministras y ministros de la Suprema Corte los tres integrantes de la comisión organizadora de la elección: Jorge Montaño, Norma Irene de la Cruz y Rita Bell López, además de Uuc-kib Espadas y la consejera Carla Humphrey.

"Yo sí voy a defender el trabajo de este instituto. No admito que se ponga en duda, por 818 casillas contra más de 80 mil, ni la integridad, ni la limpieza, ni la pulcritud, ni la responsabilidad, ni el efecto correcto. Aceptémoslo, colegas, tuvimos un proceso electoral excelente. El INE cumplió y cumplió bien", celebró Guadalupe Taddei, colocando a los consejeros críticos del proceso como si fuesen adversarios del personal del INE.

Una vez aprobado el acuerdo, con seis votos contra cinco, se declaró un receso y, minutos después, se reanudó la sesión para entregar la constancia de mayoría a los ganadores, las ministras y ministros emanados del acordeón: Hugo Aguilar, Lenia Batres, Yasmín Esquivel, Loretta Ortiz, María Estela Ríos, Sara Irene Herrerías, Arístides Guerrero, Irving Espinosa y Giovanni Azael Figueroa.

En los días siguientes, el Consejo General del INE se mantuvo en sesión permanente para declarar la validez del resto de las elecciones federales y, en tres días, entregó las constancias de mayoría a las magistradas y magistrados del Tribunal de Disciplina Judicial y de la Sala Suprior y salas regionales del Tribunal Electoral.

No fue tan fácil en el caso de los 850 cargos restantes: magistradas y magistrados de tribunales de circuito y juezas y jueces de distrito. Entre el 18 y el 19 de junio, el Consejo General se enfrascó en una de las últimas discusiones sobre la inédita elección judicial, cuando sesionó para hacer el cómputo final y entregar las constancias de mayoría de esos cargos.

Parecía un mero trámite, pero dos asuntos complicaron los acuerdos. Primero, los requisitos de paridad entre hombres y mujeres y la verificación de que los ganadores no se encontraran en los ocho supuestos de violencia de género en contra de las mujeres. Y, segundo y más complicado, el requisito de que los ganadores hubieran obtenido un promedio mínimo de 8 en la licenciatura en Derecho y 9 en la especialidad relacionada al cargo al que aspiraban, el cual los legisladores decidieron poner en la Constitución a la hora de aprobar la reforma judicial.

El segundo tema entrampó la discusión, pues los comités de evaluación, que debían revisar esos requisitos, dejaron pasar 45 candidaturas que no cumplían con alguno de esos promedios mínimos, y habían ganado la elección, por lo que tendrían que ser declarados inelegibles.

En el debate, el consejero Uuc-kib Espadas afirmó que el INE no podía subir un 7.9 a 8; mucho menos si el profesor de aquellos aspirantes que no alcanzaban las calificaciones requeridas había decidido no hacerlo cuando eran estudiantes.

Espadas evidenció que el proyecto de acuerdo que se puso a votación pretendía convertir un 7.9 en 8 bajo el argumento de que "en criterios establecidos por diversas instituciones educativas y administrativas de México, una calificación de 79.2 debe considerarse equivalente a 80, ya que responde a criterios aritméticos ampliamente aceptados".

"La negociación con el profe al final del semestre, 'Profe, saqué 59, súbamelo a 60', está bien en la escuela, el profe tiene esas facultades; puede considerar, valorando la trayectoria de su alumno, que se merece el 6, en lugar de reprobar con 59. Pero 8 es 8 y 7.92 como 7.999 están por debajo de 8 y no se puede redondear. O sea, no estamos en una negociación de calificaciones, no estamos en un acuerdo convencional, los números son lo que son. Y si la ley pone un límite, el límite es ése", expuso Espadas en una de las últimas escenas cómicas que dejó la elección judicial.

La confusión provocó que Taddei declarara un receso en la sesión, que se prolongó más de una semana. No fue hasta el 26 de junio, una vez revisados los expedientes de todos los ganadores, que se reanudó la sesión y se aprobó la sumatoria final y la validez de las elecciones de tribunales de circuito y juzgados de distrito, y se declaró inelegibles a 24 aspirantes a magistrados y a 21 aspirantes a jueces que no cumplían con los promedios.

Muchos de los afectados por la decisión del INE impugnaron la decisión. Un mes después, la Sala Superior del Tribunal Electoral revocó el acuerdo de inelegibilidad y ordenó reconocer el triunfo a la mayoría de ellos.

"Se consideró que el Consejo General del instituto no contaba con atribuciones para valorar nuevamente los expedientes académicos de las partes actoras a fin de valorar si cumplían o no con el promedio y que sustituyó indebidamente en el juicio técnico de los comités de evaluación, sin contar con una metodología propia y validada para realizar una valoración especializada", acordó el Tribunal en una sentencia aprobada con tres votos a favor y dos en contra.

A final de cuentas, el INE tuvo que acatar las sentencias del Tribunal y, durante agosto, tuvo que celebrar varias sesiones para aprobar nuevos acuerdos y entregar constancias de mayoría a jueces que originalmente había descartado.

Jueces con votos y ¿legitimidad?

El punto final de la elección judicial lo puso el Tribunal Electoral del Poder Judicial de la Federación, al que le correspondía resolver las impugnaciones y la calificación del proceso, en una sesión que se programó para el 20 de agosto de 2025, apenas 11 días antes de la fecha fatal del 1 de septiembre, en la que tenían que asumir sus cargos los integrantes del nuevo Poder Judicial federal.

La sesión del Tribunal se convirtió en un último intento por invalidar la elección, protagonizado por el magistrado Reyes Rodríguez y la magistrada Janine Otálora.

Reyes Rodríguez elaboró un proyecto a partir de las impugnaciones presentadas por cuatro candidatos derrotados (Isaac de Paz González, Olivia Aguirre Bonilla, Carlos Enrique Odriozola Mariscal y Rosa Elena González Tirado) y un recurso *amicus curiae* presentado por el politólogo Javier Aparicio. El documento tenía más de 400 páginas y seis anexos, y analizaba las pruebas de los denunciantes: más de 3 mil acordeones impresos y cientos de archivos electrónicos con publicaciones y páginas en las que se distribuían las guías de voto. Además, el proyecto mostraba ejercicios estadísticos para probar cómo la operación acordeón fue determinante en el resultado, tanto por la frecuencia con la que aparecían los nombres de las personas ganadoras en las distintas versiones de acordeones, como por la dispersión territorial de éstos. Además, se señalaba que la distribución de acordeones se intensificó en la etapa del cierre de campañas, veda electoral y en la propia jornada de votación. Tres conclusiones destacaban en el proyecto de Reyes Rodríguez:

> 1. Hubo una estrategia premeditada, compleja, coordinada, sistemática y generalizada sobre la distribución de los acordeones con el fin de influir en la ciudadanía.
> 2. El fenómeno de los acordeones no puede explicarse como un simple ejercicio auténtico de la ciudadanía.
> 3. La estrategia ilícita constituyó la existencia de un esquema de financiamiento prohibido que benefició a los candidatos, quienes eran las únicas personas que podían emitir y pagar limitadamente por su propia propaganda, pues el propio diseño de la elección judicial prohibía la injerencia de agentes políticos, públicos y sociales con la capacidad estructural de influir en la elección.[13]

La magistrada Janine Otálora también propuso la nulidad de la elección de ministras y ministros, que, de haber prosperado, hubiese tenido un efecto sobre el resto de la elección judicial. En su propuesta, señaló que el reparto de acordeones se dio en la campaña, en el periodo de veda y en plena jornada electoral, y se hizo de manera sistemática y organizada.

"La indebida y sistemática difusión de acordeones en favor de unas cuantas personas candidatas que resultaron ganadoras constituye, entre otros, una violación a uno de los elementos esenciales en una elección democrática, que es el derecho a un voto libre e informado. Por ello el proyecto determina, entre otros efectos, declarar la nulidad de la elección de las y los integrantes de la Suprema Corte de Justicia de la Nación. Las elecciones no tienen sentido si no son equitativas y si el voto no es libre e informado. Lograrlo es el objetivo final que perseguimos las instituciones electorales y es el mandato que nos otorga la Constitución", argumentó Otálora.

Sin embargo, en la sesión se impuso la mayoría integrada por Mónica Soto, presidenta de la Sala Superior, y los magistrados Felipe Fuentes y

Felipe de la Mata, quien fue especialmente rudo en sus argumentos en contra del proyecto de Reyes Rodríguez.

"El proyecto convierte la llamada operación acordeón en una trama paranoica, conspiratoria de coacción al electorado, sin pruebas meritorias para ello. Más que evidenciarse una operación ilícita, generalizada, con efectos reales en el electorado, en el sentido de coaccionarlos o privarlos de su capacidad decisoria al momento de emitir su voto, el proyecto refleja una interpretación forzada y superficial de los hechos", acusó De la Mata, quien bombardeó a su colega con decenas de preguntas sobre la operación acordeón.

La calificación de la elección judicial acabó con la votación esperada de tres a dos en favor de validar el proceso, y con una escena chusca cuando la magistrada presidenta intervino para cuestionar el proyecto que pretendía anular las elecciones:

—Comenzaré por señalar que, evidentemente, sí está acreditada la existencia de acordeones, aquí los tenemos. Magistrado Reyes, ¿pudiera prestarme uno de ellos, por favor? —solicitó Mónica Soto.

—¿Uno o todos? —preguntó el magistrado Reyes Rodríguez.

—Pues mándemelos todos si quiere. No podemos decir que no haya acordeones, aquí está uno, aquí está otro; ésos estaban en esas cajas, supongo, los 3 mil 187… —expuso Soto mostrando uno de los acordeones que llevó Reyes a la sesión.

—Sí, el que tiene usted en la mano es del que hay más acordeones, digamos que es el acordeón ganador —le respondió el magistrado.

—¿Éste es el bueno? —preguntó ella.

—Espero que no haya ido usted a votar con ése, ¿verdad? —bromeó Reyes.

—Espera, ¿qué?, no lo escuché —dijo la magistrada, contrariada.

—No, que cuando fue a votar usted no le dieron ése, pero ése es, ése es el ganador —precisó Reyes.

—Magistrado, con esa actitud no vamos a dialogar, porque no es jurídico su posicionamiento, y le pido respeto al pleno y a su presidencia —concluyó Soto.

Un Benito Juárez en el siglo XXI

Diez días después, Hugo Aguilar y los demás ganadores de la elección judicial acudieron al Senado a tomar protesta de sus cargos. El nuevo Poder

Judicial nació en medio de rituales indígenas organizados por el nuevo ministro presidente, quien por la mañana recibió un bastón de mando y, por la noche, el abrazo de la presidenta Claudia Sheinbaum.

En el primer día de la nueva Corte se hicieron promesas de austeridad, honestidad y de una justicia para los menos favorecidos y no sólo al servicio de los privilegiados.

"Acudimos a la instalación solemne de una Suprema Corte de Justicia de la Nación y de un Poder Judicial que, como se estableció desde los *Sentimientos de la Nación*, surge inmediatamente del pueblo", dijo el presidente de la Corte en la sesión celebrada en la noche, con la presencia de Sheinbaum, de la nueva presidenta del Senado, Laura Itzel Castillo, y del aún presidente de la Cámara de Diputados, Sergio Gutiérrez Luna.

"A todas y todos los que con su voto nos mandataron estar en esta casa de la justicia; a quienes no lo hicieron, pero están ávidos de justicia; a quienes buscan certeza jurídica, les podemos afirmar, categóricamente, que habrá tribunales que protejan al débil de los abusos que comete el fuerte", enfatizó Hugo Aguilar, cuyo origen étnico obligaba a la referencia histórica de Benito Juárez, oaxaqueño como el nuevo titular de una Corte que, desde el siglo XIX, no era presidida por un abogado indígena.

Hugo Aguilar Ortiz era un verdadero símbolo para la Cuarta Transformación. Quien lo puso como favorito en el acordeón sabía lo que estaba haciendo, al impulsar a un hombre nacido en San Agustín Tlacotepec, un pueblo mixteco; formado en la Universidad Autónoma Benito Juárez de Oaxaca (UABJO) y con antecedentes en la vida académica y la defensa de los derechos de los pueblos originarios.

"Como presidente de la Suprema Corte de Justicia de la Nación, tengo clara la magnitud de este momento histórico. Ésta no es sólo una ceremonia de instalación, es la expresión viva de la voluntad del pueblo que nos eligió", leyó Hugo Aguilar, en un discurso en el que pronunció 31 veces la palabra mágica.

Una vez más, el *pueblo* era el principal protagonista, al menos en el discurso.

Referencias:

1 Grupo Parlamentario del Partido Acción Nacional, posicionamiento sobre la discusión de la reforma judicial, 3 de septiembre de 2024, https://www.pan.senado.gob.mx/2024/09/los-22-integrantes-del-gppan-en-el-senado-estaremos-presentes-en-la-discusion-de-la-reforma-judicial-del-gobierno-y-votaremos-en-contra/.

2 Suprema Corte de Justicia de la Nación y Consejo de la Judicatura Federal, "Reforma integral al sistema de justicia en México: desafíos y propuestas", septiembre de 2024, https://www.scjn.gob.mx/sites/default/files/agenda/documento/2024-09/reforma-integral-al-sistema-de-justicia-en-mexico.pdf.

3 Neldy San Martín y Alexis Ortiz, "Morena y aliados avalan de madrugada la reforma judicial; la oposición impugnará el proceso desaseado", *Animal Político*, 4 de septiembre de 2024, https://animalpolitico.com/politica/reforma-judicial-aprobacion-morena-pt-verde-impugnacion.

4 Beatriz Guillén, "Una tarde de caos en el Senado mexicano: una sede tomada, ataques con extintores y los Yunes en el ojo del huracán", *El País*, 10 de septiembre de 2024, https://elpais.com/mexico/2024-09-11/una-tarde-de-caos-en-el-senado-mexicano-una-sede-tomada-ataques-con-extintores-y-los-yunes-en-el-ojo-del-huracan.html.

5 Claudia Sheinbaum Pardo, *Diario de una transición histórica*, Planeta, Ciudad de México, 2025, p. 178.

6 "Decreto por el que se reforman, adicionan y derogan diversas disposiciones de la Constitución Política de los Estados Unidos Mexicanos en materia de reforma del Poder Judicial", *Diario Oficial de la Federación*, 15 de septiembre de 2024, https://www.dof.gob.mx/nota_detalle.php?codigo=5738985&fecha=15/09/2024#gsc.tab=0.

7 Sala Superior del Tribunal Electoral del Poder Judicial de la Federación, Sentencia SUP-AG-209/2024, 23 de octubre de 2024, https://www.te.gob.mx/media/SentenciasN/pdf/Superior/SUP-AG-0209-2024.pdf.

8 "Decreto por el que se reforma el primer párrafo de la fracción II del artículo 107, y se adiciona un quinto párrafo al artículo 105 de la Constitución Política de los Estados Unidos Mexicanos, en materia de inimpugnabilidad de las adiciones o reformas a la Constitución Federal", *Diario Oficial de la Federación*, 31 de octubre de 2024, https://www.dof.gob.mx/nota_detalle.php?codigo=5742105&fecha=31/10/2024#gsc.tab=0.

9 Suprema Corte de Justicia de la Nación, Acción de inconstitucionalidad 164/2024 y sus acumuladas 165/2024, 166/2024, 167/2024 y 170/2024, proyecto de sentencia del ministro Juan Luis González Alcántara Carrancá, octubre de 2024, https://www.scjn.gob.mx/sites/default/files/proyectos_resolucion_scjn/documento/2024-10/A.I.%20164-2024%20y%20sus%20acumuladas%20-%20Proyecto.pdf.

10 Zedryk Raziel, "El viraje del ministro Pérez Dayán que ayudó a Morena a consolidar la reforma judicial", *El País*, 26 de diciembre de 2024, https://elpais.com/mexico/2024-12-27/el-viraje-del-ministro-perez-dayan-que-ayudo-a-morena-a-consolidar-la-reforma-judicial.html.

11 Instituto Nacional Electoral, Acuerdo INE/CG57/2025 en el que se aprueba el modelo de casilla seccional y el diseño de la documentación para la elección del Poder Judicial, así como el modelo de casilla única para las elecciones concurrentes, 5 de febrero de 2025, https://repositoriodocumental.ine.mx/xmlui/bitstream/handle/123456789/179095/CG2ex202502-05-ap2.pdf.

12 Observatorio Ibero sobre el Sistema de Justicia, "Elecciones judiciales: lo que pasó y lo que sigue, la agenda 2027", noviembre de 2025, https://observatoriojusticia.ibero.mx/wp-content/uploads/2025/11/Informe-Observatorio-21-nov.pdf.

13 Tribunal Electoral del Poder Judicial de la Federación, "Análisis de la validez de la elección de la Suprema Corte de Justicia de la Nación", agosto de 2025, https://justiciaabierta.net/proyecto-de-analisis-de-la-validez-de-la-eleccion-de-la-suprema-corte-de-justicia-de-la-nacion-scjn/.

Epílogo

La reforma electoral de Claudia Sheinbaum

El martes 24 de junio de 2025, la presidenta Claudia Sheinbaum apareció sonriente en el Salón de la Tesorería de Palacio Nacional. Ese día era su cumpleaños, y la acompañaba el gabinete de seguridad en una larga conferencia en la que contestó más de 10 preguntas, entre ellas una sobre algunos casos de censura en contra de periodistas y activistas digitales.

Sheinbaum aprovechó esa pregunta para hablar de elecciones y democracia, y de la reciente resolución del INE en torno a la validez de la elección de los ministros y ministras de la Suprema Corte, aprobada por sólo seis de los 11 integrantes del Consejo General. Cinco consejeras y consejeros habían propuesto no aprobar la validez de los comicios por las irregularidades documentadas en el proceso, que llevaron a invalidar 818 casillas, de un universo de 84 mil.

> Por ejemplo, ahora el INE, desde mi punto de vista, se extralimitó en decir que había votos que no deberían de haberse incorporado al resultado final. Ésa es labor del Tribunal Electoral, no del INE; el Tribunal tiene esa atribución, el Instituto Nacional Electoral no. Ahora quieren revisar quién sabe qué tantas cosas, cuando no es su atribución. Entonces, sí, son un grupo de consejeros que no actúan buscando que se cumpla la voluntad del pueblo, que finalmente eso es la democracia, sino que tienen una posición política que se traduce en: "todo lo que esté con el gobierno de la Cuarta Transformación hay que votarlo en contra", independientemente de cuál sea o qué se presente.

A partir de esta crítica, la presidenta anunció que muy pronto haría realidad uno de los 100 compromisos de gobierno que había leído en su acto del Zócalo en octubre de 2024: la reforma político electoral, que se había quedado pendiente en el plan C, como una de las pocas que fueron desechadas por el Congreso ya dominado por Morena y sus aliados. "Está en mis 100 puntos una reforma electoral, que hace falta, y ya en su momento la vamos a presentar. Porque tiene que ver con la cantidad de recursos que se utilizan para el INE, 8 mil millones de pesos costó la elección ahora; la cantidad de recursos en las elecciones, la cantidad de recursos que tiene el INE, la cantidad de recursos que tienen los partidos políticos y otras reformas. También los plurinominales", anticipó. "Para darles una nueva tarea a los comentócratas, para que empiecen a hablar de eso", agregó en tono sarcástico.

En efecto, su anuncio provocó múltiples reacciones y removió las aguas del debate sobre la democracia en circuitos opositores, que para entonces ya habían visto consumada la elección de jueces que, un año antes, parecía imposible.

Para especular sobre el posible contenido de la reforma electoral de Sheinbaum, expertos y periodistas acudieron al documento de compromisos de la presidenta, donde efectivamente se planteaba, de manera general, la idea de reducir los costos del INE y del Tribunal Electoral; una disminución de las prerrogativas que cada año se otorgan a los partidos políticos; la eliminación de las diputaciones plurinominales y las senadurías de Lista Nacional, es decir, el fin de la Representación Proporcional, y la elección de consejeros del INE mediante voto popular.

Para materializar su reforma, Sheinbaum anunció la creación de una comisión presidencial encargada de hacer foros de consulta y una encuesta que sirvieran de base para construir la iniciativa que, en principio, sería enviada al Congreso en febrero de 2026.

La presidencia de la Comisión recayó en el veterano legislador Pablo Gómez, autor del plan A de reforma electoral de AMLO, y coautor de los planes B y C. Un legislador que siempre llegó al Congreso por la vía de la representación proporcional, que había sido representante del PRD y Morena en el Consejo General del INE y que hasta ese momento se desempeñaba como titular de la Unidad de Inteligencia Financiera de la Secretaría de Hacienda.

A la comisión presidencial se integraron varios funcionarios allegados a la presidenta, como el titular de la Agencia de Transformación Digital, José Peña Merino; el jefe de la Oficina de la Presidencia, Lázaro Cárdenas Batel; la consejera jurídica Ernestina Godoy (que en noviembre pasó a ser fiscal y fue reemplazada por Esthela Damián) y la secretaria de Gobernación, Rosa Icela Rodríguez. Además de personajes cercanos a AMLO, como el exvocero presidencial, Jesús Ramírez Cuevas, y el exministro Arturo Zaldívar.

La presidenta le ordenó a este equipo hacer las consultas en torno a 10 temas: libertades políticas, representación del pueblo, sistema de partidos, financiamiento y fiscalización, efectividad del sufragio, comunicación política, autoridades electorales, justicia electoral, inmunidad y elegibilidad, y democracia participativa.

Al asumir su nuevo encargo, el siempre polémico Pablo Gómez advirtió que, si bien escucharían a todos, al final Morena usaría sus mayorías en el Congreso para aprobar la iniciativa de la presidenta, quien dejó ver tres prioridades: reducir los costos de las elecciones, revisar el modelo de representación en el Poder Legislativo y mejorar los mecanismos de democracia participativa.

La Comisión realizó 65 eventos entre septiembre y diciembre de 2025, captó más de 360 propuestas y escuchó a 5 mil 294 personas en audiencias públicas en las que cada ponente tuvo cinco minutos para exponer una propuesta o idea. Las consultas propiciaron que se descartaran ideas como la eliminación de la representación proporcional, la elección de consejeros del INE mediante voto popular o la desaparición de los Organismos Públicos Locales Electorales.

A finales del año, con las consultas públicas finalizadas, se anunció que la propuesta estaría lista en enero de 2026, para presentar la iniciativa en febrero, al arranque del segundo periodo ordinario de sesiones del segundo año de la LXVI Legislatura. Pero los aliados de Morena —PVEM y PT— expusieron públicamente su desacuerdo con temas nodales como la reducción de las prerrogativas y la disminución de diputaciones plurinominales, e incluso llegaron a cuestionar si era necesaria esta reforma. Dentro de Morena, e incluso en el seno de la comisión presidencial, también hubo diferencias en torno a los temas de la reforma. Y todo ello retrasó la presentación de la iniciativa.

En febrero de 2026, el Congreso de la Unión se preparaba para discutir la reforma electoral en un escenario incierto, marcado por cuatro factores: 1. Las diferencias en la coalición Morena-PVEM-PT, que dificultaron la construcción de una iniciativa que contara con un consenso previo dentro del oficialismo; 2. El escepticismo de la oposición partidista que, aún sin conocer la iniciativa, la bautizó como "Ley Maduro", en referencia al régimen dictatorial venezolano; 3. La presentación de contrapropuestas por parte de los enemigos jurados de la 4T: una de Claudio X. González, y otra del mismo grupo de académicos y exconsejeros electorales que se opusieron a las reformas de AMLO desde la "marea rosa", ahora aglutinados en Somos Mx, un partido político en formación, y 4. Un nuevo escenario internacional tras la intervención de Estados Unidos en Venezuela y las presiones permanentes del presidente Donald Trump sobre el gobierno de Claudia Sheinbaum.

En ese contexto se pretendía discutir y aprobar la reforma electoral de Sheinbaum y, con ello, redefinir el futuro de la democracia mexicana; la democracia, según la Cuarta Transformación.

Febrero, 2026

Esta obra se terminó de imprimir
en el mes de marzo de 2026,
en los talleres de Diversidad Gráfica S.A. de C.V.
Ciudad de México